中国传统文化

概论

主　编　陈晓龙
副主编　梁　军　缪自锋

陕西师范大学出版总社有限公司

图书代号　JC14N0159

图书在版编目(CIP)数据

中国传统文化概论/陈晓龙主编．—2版．—西安：陕西师范大学出版总社有限公司，2014.3(2015.8重印)
ISBN 978-7-5613-5126-0

Ⅰ．①中… Ⅱ．①陈… Ⅲ．①中华文化—概论 Ⅳ．①K203

中国版本图书馆 CIP 数据核字(2014)第 035635 号

中国传统文化概论

主　　编 /	陈晓龙
责任编辑 /	李金玉
责任校对 /	程海霞
封面设计 /	鼎新设计
出版发行 /	陕西师范大学出版总社有限公司 (西安市长安南路 199 号　邮编 710062)
网　　址 /	http://www.snupg.com
经　　销 /	新华书店
印　　刷 /	兴平市博闻印务有限公司
开　　本 /	787mm×960mm　1/16
印　　张 /	18.5
字　　数 /	342 千
版　　次 /	2014 年 3 月第 2 版
印　　次 /	2015 年 8 月第 2 次印刷
书　　号 /	ISBN 978-7-5613-5126-0
定　　价 /	38.00 元

读者购书、书店添货如发现印刷装订问题，请与本社高教出版分社联系调换。
电　话：(029)85303622(传真)　85307826

前言

　　中国人创造了中国文化,中国文化塑造了中国人。中国传统文化源远流长,博大精深,既有物质形态的有形文化遗产,如文物、典籍等,也有以非物质形态存在的非物质文化遗产,如口头传说、传统艺术、民俗活动、节庆礼仪、民间工艺等。这些文化遗产记录着中华民族在长期历史进程中形成的价值观念和审美理念,是民族悠久历史的稀世物证,是文化延续和传承的重要载体。在世界四个古老文明摇篮中孕育产生的文化体系中,中国传统文化是惟一尚存的文化体系,它是东方文化的典型代表,有着独特的价值系统和思维方式,对世界文化的发展和进程发挥了重大的推动作用,有不少优于西方文化并在漫长的岁月中在世界上处于领先地位的方面,即使在科学技术领域中也是如此。文化是一个国家综合竞争力的体现,2008年奥运会选择了北京,与中国文化的魅力是密切相关的。在传统社会向现代化社会的转型期间,在西方文化的洪波滚滚涌入的时候,中国传统文化所受的冲击不容小视。于全球化的浪潮中,如何弘扬中华传统文化,是时代赋予中国大学的一份特殊责任。

　　在现代社会中,大学除了担负着传授专业知识这个重要功能之外,仍然应该像传统的大学那样承担起一个神圣的天职,那就是培育学生的人文精神。一个真正意义上的现代化大学,不仅要培养出大批的专业人才,更应该塑造具有深厚的人文素养和崇高道德情怀的健全人格的人。在任何时候,对于大学来说,塑造灵魂和培育人格都是比造就专家更为重要的事情。因此,近年来在中国的大学教育中,注重培育人文素质和道德情操的通识课程越来越受到重视。在大学课程体系的设置中,专业课程受到了一定的限制,而通识课程却有了明显的增长趋势。在各大学普遍推行的通识课程中,中国文化概论无疑是一门最重要的课程。传统文化课程的教学,应该立足于现代社会的需要,让学生从中吸取有生命的东西,并得到精神上的滋养。中国传统文化怀珠韫玉,深隐厚藏,应该着重让学生对其精神财富方面的内容有比较全面的了解和较为深刻的认识,再在批判继承的基础上,将中国传统文化的思想精华部分同现代社会结合起来,赋予其新的时代精神。党的十七大报告强调,要弘扬中华文化,建设中华民族共有精神家园。一个民族的文化,凝聚着这个民族对世界和自身的历史认知和现实感受,积淀着这个民族最深层的精神追求和行为准则。任何一个国家或民族的文化的延续和发展,都是在既有文化传统基础上进行文化传承、变革与创新。如果离开传统,割断血脉,就会迷失自我、丧失根本。中国文化自产生至现在的上下五千年的漫长岁月里,虽然经历了人类文明的多次蜕变,但始终保持着自己完整的面貌与独特的风采,充满了内在的顽强的生命力。

  我们深知中国传统文化博大精深,要编撰好这样的教材实非一件易事。但我们依然不揣浅陋,知难而上,力图把中国传统文化作为一个有着内在精神联系的有机生命体呈现在读者面前,希望能通过传授中国传统文化知识来进行一种深层次的人文教育,帮助大学生们在灵魂深处受到一种人文精神和道德情怀的陶冶与升华。本书将传统文化分为哲学、礼仪、教育、医学、科技、艺术、节庆、建筑、饮食等九类。当然,丰阔博大的中国传统文化留下了极为丰厚的文化遗产,在文学、史学等方面也同样成就斐然,但由于篇幅所限,我们的论述只能集中在中国传统中最基本、最富有特色的九方面的内容中,而其他的方面则只有忍痛割爱、付诸阙如了。综观全书,其体系实仍存在一些可商榷之处,但在如此纷繁芜杂的现象中能够探索与归纳出一些新的观点和见解,亦属难能可贵。这对于大家认识中国传统文化,理解和把握文化发展规律是不无裨益的。

  在陈晓龙教授的领导与协调下,参编的几位作者凭着对中国传统文化的兴趣和高校教学工作的需要合作撰写了这本书。在整个合作过程中,经常就学术问题、课题论点及文字处理进行切磋和讨论,期望尽力做到一致。若仍有不尽如人意之处,只能恳请读者的谅解与指正,并在以后进一步修改完善。初稿完成后,又经历了五年时间的试用与修订,才成为现在的定稿。期间,经历了我国经济社会迅猛发展的时期,也经历了党和国家的文化建设的基本政策、基本目标更加明确、成熟的时期。《中国文化概论》课的教学模式、编者的情况都发生了许多变化,本教材重新修订就是为适应这种种变化而编写的,本教材在试用过程中,广泛听取了教师和广大学生的意见和建议,通过教师实际授课的反馈,重新修订了本书,见证了"教学相长"的经验。

  本书绪论、第一章、第五章由缪自锋撰写;第二章、第四章由陈晓龙撰写;第三章、第六章、第七章、第八章、第九章、第十章、第十一章、第十二章由梁军撰写。由于篇幅和教学时数的限制,本教材对于学习和了解整个中国传统文化,只能起到类似于向导的作用。本教材末尾所附的"主要参考文献"目录可视为是我们向读者提供的进一步阅读的一份书单,此外,书中引述或参考了其它有关书籍、论文的观点,由于篇幅所限,未能一一注明,谨在此向作者表示感谢!本书的尽快出版,要感谢陕西师范大学出版总社的努力和责任编辑钱栩老师卓有成效的工作。同时,在本书的统稿过程中,梁军、缪自锋两位同志做出了艰苦的努力,西北师范大学的张明廉教授审读了全稿并提出了修改意见,在此一并表示感谢!

陈晓龙
2014 年 1 月

目 录

绪 论

第一节 何谓"文化" ……………………（1）

第二节 学习中国传统文化的意义 ……（9）

第三节 学习中国传统文化的方法 ……（12）

第一章 中国传统文化产生与发展的客观条件

第一节 中国传统文化发生的地理环境 ……………………（15）

第二节 中国传统文化植根的经济基础 ……………………（21）

第三节 中国传统文化依赖的政治结构 ……………………（24）

第二章 中国传统文化的奠基

第一节 先秦儒家与传统文化 …………（38）

第二节 墨家与传统文化 ………………（43）

第三节 道家与传统文化 ………………（49）

第四节 法家与传统文化 ………………（55）

第三章　中国传统文化的基本特征

第一节　崇尚道德的伦理观 …………(64)
第二节　家族本位的宗法观 …………(73)
第三节　求稳务实的农业观 …………(74)
第四节　推尊入世的处世观 …………(76)
第五节　融情于景的文学观 …………(78)
第六节　强调统一的政治观 …………(82)
第七节　多元一体的民族观 …………(85)

第四章　流变中的中国传统哲学

第一节　汉代经学 ……………………(91)
第二节　魏晋玄学 ……………………(96)
第三节　隋唐佛学 ……………………(103)
第四节　宋明理学 ……………………(108)
第五节　清代朴学 ……………………(114)

第五章　规矩人伦的礼仪文化

第一节　治国安邦的传统五礼 ………(121)
第二节　慰藉祈福的人生礼仪 ………(129)

第六章　建国君民的教育文化

第一节　形式完备的学校制度 ………(144)

第二节 异彩纷呈的教育思想 ………… (150)
第三节 学优而仕的考试制度 ………… (159)

第七章 灿若群星的科技文化

第一节 中国古代科技的伟大成就 …… (164)
第二节 中国古代科学技术发展的特征
　　　………………………………… (174)
第三节 近代科学没有在中国成长的原因
　　　………………………………… (177)

第八章 师法自然的艺术文化

第一节 花开并蒂的书法与绘画 ……… (184)
第二节 情动于心的音乐与舞蹈 ……… (190)
第三节 和谐融通的戏曲文化 ………… (196)

第九章 贵和尚美的节庆文化

第一节 传统节庆的类型与特征 ……… (202)
第二节 传统节庆文化的意蕴 ………… (206)
第三节 传统节庆与宗教 ……………… (211)
第四节 传统节日风俗 ………………… (215)

第十章 悬壶济世的医学文化

第一节 中华医学的文化特点 ………… (230)
第二节 中华医学的诊疗方法 ………… (240)

第三节 中医养生理论……………(245)

第十一章 天人合一的建筑文化

第一节 气势恢宏的宫廷建筑 …………(249)
第二节 清静幽雅的园林建筑 …………(253)
第三节 因地制宜的民居建筑 …………(258)
第四节 庄严肃穆的宗教建筑 …………(265)

第十二章 食不厌精的饮食文化

第一节 饮食种类与器皿的发展历程
……………………………………(269)
第二节 茶、酒文化 ……………(272)
第三节 八大菜系的形成与发展 ………(275)
第四节 古代饮食思想评述 …………(282)

绪　论

中国传统文化博大精深,源远流长,在全世界四个古老文明的摇篮里孕育产生的文化体系中,中国传统文化是惟一尚存的文化体系,是惟一生生不息地延续下来、而没有出现过断层的古典文化。在有文字可考的四千多年的漫长岁月里,勤劳智慧的祖先们以其非凡的创造力,给我们留下了极为丰硕的文化遗产。它不仅对中华民族的社会发展产生了巨大而深刻的影响,而且对世界文化的发展也起到了重大推动作用。学习中国传统文化,不仅对我们自身的成长和素质的提高具有重要意义,对落实素质教育和建设现代化的中国社会主义新文化也具有深远意义。

第一节　何谓"文化"

一、"文化"概述

每个中国人都可以随口举出诸多中国文化的象征物,大到长城、兵马俑、故宫、颐和园,小到苏扇、玉佩,具体到日常生活的各个方面。文化是人类社会特有的现象,是一个有机的系统。我们每个人都处在这个系统之中,谁也离不开文化。文化是人类实践活动的产物,反过来又制约着人类的行为。人类生存、发展的过程,同时就是选择文化、创造文化的过程。

"文化"是我们日常生活中使用频率最高的词汇之一,含义比较宽泛。在中国古代语言系统中很早就出现了"文化"一词。

在甲骨文中,"文"字如同一个人,正面站着,这个人的胸口有一个交错的图案,图案较简单,可能是纹身,也可能是衣服上的花纹,这是"文"的初义。文是外在的美好的东西,而它的美好也代表某种内在的东西,且和内在的东西一致。"文"的本义,指各色交错的纹理。[①]《易·系辞下》载:"物相杂,故曰文。"《礼记·

[①] 张岱年、方克立:《中国文化概论》,北京师范大学出版社,2006年版,第1页。

乐记》称："五色成文而不乱。"《说文解字》称："文，错画也，象交文。"均指此义。

"化"，本义为改易、生成、造化、改变为。"文"与"化"并联使用，最早出于《易·贲卦·象传》："观乎天文以察时变，观乎人文以化成天下。""人文"当指人类社会关系的构成及其规律，包括文明礼仪、人伦道德在内。而"人文"与"化成天下"相结合，实际已具备了"以文教化"的"文化"一词的基本内涵。唐代孔颖达在《五经正义》一书中解释道："观乎人文以化成天下者，言圣人观察人文，则诗书礼乐之谓，当法此教而化成天下也。""文"、"化"的意思是指以"人文"来"教化"。汉代以后，"文"与"化"方结合生成"文化"整词。刘向《说苑·指武》中说："圣人之治天下也，先文德而后武力。凡武之兴，为不服也，文化不改，然后加诛。"南齐王融《曲水诗·序》中云："设神理以景俗，敷文化以柔远。"文化的意义是以体现伦理道德、政治秩序的诗书礼乐教化世人，与"武力"、"武功"、"野蛮"相对应，说明此词包含有一种正面的理想主义色彩，既有政治内容，又有伦理意义。可见中国古代的"文化"乃主谓结构，属于狭义的文化范畴。作为一种治理社会的方法和主张，它既与武力征服相对立，又与之相联系，相辅相成，所谓"先礼后兵"、"文治武功"。这种政治主张构成的古代的"文治主义"对中国政治文化影响深远。

文化在汉语中实际是"人文教化"的简称。前提是有"人"才有文化，意即文化是讨论人类社会的专属语；"文"是基础和工具，包括语言或文字；"教化"是这个词的真正重心所在。作为名词的"教化"是人群精神活动和物质活动的共同规范，同时这一规范在精神活动和物质活动的对象化成果中得到体现，作为动词的"教化"是共同规范产生、传承、传播及得到认同的过程和手段。

文化作为一种学术用语，最早出现在英国人泰勒1865年所著的《文明的早期历史与发展之研究》，六年后他在著名的《原始文化》一书中将其作为中心概念作了系统的阐释，从此被学界所沿用而流传下来。他写道："文化或文明，就其广泛的民族学意义来说，乃是包括知识、信仰、艺术、道德、法律、习俗和任何人作为一名社会成员而获得的能力和习惯在内的复杂整体"。① 在他看来，文化是一个综合体，不仅包括知识、信仰等精神生活现象，还应该包括人们从社会生活中获得的能力和习惯等等。这个关于文化的基础性定义提出后，对学术界产生过重大影响，至今仍受到人们的重视，被许多论著所引述。②

---

①庄锡昌等：《多维视野中的文化理论》，浙江人民出版社，1987年版，第99页。
②值得注意的是，culture 是从 cultus 引申而来的，拉丁文的 cultus 有双重涵义，一为"礼拜"、"祭祀"之意，即今日西方 cult 或 kult（崇拜、敬仰）之源；一为"耕作"、"教化"，即今日的 culture 或 kultus 之意。

▶▶▶ 绪 论

文化通常有广义和狭义之分。"广义文化指人类在社会历史实践过程中对物质财富和精神财富的创造活动、创造方式和创造成果的总和。也就是说,人的物质生产和精神生产,包括生产活动过程和生产的方式方法,由这些生产创造出来的物质产品、精神产品和社会关系的诸多形式,都是文化,都属于文化范畴。这样的文化,涉及人类社会生活从生产力到生产关系,从经济基础到上层建筑和意识形态的各个领域。"①广义的文化几乎囊括人类的整个社会生活,是与自然现象不同的人类社会活动的全部成果。这可以用黑格尔的名言"文化是人类创造的第二自然"来说明;"狭义的文化,指意识形态、精神文化以及与之相适应的制度和组织结构。具体地说,狭义的文化主要包括政治思想、伦理道德、哲学观念、文学艺术、宗教崇拜等社会意识的各种形式,以及相应的政治法律制度、仪式活动、生活习惯和人们的理想追求、情感意志、道德信仰等等。"②

概括来讲,文化是一个社会历史范畴,是人类社会特有的现象,是以人的活动方式以及由人的实践活动而创造出的物质产品和精神产品为其内容的系统,是人类社会历史发展的一个重要标志。文化的主体是人,客体是客观世界。所谓"文化"不是不受人影响而自然形成的自然物,而是人在社会实践过程中认识世界、改造世界所创造的一切成果的总和。

二、文化的结构

笼统地说,文化是一种社会现象,是人们长期创造形成的产物,同时又是一种历史现象,是社会历史的积淀物。确切地说,文化是指一个国家或民族的历史、地理、风土人情、传统习俗、生活方式、文学艺术、行为规范、思维方式、价值观念等。

文化是一个复杂的总体,可以理解为一个具有不同层面并且各层面间具有互动作用的一个完整的系统。如美国学者克罗伯·克拉克洪所概括的:"文化是包括各种外显或内显的行为模式;它通过符号的运用使人们习得及传授,并构成人类群体的显著成就,包括体现于人工制品中的成就;文化的核心包括由历史衍生及选择而成的传统观念,尤其是其价值观念;文化体系虽可被认为是人类活动的产物,但也可被视为限制人类作进一步活动的因素。"③

文化的内部结构包括下列三个层次:物质文化、制度文化、精神文化。

---

①② 向翔:《哲学文化学》,上海科学普及出版社,1997年版,第6~7页。
③ 傅铿:《文化:人类的镜子——西方文化理论导引》,上海人民出版社,1990年版,第12页。

(一)物质文化

物质文化又称物态文化,是人类所从事的物质生产活动及其结果的总和,是构成整个文化的基础,是文化中最活跃的因素。物质文化以满足人类自身生存发展所必需的衣、食、住、行等各种条件为目标,直接反映人与自然的关系,反映人类对自然的认识、利用和改造的程度和结果,包括可触知的具有物质实体的文化事物。人类在漫长的发展过程中,一直在利用周围的自然环境来为自己的生存服务,并逐渐丰富和改变着自身的物质文化。为了维持生存,原始人使用粗糙简陋的石器获取食物,穿的是树叶和兽皮,住的是山洞或窝棚,行走靠徒步。进入奴隶社会和封建社会以后,随着劳动工具和工艺技术的不断发展进步,人类的物质文化随之不断发生变化,穿着逐渐美丽讲究,以至形成了内容丰富的服饰文化;食物逐渐丰富多样,以至形成了风格各异的饮食文化;居住逐渐舒适美观,以至形成了绚丽多彩的建筑文化;行走逐渐快捷方便,以至形成了匠心独运的车船文化。这些都是以物质生产的发展和物质文化的创造为必要前提的。

物质文化中不仅积淀着制度文化的因素,同时也凝聚着精神文化的内涵。在传统农业宗法社会里,人们根据不同的年龄、职业、辈分等,对个人的衣食住行作了明确规定。单就服饰而言,封建时代不同品级的官员在服饰的颜色、形制、质地、图案等方面都有显著的差别,品官等级不同,其品服的颜色、形制、质地也不同,以示尊卑。《唐会要·章服品第》载:唐朝官员"三品以上服紫,四品、五品以上服绯(大红),六品、七品以绿,八品、九品以青。妇人从夫之色。"

(二)制度文化

制度文化是人类在社会实践过程中所建立的各种行为规范、准则的总和,包括婚姻、家庭、政治、经济、宗教等制度。人的物质生产活动是一种社会的活动,只有结成一定的社会关系才能进行。人类创造物质财富的同时,又创造了一个属于他们自己、服务于他们自己同时又约束他们自己的社会环境,创造出一系列处理人与人相互关系的准则,并将它们规范化为社会经济制度、婚姻制度、家族制度、政治法律制度,家族、民族、国家、经济、政治、宗教社团、教育、科技、艺术组织等等。

制度文化是文化系统中最具权威的因素,它往往规定着文化的整体性质。制度文化建立在物质文化的基础上,具有鲜明的时代性,同时又带有精神文化的深刻烙印。在中国封建社会里,知识分子一般都以"修身、齐家、治国、平天下"为理想的人生轨迹,以"穷则独善其身,达则兼济天下"(《孟子·尽心上》)为行为准则,而普通百姓除了希望皇帝圣明、官吏清廉、天下太平、风调雨顺以外,对政治的态度历来比较冷漠,体现出的是一种臣民型的封建主义政治文化。

(三)精神文化

精神文化又称心态文化,是人类在长期的社会实践和意识活动中孕育升华出来的价值观念、道德情操、审美情趣、思维方式、宗教感情、民族性格等的总和,是文化整体的核心部分。精神文化同样具有较强的时代特征和民族特征。就文学艺术而言,人们在特定时代的愿望、要求、情趣必然通过当时的作品表现出来。以文学为例,中国人喜欢欣赏情节曲折生动、内容丰富的伦理叙事作品,西方人则更注重作品中人物深刻细致的心理刻画,体味人物的精神生活。

综上所述,物质文化、制度文化、精神文化虽属文化构成的不同层次,但同是一个有机的整体,相互间既有区别又有联系,相互依存、相互渗透、相互制约、相互推动。

三、文化的特征

文化是人类群体创造并共同享有的物质实体、价值观念、意义体系和行为方式,是人类群体的整个生活状态。文化的内隐部分为价值观和意义系统,其外显形态为各种符号,这些符号主要体现为物质实体和行为方式。

从普遍联系的角度看,世界上任何民族文化,都有特定的精神价值,都有一定的时代意义,都有对人类文明发展的特殊贡献。从文化的有机性来看,世界上不同民族的文化共同构成人类文化不可分割的整体,任何民族文化都不可能脱离人类文明发展的康庄大道。从一般意义上说,文化至少具有以下五个特征:

(一)时代性

对整个人类来说文化是人的创造物,对于特定时间和空间的人而言,文化则是主要体现为既有的生存和发展框架。"每一民族的文化世界,都是一个不断延续、不断发展的存在系统,这个永远处于演变状态的存在系统,有它的过去、现在和将来。"①人类文化是特定社会和特定时代的产物,是一个历史概念,不同的社会发展阶段必然有不同的时代文化。因此,文化的第一特征是时代性。

每一代人都生活在一个特定的历史文化环境下,他们很自然地从上一代那里继承传统文化,并根据时代需要对其进行传承和改造,以使其适应新的时代需要。从这个意义上讲,文化的时代性包含两方面的内容:传承和变异。正是通过世代承传积累,人类文化才会日益丰富起来。正是通过不断变异更新,人类文化才会不断进步。从石器时代、青铜器时代、铁器时代、蒸汽机时代到现在的信息时代,都是生产力发展水平和文化变异的结果。

文化的发展既有历史的连续性和稳定性,又有时代的变动性和现实性。任何民族的文化,就其内容而言,都是现实的时代精神的体现,都是前后相继的历史精

---

① 刘守华:《文化学通论》,高等教育出版社,1992年版,第7页。

神的延续。离开特定的时代,离开特定的社会实践条件,文化就会成为虚无缥缈的空中楼阁,成为不切实际的空谈。文化的发展正是从特定的时代精神中汲取养料,从一定历史阶段丰富多彩的现实生活中提取必要的材料,才构成一定时代的文化内容和文化特质。

(二)地域性

文化随着人类的群体范围划分的不同而体现出差异。人类活动必须借助一定的空间条件才能进行,不同地域的自然条件、历史传统和人的思维方式各不相同,自然就会产生不同的文化。因此,文化的第二特征是地域性。

差异是自然界和人类社会的普遍规律。就世界而言,东方文化、西方文化、非洲文化迥异;就亚洲而言,大陆文化、高原文化、草原文化、沙漠文化各具特色;就中国而言,中原文化、关中文化、齐鲁文化、巴蜀文化、荆楚文化、吴越文化、岭南文化、香港文化千差万别,这些都是因特定的地域条件而产生的差别。

(三)民族性

不同民族的文化具有不同的特色,反映不同民族的个性。一个民族的文化又决定着这一民族不同于其他民族的特殊的规定性。文化可以理解为每一个民族独一无二的特征以及思维和组织生活的方式。当不同的社会集团分化整合为社会集团的时候,反映这种以社会集团利益为活动目的的社会文化,便自然地带有民族文化的特征。特定民族所恪守的共同语言、风俗、习惯、性格、心理及利益,是民族文化的突出表现。文化的民族性能够反映特定民族的民族精神。民族精神是一个民族发展的内在凝聚力和推动力的集中显现,是不同民族文化的风格、气质相互区别的重要依据。文化的民族性反映出特定民族的价值追求、理想情操,是该民族精神力量和国民品性的体现。因此,透过文化的民族性,我们可以审视并进而把握特定民族的民族精神。反之,通过对特定民族的民族精神的解析,我们可以理解并厘定该民族文化的民族性。例如,中国传统文化属于趋善求治的伦理政治型文化,那么,文化的民族性便首先表现为道德修养的至高无上性和广泛性,以及政治追求的自觉性和普遍性。作为民族文化类型基本构成和外在表现的儒、道、墨、法诸家思想,共同凝聚为与别的民族文化迥然不同的精神价值,体现了趋善求治的伦理政治型文化的独特风貌。作为民族文化心理重要表现的重义轻利、求稳怕变、重协同轻竞争等,同样也体现了风格独异的伦理政治型文化的特质。

(四)超自然性

文化,必须是人化,有人的活动痕迹,是与"自然"相对而言的概念。纯粹的自然物和自然现象不属于文化,把自然加工改造成为物质或精神产品,打上人类心智的印记,才是文化。文化即"人化"——依照人的价值、按人的理想改变世界和人本身,使之美、善、益、雅、自由、崇高。文化与自然相对而言,是对天然、自然状态的否定与扬弃,是对本能、兽性、蒙昧等"非人"特性的否定与扬弃。文化意味着让人的生存状态更自由,意味着让人的生存状态更完美和完善。日月星辰、风云雷电、山川河流、动物植物等本来不属于文化范畴,但面对日月星辰的运转,风云雷电的变幻,人们一方面感到惊恐惶惑,另一方面又激起了控制它们的愿望,于是在想象中把它们人格化,创造出有关日月星辰、风云雷电的神话,则就是文化了;山川河流、花草树木等本来也不属于文化,但人们在一些高山峻岭上刻字作画,建寺造观,编出一些流传千古的神话故事,也就是文化了。文化意味着人创造人工的器物,文化意味着人自身的"人化"。人创造语言、神话、宗教、艺术、科学等符号系统,使人生活在符号的意义世界中;人创造人特有的精神世界,极大地拓展了"人"的理念。

四、文化与文明

(一)文明概说

"文明"是与"文化"含义相近的古典词。"文明"之"文",指文采、文英、文华;"明"指开明、明智、昌明、光明。联合而成的"文明",其意为:从人类的物质生产(尤其是对火的利用)引申到精神的光明普照大地,唐人孔颖达疏解《尚书·舜典》"睿哲文明"说:"经天纬地曰文,照临四方曰明";孔颖达疏解《易·乾·文言》"见龙在田,天下文明"说:"天下文明者,阳气在田;始生万物,故天有文章而光明也。"便揭示此种意蕴。中国古典文献也有将"文明"视作进步状态,与"野蛮"对应,如李渔《闲情偶寄》称"辟草昧而致文明"即为此例。

以"文明"对译"Civilization",始于入华新教传教士郭士立编的中文期刊《东西洋考每月统记传》,虽然该刊出现"文明"一词不下十处,但这一译词当时在中国影响不大。明治时期的日本学人在译介西洋术语时,注意了对文化与文明两词的区分:以"文化"译"Culture",以"文明"译"Civilization"。而与"文明"对译的英文词"Civilization"源于"城市",表示城镇社会生活的秩序和原则,是与"野蛮"、"不开化"相对应的概念。

自19世纪末学者多在与"野蛮"、"半开化"相对的意义上使用"文明"一词。如1896年梁启超在上海主笔的《时务报》上,便多次使用"文明之奇观"、"外国文明"、"文明大进"、"文明渐开"、"文明之利器"等语。

"文明"是人类社会的进步状态和理性社会体系。文明内涵具有广义、狭义之分。广义的"文明"涵义是文化发展积极成果的总和,是良好的生活方式和精神风尚,表明物质文明、精神文明和政治文明达到较高的水平;狭义的文明是指与野蛮相对的理性的社会体系。人类整体守护着的文明是指广义的文明。

文明是具有内在结构的有机整体。从内容上看,人类文明发展的内在动力是主客体矛盾。主体在解决与自然客体、社会客体及人类客体的矛盾过程中,产生自然科学、社会科学和思维科学;在处理人与自然、社会的关系中创造物质文明、政治文明和精神文明。从空间上看,分布在不同区域的人类群体,文化内容和生活方式不同,从而产生不同文明类型。从发展过程看,人类走出蒙昧和野蛮状态的"自在期"后,进入以农耕文明和工业文明为标志的"自为期",随着信息文明的发展尤其是阶级社会的终结必将步入"自由期"。

其中的物质文明是人类改造自然界的物质成果,它表现为人类物质生产的进步和物质生活的改善。政治文明是指人类社会政治生活的进步状态,是人类在政治实践活动中形成的文明成果,包括政治思想、政治文化、政治传统、政治结构、政治活动和政治制度等方面的有益成果。政治文明的核心内容是民主发展的积极成果。精神文明是指人类在改造自然和社会过程中所取得的精神成果的总和,体现了人类精神生产和精神生活的发展水平。

(二)文明与文化

关于文化与文明二者之间的关系,不少学者曾做过较为精辟的论述。胡适说:"第一,文明是一个民族应付他的环境的总成绩;第二,文化是一种文明所形成的生活的方式。""凡是一种文明的造成,必有两个因子:一是物质的,包括种种自然界的势力与质料;一是精神的,包括一个民族的聪明才智,感情和理想。凡文明都是人的心思智力运用自然界的质与力的作品;没有一种文明单是精神的,也没有一种文明单是物质的。"[①]钱穆认为:"大体文明文化,皆指人类群体生活而言。惟文明偏在外,属于物质方面;文化偏在内,属于精神方面。故文明可以向外传播,向外接受,文化则必由其群体内部精神积业而产生。……文化可以产生文明,文明却不一定能产出文化。"[②]他们对文化与文明的界定与解释,或侧重于内在实质,或偏重于外在表现,但对于我们正确理解文化与文明有着重要的启迪意义。

文化和文明是社会发展过程中一个问题的两个方面:

(1)从内容上看,文化是人类征服自然、社会及人类自身的活动、过程、成果等多方面内容的总和,而文明则主要是指文化成果中的精华部分。文化和文明都是人类现象,但二者所涵盖的历史内容又有差异:"文化"的本质内涵是"自然的人

[①]胡适:《我们对于西洋近代文明的态度》,欧阳哲主编,《胡适文集》(4),北京大学出版社,1998年版,第3~4页。

[②]钱穆:《中国文化导论》,商务印书馆,1994年版,第35页。

化",人通过有目的地劳作,将天造地设的自然加工为文化。而"文明"则是文化发展到较高阶段,或泛指对不开化的克服;或指超越蒙昧期(旧石器时代)和野蛮期(新石器时代)的历史阶段。进入"文明"阶段的标志有三:文字发明、金属工具发明与城市出现。

(2)从时间上看,文化存在于人类生存的始终,人类在文明社会之前便已产生原始文化,文明则是人类文化发展的一定阶段。故中国的文化史长达百万年之久,而创制并使用文字和金属工具的文明时代约有4000年左右。

(3)从表现形态上看,文化是动态的、渐进的、不间断的发展过程,文明则是相对稳定的、静态的、跳跃式发展过程。文化偏重于心灵或精神活动,文明偏重于社会政治方面。

(4)文化是中性概念,文明是褒义概念。人类征服自然和社会过程中化物、化人的活动、过程和结果是一种客观存在,其中既包括优秀成果,也有糟粕;既有有益于人类的内容,也有不利于人类的因素,但它们都是文化。文明则和某种价值观相联系,是指文化的积极成果和进步方面,作为一种价值判断,它是一个褒义概念。

文明是一个指标,一个类似于数学因式的指标,它的指数是文明的各个因式环比之和:政治、军事、经济、文化、科学等。例如:长城是中国文化的一个特殊标志,它即是文化的,又是文明的。从文化的现象而论,它是物质的存在;从文明的本质而论,它是当时社会制度下文明的突出代表,体现出秦统一中国后的一切社会文明,同时,从文明的现象而论,又体现了当时中华民族大一统的精神存在。

第二节 学习中国传统文化的意义

传统文化是保存先人的成就并使后人适应社会的一种既定的形态,中国传统文化是我们先人留下的伟大的精神瑰宝。对待中国传统文化必须注意辩证地分析,批判地继承,而批判继承的最终目的是发展和创新。这就是说在批判地继承中国传统文化的基础上,吸收有价值的外来文化,创造传统与现代相统一、民族与世界相统一的,民族的、科学的、大众的现代中国社会主义新型文化。综合中国传统文化的精华和西方等外来文化的优秀内容,并根据中国社会主义现代化实践的需要作出创新性发展,以完成中国社会主义现代文化建设任务,乃是正确对待中国传统文化、建设和发展现代中国社会主义新型文化的根本途径。

我们正处在一个承前启后、继往外来的重要历史关头。面对着科学技术的迅猛发展和世界各国的剧烈竞争,面对着世界范围内各种文化的相互激荡,面对着小康社会人民群众日益增长的文化需要,学习中国传统文化,不断提高广大群众尤其是青年一代的文化素质,对大力推进有中国特色的社会主义文化建设具有非常重要的意义。

一、有助于学会做人,提升国人整体素质

"学会做人"看似简单,其实,这是人的最基本的也是最重要的素质。长期以来,人们比较注重使受教育者学会求知,学会做事,这无疑是十分必要的,但往往忽视了更重要的一条,就是教他们学会做人。所谓学会做人,就是学会处理人与人、人与社会的关系;在当代中国就是要有爱国主义、集体主义、社会主义思想,有高尚的道德情操,有正确的世界观、人生观、价值观。用毛泽东同志的话说,就是要成为"一个高尚的人,一个纯粹的人,一个有道德的人,一个脱离了低级趣味的人,一个有益于人民的人"。①

中国传统文化可以说是一种如何做人的文化,非常注重伦理道德和人格修养,被世人归结为伦理型文化。《大学》一书开宗明义地指出:"大学之道,在明明德,在亲民,在止于至善",并且提出"正心、诚意、修身、齐家、治国、平天下"的主张。这完全是以对道德的自我追求和完善为宗旨的。孔子倡导的"仁者爱人","己欲立而立人,己欲达而达人","己所不欲,勿施于人"(《论语·雍也》),也浸透了怎样做人的伦理精神。儒家的崇仁、尚义、重节的一系列言论,以及道家所主张的不为境累,不为物役,绝圣弃智,洁身自好,实际上都是对理想人格的追求和对实现个体价值的向往。中华民族有源远流长的人文教育传统,以儒学为中心的人文教育是中华传统人文教育的主流。这种重礼、崇仁、尚义、追求高尚完美人格的人文教育传统,对受教育者思想感情的熏陶、感染和人格的塑造具有不可忽视的重要作用,培养了一代又一代的优秀人物,维系着中华民族的生存和发展。

二、有助于以理性态度和务实精神去继承传统

马克思说过:"人们创造自己的历史,但是他们并不是随心所欲地创造,并不是在他们自己选定的条件下创造,而是在自己直接碰到的、既定的、从过去承继下来的条件下创造"。② 中国传统文化,就是我们"直接碰到的既定的、从过去继承下来的条件",是影响中国人过去、现在和将来的传统。从一定意义上讲,传统是社会的

---

① 毛泽东:《为人民服务》
② 《马克思恩格斯全集》(第1卷),人民出版社,1972年版,第112页。

一种生存机制和创造机制。借助于它,历史才得以延续和发展,社会的精神成就和物质成就才得以保存和实现。正因为如此,文化传统并非仅滞留于博物馆的陈列品和图书馆的线装书之间,它还活跃在今人和后人的实践当中,并在这种实践中不断改变自己。每一个有志为民族的未来贡献心智和汗水的中国人,都应该努力熟悉传统、分析传统、变革传统,而学习、研究中国传统文化,则有助于培育这种理性态度和务实精神。

三、有助于增强民族自尊心、自信心、自豪感

中国传统文化是世界上最古老的文化之一,而且是世界上惟一没有过断层的古老文化。它是东方文化的典型代表,有着独特的价值系统和思维方式,是人类文明发展史上的一块瑰宝,对世界文化的发展发挥了重大的推动作用。中国传统文化中有不少在人类历史上光芒四射而且至今仍有重要价值的东西;有不少优于西方文化且在漫长的岁月中在世界上处于领先地位的方面;即使在科学技术领域中也是如此。

随着科学技术的发展,人类社会进入信息社会,人类各民族文化相互交流的深度和广度都在不断拓展。在这样的时代大背景下,中华民族及其文化应以怎样的姿态参与合作与竞争,是每一个炎黄子孙都应该思考的问题。真切把握一个民族的文化特征,比把握诸如皮肤、头发、眼睛的颜色之类体质特征要困难得多。然而,任何民族,其文化形态尽管纷繁多彩,但都可以寻觅到该民族文化的主色调、主旋律。我们之所以能够从芸芸众生中大致辨识各民族的特征,是因为每一个民族内部固然存在着繁复多样的阶级、阶层、集团、党派及个人修养和性格的差别,但同时也深藏着表现于共同文化上的共同心理素质,这便是所谓民族精神。中国文化源远流长,博大精深,在相当长的历史时期里,一直处在世界领先地位,给世界文明作出了巨大贡献。学习中国文化,是我们认识自己、把握中华民族精神的可靠途径,更是振奋我们的民族精神,增强民族自豪感和民族责任感,提高民族自尊心和民族自信心,全面弘扬爱国主义,增强凝聚力,同心同德,艰苦奋斗。

四、有助于准确而深刻地认识中国国情,推动经济快速发展

古老的中国在漫长的历史时期内,无论在经济文化方面还是在科学技术领域都走在世界前列,处于领先地位,只是自明朝中叶以后才逐渐停滞和衰退并越来越远地落在西方列强之后。近代以来,思想界先驱们在反思过程中,将中国落后的原因归咎于以儒学为代表的中国传统文化,于是才有了"打倒孔家店"之举。然而到了20世纪六七十年代,以中国传统文化为母体文化所构筑的中华文化圈的东亚一

些国家的经济开始腾飞,日本及亚洲"四小龙"的经济出现了快速增长,这些事实显示出以儒学为核心的中国传统文化的价值。这种以儒学为核心的经世致用的传统文化对经济基础是有积极的能动作用的。由此可见,学习和弘扬中国传统文化对我国经济快速发展必将产生积极的推动作用。

当代中国人面临的历史使命是建设中国特色社会主义,完成这一千秋伟业的认识前提是切实认清中国的国情。国情不是空洞物,其实质就是文化的历史与现状。新中国成立以来,中国走过了艰难曲折的道路,取得了举世瞩目的成就。但是,我们的社会发展和文明进步的程度还远远不能满足人民的要求。数千年的传统文化给我们留下了丰厚的遗产,同时也带来因袭的重负。外来文化的积极因素,我们吸取得还很不充分,但其负面影响已引起我们的警惕和忧虑。深入剖析传统文化与外来文化对今日中国的影响,总结我们走过的道路,是认清国情的必要工作。

五、有助于开阔文化视野,为建设中国社会主义现代新文化服务

从古今中外杰出人才的成长过程来看,除老师的教导和课堂学习外,无不从前人留下的文化精品中得到启发,受到熏染。中国传统文化尤其是其中的经典是非常有价值的。了解这些经典可以开阔文化视野,这些经典多是开放的体系而非实证的结论,是直接涉及社会、人生等普遍性问题的论述,因而即是超越时代限制的,又是极富民族特色的,对后来者极富启迪作用。学习中国传统文化除了能够加强人们的自身修养外,还担负着建设中国未来新文化的任务。中国未来文化无疑是现代文化,但它只能是植根于中国传统文化基础之上并能体现中国传统文化精神的新文化。它既是现代的,又是传统的,是"现代"与"传统"的统一;它既是世界的,又是民族的,是"世界"与"民族"的统一。中国传统文化素有包容精神,能够并善于与外来文化融合,以升华自身。学习中国传统文化,有助于我们开阔视野,解放思想,以海纳百川的气概与开放的心态面向世界,博采各国文化之长,以保持旺盛的活力,创造出更加绚丽多彩的、有中国特色的社会主义文化,对人类文明作出自己应有的贡献。

第三节 学习中国传统文化的方法

中国传统文化源远流长,内蕴丰厚,是一个伟大的宝库。"工欲善其事,必先利其器"(《论语·卫灵公》),学习中国传统文化不能不注意选择适当的方法。可以采用的有效方法主要有以下几种:

一、史论结合——历史与逻辑的结合

中国传统文化历经数千年的积淀,内容非常丰富,但在丰富多彩、纷繁复杂的文化现象背后,却有其发展规律可循。对这些规律的探讨和求索的结晶就是中国传统文化理论。我们既要对中国传统文化的来龙去脉、历史沿革有一个明晰的了解,又要避免被浩如烟海的材料所淹没,这就需要将史与论结合起来,将历史的方法与逻辑的方法结合起来。其实,历史的方法与逻辑的方法是相通的。正如恩格斯所说:"历史常常是跳跃式地和曲折地前进的,如果必须处处跟随着它,那就势必不仅会注意许多无关紧要的材料,而且也会常常打断思想进程。因此,逻辑的研究方式是惟一适用的方式。但是,实际上这种方式无非是历史的研究方式,不过摆脱了历史的形式以及起扰乱作用的偶然性而已"。① 因此,我们在学习历史的时候,不能被现象所惑,而要透过现象看本质,注重一个个现象背后的规律性的东西,注重历史演进、社会演进的本质性的东西。要学会用逻辑的方法把握历史,概括历史,总结历史的规律,要了解它的发生、发展规律,思考继承与发展以及继往与开来的关系。只有认识本民族的历史,在批判的基础上继承和理解自己的文化传统,才能创造出新的自立于世界民族之林的文化。

二、书本与实际结合——典籍研读与社会体验结合

中国传统文化的要义多被载录于汗牛充栋的古籍之中,研读这些古籍,尤其是具有经典意义的古籍,对于我们把握中国传统文化的精髓,无疑是非常重要的。但这也并非是唯一的途径,因为中国传统文化也有很多内容是以非文本的形式存留于不断发展变化的社会生活之中,如起居习俗、交往礼仪、行为规范以及衣食住行、婚丧嫁娶等等。这就要求我们将视野扩大到社会生活的广阔领域,将文本与非文本、理论与实际、典籍研读与社会体验、探究和思维、静态的学习与动态的学习结合起来,相互参照、相互印证、相互补允,从而对生生不息的中国传统文化有一个全面的、发展的认识。

三、批判与继承结合——创新与弘扬结合

学习中国文化的方法是多种多样的,必须辨别良莠,弘扬精华,除弃糟粕。中国传统文化是历史赐予我们的一份珍贵的遗产,是我们建设现代文化的出发点和

---

① 《马克思恩格斯全集》(第2卷),人民出版社,1972年版,第122页。

基础,因而全盘否定、彻底抛弃传统文化的态度是不可取的。但是,我们又不能不加鉴别、生吞活剥式地学习,这样就会窒息中国传统文化的生命。悠久的文化历史与多元的文化结构,决定了中国文化具有鲜明的矛盾性和两重性,其中有精华,也有糟粕。这就要求我们必须注意取其精华,弃其糟粕,推陈出新,批判与继承相结合。我们以什么样的标准来区分精华与糟粕呢?这就要看其中是否有科学性、民主性、进步性的因素。因而,对于中国文化,主张全盘继承、全盘复古或主张割断历史、彻底否定都是错误的。新的社会、新的时代对中国文化的建设提出了新的要求。为了完成这一新的历史使命,我们必须以历史唯物主义的科学观和方法论,在批判地继承中国传统文化精华的同时,根据时代的要求,与时俱进,开拓创新,才能持续地有所发现,有所发明,有所创造,有所前进,为建设现代化的中国社会主义新文化做出应有的贡献。

第一章 中国传统文化产生与发展的客观条件

伟大的民族必然具有伟大的文化。中华民族是一个具有悠久历史的伟大民族,中国传统文化是一个源远流长、博大精深、生生不息的文化体系,是一座规模宏大的文化殿堂。对于中国传统文化,任何人穷其毕生精力也不可能完全彻悟它的底蕴。然而,我们应当而且也能够约略地了解它的概貌与形神。

中国人自古以来之所以长期自认处于世界中心,与中国传统文化得以根植的环境颇有干系。中国传统文化根植的环境由自然环境和社会环境交织而成。"自然环境"是指人的生存与发展所依附的地理环境。"社会环境"是指人在生存和发展过程中结成的相互关系,可分为经济基础和社会政治结构。因此研究中国传统文化的生成与发展,应从地理环境、经济基础、社会政治结构三方面入手。

第一节 中国传统文化发生的地理环境

地理环境,指为人类提供文化生活的物质资源和活动场所的系统,它是人类赖以生存和发展的物质基础,同时也是人类产生意识或精神的基础。任何文化的生成与发展,总是在一定的地理环境下实现的,不同的地理环境是不同文化类型出现和不同文化特征形成的深厚物质基础。

一、地理环境与文化

地理环境包括自然地理环境和人文地理环境。自然地理环境,一般指气候、地形、地貌、水文、植被、海陆分布等,人文地理环境一般指疆域、政区、民族、人口、文化、城市、交通、农业、牧业等方面,这两方面相互作用,不能截然分开。地理环境是人类赖以生存和发展的物质基础,同时也是人类产生意识或精神的基础。

地理环境是一个历史概念,这里所阐述的地理环境,是就曾经影响文化发生发展的比较稳定的地理概况而言,当然地理环境本身并不是文化,而是文化赖以产生的基石,对文化的发生、发展具有一定物质上的制约力。

对于地理与文化之间关系的研究,即"人地关系论"经历了漫长的发展历程。众所周知,中国早在先秦时代已有"环境决定论"的观点,如《礼记·工制》中有"广谷大川异制,民生其间者异俗",《管子·水地》中有:"齐之水,道躁而复,故其民贪粗而好勇;楚之水,淖弱而清,故其民轻果而贼;越之水,浊重而洎,故其民愚疾而垢;秦之水,泔冣(同"聚")而稽,淤滞而杂,故其民贪戾罔而好事;齐晋之水,枯旱而运,淤滞而杂,故其民谄谀葆诈,巧佞而好利……"。

地理与文化之间关系的研究作为具有近代科学意义的命题,则始于19世纪的欧洲。20世纪初,国际学术界专门创生出一门新的学科——文化地理学。大致说来,文化地理学所涉及的人类文化和地理环境的关系,主要有以下一些基本观点:①

(1)文化是人类从适应自然到征服、改造自然和利用自然的过程中形成和发展的。因此,地理、文化、人,这三者从一开始就存在着不可分割的密切的关系。

(2)人类文化必须产生、发展于一定的地理空间范围,一定的人类文化和一定的地理环境密切相关,文化必然要打上地理环境因素的深刻烙印。

(3)任何一种文化都有它自己的发源地,文化发源地的自然特征与生态环境,往往构成不同空间文化现象的重大差别。地理空间上的文化差异源于自然环境所形成的地域分割;特定的地理环境不仅导致特殊文化的产生,而且对于文化的发展演变具有极为重要的制约作用。

(4)文化的本质内涵是自然的人化,人类作用与自然环境的文化活动,实际上是把自然环境中一个个原始景观转变成文化景观的过程。所谓的文化景观,就是人类的劳动给大自然留下的痕迹,如房舍、耕地、道路、村庄、聚落等。自然景观通过人类的劳动转变成为文化景观,是人类创造性智慧最直观、最普遍的文化成果。

二、地理环境与中国传统文化

文化是历史发展的沉淀,是在特定的自然环境中凝聚形成的,在文化中可以看到历史的痕迹,可以看到自然环境的痕迹。因此文化是有强烈区域性的。东方文化与西方文化不一样,中国文化和日本文化也不一样。在一个国家内部各地区、各城市的文化也有差异。例如,在全国范围内,南北差异是文化区域差异的主旋律。中国南北文化差异表现在许多方面:语言上南繁北齐;佛学上南顿北渐;文学上南骚北风;戏曲音乐上南柔北刚;武术上南拳北腿;饮食上南米北面,南甜北咸,南细

---

① 辜堪生主编:《中国传统文化概论》,西南财经大学出版社,2008年版,第16页。

第一章 中国传统文化产生与发展的客观条件

北粗;建筑上南敞北实等等。

(一)中国地理环境的特征

概括来讲,中国传统文化赖以生存的地理环境呈现出三大特点:

1. 中国地理的第一大特点

四周天然阻隔、相对封闭。中国地处亚洲东部、太平洋西岸。除东南及东部面向海洋外,东北、北部、西北、西部、西南皆与欧亚大陆连接,但却被河流、沙漠或高原峻岭所阻隔,形成了一个相对封闭的地理单元。具体来说,中国西部是被称为亚洲中轴的帕米尔高原,它向四方伸延出几条大山脉,把亚洲分为东亚、西亚、南亚和北亚。这里高山峻岭,山路崎岖,虽有一线可通,且汉代已开通了丝绸之路,然而这干寒荒凉之地,在古代却是一般人难以逾越的;中国西南是世界上最高的山脉——喜马拉雅山,它是中国与南亚的天然分界,也难以逾越。另外,西南的横断山脉及其江河、热带丛林也是中国与南亚、东南亚的天然阻隔;中国北部是广袤无垠的草原和沙漠,地势起伏不大,然而中国古代,从贝加尔湖到外兴安岭一线因严寒等原因又几无交往,形成了一个人文空间带;中国东部及至东南是广阔的海岸线。虽然海上丝绸之路一度颇为兴旺,但是中华民族并不热衷于海洋探险,自从郑和下西洋以后,很少有征服大洋的壮举。

2. 中国地理的第二大特点

地势西高东低,自西向东呈现出三大阶梯式的地形地貌。具体来说,青藏高原为第一阶梯,平均海拔在4000米以上,号称"世界屋脊";青藏高原以北、以东为第二阶梯,海拔在2000~4000米,蒙古高原、黄土高原、云贵高原、塔里木盆地、准噶尔盆地、四川盆地相间分布,地形复杂多样;第三阶梯为北起大兴安岭,中经太行山,南至巫山、云贵高原东侧一线以东的中国东部地区,平均海拔在500米以下。海拔200米以下的东北平原、华北平原、长江中下游平原及江南红土盆地都分布在这一地区。

3. 中国地理的第三大特点

季风气候显著,各地干湿冷暖差别悬殊。就干湿度而言,中国大陆以距离海洋远近形成了从东南向西北由湿润、半干旱到干旱的逐渐递变。东部阶梯除华北以外一般湿润多雨,中部阶梯除云贵高原以外一般为半干旱、干旱气候,西北内陆则成为最干旱地区。就冷暖度而言,中国大陆由南向北以名山大川为天然分界,呈现出热带、亚热带、暖温带、中温带、寒温带的渐次递变。具体说,台南、滇南一线以南为热带,以北至秦岭、淮河一线为亚热带,以北至长城一线为暖温带,长城以北、以西为中温带,大兴安岭、黑龙江一带为寒温带。

(二)地理环境对中国文化的影响

关于地理环境对中国文化的影响,我们强调的是在一定程度上的作用与影响,"我们不主张把一个民族的文化产生的动因、文化特征、民族性格以及文化的移动等完全归之于地理环境"。① 中国传统文化的形成与中华民族所生活的中国地理环境有着密切的关系:优越的地理环境,形成了基于农耕文明的民族文化性格;复杂的地理环境,形成了具有多样性和包容性的、一体多元的传统文化;完整而广阔的地理环境,形成了不曾中断、具有连续性的传统文化;相对封闭的地理环境,形成了较具保守性和封闭性的传统文化。中国地理环境对传统文化的影响是多方面的,其中主要表现在以下几个方面:

1. 疆域辽阔性与完整独立性,形成中国传统文化的包容性与绵延性

中华民族栖息在北半球的东亚大陆、太平洋西岸,作为欧亚大陆的一部分,中国地理面积差不多与整个欧洲一样大,广大的疆域,纵深的腹地,为中华文化的滋生繁衍提供了广阔的天地。

中国疆域完整,黄河、长江两流域毗连,没有明显的天然屏障可以阻隔,其势宜合而不宜分,因此在政治、经济、文化以及军事上都较海洋诸岛易于统一。数千年的人类文明进程中,中国文化是唯一不曾中断的、具有连续性的文化,这是人类历史上的奇迹,这在很大程度上不得不归功于中国拥有一块完整而广阔的地理环境。中国传统文化在对周边外来文化进行潜移默化中,始终保持着自己完整的风格和日趋完善的系统,长期绵延不绝,使中国文化具有较强的自信心和稳定的发展过程。

中国传统文化是一种内生文化,内部优越的自然地理条件,使生息于黄河流域的汉民族率先发展了自己的文化,随后便不断融合了中国境内其他地区及民族的文化,中国少数民族如匈奴、鲜卑、羯、契丹、蒙古、女真等最终自觉或不自觉地接受了中华文化并融入她的血脉之中。没有这种融合,就没有中华文化的博大精深。中国文化的这种融合力和同化力正是一个独立的文化系统得以保存和延续的先决条件。

中国与古埃及、古巴比伦、古印度同为世界四大文明古国,但不同的是:中国文化的发展从一开始便依托黄河、长江两大流域,内部拥有广阔的回旋余地。历史一再表明,当北方强悍的游牧民族挥师南下,中原王朝在失去黄河流域时,还可以以长江流域及珠江流域为依托延续着自己的文化。因而在中国历史上,西晋、北宋灭亡,随后还能在东南一隅分别建立了东晋、南宋,并且都延续一百多年。正是因为拥有这种回旋余地较大的空间,使得中国文化不像古埃及、古巴比伦、古印度等古文化在后来的历史进程中,或是被取代而中断了,或是湮灭、消失了。

虽然分裂与统一是中国历史的两大现象,但统一总是占主导倾向的。追求天下一家的大一统意识,对中华民族的不断发展壮大有重要作用。历代的皇帝无不

---

① 李中华:《中国文化概论》,华文出版社,1994年版,第16页。

第一章 中国传统文化产生与发展的客观条件

以边远的四裔民族的"来朝"为荣耀,即使在内忧外患的危急存亡关头,中国文化的独特风格与完整系统也未曾分裂和瓦解,并生生不息。同时,中国传统文化在对周边外来文化进行潜移默化中始终保持着自己完整的风格和日趋完善的系统,长期绵延不绝。

2. 外部封闭性与相对隔绝性,形成中国传统文化的保守性与内敛性

从地理环境看,三面陆地,一面临海,北面多沙漠,西面从北到南由帕米尔高原和青藏高原把中国和西亚隔开,东面和南面是大海,形成一种与外部世界半隔绝的状态,也是造成中国文化独立发展、自成体系的原因。

大陆型文化所面对的外在环境比较稳定,故较安土重迁、保守,不要求创意创新及想象力,从而形成自我封闭、向心凝聚和独立自主、稳定绵延的文化形态。如先民曾以中原为天下,对域外知之甚少,加之周边国家文化在历史上又落后于中国,易于产生"中华帝国,无求于人"的自我陶醉、自我封闭观念。

外部封闭隔绝也使闭关锁国政策易于实行,加上历代的统治者禁止海上交通等闭关锁国的政策,使国力趋向衰弱。但自鸦片战争以后,门户洞开,外交节节失败,国人觉悟到要向西方文化学习的必要性。

当然,地理环境并不是决定文化开放与否的唯一条件,文化的开放与封闭关键取决于是否存在文明的发源地以及接受者的态度。中国传统文化曾有开放性:如西汉的张骞两次出使西域,并辟了中西文化交流的通道,唐朝文化就具有包容性和开放性,允许外国人到中国经商、留学,甚至参加科举考试和出任官职;唐朝社会人士热衷接受外国文化,很多人都喜欢穿胡服,以及欣赏异域风格的歌舞表演等。

3. 地形复杂性、气候多样性,形成中国传统文化的多元性与丰富性

不同的地理环境与物质条件,使人们形成了不同的生活方式和思想观念。复杂的地形地势和气候使中国文化的发展演变表现出明显的地域差异。由于中原地区自然环境相对优越,文明起步较早,历史上还形成了各民族内聚、多元文化类型融合的趋势,从而出现了中国传统文化形成发展过程中的多元一体格局。

(1)地形东西有别

中国的地势特点是西北高东南低,高山、高原以及大型内陆盆地主要分布在西部,丘陵平原以及较低的山地多见于东部,宽阔缓斜的大陆架则在我国大陆东南延伸于海下。地势自西而东层层下降,形成落差显著的"三级阶梯"的复杂地形,高原、平原、大山、大川错落相间,构成许多独立的地理单元。

第一级台阶在东南沿海和近海地区,包括东北平原、华北平原、长江中下游平原、江南丘陵和珠江三角洲平原等,大部分海拔在200米以下,丘陵部分也多在500米以下;第二级台阶包括云贵高原、四川盆地、黄土高原、新疆和内蒙古高原等,

平均海拔1000~2000米;第三级台阶就是号称世界屋脊的青藏高原,平均海拔在4000米以上。从总体看,中华大地又是一个巨大的、封闭的地理单元,三级台阶,形如一把躺椅。中华民族这一东方巨龙安详地在这躺椅上休憩五千年,依山带水,面对海洋而内向大陆,产生的中国传统文化是农业文化。

我国地形多样,既有广袤的平原,也有纵横的山脉,还有蜿蜒的海岸。不同的地形,构成了不同的经济区域,孕育了不同的人文,铸就了文化的多元性。中国多山多水的地形地貌,既孕育了古代文人,也造就了富有特色的中国山水文化,主要表现在游览、文学和绘画等方面。孔子说"智者乐水,仁者乐山"(《论语·雍也》),以山比仁,以水喻智,这种以物比人之品性格调的手法,屡见于中国的政论、品文和文学艺术中,特别是魏晋以后,文人墨客盛行游山玩水,在文学界形成了山水诗派,在绘画界有山水画派。

(2)气候南北有异

气候从南到北,既有热带,又有寒温带,气温差异影响农作物的生长期,对农民的垦殖发生影响,所以形成人口南移、文化南进的趋势。以年降水量400毫米为界,中国约略分为温润的东南和干寒的西北两大区域。自然条件的差异,使前者被人们开辟为农耕区,养育出以定居农业为基石的农耕文化;后者则成为游牧区,繁衍出以游牧为生,善骑战的游牧文化。

农耕与游牧文明构成了中国古代文明的主体。一般来说,农耕民族依恋土地,重农轻商,居安思稳,保守平和;游牧民族迁徙不定,重牧轻农,勇猛好斗。在中国历史上,农耕民族与游牧民族有过长期的对垒,如军事上有长城的建筑、战争的对立,文化观念上如中原与周边、内地与边疆、蛮荒之地与礼仪之邦等的对立。但是,农耕民族与游牧民族通过迁徙、聚合、战争、和亲、互市等等途径,达到彼此交流,互相融合。

如果以长江为界简单地把中国划分为南北两大块的话,南北文化存在着差异。民国大学者刘师培说:"大抵北方之地,土厚水深,民生其间,多尚实际;南方之地,水势浩洋,民生其间,多尚虚无"。[①] 北方辽阔的黄土地和黑土地,景色壮丽,气候干燥寒冷,天空高旷凄凉,植被贫乏,在这种环境下,人物的性情多厚重、强悍、豪爽、严谨。而南方水流纵横,山色清华,植物繁丽,气候温暖湿润,云霞低垂清灵,在这种环境下,人物的性情多柔婉、细腻、灵捷、浪漫、精明。

如果以区域细分的话,在中华大地上齐鲁文化、三晋文化、吴越文化、巴蜀文化、台湾文化、西域文化、荆楚文化、三秦文化、关东文化、岭南文化等地域文化共同

---

① 刘师培:《南北学派不同论》,《国粹学报》,第6期,1905年7月。

▶▶▶ 第一章 中国传统文化产生与发展的客观条件

构成锦绣中华的历史画卷,成为世界民族文化的奇葩。

中国传统文化上下数千年,历史悠悠不绝,不仅包含丰富的内容,覆盖了辽阔的国土,还一直影响到今天的现实生活。在整个全球经济一体化、世界文化不断交融的新形势下,在社会主义现代化的进程中,在始终代表中国先进文化的前进方向的要求下,我们必须努力建设自己的新文化。既要结合自己的国情,引进一切优秀的、有价值的世界文化遗产,始终保持开放的心态,善于吸收外来的新鲜的文化成分,更要充分发挥、合理利用和有效保护自身的传统文化资源,使中国传统文化发扬光大、长期延续,并用其解决现代化进程中出现的问题,避免西方发达国家在工业化过程中暴露出来的许多弊病,使中国特色的社会主义现代化建设具有积淀深厚的、健康向上的精神文化,并使各国在世界文明的进程中分享中国传统文化的独特贡献。

第二节 中国传统文化植根的经济基础

地理环境影响文化发展,是通过人类的物质生产实践这一中介得以实现的。人与自然呈现双向交流关系。一方面,人的活动依凭自然,受制于自然;另一方面,人又不断征服自然、改造自然。人与自然这种双向同构关系统一于人类的社会实践,首先是生产实践,即经济活动。经济活动所创造的器用文化,既是广义文化的组成部分,同时又为制度文化、行为文化、观念文化的生长发育奠定基础。

一、中国传统农耕经济概说

世界上传统的经济大致分为三类:一是农耕经济,二是游牧经济,三是商业经济。中国传统的经济是农业经济占主导地位。纵观中国古代农业生产,可以看到如下特点:一是成就突出,起步早、水平高、发展稳定且从未中断;二是一家一户、分散经营的小农经济是中国古代农业生产的主要形式;三是精耕细作,农桑结合,粮棉结合,集约化程度高。

中国传统的经济形态是农耕经济,农业给古老的中华民族提供了基本的衣食之源,因之,农业是中国传统文化最深厚的经济基础。在古代历史发展中,只有在农业取得发展的地区,文化才能得以繁荣。中国是在大河养育下农业最早得到发展的地区,因此也是文化最早兴盛的国度。黄河中下游地区属典型温带季风气候区,降水较为充足,广泛分布着浑厚肥沃的黄土,这是一种良好的土壤母质,团粒细微,组织疏松,使用原始的生产工具挖掘比较省力,便于原始农业的发展,最早的粮食作物"稷"最适宜这种土壤中生长。加之当时这里的河道纵横曲折,湖泽星罗棋布,岗丘洼地相间,使其少受旱涝之灾,在这里经营农业能持续地取得更大的成就。

中华大地处于亚洲东部太平洋西岸,疆域辽阔,地理位置优越,气候温和,大河大陆型的自然地理生态环境孕育了华夏民族以农耕经济为主体的经济生产形态。农业在中国的发展有着极其悠久的历史和相当辽阔的地域。中国农业发源很早。关于起源,史籍中有许多说法,有的说是神农氏发明了农业,有的说是烈山氏,有的说是周人始祖"弃",而司马迁则说农业为黄帝发明。目前考古证明,农业至少在一万年前新石器时代到来之际便已存在了,并不是某一两个英雄人物的功劳。大致说来,黄河中下游一带的远古居民是粟、黍等旱地农作物种植的发明者,而长江中下游一带的远古居民是"稻"这种水田作物种植的发明者。考古资料证明,在距今约六千年的仰韶文化时期,先民就逐渐超越了狩猎和采集阶段,进入以种植经济为基本方式的农业社会,广泛种植耐旱的粟谷和蔬菜。他们世世代代日出而作,日落而息,凿井而饮,耕田而食,年复一年地从事着农业简单再生产,并且已经形成了稳定的农业定居点。在距今四五千年前的黄河中下游地域已有相当发达的原始农业。在此基础上,中华大地才产生了最早的奴隶制农业经济和最初的民族国家,这就是所谓的"禹稷躬稼有天下"(《史记·夏本纪》)。夏商周三代时期,农耕业已成为中原华夏民族社会生活资料的主要来源。秦汉以降,大一统的中华帝国更把"重农固本"奉为治国的不易之道。魏晋以后,农耕区域向长江中下游和江南地区转移,南方优良的自然气候条件和生态环境,使农耕经济进一步显示出巨大的发展潜力。中国的农业经济几千年一直稳定发展没有中断过。稳定的农业生产,为中国传统文化的产生和发展提供了经济基础。中华的农耕文明早就在河流相交的三角地带、黄河中游流域和长江中下游流域形成。在中国,占主导地位的传统文化无论是物质的还是精神的都建立在农业生产基础上,它们形成在农业区,也随着农业区的扩大而传播。中国古代文化在很大程度上是一个农业社会的文化。中国文化的若干传统和民族心理的形成都与此息息相关。

大约在4000~5000年之前,中国北部的气候发生了由温暖向凉爽的转变,这就导致了长城以北地带的产业结构由原来以农耕为主向以游牧为主的转变,并由此形成了我国历史上长城以南的农耕经济和长城以北、以西的游牧经济的分野。

中国古代的农业一直保持着世界领先的地位。经过夏商周三代的经验积累,中国农业生产在春秋战国时期实现了一次较大的飞跃,主要表现在铁制农具的广泛使用、牛耕的推广、水利灌溉工程的大量兴修、耕地的大量垦辟和小农经济的出现等方面。秦汉时期,由于耧车、代田法①的出现及以铁犁为代表的生产工具的改

---

① 西汉时期推行的一种适应北方旱作地区的耕作方法。由于在同一地块上作物种植的田垄隔年代换,所以称作代田法。

第一章 中国传统文化产生与发展的客观条件

进,大大提高了生产效率和生产效益,促使农耕区向西北方向扩展,江淮之间、关中也出现了大大小小的灌溉区。魏晋南北朝时期,由于北方战乱,大批人口南迁,南方农业水平迅速赶了上来,长江以南、五岭以北的广大地区及巴蜀一带逐渐成为我国重要的农业区。隋唐时期,中国农业经济重心开始移向长江流域,长江中下游地区成为中央政府的主要财政来源地,所谓"天下以江淮为国命"。宋元明清各代,中国的农耕和养蚕重心一直在南方,南方的粮草通过大运河源源不断地运往北方。唐宋以来,筒车、曲辕犁、梯田、施肥、套种、育种、园艺、农书等工具、工艺或技术远远走在了世界的前面,棉花、花生、玉米、番薯等经济作物和高产作物不断地被从世界各地引进。

二、中国农业文化的特征

在近代商品经济得到充分发育以前,中国生产方式的主体是农业自然经济。中国文化扎根于自给自足的农业经济土壤,对民族心理、思维方式的形成产生了深远的影响。农业经济造成了中国农业文化的若干特征:

(一)勤劳务实

农业生产是"一分耕耘一分收获",因而养成了勤劳务实的精神和民族性格,重实际而黜玄想。中国古代贤哲一向提倡"君子务实",朴实、勤劳、埋头苦干一直是我们民族优良的传统,人们脚踏实地、兢兢业业,厌恶虚夸巧取。另一方面,这种偏重实惠与眼前功利的民族性格又限制了生产以及科学技术的发展。人们在生产实践中急功近利,追求即时的效益,就是这种"吹糠见米"的小农意识的表现。中国古代基于实用的农学、天文学、医学等学科十分发达,而纯科学性的玄思、不以实用为目的的探求自然奥秘的文化极少,即使有也受不到社会的重视。

(二)安土重迁

农耕生活与土地相连,人们生于斯,长于斯,老于斯,"各安其居而乐其业,甘其食而美其服"(《汉书·货殖传》)。所谓"安土重迁,黎民之性;骨肉相附,人情所愿也"(《汉书·元帝纪》),追求天长地久,福禄永终,而缺乏向空间扩展、向外争取的精神。"羁鸟恋旧林,池鱼思故渊"、"宁恋本乡一捻土,莫爱他乡万两金"等乡土观念得到较多的人认同。农民"日出而作,日入而息,凿井而饮,耕田而食",过着男耕女织、自给自足的生活。农业生产与定居密切相连,农业民族为适应农耕的需要,起居有定,耕作有时,如果不是遇到大灾荒、大战乱,农民很少迁徙。人们往往与外界联系有限,有的世世代代在一个小范围内过着半封闭的生活,于是就有对土地的眷恋,爱故土,重乡情。远离故土的游子,总是对故乡怀有深深的眷恋,希求"叶落归根"。这种生活方式与"朝山阴,暮山阳"的游牧民族,以及四海为家、漂泊天涯的商业民族殊异。这种恋土重迁的生活方式和习性,使农人习惯于依附在小片土地上周而复始地春耕夏耘秋收冬藏,追求生活的稳定和安逸,无法产生强烈的创新和开拓欲望。就文化心态而言,文人学士所向往和颂扬的多是对和平宁静的田园式生活的企望,歌颂孝慈仁爱,鞭挞暴虐苛政,反对穷兵黩武。

(三)重农抑商

虽然在中国奴隶社会的城邑中就有商品交易,进入封建社会商业进一步地发展,明清时期出现了资本主义萌芽,但传统农业经济占主导地位的中国,在宏观上主要强调"以农为本"、"重农抑商",从而扼杀了商品经济发展以及资本主义萌芽,阻碍了中国社会经济的发展。

经过人们的辛勤劳动,中国在西方近代文明兴起之前一直是亚洲乃至全世界最强大、最富足的国家。这使华夏民族充满自信,以开放、宽容的姿态迎接外来文化,另一方面农业生产保守、封闭的一面又影响了人的生活方式和思想意识,人们不愿意接触外界、接受新事物。自给自足的小农经济土壤决定了中国文化深层次的诸多特点,如注重经验理性、务实黜虚、中庸循环的思维模式,重农抑商、重本抑末的社会经济结构,尊君重民、集权专制的国家体制等等。19世纪中叶,随着西方殖民主义列强的大举入侵,中国面临"数千年来未有之变局",而这种"变局"最基本的层面,便是沿袭了数千年的自然经济逐步解体,日益被纳入世界统一市场,以商品经济为动力源的新的经济结构开始形成,从而为中国文化的发展提供一种更新了的环境。

第三节 中国传统文化依赖的政治结构

文化是一种人类现象,而人类只有组成一定的社会结构,方能创造并发展文化。一个民族文化的产生、演变和发展,除受特定的地理因素、经济因素和其他外来因素的制约外,社会政治结构对其影响也是至关重要的。中国古代社会政治结构的特点是"家国同构",这种带有某种血缘温情的宗法制度和中国一脉相承的专制制度相结合的社会政治结构,深刻影响着中国传统文化。其影响深入到包括占主导地位的意识形态、史学文学艺术、民风民俗,甚至科学技术等领域。因此,了解中国传统社会政治结构,就成为理解中国传统文化特点的一个重要方面。

中国传统文化的社会政治环境主要体现在以下两个方面:宗法制度的长盛不衰和君主专制制度的高度发达。

一、宗法制

人类社会组织的演变趋势,大约是由血缘政治向地缘政治进化,希腊便是实现

第一章 中国传统文化产生与发展的客观条件

这种转变的典型。然而,中国的社会结构虽发生过诸多变迁,但由血缘纽带维系着的宗法制度及其遗存却长期保留,这与中国人的主体从事聚族而居的农耕生活有关,使得中国跨入文明门槛以后,氏族社会血缘纽带解体很不充分。而正是这种严格的宗法制度,促使中国传统文化能够在2000多年里稳定传承、源远流长。

农业经济基础决定了农民只有依靠土地为生,土地的固定性决定了一家几代人都要生活在一起。黄河长江为农业生产提供基本的条件,但又经常泛滥成灾。"汤汤洪水滔天,浩浩怀山襄陵,下民其忧,有能使治者?"(《史记·五帝本纪》)面对水灾,全氏族的成员基于共同的命运、血缘关系而联合起来。在氏族中治水有功者——年长且较有经验的长老,往往成为氏族领袖。[①] 因此宗族与血缘彼此融合,将社会成员牢固地拴在一起,形成了中国以家族为核心的向心模式以及家(族)长至高无上的地位。国家中的君臣关系也是按照家族中的父子关系来理解的。这就形成了基于宗法—专制的政治文化结构。

宗法制度是原始社会氏族公社成员之间牢固的亲属血缘关系在新的历史条件下演化而成的,是这种血缘关系与社会政治等关系密切交融、渗透、凝结的产物,是一种庞大、复杂但井然有序的血缘政治社会构造体系;它在中国的产生与确立是一个漫长而复杂的过程。

(一)宗法制度的产生

阶级产生以前,人类走着大体相同的道路,都是以血缘关系为纽带建立起来的组织形式。先是原始群居,以后是氏族,继而发展为部落。但在阶级和国家产生后,由于自然环境和各地居民生活方式的不同,血缘关系在社会生活中的地位和表现形态出现重大差异。地中海沿岸国家,特别是古希腊,人们生活在多岛的海洋型地理环境中,很早就从事海上的商业贸易活动。这种流动性很强的生活方式,强烈地冲淡了蒙昧时代的血缘关系,形成了以地域和财产关系为基础的城邦社会。与地中海沿岸国家不同,中华民族是在一块广袤的大陆上独立发展起来的,其自然环境、生产方式都和古希腊有很大的差别。中华民族栖息的这块东亚大陆,地形、地貌复杂,气候适宜,有无数河流、湖泊,有高山峻岭,有一望无际的平原,面积之大,以至于在先民的眼里,中国就是天下,但是他们的活动范围却相当狭小,很早就过着"日出而作,日落而息"的定居农业生活。与世隔绝、聚族而居的生活方式,即使从野蛮转换到文明阶段以后,亦无法冲破人类原有的血缘关系,血缘家族的社会组织形式便被长期保留下来。

---

① 吉龙华:《地理环境与中国传统文化》,《思想战线》,1998年,第3期。

宗法制起源于父系氏族公社的家长制。父系氏族公社后期，父系家长支配着家族内部的所有财产及成员，具有很高的权威，他死后，其权力和财产需要有人继承，于是习惯上便规定了一定的继承秩序。

夏、商两代仍保持氏族制的形式，各级氏族组织也是各级行政组织，首领即是行政长官，整个国家则是以夏氏或商族为统治的部族大联盟，有夏氏或商族的首领也就是国家的最高行政长官——王。但商朝王位继承非常杂乱，兄死弟及、父死子继，弟死返政于兄子，不返兄子由己子、两兄弟的子孙轮流为王。以周公为首的周初统治者，吸取商朝未能建立确定不移的继统法以致内乱不止的历史教训，建立了"立子立嫡"的王位继承制度。

(二) 宗法制度的确立

中国古代社会，人们称之为"宗法社会"。"宗"，本是"祖庙、祖、族"的意思，《说文解字》中说："宗，尊祖庙也。"宗法制度是一种以血缘关系为基础，尊崇共同祖先以维系亲情，并且由此区分尊卑长幼，确定继承秩序以及家族成员各自的权利和义务的法则与制度。嫡长子继承王位，为了解除其他人对嫡长子继承权构成的威胁，必须将他们从王室中分出去，另立为宗，这就形成了以嫡长子系统为大宗，以别子系统为小宗，小宗服从大宗的宗法制度，是谓"宗法制"。分宗一般都伴以授土授民的封邦建国，这既是让失去王位继承权的诸子分享王室的部分权力，消除他们的不满，又可以使周王朝的大部分疆土掌握在可靠的兄弟、同姓手中，这就又有"封建制"，所谓"封建亲戚，以藩屏周"（《左传·僖公二十四年》）。周初统治者通过封建制把大部分土地和人口都控制在兄弟、同姓手中，也分封了一些异姓诸侯，为把他们也纳入血缘网络之中，周初统治者实行异性才可通婚的制度。这样，王与诸侯之间不是兄弟、叔侄，就是甥舅。诸侯与大夫、大夫与士之间的关系也是如此。实行分宗和封建的结果是在周朝内部形成许多诸侯国；各诸侯国的公室也仿效这一做法进行分宗和分封，从而在各诸侯国内又形成了许多大夫之"家"；大夫之"家"虽然不再裂土分封，但还是要分宗的。这样就形成了王、诸侯、卿大夫、士之类的等级。在宗法制度下，"天子建国，诸侯立家，卿置侧室，大夫有贰宗，士有隶子弟"（《左传·桓公二年》），形成了系统而完整的制度。

宗法制的一个关键内容是严嫡庶之辨，实行嫡长子继承制。嫡长子继承制，是宗法制度最基本的一项原则，即王位和财产必须由嫡长子继承，嫡长子是嫡妻（正妻）所生的长子，为宗室的正支，而其他的庶子为别子、庶出，是妾所生。西周天子的王位由其嫡长子继承，由嫡长子继承的王位可以确保周王朝世世代代大宗的地位，庶子对嫡子的大宗来说，是小宗，而在自己的封地内又为大宗，其继承者也必须是嫡长子。西周的嫡长子继承制目的在于解决权位和财产的继承与分配，稳定社

第一章 中国传统文化产生与发展的客观条件

会的统治秩序。这一制度依靠自然形成的血缘亲疏关系以划定贵族的等级地位,从而防止贵族间对于权位和财产的争夺。在宗法制度下,从始祖的嫡长子开始传宗继统,并且世代均由嫡长子继承。这个系统称为大宗,嫡长子称为宗子,又称宗主,为族人共尊。宗子有祭祀祖先的权利。若宗子有故而不能致祭,那么庶子才可代为祭祀。和大宗相对应的是小宗。在一般情况下,周天子以嫡长子继统,众庶子封为诸侯,历代的周天子为大宗,这些诸侯就是小宗。诸侯亦以嫡长子继位,众庶子封为大夫,这些大夫为小宗,而诸侯则为其大宗。大夫也以嫡长子继位,为大宗;众庶子为士,即小宗。在宗法系统里,诸侯和大夫实具有大宗与小宗双重身份。

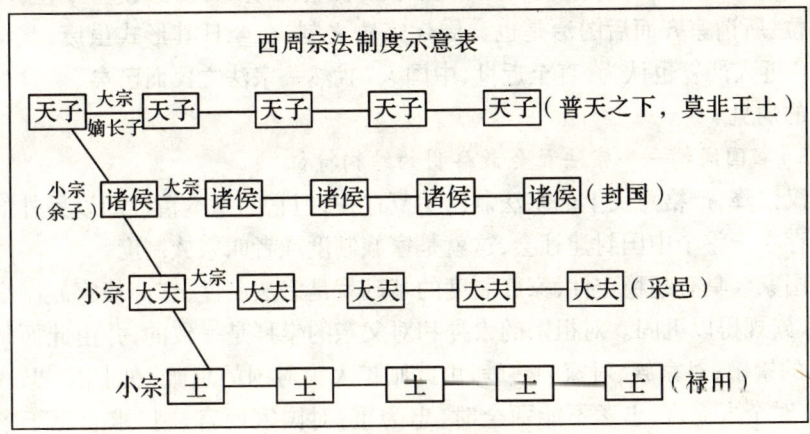

图:西周宗法示意表

西周时期,宗法制趋于严密。在严格区分嫡庶,确立嫡长子优先继承权的前提下,又增加了庶子继承的原则,这就是"立嫡以长不以贤,立庶以贵不以长"(《春秋公羊传·隐公元年》)。宗子享有许多特权,如主持祖宗祭祀,掌管本族财产,决定本族成员的婚丧事务,教导或惩罚本族成员等。西周的宗法制与等级制、分封制互为表里,天子、诸侯、卿大夫、士形成了层层相属、代代相袭的政治权力结构,在一定意义上讲,西周的各级行政机构正是扩大了的宗法系统。

春秋争霸时期,周天子地位旁落,宗法制开始动摇。战国变法,普遍限制贵族特权,宗法制受到致命打击。原来在宗族中居于支庶地位的一些成员,由于军功、垦田、经商等原因而上升为显贵或豪富,于是他们不再愿意受共居共财原则的束缚,也不再愿意继续尊奉并受制于名义上的宗子,这样,宗法制便瓦解了。

秦汉以降,分封制被郡县制取代,除帝王继统仍由皇族血缘确定外,行政官员的选拔、任用,实行荐举、考试制(隋唐以后定型为科举制),即以"贤贤"取代"亲亲",但是,宗法制的影响仍然延及后世。

其一，政治权力和经济产权的继承，普遍遵循父系单系世袭原则，完全排斥女性成员的地位，以确保权力和财富不致流入异性他族。

其二，由血缘纽带维系着的宗法组织——家族制度长盛不衰，成为超越朝代更迭的不绝如缕的社会细胞。这种家族香火的绵延，又往往仰赖祠堂、家谱、族田三要素的顽强存在。

其三，族权与政权结合，族权在宣扬纲常名教、执行礼法、维护宗法专制秩序方面，与国家政权目标一致；国家政权也以家族精神统驭臣民，正所谓"家国同构"、"君父一体"。诚如近人梁启超所说："吾中国社会之组织，以家族为单位，不以个人为单位，所谓家齐而后图治是也。周代宗法之制，在今日其形式虽废，其精神犹存也。"[①]近人严复也认为，直至近世，中国人"犹然一宗法之民而已矣"。这都是透视古今的灼见。

（三）家国同构——宗法社会最鲜明的结构特征

秦汉以降，严格意义上的宗法制已不复存在，但它的基本精神却以另外的形式顽固地存在于整个中国封建社会，这就是家族制度或者叫宗族制度。

中国家族具有超稳定性，家族制度的基础就是宗法制度，它仰赖家族制度得以维系，依族规得以巩固。对祖宗的崇拜和对父亲的崇拜是一致的，并由此而延伸为对"君"的崇敬；对家族、对家的热爱，由此则扩大为对国的忠诚，在中国"忠、孝"是相通的，对个人而言，忠孝不能两全时，忠为重；对国家而言，则"求忠臣于孝子之门"，在家尽孝，在外尽忠。

宗法制度的本质是家族制度的政治化。家庭、家族和国家在组织结构和运作机制方面具有共同性，都是以血亲——宗法关系来统领，存在着严格的家长制，这就是所谓的"家国同构"，家族是家庭的扩大，国家则是家族的扩大和延伸。《周易·序论》中说："有天地然后有万物，有万物然后有男女，有男女然后有夫妇，有夫妇然后有父子，有父子然后有君臣，有君臣然后有上下，有上下然后礼义有所错（同'措'）。"家是小国，国是大家，因而"国"与"家"彼此沟通，"齐家"与"治国"相互为用，所谓"治国必先齐其家者，其家不可教而能教人者无之，故君子不出家而成教于国"（《礼记·大学》）；父为"家君"，君为"国父"。

于是就有移"孝"为"忠"的价值观念，"君子之事亲孝，故忠可移于君。"（《孝经·广扬名》）孝的伦理情感被推衍、转化为忠于国家朝廷的政治观念。儒家思想之所以在中国社会中占统治地位，道理恐怕就在这里。孔子非常重视"孝"、"悌"，

[①] 梁启超：《新大陆游记》，社会科学文献出版社，2007年版，第35页。

▶▶▶ 第一章 中国传统文化产生与发展的客观条件

其曰:"君子务本,本立而道生。孝悌也者,其为仁之本与!"(《论语·学而》)孔子将以血缘联系为纽带的自然亲情作为道德情感、道德义务的依据,通过自然亲情的体认而确定长幼尊卑,进而确定彼此的义务和责任。孔子又把"孝"这样一种建立在自然亲情之上的伦理道德泛化,推广到政治以及全部社会活动领域,"其为人也孝悌,而好犯上者,鲜矣;不好犯上,而好作乱者,未之有也。"(《论语·学而》)这样,父与子、兄与弟的关系由自然人伦延伸到上下、君臣关系,成为社会人伦。

儒家所标榜的"三纲五伦",后来成为封建社会最基本的道德规范。"三纲"中的两纲、"五伦"中的三伦是针对家庭成员之间的关系,而居于"五伦"、"三纲"之首的又是"父子",君臣关系不过是父子关系的延伸。可以说,孔子的学说集中地概括了以"家国同构"为基本特征的宗法社会中人与人关系的实质,因而后来被封建统治者所选择,承担其"治天下"的历史使命。

数千年中国社会结构之中,使国家结构也打上了家族结构的印记,家与国的组织系统与权力配置都是严格的父权家长制。在中国,尽管奴隶制国家和封建制国家是按地缘原则建立起来的,不同于原始的氏族部落,但却始终未能摆脱氏族血亲宗法关系的纠缠。在一定意义上说,中国的奴隶社会是宗法奴隶制,是家族的政治化,这是中国与印度、欧洲的重大区别,这种区别大大影响了文化形态。

宗族和宗法关系在中国长期存在,导致了"家国同构"的格局,即所谓"忠孝相通"。社会组织的"家国同构"以及由此而来的"忠孝同义",都是宗法制度长期遗存的结果。秦以后郡县制成为国家的基本行政区划,但家族制度一直延续到清代,国家权力始终与家族权力相结合,封建统治者以"家"为原型构建"国",国家权力在县以下通过家族来实现。

二、君主专制

中国古代社会政治结构的另一显著特点是存在着一个延续了两千多年且不断得到强化的君主专制的官僚政治体制。

早在国家初成的商周时代,君主专制便初现端倪。如果说,春秋以前,天子的专制权力以分封制为基础,世袭诸侯赐土而且临民,享有较大分治权,那么,战国以后,郡县制逐步确立,君主的专制权力通过直接指挥非世袭的朝廷官吏实现,从而向统一的专制主义集权制过渡。秦统一六国后,中央集权达到一个新的高度、至明清时期,发展到顶峰。其形成之早、历时之久是世界上其他任何国家所无法比拟的。

马克思曾大致把君主专制分为两种类型,即以英、法、德等为代表的欧洲型和以中国、土耳其为代表的东方或亚洲型。由于两者产生的社会历史条件不同,所以其社会政治结构也就迥然有异。例如英国的君主专制政体形成于封建社会的晚期，资本主义已经萌芽，新兴资产阶级势力勃然兴起，君主专制制度的阶级基础既有封建贵族势力，又有僧侣、地主和新兴资产阶级，专制君主在维护旧的封建贵族利益的同时，也在拉拢资产阶级，鼓励工商业的发展和海外贸易活动，这在客观上保护、促进和推动了资本主义生产方式的成长。

与欧洲的情况不同，中国的君主专制政治的阶级基础是地主阶级，在一定程度上还包括数量极大的自耕农。他们所依赖的生活方式一开始就是小农经济和家庭手工业相结合的自给自足的自然经济，这种自然经济对商品经济形成巨大的抑制力量。为了保护这种自然经济并进而维护地主阶级的根本利益，统治者普遍采取对商业贸易压制的态度，"重农抑商"成为历代统治者的基本国策，严重阻碍了中国新的资本主义生产关系的萌生和发展。

自公元前221年，秦始皇"振长策而御宇内"，正式建立了中央集权的君主专制政体，此制一直沿袭至1911年辛亥革命推翻清王朝。中国的君主专制形成早、持续久，而且两千余年间虽有起伏跌宕，其总趋势是愈益强化，并形成对社会生活各层面的严密控制，包括用户籍、里甲制度牢笼人身；用政治控摄文化、权力干预学术，从而使"邪僻之说灭息，然后统纪可一而法度可明"（董仲舒：《举贤良对策》）。与欧洲国家相比，中国君主专制制度具有以下几个特点：

（一）产生时间早，持续时间长

中国君主专制出现的年代先于世界各国，早于英国近两千年。专制政体的长期延续，是中国文化与其他文化的重要区别之一。春秋战国时期，列国诸侯在自己的封地内实行专制统治，用郡县制取代分封制，用官僚制取代世卿制。公元前221年，秦统一全国，更厉行中央集权，君主专制开始正式实行于疆域广大的一统帝国。秦以后直至明、清，专制主义中央集权政治持久不衰，愈演愈烈。从春秋战国直到20世纪初辛亥革命推翻清朝统治，专制政权在中国存在两千多年，这在世界上是绝无仅有的。

（二）经济基础深厚稳固

中国君主专制制度的经济基础是土地的国有和自给自足的小农经济。商周时期，全国的土地都是君主的私有财产，所谓"普天之下，莫非王土；率土之滨，莫非王臣"（《诗经·小雅·北山》），就证明了这一点。春秋以后，虽然出现了土地多极所有的局面，但土地主要还是集中在贵族及地主阶级的手里。在整个封建时代，国家对土地占有绝对多数，再加上官僚、地主对农民土地的大量兼并和残酷剥削压迫，农民的生活极度困苦。所以，广大的自耕农和佃农抵御天灾人祸的能力是十分有限的。这正如马克思所说："他们不能代表自己，一定要别人来代表他们。他们的代表一定要同时是他们的主宰，是向高站在他们上面的权威，是不受限制的政府权力，这种权力保护他们不受其他阶级侵犯，并从上面赐给他们雨水和阳光。所以，

第一章 中国传统文化产生与发展的客观条件

归根到底,小农的政治影响表现为行政权力支配社会"。① 封建统治者和广大农民是对立统一的,没有广大农民的存在也就没有封建地主的统治,所以当农民失去土地,流离失所时,统治者就会采取一些缓和阶级矛盾的措施。比如释放奴婢为庶民,限制对土地的占有,抑制兼并,进行土地制度和赋税制度的改革,实行均田制、两税法、一条鞭法,甚至严厉打击不法豪强等等,都是为了维护君主专制制度赖以存在的经济基础,使得社会各阶级力量保持在一种动态平衡状态,从而维护国家的生存根基。

（三）君主专制集权趋于极端

中国君主专制的集权程度,总趋势是愈益强化。皇帝本人集立法、司法、行政、军事指挥大权于一身,将中央集权专制推至极端。据《史记·秦始皇本纪》记载:从秦始皇开始,"天下之事无大小皆决于上"。直至清朝,这一传统从未断绝。《康熙朝东华录》卷九十一记载,康熙皇帝宣称:"今大小事务,皆朕一人亲理,无可旁贷,若将事务分任于人,则断不可行。所以无论巨细,朕心躬自断制。"康熙的表白和秦始皇如出一辙。这种"朕心躬自断制"的表现形式是"口含天宪",言出法行,一言兴邦,全在帝王意志闪念之间。这使得法律失去原本的严肃意义,成为帝王手中随意捏搓的面团。明太祖朱元璋亲自主持制定《大明律》,但他自己却不依此行事。他统治国家31年,凡事全凭个人一时好恶。中国封建社会早期,帝王为治理地广人多国家庞杂的政务,设置丞相一职。相权是作为辅助君权的工具设立的,与君权不应有冲突,但在实际行使过程中,二者却时常发生矛盾,其基本发展趋势,则是君权日益增强,相权日益削弱,到了明代,君主专制走向极端。朱元璋干脆废除丞相职位,规定吏、户、礼、兵、刑、工六部长官直接对皇帝负责,君权完全取代相权。此后,明、清两朝均不设立丞相,真正达到"朕即国家"的程度。相权由盛而衰最终消亡的过程,恰是君权不断强化趋向极端的最直观的对应参照系,它说明中国君主专制集权之烈,确乎世所罕见。

（四）对臣民人身控制严密

对中国政治史陌生的人,特别是在与中国传统迥异的环境下生长的西方人,往往对中国皇帝不出皇宫就能有效地控制每一个平民,感到迷惑不解,因为他们不知道皇帝自古以来就有控制平民的严密网络。中国是世界上最早实行人口户籍管理的国家,周代就设大司徒一职,掌管土地与人民。湖北云梦出土的战国秦简中的《傅律》,规定每人都必须著籍官府,否则就要治罪。古代中国地域广大,时常会因为一些天灾人祸而导致人口的大量迁移。因此,历代

---

①《马克思恩格斯选集》（第1卷）,人民出版社,1972年版,第677~678页。

君主都十分重视对人口数量的核查。如周代的"料民"、①东汉的"算民"、隋代的"大索貌阅"②、唐代的"团貌"③等，都属于这一类的行动。统治者为了更好地把农民控制在土地上，想尽了各种办法。

中国很早就有一种什伍组织，以10家为一什，5家为一伍，什有什长，伍有伍长，并修筑围墙、堵塞缺口，只定一条进出通道，只设一个进出的门户，大家细心看管门户，如发现异常者，要随时上报，如不上报被发现，伍长、什长及同伍同什的人都要受处罚。商鞅变法与此一脉相承，也按一伍一什编制户籍，制定连坐法，同伍同什中若有"奸人"，告发者有奖，不告发者要腰斩。10家中，一家藏"奸"与奸人同样处罚，其余9家若不检举告发，也要一起办罪。旅客住宿要有官府凭证，旅店主人如果收留了无证之人，与"奸人"同罪。这些制度和法令，使居民失去了流动的可能，国家便可轻易地按郡县、乡里、什伍系统征赋税、徭役和兵役，君王的命令也就很容易达到每一个家庭了。

"宗法—专制"社会结构与农业自然经济相辅相成，形成一种"内圣—外王"为目标的伦理—政治型文化范式，绵延久远，直至近代方有解体之势，然其深层结构继续承传不辍。

三、传统中国社会政治结构对传统文化的影响

以宗法色彩浓厚和君主专制高度发达为主要特征的中国传统社会政治结构，对中国传统文化的影响是巨大的。

（一）形成中国传统文化伦理型模式

社会结构的宗法型特征，导致中国文化形成伦理型模式。这种模式的形成给社会的发展带来的既有正面影响，也有负面影响。其正面影响表现为：

一是具有浓烈的"孝亲"情感。这种情感不仅体现为对死去先祖的隆重祭奠，而且更体现在对活着的长辈的绝对顺从、孝敬。"百善孝为先"，在中国文化系统

---

①料民：即西周时政府调查户口落实税负的政策。《国语·周语上》韦昭注："料，数也。"《说文》段注："称其多少曰料。"料民即调查核实户口，以便征收军赋、田赋和兵役，以扩充兵员和充实财力。

②为了查实应纳税和负担徭役的人口，隋政府下令州县官吏大规模地检查户口，史称"大索貌阅"。即按户籍上登记的年龄和本人体貌核对，检查是否谎报年龄，诈老诈小。如有不实，保长等要办罪。通过检查，大量隐漏户口被查出，增加了政府控制的人口和赋税收入。

③唐代每三年编造户籍一次，地方则要每年把人口实况编造成册，注明人丁的形貌特点，作为掌握劳动力和赋税的根据，叫做团貌。

第一章 中国传统文化产生与发展的客观条件

内,孝道被视做一切道德规范的核心和母体,忠君、敬长、从兄、尊上等等都是孝道的延伸。

二是使中华民族凝聚力强劲。中华民族凝聚力是中华民族赖以统一、独立和生存、发展的内在动力。它是由多种要素、多种条件有机构成的合力,是一个伴随着中华民族的形成发展而形成发展、具有自身特征和多方面功能的动态系统。中华民族凝聚力形成的内部因素主要有两个:一个是自然因素,另一个是社会因素。自然因素主要指血缘、地缘关系,这种因素在民族凝聚力生成时期所起的作用是比较大的;社会因素包括先进、发达的物质经济,进步、成熟的政治力量和政治制度,优秀、丰富的思想文化。

三是对传统的极端尊重。学者、思想家讲究学说的传承性,文人墨客则推崇"文统","文必秦汉、诗必盛唐"的复古主张成为千古不绝的文学史主题,艺术流派、工艺行帮以及医科更讲究"家法","祖传秘方"便是医家取信患者的法宝。即使是那些不满现状的政治改革家,也往往要借"托古"来推行"改制",否则便难以得到社会的认可和民众的拥护。这种对传统的极端尊重,使得中国文化成为世界罕见的不曾中断的文化系统,大大强化了中国文化的延续力。

四是宗法伦理观念及其理论形态构成中华文化意识形态系统的核心。在中国,伦理学当仁不让地成为社会首屈一指的文化门类。反映在学术文化领域,便是道德论、宇宙论、认识论互摄互涵混同不清。在宗法血缘纽带解体较早的希腊、罗马,社会秩序更多地仰仗契约、法律维系,人们关注的中心不是人际伦常关系,而是以更大的兴趣去探索大自然和人类思维的奥秘。从古希腊到近代西方,以"求真"为目标,道德伦、宇宙论、认识论各自独立发展,虽然联系,但绝不混同。古代中国则不同,一切学问均与"求善"的道德伦理目标相沟通,而客观的外在事物,尤其是与之相关的自然现象、规律,很少被作为独立的认识对象与人伦相分离,科学因而遭到压抑、限制。在这种文化氛围内,自然科学、思辨哲学都难以获得充分发展,而伦理学却滋生扩张。其他一些学科门类往往以伦理学作为自己的出发点和归宿点。哲学讲阴阳之道;文学强调"教化"功能,主张"寓褒贬,别善恶";教育则"首孝悌,次见闻";政治学说也成为伦理观念的引申,政事被归结为善恶之别、正邪之争;传统学术更是重人事轻自然,地震、陨石等自然现象也被解释为上天对人间恶行的惩罚。可见中国文化从这一角度讲实质上是"德性文化",与西方"智性文化"比,西方人崇尚法治,而中国人则崇尚德治,道德的作用始终被看得比法律更有效,统治者极力强化用三纲五常等伦理训条来对人民的精神行为进行规范。以道德作为治国安邦的根本,所谓"父慈、子孝;兄友、弟恭;夫义、妇听;长惠、幼顺;君仁、臣忠"。"三纲"与"五常"配合,便构成社会特殊的充满人伦感情的和谐秩序。

伦理型模式的负面影响也是相当大的,三纲五常的伦理说教,"存理灭欲"的修身养性,"非我族类,其心必异"①的盲目排外心理等等,成为中国文化健康发展的障碍。

(二)形成中国传统文化政治型模式

中国社会结构的专制性特征,导致中国文化形成政治型模式。这种模式给社会带来的作用是多方面的:

1. 导致中国传统文化大一统思想的形成

大一统思想是儒家所倡导的、植根于中华民族心理的重要思想观念,是我国传统思想文化的重要体现。大一统思想有两层含义:第一,强调国家的统一;第二,与国家统一相适应的,强调加强中央政府对政治、经济、思想文化等各方面的控制能力。

面对春秋晚期群雄割据、分崩离析、兵连祸接的混乱局面,许多思想家、政治家力图找出挽救时局的政治药方,"大一统"思想就在这样的背景下应运而生。第一个大力倡导"大一统"思想的人是孔子,他曾称赞管仲辅助齐桓公"一匡天下"。"一匡天下"就是一统天下,一统于"中国"。战国时期,诸子百家争鸣,尽管各家主张大相径庭,但在建立统一国家这一点上却是基本一致的。儒家主张用"仁政"来实现"大一统";法家主张用"法治"来统一天下;墨家则强调"非攻"、"兼爱"来实现统一,方法虽有不同,但建立统一国家的目标却是一致的。

秦国的商鞅变法使秦国获得了"天下定于一"的基本条件,公元前221年秦始皇统一中国。秦汉时期,特别是汉初董仲舒对儒家统一理论的继承和阐发以及汉武帝政治上"汉承秦制"、思想上"罢黜百家、独尊儒术",把大一统的思想发展成了较完整的理论体系,成了各族人民的共识,并转化为全国各阶层的心理定势。

大一统观念本来就是维护中央集权政治体制的思想理论,它适合政体结构和政治求同的局面,又是王权霸道思想综合后的体现。马克思在《德意志意识形态》一文中指出:"统治阶级将物质的生产归其统治,同时也要求安排精神的生产手段。"对于中国专制君主来说,最适合的"精神的生产手段"便是"思想大一统"。其中原因,秦始皇时李斯一语破的。李斯认为:"古者天下散乱",其根本原因在于政治与文化均"莫之能一"(《史记·秦始皇本纪》)。而到了"皇帝并有天下",建立

---

① 《左传·成公四年》:"史佚之《志》有之,曰:'非我族类,其心必异。'楚虽大,非吾族也,其肯字我乎?"

起专制政体之后,如果还听任"入则心非,出则巷议"的思想失控状况蔓延,势必导致"主势降乎上,党与成乎下"的恶果,进而根本危及君主专制的"万世一系"。秦始皇采纳了他的建议,焚书坑儒,"以吏为师",确立了与政治专制相适应的思想"大一统"格局。汉承秦制,随着专制政体的逐步完善,文化专制也更加严密。汉武帝时代的董仲舒首次提出"思想大一统"的明确标准:"六艺之科,孔子之术",李斯只强调"禁之便",不许老百姓如何思想,董仲舒更指出"民知听从",规定老百姓如何思想,使思想一统更趋极端。君主专制推行思想大一统的露骨行径,莫过于帝王直接出面干预学术争论。汉武帝以后,虽然"罢黜百家、独尊儒术"的局面已经形成,但儒学内部围绕今古文展开的派别之争并来平息。为思想一统,据《汉书·宣帝纪》记载,公元前51年,宣帝临"石渠阁议"会场"平定五经同异"。诸如此类情况举不胜举,28年后,同样性质规模更大、影响更大的"白虎观会议"还留下了一份类似今天"会议纪要"的文献《白虎通义》。此文献为我们研究君主专制文化"思想大一统"提供了绝好的材料。无论"石渠阁会议"还是"白虎观会议",学术意义均不足道,值得深思的是它开创了帝王亲自以政治手段控摄文化,以权力干预学术的模式却从此遗祸千年。

2. 导致国人严重的服从性格,迷信权威

忠君顺上的价值取向,造就了中华民族的双重性格。一方面,忠君与爱国融为一体,在民族矛盾冲突之际,一些志士仁人宁愿牺牲自己的生命也决不事异族,事二主,背叛祖国,产生了一大批爱国之士。有宁死不屈的文天祥,精忠报国的岳飞,视死如归的邓世昌等等。顺上的心态,与祖先崇拜互为表里,造成了中华民族尊老、讲究孝道的社会风尚,对于社会和政治的稳定起着重要的作用。

另一方面,这种价值取向也造就了中华民族性格的负面影响。在家庭里表现为子女没有行动自由,一切以长辈的意志为意志,以长辈的是非为是非;在社会上,人们为了保全自己,不得不习惯奉命行事。愚忠的畸形道德又进一步扭曲了人性,因而在国民中产生了诸如权势崇拜、敬畏官长、遇事退缩、世故自私、不敢讲真话等消极阴暗的性格。

3. 导致士人入世的人生态度与经世致用的社会抱负自觉地服从君主专制政治

中国古代的文化人素以治国平天下为自己学术事业与人生价值的最高目标。他们拥有学问、知识,必须而且只能依附于政治才能达到目的和实现其价值。因此,由学而仕,投身宦海,成为士普遍的自我角色认同。这种心态正与专制政治的意识形态和政权建设的需要相契合。因此,牢牢控制士人这一社会的"人才库、思想库"为其服务,是君主的要务。为此,君主运用笼络与恫吓两手政策。笼络利用,体现为"学而优则仕"(《论语·子张》)的科举制的实施,使得读书人"两耳不闻窗外事、一心只读圣贤书"。"不闻窗外事",自然不会危及专制统治;"只读圣贤书",书中全是伦理纲常说教,耳濡目染,自然便成为温良恭俭让的谦谦君子,不可能对君主专制构成威胁。读书人为求富贵功名,便自觉自愿地投入专制者的怀抱,为其服务。

君主专制对文化人的恫吓镇压,突出体现在"文字狱"上。秦始皇以"诽谤"、"妖言以乱黔首"等罪名,坑儒生460余人于咸阳,还只是小试屠刀。2000余年的中国专制社会"文字狱"不断,到明清,更是愈演愈烈。明太祖朱元璋出身微贱,曾出家为僧。他对于"僧、贼"等音近字,近乎病态地敏感。据《闲中古今录》记载,杭州有一徐姓士人作贺表,恭维朱元璋"光天之下,天生圣人,为世作则"。朱阅后大怒:"生者,僧也,以我尝为僧也,光则剃发也,则字音近贼。"遂斩之。清代文字狱更甚,惨案迭兴。仅康熙、雍正、乾隆三代,载诸史籍的就达百起之多。如乾隆年间,礼部尚书沈德潜做诗《咏黑牡丹》中有"夺朱非正色,异种亦称王"之语,被认定影射清朝以异族夺朱明皇位,沈因此被刨棺挫尸。文字狱迭兴,令文化人惊恐莫名,思想活力被窒息,言路被堵塞,君主专制得以在"万马齐喑"之中长期延续,而具有时代感的新文化始终得不到发展,新文化运动只有等到辛亥革命后的"五四"时期才能蓬勃发展。

宗法与专制的结合,在政治上表现为儒法合流,在文化上的反映则是伦理政治化和政治伦理化,突出地表现为"内圣外王"的心态,即修身、齐家、治国、平天下的人生理想和追求。这一特点,在先秦时期已经形成,以后经过汉代经学、魏晋玄学、隋唐佛学、宋明理学,形式上虽多有变化,但这一传统一直被延续下来。中国文化伦理政治化和政治伦理化的范式,从"内圣外王"的矛盾统一体中获得了坚韧的理论架构,并以小农自然经济和宗法专制社会政治结构作为坚实基础,组合成一个严密体系,这个严密体系,只有在近代大工业兴起之后,才逐渐瓦解,新时代的新文化才有可能形成。

思考与探究

1. 简述中国传统文化成长的基本地理环境。
2. 简述中国传统文化依存的政治结构。
3. 简述中国传统文化根植的经济基础。

第二章 中国传统文化的奠基

当历史进入公元前5世纪,人类文化经过长期的积累突然兴盛起来。作为东方文化渊源的印度文化、中国文化和作为西方文化渊源的古希腊文化都产生于这一时期。春秋战国,是我国社会从奴隶制向封建制转变的过渡时期,在这一时期,以生产力的发展为核心,出现了一场中国历史上空前的经济、政治、文化大变革,奠定了中国古代社会发展的基本格局,成为中国传统文化的"童年"和"轴心"时代。

从思想文化发展的角度来看,在这一时期,出现了一个值得注意的现象,那就是"学在官府"的传统被打破,文化知识不再为贵族阶层所垄断而流向民间,社会上出现了一个新兴的士人阶层。

士的概念产生很早,最初是泛指部落中的成年男子。西周时期,士被用来特指卿大夫以下的低级贵族。他们都受过一定的教育,通晓"六艺",打仗的时候,可以做下级军官,和平时期可以做卿大夫等高级贵族在政治上的助手。他们的职守是世袭的,这就是说在贵族等级制度中,他们有固定的地位和生活。但是到了春秋战国时期,这个阶层发生了分化。随着奴隶制世卿世禄制度的崩坏,士失去了原有的地位和职守,只得凭其所拥有的关于"六艺"的知识自谋生路。他们当中,有的变成了私学的教师,有的变成了商人。这一时期,由于过去由贵族所垄断的学术文化流传到社会下层,民间聚众讲学之风盛行,很多庶民子弟通过接受教育掌握了学术文化知识,这样,他们也就成了士阶层的重要组成部分。在这种背景下,到了战国时期,士的含义再度发生了转变,成为知识分子的代称。此时的"士"已与出身无关,可能来自贵族,也可能起于微贱,其共同的身份标志仅仅是知识、智慧和才能。战国的士基本以学习文化典籍为主,是比较单纯的文士,这些文士学习知识并不单单出于好奇,而是有很强的功利性目的,即为了治国安邦,从事政治实践。

士阶层的活跃带来了学术的繁荣。他们从各自的政治立场出发,提出了自己对政治、社会乃至宇宙万物的一套看法,打算"以其学易天下"。他们彼此之间不仅口头论战,而且著书立说互相辩驳,从而形成了不同的学术派别。关于这个时期的学术流派,西汉司马谈的《六家要指》将其分为儒家、墨家、名家、法家、阴阳家、道家;《汉书·艺文志》则将诸子分为十家:儒家、墨家、名家、法家、阴阳家、道家、农家、纵横家、杂家和小说家。不论是六家还是十家,其中对中国传统文化具有奠基作用的主要是儒、墨、道、法四家。

第一节 先秦儒家与传统文化

"如果把中国传统文化视为绵延不绝的历史长河,那么,其主流无疑是儒学。"①这是学术界的共识,也是文化事实,正因为此,儒家思想已经沉积于中国社会以及人们心理的各个层面。如果我们将文化的核心视为价值体系,那么儒学所提供的基本的价值观念大体如下:

一、人性理论与理想人格

在汉语系统中,文化最初的含义就是人文化;或者说就是要通过教化,使人脱离野蛮而进入文明状态。所以,人性理论与成人之道是儒家关心的首要问题,也是中国传统文化的核心内容。

人性被作为一个哲学概念提出并讨论,始于孔子。孔子明确言及人性的话只有一句,即"性相近也,习相远也。"(《论语·阳货》)所谓"性相近"是说人有相近的本性,"习相远"是指后天的环境习染使人的道德水准相去甚远。从中可以看出,孔子在试图寻找道德与人性之间的内在关联。孔子对于儒家人性论的开创性贡献在于提出了人性论的基本问题:人性与道德的关系问题。而儒学最重要的特征正是它对道德问题的高度关注,从这一点上讲"儒家人性论的理论逻辑就在于把本是道德判断、道德评价结果的善恶赋予人性,并把这种性质看作是人本身所固有的属性,以之作为道德主张的逻辑前提,在此基础上构建一定的道德哲学体系。这种建构的基础是由孔子奠定的。"②

孟子主张"性善论",他认为,每个人生下来,在其本性里面都自然有善的因素,或者说原则。这些因素或原则,他称之为"端"。每个人生下来都有"恻隐之心"、"羞恶之心"、"辞让之心"、"是非之心",这"四端"如果能发展起来,就成为"仁"、"义"、"礼"、"智"的"四德"。他认为"四德"是"四端"的发展,所以这"四

---

①②杨国荣:《善的历程——儒家价值体系研究》,上海人民出版社,2006年版,第1页。

德"都是"我固有之",并非"由外所铄"。所谓的"圣人",也就是把"四端"发展到最完善的程度的人。人人既皆有"四端",要是能把"四端""扩而充之",便都可以成为"圣人"。所以孟子说"人皆可以为尧舜"(《孟子·告子下》),并且在这一点上,所有人都是一样的。

荀子和孟子同属于先秦儒家,但在人性论的主张上却截然相反,有性恶性善之别。荀子提出了性恶说,认为人生来就好利、嫉妒、喜声色,如果不加克制,发展下去就会产生争夺、犯上、淫乱等恶行,而辞让、忠信、礼义等这些道德也就没有了。正是因为如此,才需要圣人、君主对臣民的教化,需要礼义等制度和道德规范去引导人们。

既然人的本性是恶的,那么为什么又会有善呢?荀子认为:"人之性恶,其善者,伪也。"(《荀子·性恶》)在他看来,"性"是自然的赋予,即人的自然本质。"伪"就是人为,自然的禀赋不是人们可以通过学习和作为得到的,而礼义则是人们可以通过学习和作为得到的。所以礼义出于人为,而非出于天性。这样荀子便反对了天赋道德论,肯定人的德性是后天养成的。荀子认为,人的本性,只是一种原始的质朴材料,而人为则是用礼义道德加工后的成品。没有原始的材料,礼义道德就没有加工的对象;没有礼义道德的加工,人的本性也不能自己变得完满美好。圣人的重要作用就在于把性和伪很好地结合起来。

尽管孔孟与荀子的人性理论有很大的差异,但作为儒家他们的共同之处在于,他们都认为"道德"是可教的。正是基于此,儒家为中国传统文化提供的共同精神,就是强调在道德实践中,建立理想人格,以成就和完善自我。

作为儒家的创始人,孔子首先提出君子人格理想。他说:"君子去仁,恶乎成名?君子无终食之间违仁,造次必于是,颠沛必于是。"(《论语·里仁》)"仁"是君子必须具备的品质,君子之所以为君子就在于时刻都不离开"仁"。那么什么是"仁"呢?孔子首先用"爱人"来解释"仁",在他看来,"爱"是"仁"的主要内容。"樊迟问仁。子曰:'爱人'。"(《论语·颜渊》)而这种爱必须建立在真情实感的基础之上。孔子不仅用"爱人"来解释"仁",而且进一步提出了"忠恕之道"的"行仁"之方。所谓忠恕之道,就是推己及人,换位思维:"己欲立而立人,己欲达而达人。""己所不欲,勿施于人。"(《论语·颜渊》)站在每个人都是一个独立的主体的立场上来尊重人、理解人、关心人。由此孔子实际上提出了君子在处理人际关系过程中的两个基本原则:一是人道(仁爱)原则,即肯定人的尊严,主张人和人之间要互相尊重,建立爱和信任的关系;二是理性原则,即肯定人同此心,每个人的理性都能判断是非、善恶。在孔子看来,任何一个人,只要能够树立起仁爱的精神,对伦理关系有一个正确的理性认识,并在行动中贯彻人道原则和理性原则,就能真正养成自觉的德性,从而也就建立起了理想的人格。

孟子在继承孔子思想的基础上,从其性善论出发,提出了"养浩然之气"的理想人格培养理论。孟子说:"其为气也,至大至刚,以直养而无害,则塞于天地之间。其为气也,配义与道,无是馁也。"(《孟子·公孙丑上》)从孟子对气的规定来看,他所讲的"气"并不是物质性的,而是一种表现于肉体活动或实际行动中的精神力量,正因为是一种精神力量,所以可以充于天地之间,并且这种精神力量一旦养成,也就具有了"富贵不能淫,贫贱不能移,威武不能屈"(《孟子·滕文公下》)的"大丈夫"人格。

那么如何"养浩然之气"或培养理想人格?孟子认为,要养成浩然之气,首先要"明道",也就是运用自己的理性,达到对义与道的自觉认识,实现理性自觉。其次要"集义",也就是要坚持不懈地修养与锻炼,要做到"必有事焉而勿正,心勿忘,勿助长也"。要用直道正义来培养它,不能中止,不能忘记,也不能助长。在这一过程中,孟子非常强调意志锻炼的重要性。在孟子看来,主体要卓然挺立,并承担起一定的社会责任,便必须要磨炼自己的心志。只有在艰苦的环境中通过"苦其心志,劳其筋骨,饿其体肤,空乏其身,行拂乱其所为"(《孟子·告子下》)的锻炼,矢志不渝地发挥意志的力量,才有可能培养出至刚至大,无所畏惧,独立于天地之间的"大丈夫"人格。孟子的这一理想人格理论,由于高度推崇理性自觉与意志坚定的作用,在中国历史上对于培养浩然正气和民族气节曾发挥了极为重要的作用,是我们值得继承和发扬的民族精神的重要组成部分。

荀子是先秦思想的总结者,尽管提出了完全不同于孔孟的人性理论,但与孔孟同样十分重视理想人格的培养,提出更为完善的关于"成人"的学说。《荀子》一书的第一篇《劝学》系统地论述了荀子的理想人格理论。首先,关于理想人格的规定,荀子提倡一种完美的人格,"君子知夫不全不粹之不足为美也","君子贵其全"。在他看来只有完全、纯粹的人格才是美的人格,这样的人格在行为中的具体表现就是:"权利不能倾也,群众不能移也,天下不能荡也。"其次,关于理想人格的修养途径,荀子强调要通过读书、思考达到理论上的融会贯通,这体现了儒家的理性自觉原则;同时还要身体力行,注重自我修养,排除有害于道的思想情感,通过日积月累的修养和持久不懈的努力,达到好学乐道如同目之好色、口之好味、心之好利那样的一种自然状态,就会形成一种真正的德行和操守,有了这样一种德行和操守,就会有一种坚定的信念,才能够应对万物和人生。

在先秦儒家那里,理想人格的培养过程,实际上就是道德教化的过程。荀子的理想人格理论与成人之道值得注意的地方还在于,他非常重视"积善成德",认为德行的形成是一个学习、思索、力行和修养的过程。在这一过程中,有三个非常重要的因素:首先是意志。"无冥冥之志者,无昭昭之明。"(《荀子·劝学》)一个人如果没有默默专一的意志,便不可能有清晰明确的智慧,理想人格的培养是一个日积月累、持久不懈的过程,必须靠坚强的意志来支持。其次是理性。"道者,古今之正权;离道而内自择,则不知祸福之所托。""壹于道以赞稽之,万物可兼知也。身尽其则美。"(《荀子·解蔽》)理性是判断是非的标准,作出正确选择的前提;理性也可以兼知万物,把握事物的内在本质和所以然之故,所以在理想人格的培养过程中,理性能力的培养也有着十分重要的作用。第三是礼乐。"乐行而志清,礼修而行成。"(《荀子·乐论》)乐可以"言志",礼可以"称情"。在荀子看来,礼乐教化可以使人志清行成,通过礼乐教化不仅可以使人道德的善由于礼乐的陶冶而习惯成自然,成就美德;而且使理想人格成为美的对象,其本身给人以美感,从而表现出人对自由的追求。

荀子的成人之道强调理想人格中的理性、意志、情感因素,以及所体现出来对完美自由人格追求,不仅对我们正确地理解个人的全面发展有一定的启发意义,而且对如何进行道德教育和德性培养也具有一定的指导意义。

二、道义原则

文化的核心是价值体系,价值体系义是由一系列价值原则构成,其中具有决定意义的原则是义利、理欲问题,以及由此而衍生的道义原则和利益原则问题。在这一问题上,先秦儒家为中国传统文化提供了道义原则。

孔子有句著名的话"君子喻于义,小人喻于利"(《论语·里仁》),强调了义与利的对立。同时,他还以三年之丧为例论证了道义原则的合理性,以为居丧期间"食旨不甘,闻乐不乐,居处不安"是自然而然,合情合理的,并由此推论伦理价值出于人内心的理性要求,是情与理的统一。同时,孔子还从理想人格的角度,强调了道义原则的重要性,"君子义以为质"(《论语·卫灵公》)、"君子义以为上"(《论语·阳货》),从而突出了道义原则作为一种内在价值,而不需要到道德领域之外去寻找存在的根据。正因为道义原则本身具有正当性和合理性,所以在孔子看来,如果道德与功利发生了冲突,孔子主张绝对地、无条件地就道德而弃功利。他说:"志士仁人,无求生以害仁,有杀身以成仁。"(《论语·卫灵公》)人的生命是最宝贵的,但是志士仁人没有因为贪生怕死而损害仁德的,在生死抉择面前,他们只会勇于牺牲生命来成全仁德,从而开启了儒家道义原则的先河。

孟子继承了孔子的道义原则,也强调道德价值的至上性。孟子与梁惠王有一个著名的对话:

> 孟子见梁惠王。王曰："叟！不远千里而来，亦将有以利吾国乎？"孟子对曰："王！何必曰利！亦有仁义而矣。"（《孟子·梁惠王上》）

由此表明，孟子是明确的道义论者。同时，孟子还明确区分了"由仁义行"和"行仁义"。所谓行仁义，就是自发地履行道德义务和责任；而由仁义行则是自觉地履行道德义务和责任。通过这样的区分，孟子将其道义论原则建立在理性的基础之上，从而使道义论原则更为完整。在义与利发生冲突时，孟子更为强调义的突出意义。"生亦我所欲也，义亦我所欲也；二者不可得兼，舍生而取义者也。"（《孟子·告子上》）在他看来，生命和道德之间，道德具有更重要的价值，宁肯舍弃生命，也不能偷生而害义。

与孔孟相比较，荀子虽然较多的关注到义的外部基础和利的必要性，"义与利者，人之所两有也。"（《荀子·大略》）但作为儒家的思想代表，荀子思想的基本倾向仍然是道义论。"利克义者为乱世。"（《荀子·大略》）"上好利则国贫。"（《荀子·富国》）"先义而后利则荣，先利而后义则辱。"（《荀子·荣辱》）当荀子将义看成是区别治世和乱世、国贫与富、个人荣与辱的标准时候，仍然是一种道义论价值原则。

道义论作为一种价值原则，是有其价值和意义的。两千多年来，在儒家所提供的舍生取义、杀身成仁的道义论价值源的激励与鼓舞之下，无数仁人志士为了正义的事业，为了国家的安宁、人民的幸福而不惜抛头颅、洒热血，形成了中华民族的优秀传统。

三、政治伦理化原则

在中国传统文化中，政治思想与政治运作也是一个核心问题，儒家的政治伦理化原则构成了中国传统政治文化的重要特征。政治伦理化的涵义比较宽泛，一是指伦理作为政治思想体系的出发点与归宿；二是说伦理与政治达到了一体化的程度，即伦理原则、规范具有政治性的功能，并被统治者定为治国方略。政治伦理化原则在先秦时期，经历了孔、孟、荀三家的理论建构，已经大致显现出系统化的特点。

春秋战国是一个急剧变革的时代，对于这样一个时代，思想家们有着不同的看法。孔子站在维护传统周礼的立场上，认为这是一个礼崩乐坏的时代。礼制文化的崩溃造成了信仰危机和道德失落，确定的社会秩序被打破，人们内心的精神支柱倒塌，人们将礼蜕变为徒具外壳的仪式，放弃了内心对于礼这一规范性力量的敬畏。为了纠正礼的名存实亡的社会文化弊端,孔子把仁引入了他的礼学体系,强调了仁对于礼的规范和统摄意义。在孔子看来,没有仁的精神的礼,是没有生命、没有意义的,因而将仁这一内在的道德规范与外在的礼结合起来,奠定了儒家政治伦理化的基本原则。

到了孟子那里,政治伦理化的思路更加明晰。孟子从其性善论出发,认为人人都有先天的"恻隐之心"、"羞恶之心"、"辞让之心"、"是非之心",这是一切道德的源泉,由"四端"进一步发展而形成"仁"、"义"、"礼"、"智"四德。在孟子看来"四端"和"四德"的根本就是"仁心",这是一切政治活动的基础,从"仁心"过渡到了"仁政",从道德理想过渡到了政治理想,政治原则与伦理原则紧密结合,政治伦理化原则得到进一步彰显。

荀子似乎看到孔孟用伦理原则代替具体政治操作,政治伦理化所导致的政治操作的空疏,因此强调隆礼尊贤,重法爱民。对礼与法的强调,一方面表现出儒法合流的趋势,另一方面对孔孟过分伦理化的政治学说也有纠偏的作用。尽管荀子给予法以一定的地位,但是在《荀子》一书中,讲得最多的还是"礼",认为礼是"强国之本"(《荀子·议兵》),"人道之极"(《荀子·礼论》),"国之命在礼"(《荀子·天论》)。对礼的强调表明荀子作为儒家的思想代表,仍然强调伦理原则和规范高于和重于政治原则,有伦理原则统摄政治原则的基本致思倾向。荀子之所以给予法以一定的地位,"完全是基于他把人伦关系格式化为准确的政治关系的需要:以礼将人伦关系在日常状态下格式化、明确化;以法将格式化的人伦关系约束在礼许可的范围内。"①所以政治伦理化是先秦儒家一以贯之的政治原则,这一原则对后来中国政治文化的发展产生了深远的影响。

第二节 墨家与传统文化

在传统文化中,有一个不容忽视的重要学术思想体系,这就是曾经盛行一时的墨家。韩非说过:"世之显学,儒、墨也。儒之所至,孔丘也。墨之所至,墨翟也。"(《韩非子·显学》)这表明当时由墨翟所创始的墨学与孔丘所创始的儒学,曾经处于并驾齐驱的显赫地位。

墨家学派可以分为前期墨家和后期墨家。前期主要指春秋战国之际墨子创立

---

① 任建涛:《伦理的政治化定位——荀子思想主旨阐释》,中山大学学报(社会科学版),1998年第1期。

墨学时期，后期主要指战国中后期以《墨经》为代表的墨家学派。作为先秦时期与儒家齐名并世的显学，墨家学派以其独特理论学说对传统文化产生了深刻的影响。

一、人道原则与功利原则

墨子生活的时代，是一个"国之与国之相攻，家之与家之相篡，人之与人之相贼。君臣不惠忠，父子不慈孝，兄弟不和调"（《墨子·兼爱中》）的社会动荡时期。社会动荡造成了"强之劫弱，众之暴寡，诈之谋愚，贵之傲贱"（《墨子·兼爱下》）"交相恶"的混乱局面。为了改变这种动荡和混乱的局面，墨子提出了"兼相爱，交相利"的解决方案。

所谓"兼相爱"就是"爱人若爱其身"（《墨子·兼爱上》），"为彼，犹为己也"（《墨子·兼爱下》）。即要求爱别人就像爱自己一样，使彼此的利益为一。只要能普遍实行"爱人若爱其身"，在上者"视弟、子与君若其身"，在下者"视父、兄与君若其身"，以至"视人之家若其家，视人之国若其国"，那就能达到一切"和调"。

墨子提出"兼相爱"是为了解决当时的社会问题，但其中包含了一条重要的价值原则，就是人道原则。"兼相爱"要求爱人如己，把每个人都看作同自己一样的主体，肯定人的尊严，人的价值。就此而言，墨子与孔子相近，都强调人道。孔子主张"仁者爱人"和"忠恕之道"的行仁方式充分表达了尊重人、理解人、关心人的人道原则。

墨子的人道原则与孔子的人道原则也是有明显区别的，一方面，孔子讲"爱人"强调"爱有等差"，强调亲疏之间的等级和差别，是站在维护等级制的立场上立论的。而墨子则强调要"兼以易别"，要在人与人之间建立平等的无差别的爱的关系。墨子的这一思想尽管具有空想性，但反映了平民对宗法等级制的不满和对传统"亲亲"、"尊尊"观念的批判。另一方面，孔子的人道原则是以推己及人的理性原则为前提的，而墨子的人道原则是与感性原则亦即利益原则相结合的。在墨子看来，真正的爱，总是要落实于利，"爱人"和"利人"是同一个问题的两个方面，兼相爱与交相利是不可分割的，从而由人道原则引申出了功利原则。

"仁人之士者，必务求兴天下之利，除天下之害。"（《墨子·兼爱下》）

"兴利"与"除害"这是墨子功利原则的宣言。作为中国思想史上第一个提出功利原则的思想家，墨子的功利原则还展开于他的一系列主张之中，比如：非攻、节用、节葬、非乐、尚贤等都是基于功利的考虑。

第二章 中国传统文化的奠基

功利原则的实质就是伦理学上的动机与效果的问题,在动机和效果的关系上,墨子要求"合其志功而观焉"(《墨子·鲁问》),就是要把动机(志)与效果(功)结合起来考察。但比较而言,墨子还是更强调效果,他说:"仁义钧,行说人者其功善亦多,何故不行说人?"(《墨子·公孟》)正因为要多得"功善",所以他"上下说教",到处奔波。

后期墨家继承、发展了墨子的功利主义。在人道原则问题上,后期墨家更进一步强化了墨子的"兼爱"理论,在对"仁"的解释时说:"仁:爱己者,非为用己也,不若爱马者。"(《墨子·经说上》)强调人是主体,是目的,而不是像牛马那样仅仅是供人使用的工具。后期墨家还从功利主义角度,对一些道德规范进行了界定。比如:"忠,利君也;孝利亲也;功利民也"、"义,利也"(《墨子·经上》)等等,在他们看来,人生来就有追求功利的欲望,获得利益就感到喜悦,这是一切道德的基础,这是一种功利主义的社会伦理观点。

人道原则强调尊重人的尊严与价值,这是儒、墨两家为中国文化提供的共同的价值原则,是至今我们都值得继承的文化遗产。而功利原则作为墨家独特的贡献,随着墨学的失传,未能在中国传统文化的发展中得到发扬,因此更加值得我们珍视。

二、经验主义

在人类思想的发展中,感性与理性构成人类认识的必要环节,二者缺一不可,共同推动着人类认识的发展。在先秦思想文化中,儒家是以理性主义著称的,并且奠定了中国文化的基本品格,而墨子是第一个提出经验主义思想的哲学家。

在先秦思想中,认识问题是以"名实"关系表现的,在"名实"关系上,墨子提出了经验主义的"三表法"。

> 言必立仪。言而毋仪,譬犹运钧之上而立朝夕者也,是非利害之辨不可得而明知也,故言必有三表。(《墨子·非命上》)

就是说检验认识的正确性必须有一个共同的标准,如果没有统一的标准,就会像在旋转的轮子上观测日影的东西方位一样没有定准,要辨别是非得失是不可能的。为此,他提出了"三表"或"三法":

> 何谓三表?子墨子言曰:有本之者,有原之者,有用之者。于何本之?上本之于古者圣王之事;于何原之? 下原察百姓耳目之实;于何用之? 发以为刑政,观其中国家百姓人民之利。此所谓言有三表也。(《墨子·非

命上》）

第一个标准："上本之于古者圣王之事"，就是以过去的间接经验作为衡量真伪是非的标准。第二个标准："下原察百姓耳目之实"，这是以直接经验作为真理的标准。第三个标准："发以为刑政，观其中国家百姓人民之利"，注意从社会政治的效果方面检验知识的真假和言论的好坏，这是他的认识论上比较有特色的地方。他认为一种好的学说不可能是在实践中不能运用的。

以上三条标准，不论是"古者圣王之事"的间接经验，"百姓耳目之实"的直接经验，还是"国家百姓人民之利"的事实验证，都是经验性的。由此可看出，墨子对感性经验抱有一种非常天真的信赖，相信人的知识来源于自己的感官所能感觉到的客观实际，而且人们正是凭借着感觉经验来检验知识的。这种经验主义对校正儒家的理性主义的偏失无疑有着极为重要的作用。但是墨子的经验主义也是有缺陷的。

> 天下之所以察知有与无之道者，必以众之耳目之实，知有与亡为仪者也。请惑闻之见之，则必以为有，莫见莫闻，则必以为无。（《墨子·明鬼下》）

就是说，判断有与无的方法，必须以众人的闻见感觉，也就是直接经验为依据。众人看见听到的就是有，反之，就没有。"感觉所得表象同实在事物是直接符合的。这样无条件地肯定经验，就把感性原则绝对化了，陷入了形而上学。例如他论证鬼神的存在，只是凭借有很多人看到过（实际上是幻觉）以及听说过（实际上是谬传）。这就夸大了感觉经验的作用，甚至把虚幻的'众之耳目之实'也误为真知。这当然是狭隘经验论的观点。"[①]

三、逻辑思想

思维离不开逻辑，人类在研究逻辑问题之前，已经在运用逻辑了，但起初只是自发的运用。只有把逻辑思维本身作为对象进行考察的时候，逻辑思想才会产生，人们也就开始自觉运用逻辑。在中国思想史上，墨家是第一个自觉运用逻辑并建立了较为科学的形式逻辑体系的学派。

[①] 冯契：《中国古代哲学的逻辑发展》（上册），上海人民出版社，1985年版，第107页。

第二章 中国传统文化的奠基

墨子十分重视逻辑思维,第一个提出了"类"、"故"、"理"三个逻辑范畴。所谓的"类"就是"察类"、"知类",而要"察类"、"知类"必须首先基于对事物的分类。所谓"故"就是事情的原因和行动的目的。所谓"理"就是"出言谈之道",也就是逻辑法则。

后期墨家发展了墨子的逻辑思想并建立较为科学的形式逻辑体系。

首先,后期墨家明确提出了逻辑论证任务:

> 夫辩者,将以明是非之分,审治乱之纪,明同异之处,察名实之理,处利害,决嫌疑。焉摹略万物之然,论群求言之比。(《小取》)

就是说逻辑的任务就在于分辨言论是非,区别事物同异,审察治乱之道与名实之理,正确地处理各种利害和解决各种疑难问题。

其次,后期墨家明确提出了逻辑论证原则:

> 以名举实,以辞抒意,以说出故。以类取,以类予。有诸己不非诸人,无诸己不求诸人。(《小取》)

其中"以名举实"就是强调名词或概念是用来摹写客观事物的;"以辞抒意"就是指辞是用来所表达的"意",由此形成判断;"以说出故"就是说在辩论中,辩论者不仅要用一个"辞"表达判断,还要说出所以达到这个判断的理由。"以类取,以类予"就是强调在辩论时要遵守类概念的原则,在同一类概念中选取已知部分提出例证,同样依据同一类概念进行推论,"异类不比"。

第三,后期墨家还对概念、判断、推理等逻辑学上的一些基本范畴作了进一步深入的研究。

关于概念,后期墨家主要探讨了类概念的问题。其一,从同与异、个别与一般、部分与整体、质与量等多个维度考察了类概念中所包含的各种关系。其二,按类属关系将概念分为"达名"即最一般的类概念;"类名"即同一类事物的概念;"私名"即个别事物的概念。

关于判断,后期墨家主要探讨了"或"、"假"两种判断形式。"或"相当于选言判断,"假"相当于假言判断。

关于推理,后期墨家也有相当精致的论述。除了前面提到的"以类取,以类予"等原则以外,他们还在《小取》篇中提出了"效"、"辟"、"侔"、"援"、"推"等几种推理方法。所谓的"效"就是树立一个标准或公式,其他事物根据这个标准或公式去仿效,进行推理。"辟",就是比喻,相当于类比法。即通过比喻来进行推理,用已知的具体事物来使人明了未知事物的情况。"侔"相当于直接推理的附比法,即用两个相等的判断进行直接对比而得出结论的一种推理方法。"援"相当于间接推理的类比法。援引对方的论点来证明自己的观点,这在古代的辩论中也是一种常用的推理形式。"推"是从已知事物中推出未知事物的方法。对于以上几种推理形式,后期墨家认为应当根据各种不同的实际情况,审慎地运用,否则就会发生错误。

后期墨家对形式逻辑的基本规律同一律、矛盾律、排中律,也有所论及。关于同一律,《墨经》中是这样记载的:

> 正名者:彼彼此此可;彼彼止于彼,此此止于此。彼此不可彼且此也。彼此亦可,彼此止于彼此。若是而彼此也,则彼亦且此此也。(《经说下》)

这里的"彼"、"此"、"彼此"分别代表不同的逻辑变相,所强调的是名即概念的确定性,彼之名必须确指彼之实,此之名必须确指此之实,就是形式逻辑的同一律:A 是 A。

关于矛盾律和排中律,《墨经》反对"两可"之说,提出:

> 彼,不两可两不可也。辩争辩胜,当也。《经上》
> 辩:或谓之牛,或谓之非牛,是争彼也。是不俱当。不俱当,必或不当。不当若犬。《经说上》

就是说对同一个命题,在论辩过程中,有人肯定,有人否定,二者形成矛盾,这就是"争彼"。对矛盾命题,双方不能"两可",也不能"两不可",在肯定与否定之间,二者必居其一,这是排中律的思想。同时,对于两个矛盾命题也不能"俱当",这又是矛盾律的思想。由上可见墨家已经建立了较为科学的形式逻辑体系。

客观地说,墨家功利主义、经验主义和逻辑思想具有十分重要的价值,但是由于种种原因造成了墨学的失传。墨学的失传无疑是中国思想史上一个极为重大的损失。

第三节 道家与传统文化

在先秦诸子百家中,道家是一个十分重要的学派,在中国传统文化中,道家文化占有十分重要的地位。虽然从汉以后中国封建社会的历史发展来看,道家文化并未获得像儒家文化那样的殊荣,但道家文化对各个不同时代不同阶层人们的政治和人生所产生的影响,实与儒家文化旗鼓相当,只不过这种影响是以"隐"的方式表现出来而已。

从中国传统文化演化的角度来看,儒家思想是中国文化的主流,而道家思想是其主干,儒道互补不仅构成了中国传统文化独特品格,而且影响了传统士人的心态。道家不同于儒家,它并没有一个严格的师承关系。道家思想最重要的代表是老子和庄子。

老子,相传是春秋时期的思想家,道家学派的创始人。曾做过周守藏史,是东周王朝掌管图书的史官。他见闻广博,相传孔子曾向他请教过周礼,晚年过着隐居生活,"著述言道德之意"五千言,即今流传的《老子》一书,汉以后被称为《道德经》。

老子之后,随着政治斗争的发展,道家学派发生了分化。一部分人经营黄老之学,与法家结合;另一部分则继续做"隐士",与当权者采取不合作的态度。杨朱、庄子便是后一派的代表。

庄子,姓庄,名周,宋国蒙人。他曾做过"漆园吏",可是在职不久就隐退了。庄子富于形象思维,以寓言写哲理,"其文汪洋辟阖,仪态万方"。庄子的学术思想比较完整地保存在《庄子》一书中。

一、自然原则与无为思想

"道"是老子哲学的最高范畴,也是道家用以说明世界万物产生的根源及其运动变化的规律性的最高范畴。老子说:"有物混成,先天地生。寂兮寥兮,独立而不改,周行而不殆,可以为天下母。吾不知其名,字之曰道。"(《老子·二十五章》)"道冲而用之或不盈。渊兮似万物之宗……吾不知谁之子?象帝之先。"(《四章》)老子这里的"道"显然不是物质,而是一种精神性的东西,它先天地而存在,是万物的根本、宗主;它不依靠外来的力量,不停地循环运动着,虽然"其中有象","其中有物","其中有精",但它是无声无形、不可琢磨的"恍惚"。这个"恍惚"就是"道"。"道"是人们看不见、听不见、摸不着的,它没有物质内容,是超感知的"无状之状,无物之象",无法给它一个确切的名称,因为它本来就是一个无分别的状态的东西,但却是世界的统一原理和发展原理。

那么"道"又是怎样化生万物的呢?"道生一,一生二,二生三,三生万物。万物负阴而抱阳,冲气以为和。"(《老子·四十二章》)这是《老子》对道产生万物过程的描述。其中的"一"就是"道","二"指道的分化状态阴阳二气,"三"指由阴阳二气相互激荡、相互作用产生万物的过程。

关于道的运行法则,老子提出了"反者道之动"和"道法自然"的著名命题。"反者道之动"就是说道是向着自己相反的方向运动,这是道的运动方向,也就是万物的运动方向。"道法自然"就是强调道是自然界本身所固有的本原及其规律性的概括,它以"自然"为法,所以人应该效法自然,而不应将自己的意志强加给自然界。

以"道法自然"为前提,老子进一步提出了自然原则和无为思想。在老子看来,"人法地,地法天,天法道,道法自然。"(《老子·二十五章》)所以,应该崇尚天道,崇尚自然。一方面,"无为"即自然。"道常无为而无不为"(《三十七章》),道对万物的作用是"生而不有,为而不恃,长而不宰"(《十章》)。并且老子还认为,真正能效法天地之道的是圣人,圣人同道一样,无为而无不为。圣人的活动只不过是"辅万物之自然而不敢为"(《六十四章》)。

庄子进一步发展了老子的自然原则和无为思想。庄子说:

> 牛马四足,是谓天;落马首,穿牛鼻,是谓人。故曰:无以人灭天,无以故灭命,无以得殉名。(《庄子·秋水》)

就是强调不要以人为去破坏自然,不要以人的活动去对抗自然,不要为社会上的名分而破坏自然的天性。庄子还说:

> 天地有大美而不言,四时有明法而不议,万物有成理而不说。圣人者,原天地之美而达万物之理,是故至人无为,大圣不作,观于天地之谓也。(《庄子·知北游》)

可见,在庄子看来,无为就是天地万物的存在方式,人作为万物之中之一物,其存在方式、行为方式也应该是无为,也就是顺任万物之理而不为不作。人的无为在其本质上和产生万物的天地的本性是一致的,人的无为来自人的自然本性的根源。既然如此,庄子认为就人性方面而言,只有无为才能符合和保持人的本性:"性者,生之质也。性之动,谓之为;为之伪,谓之失。"(《庄子·庚桑楚》)显然,庄子是把人性理解为人的本然的存在状态,一旦"有为",就要"性动",这种本然状态就要丧失。

道家的自然原则和无为思想,一方面具有尊重自然,按自然法则行事,以及强调人与自然和谐相处的合理性;但是另一方面,在老庄自然无为思想中,能动的、社会的"人"完全被寂静的、自然的"天"吞没,人的能动性丧失殆尽,其消极作用是明显的。

二、辩证原则

辩证法是一种重要的理论原则和思想方法,老子在朴素辩证法方面取得了很高的成就,他提出"反者道之动"这一著名命题,指出事物向相反方向的转化是合乎规律的运动,在中国哲学史上首次提出否定的原理,构成了辩证法发展史上的一个重要阶段。而朴素辩证法的思想对中国传统社会中人们的思维方式又产生了很重要的影响。

老子观察到无论在社会中还是在自然界,都存在着大量的矛盾。为此,他提出了一系列矛盾的概念:大小、高下、前后、生死、难易、进退、古今、始终、正反、长短、智愚、巧拙、美恶、正奇、敝新、善妖、刚柔、兴废、与夺、胜败、有无、损益、利害、阴阳、盈虚、静躁、华实、曲全、枉直、雌雄、贵贱、荣辱、吉凶、祸福等等。

老子不仅注意到矛盾在自然界和人类社会中的普遍存在,而且进一步探究了矛盾双方之间的相互关系。在他看来,矛盾的对立面不是彼此孤立、各不相关的;恰好相反,它们相互联系、互相依存。老子说:"天下皆知美之为美,斯恶矣;皆知善之为善,斯不善矣。故有无相生,难易相成,长短相形,高下相倾,音声相和,前后相随。"(《老子·二章》)这是说,天下人若都知道美之所以为美,这也就知道丑了;都知道善之所以为善,这也就知道恶了。所以有与无、难与易、高与下、前与后等现象既是相互对立,又相互依存,这是永恒的道理。

老子进一步认为,事物的矛盾都是相反相成的,即以其对立面作为自己存在的前提和条件,同处于一个统一体中。他说:"曲则全,枉则正;洼则盈;敝则新;少则得,多则惑。"(《老子·二十二章》)这是说,委曲反能保全,弯曲反能变直,低洼反能充盈,敝旧反能变新,少取反能多得,多智反而迷惑。

老子也认识到,矛盾的对立面是可以相互转化的,这是老子辩证法中最精彩的部分。《老子》中论述这一问题的命题很多:

> 反者道之动。(《老子·四十二章》)
> 物或损之而益,或益之而损。(《老子·四十二章》)

甚爱必大费,多藏必厚亡。(《老子·四十四章》)
物壮则老(《老子·五十五章》)
祸兮,福之所倚;福兮,祸之所伏。孰知其极？其无正。正复为奇,善复为妖。(《老子·五十八章》)
兵强则灭,木强则折。(《老子·七十六章》)

除此之外,老子还论述了事物向反面转化,都有一个量变积累的过程。他说：

合抱之木,生于毫末；九层之台,起于垒土；千里之行,始于足下。(《老子·六十四章》)
图难于其易,为大于其细。天下难事,必作于易；天下大事,必作于细。(《老子·六十三章》)

这是说,从细小的种子变成合抱的大树；从一堆泥土筑起九层高台；从迈出第一步到行之千里,都有一个由小到大、由少到多、由低到高的过程。本来是很容易的事情,发展下去,就起了质的变化,成为难的事情；本来是很小的事情,积累下去,就起了质的变化,成为很大的事情。所以老子建议,在问题还容易的时候,就把它解决了；在事情还是小的的时候,就把它办了。这些都是在讲事物的量变,但却又很清楚地涉及了量变到一定程度便会发生质变的思想。的确,老子这些闪烁着光华的朴素辩证法思想使我们充分感受到古代中国哲人的智慧。

不过,老子的辩证法也有其局限性。老子说："知其雄,守其雌,为天下谿。为天下谿,常德不离,复归于婴儿。知其白,守其黑,为天下式。为天下式,常得不忒,复归于无极。知其荣,守其辱,为天下谷。为天下谷,常得乃足,复归于朴。"(《老子·二十八章》)意思是说,虽然深知什么是雄、什么是强,但却安于雌,安于弱；虽然深知什么是光彩,却甘愿抱守暗昧；虽然深知什么是荣耀,但却安于卑辱,而所有这一切都是为了回归到一种最为单纯、质朴、原始的状态。老子认为这种质朴、原始的状态才是最强大的,最有力的。所以,他进而又提出了"柔弱胜刚强"的论断,他说："人之生也柔弱,其死也坚强。万物草木生之柔脆,其死也枯槁。故坚强者死之徒,柔弱者生之徒。是以兵强则灭,木强则折。故坚强处下,柔弱处上。"(《老子·七十六章》)这里认为人与万物草木一样,初生虽然柔弱,但是却拥有旺盛的生命力,但是等到强大了,便会慢慢走向衰落和死亡。很显然,老子在这里并没有看到只有新生的"柔弱"才能战胜"刚强",而垂死的"柔弱"是无法战胜"刚强"的。老子站在没落阶级的立场上,不愿正视矛盾,解决矛盾,推动事物向前发展,而是希望阻止事物的前进,使之凝固不动,甚至妄图拉向倒退,结果是取消了辩证法,陷入了形而上学。

另一方面,老子只看到了矛盾的对立面可以相互转化,但我们说,对立面只有在一定的条件下才能相互转化,也就是说,不具备一定的条件是不能转化的。老子所说的"祸兮,福之所倚;福兮,祸之所伏",是讲祸、福之间的相互转化。但祸、福之间的斗争才是这两者之间转化的必要条件,并不是像老子所想象的没有斗争,就会自然而然地转化。很显然,老子惧怕斗争与变革,只是单纯的希望所处之"祸"能平静的过去,并且可以自然地化祸为福。而且,老子所谓的对立面的相互转化,其实只是一种简单的循环,并没有上升和前进。老子说:"万物并作,吾以观复"!(《老子·十六章》)"复"就是一种循环,而这种循环论的观点是与辩证法格格不入的。

三、相对主义

相对主义是庄子哲学思想的核心。庄子是站在道的高度来审视现实世界的。在庄子看来,从道的角度来看,一切事物的区别都是不存在的,所谓"道通为一"、"复通为一"。通常认为庄子的这种相对主义思想是他对那个时代矛盾与苦闷的消极反映。庄子愤世嫉俗,但又无奈绝望,所以只能在一种不辨是非的精神境界中求得安慰。庄子的相对主义思想大致可以从这样几个方面来考察:

庄子的相对主义,首先表现为否定客观事物的质的区别。《齐物论》中说:

> 物固有所然,物固有所可。无物不然,无物不可。故为是举莛与楹,厉与西施,恢恑憰怪,道通为一。其分也,成也;其成也,毁也。凡物无成与毁,复通为一。

在这里,细小的草茎和粗大的房屋的柱子,丑的与美的,宽大、狡诈、奇怪、妖异等等,从道的角度来看,都是一样的,没有任何质的差别。庄子还说:"自其异者视之,肝胆楚越也;自其同者视之,万物皆一也。"(《庄子·德充符》)是说你若从事物相异的角度看,就是肝与胆,也会像楚国和越国那样相去遥远;但是如果你能从它们相同的方面来看,那是毫无区别,都是一样的。

在《秋水》篇中,庄子更加充分地说明了这一点。他说:"以道观之,物无贵贱;以物观之,自贵而相贱;以俗观之,贵贱不在己。"从物的观点看,总是以自己为贵而以别人为贱;然而从道的观点看,物无贵贱之分。"以差观之,因其所大而大之,则万物莫不大;因其所小而小之,则万物莫不小;知天地之为稊米也,知豪末之为丘山也,则差数睹矣。"(《庄子·秋水》)这是从大小或空间角度来解释相对主义思想。毫末与高山,梯米与天地其实并无量的差别。不仅空间是相对的,时间也是相对的:"天下莫大于秋毫之末,而太山为小;莫寿于殇子,而彭祖为夭。天地与我并生,而万物与我为一。"(《庄子·齐物论》)传说中的殇子是短命的,但却可以说是最长寿的;而传说中的彭祖是长寿的,但却可以说是最短命的。

其实,在以上论述中我们又可以看到庄子的这样一种思想,即对于事物性质的规定往往是由人的主观所决定的。也即所谓"以物观之"、"以俗观之"、"以差观之"。庄子认为对于同一个事物每个人观察的角度不同,认识方式不同,判断标准也不同。因此,以某一种认识作为一般标准的可能性是不存在的,所存在的只有个人不同的认识和判断标准。在这里,我们又看到庄子强调了差异性的原则。实际上我们看到了庄子所认为的两种合理的判断标准,即"道"的标准和"差"的标准。

庄子不仅主张"齐万物",也主张"齐是非",而后者更为重要。在他看来,世间根本就没有是非真假可言。是、非的观点出于人们的"偏见",也就是他所谓的"成心":"未成乎心而有是非,是今日适越而昔至也。"(《庄子·齐物论》)庄子所谓的"成心"和"偏见",实则包括人们的一切见解和议论。"偏"是相对于"道"的"全"而言的,任何思想和言论在庄子看来都是"偏",都是对"道"的亏损。庄子主张的"齐是非",其实就是否认了认识(真理)的客观标准。他认为诸子百家"彼亦一是非,此亦一是非",他们之间的是非是无法辩明的,找不到一个客观的标准。他论证说:我与你两个人进行辩论,怎么能肯定你说的一定对,我说的一定错呢?同样,也怎么能够肯定我说的一定对,而你说的一定错呢?我与你是无法判定的,即使请一位第三者来也无法判定。因为,如果他的意见相同于你我的任何一方,他就没法判定谁是谁非,而如果他的意见与你我都不相同,或者都相同,那也没办法判定谁是谁非。所以说,无论谁也没办法判定究竟谁是谁非,是非是永远也搞不清楚的。这是庄子把判断是非的标准局限于主观的领域,否认认识或真理有客观标准,真理不是越辩越明而是永远也说不清的,这种"辩无胜"的观点是典型的相对主义诡辩。

相对主义怀疑论是人类认识史上的一个重要的环节,尽管它不可能产生和建立任何新东西,但却是克服绝对主义独断论的清醒剂。在百家争鸣的时代,各家各派往往都以自己的学说、思想为正确的。特别是儒墨两家自以为是,认为自己的学说就是终极真理,而别人讲的都不对。庄子在阐述"齐是非"观点的同时,也指出儒墨等各家的上述看法实际上是一种独断论的表现,是十分有害的。庄子认为,每种不同的学说都有其正确之处,每一种意见都有其合理性,因此它们都有存在的理由。同时,它们又都只是真理的一个方面,都是"道之一偏",而绝非是真理或道的全部。庄子这样说:"天下大乱,贤圣不明,道德不一,天下多得一察焉以自好。譬如耳目鼻口,皆有所明,不能相通。犹百家众技也,皆有所长,时有所用。虽然,不该不遍,一曲之士也。"(《庄子·天下》)这是庄子用相对主义对百家之说的评价,这种评价是客观的。

庄子还对独断论产生的原因作了分析,他说:"井蛙不可以语于海者,拘于虚也;夏虫不可以语于冰者,笃于时也;曲士不可以语于道者,束于教也。"(《庄子·秋水》)在庄子看来,"曲士"主观片面性认识的形成是由于受时间、空间条件和所受教育的限制造成的,这样的分析也是有道理的。

第四节 法家与传统文化

法家是春秋战国时期出现的一个以法治思想为核心的重要学派,它是在新兴地主阶级反对没落奴隶主阶级的长期斗争中逐步形成和发展起来的。

早在春秋时期就涌现出了一批政治改革家,如齐国的管仲、郑国的邓析、子产等人,他们开始进行封建性的社会改革,成为法家的先驱。战国初期到中期,魏国的李悝、楚国的吴起、韩国的申不害、齐国的慎到、秦国的商鞅都倡导和开展了不同程度的变法改革,他们把法家思想发展成为了一个独立的学派,其中商鞅是法家学派真正的奠基者。战国中期到末期,建立统一的中央集权的封建国家已成为社会发展的必然趋势,在这种情况下,韩非顺应了历史的潮流,进一步较系统较全面地总结了变法的经验,把"法"、"术"、"势"结合起来,成为法家思想的集大成者。

我们这里主要通过法家两位最重要的思想代表商鞅和韩非,着重介绍法家的耕战思想、历史观、法治思想。

一、耕战思想

法家一贯主张富国强兵,这是跟当时的历史进步趋势相符合的。所谓的"耕战思想"就是一方面对内加强统治,大力发展农业,增加生产;另一方面对外积极备战,重视军事。

法家的耕战思想由来已久,早在战国初年,魏国的李悝就提出"尽地力之教",大力发展农业生产,不仅有效地保证了国家的充足税源,而且对当时的封建关系的发展也起了促进作用。李悝认为政治上的动乱最主要是由"饥寒而起"的,而饥寒又来自富贵者的淫奢,所以,只有经济稳定,政治才能稳定。李悝鼓励农业生产的同时,也奖励勇战。他鼓励士卒日夜不休地勤练射术,后来与秦交战,因士卒善射而大胜。

战国中期的商鞅对耕战思想有了较大发展。他把农业提到了立国之本的高度,以为农业生产,是国家富强的根本,农业是财政收入的源泉,只有发展农业,才能使国家"人多","人多"才能国富。他还利用人之趋利避害的本性,用刑赏的方法驱使民众务农。一方面"劫以刑",不务农就要受到比务农更苦的刑罚,使民众在两害相权情况下自觉从事农耕;另一方面"趋以赏",对力耕者赏以官爵,认为朝廷让民用剩余的粮食捐取官爵,农民就会卖力耕作了。商鞅还主张"重农抑商",旨在稳定并保证农业生产有充足的劳动力,保持农业人口与非农业人口适当的比例关系,防止商贾高利贷者兼并土地,从而促进农业发展。

商鞅认为农以富国,而兵以争天下,这才是真正的国家生存之道,只有举国勇战,才能称王称霸。为了加强军备,商鞅提出要通过刑与赏,达到全国皆兵和闻战则喜的局面。商鞅还认为要通过刑、赏形成人民"乐战"的风气,"民闻战而相贺也,起居饮食所歌谣者,战也。"(《商君书·赏刑》)为了奖励军功,商鞅在变法过程中还制定了军功爵二十级。他认为只有通过种种措施来加强军备,才能使人民"喜农而乐战",专心致力于农战,从而达到富国强兵和"无敌于天下"的目的。

在商鞅的思想中,耕战是相互联系、相互促进、相辅相成的。一方面,耕可养战。农业生产的发展可以使国家富强,并为战争提供丰富的物质基础。另一方面,农业生产与战争可以相互结合、相互转化、相互促进。商鞅认为,农业的主要作用就在于生产力,即增殖财富,但是财富一旦增加到一定数量,就必须发动战争,消耗民力与财力,从而使民众处于贫困线上,这样,民众就得努力生产,创造更多的财富。因此,战争实际上起到了促进农业生产的作用。

商鞅的耕战思想,就其具体主张来说,确实近于残酷,但是毕竟也是在他以富国强兵为目的的耕战思想的指导下,秦国迅速走上了统一中国的道路。

商鞅之后,法家思想的集大成者韩非同样主张耕战思想,而且比商鞅的更为彻底。他不仅把不事耕战的其他职业都视为社会的害虫,而且还要取消不事耕战而取得爵位的旧贵族的特权。韩非提出:"富国以农,距敌恃卒。"(《韩非子·五蠹》)认为只要坚持耕战政策,就可以国富兵强,具有"王资",即具备统一天下的条件。他强调农业对国家的重要性,认为农是"本"业,而把商视为"末"业,提出了农本商末的思想。韩非甚至认为"耕战之士困,末作之民利"的这种看法,是灭国灭家之言。在这以后,以工商为"末"的思想观点在传统社会中一直影响很大。为了奖励农民积极耕种,韩非还反对"重赋敛"、"徭役重"……总之,法家的耕战思想,对新兴地主阶级建立和巩固政权以及促进全国统一,起了很大的作用。

二、历史观

商鞅站在新兴地主阶级的立场上,认为历史是变化的,并且政治措施也应该随之变革。与同时代的道家、儒家相比,这是一种进步的历史观。

在商鞅看来,历史是变化的,不同的历史时期有自己特有的问题。基于这种认识,他将历史分为三个阶段:"上世亲亲而爱私;中世上贤而说仁;下世贵贵而尊官。"(《商君书·开塞》)这所说的其实是从西周到战国之间的社会变化。所谓的"亲亲而爱私",是指周朝的以氏族社会的血缘关系为基础的宗法制度。所谓的"上贤而说仁"是指春秋及战国初期,墨家所提倡的"尚贤"、"兼爱",反映了小私有生产者参政的要求。所谓的"贵贵而尊官",是战国以来新兴地主阶级与旧贵族之间斗争的要求。在这种斗争中,新兴的地主阶级联合君主,打倒旧贵族,实行专制主义的中央集权的统治。因为要专制,要中央集权,所以要尊君("贵贵");因为要用官僚,所以要"尊官"。商鞅这一理论的重要意义就在于其概括了历史的变化发展特征,因此具有明显的辩证法色彩。以此为基础,商鞅又指出既然历史是不断发展的,那么就没有永恒不变的制度,时代变了,制度也应该改变。为此,商鞅反复强调:"苟可以强国,不法其故;苟可以利民,不循其礼。""前世不同教,何古之法!帝王不相复,何礼之循。""礼法以时而定,制令各顺其宜。""治世不一道,便国不法古。"(《商君书·更法》)"圣人不法古,不修今。法古则后于时,修今则塞于势。周不法商,夏不法虞,三代异势,而皆可以王。"(《商君书·开塞》)从这些论述中我们又可以清楚地看到商鞅思想的唯物主义特征。商鞅这种进步的历史观在后世每每出现的变革实践中都成为基本的理论依据,确实具有重要的意义。

韩非继承和发展了商鞅的历史进化观点,他是这样描述历史的演变过程的:

> 上古之世,人民少而禽兽众,人民不胜禽兽虫蛇;有圣人作,构木为巢以避群害,而民悦之,使王天下,号之曰有巢氏。民食果蓏蚌蛤,腥臊恶臭而伤害腹胃,民多疾病;有圣人作,钻燧取火,以化腥臊,而民说之,使王天下,号之曰燧人氏。中古之世,天下大水,而鲧禹决渎。近古之世,桀纣暴乱,而汤武征伐。今有构木钻燧于夏后氏之世者,必为鲧禹笑矣;有决渎于殷周之世者,必为汤武笑矣。然则今有美尧舜汤武禹之道于当今之世者,必为新圣笑矣。(《韩非子·五蠹》)

韩非认为人类历史已经经历了上古(有巢氏、燧人氏)、中古(尧、舜、鲧、禹)、近古(三代)以至当今之世(战国)几个阶段,所以,他认为,那种把社会历史看作是一成不变的观点是错误的,而现在如果还有人赞美尧、舜、汤、武、禹之道,必然会遭到"今圣"的耻笑。尽管这种划分不够科学,但韩非肯定社会历史是一个不断向前进化发展的过程,确有其合理因素。同时,韩非和商鞅一样也认为随着时代的变迁,政治制度也要发生变化,因此要变法,以适应时代的发展。

既然社会历史是不断发展的,那么社会演变的真正原因是什么呢?韩非试图用人口增殖和生活资料之间的矛盾来解释。他说:

> 古者丈夫不耕,草木之实足食也;妇人不织,禽兽之皮足衣也。不事力而养足,人民少而财有余,故民不争。是以厚赏不行,重罚不用,而民自治。今人有五子不为多,子又有五子,大父未死而有二十五孙。是以人民众而货财寡,事力劳而供养薄,故民争,虽倍赏累罚而不免于乱。(《韩非子·五蠹》)

这是说,古人看轻财货并不是因为道德高尚,而是因为人口少,财货多;现代人互相争夺,也不是道德卑劣,而是因为人口多,财物少。韩非的这种以人口增殖和生活资料之间的矛盾作为解释社会历史发展原因的主张,显然是不够科学的,因为他无法了解在阶级社会里,社会生产力和生产关系的矛盾、阶级矛盾与阶级斗争推动历史发展的实质。但是,韩非认为历史是一个不断由低级到高级进化发展的观点,是符合历史发展的辩证法的。同时,他试图从物质生活中找寻社会历史发展原因的理论,在当时确实具有一定的进步意义。

三、法治思想

法家思想的一个最显著的特点就是特别强调法的作用,认为法是治国的不二法门,概括言之,即以法治国,一切断于法。

战国初年,魏国的李悝在研究和总结当时各国法律的基础上,制定了一部法典。这部法典被后世称为《法经》。《法经》共有六篇:《盗法》、《贼法》、《囚法》、《捕法》、《杂法》、《具法》。把《盗法》、《贼法》放在《法经》的最前面,目的是首先要确保新兴地主阶级的财产不受侵犯。《法经》的内容体现了地主阶级的意志,打击的锋芒主要指向农民阶级。

《法经》是我国历史上第一部比较系统的封建法典。制定详细的法律并公之于众,就能够使社会上的每一个人都知道自己应该遵循怎样的行为准则。李悝所制定的法律代表了当时统治阶级的意志,对劳动人民的镇压是十分残酷的,但比之任意施法无疑是一大进步。

第二章 中国传统文化的奠基

慎到是前期法家的代表人物之一,他认为对于君主专制统治来说,法律、权术、权势三个要素中,权势最为重要。"贤而屈于不肖者,权轻也;不肖而服于贤者,位尊也。尧为匹夫,不能使其邻家,至南面而王,则令行禁止。由此观之,贤不足以服不肖,而势位足以屈贤矣。"(《慎子·威德》)慎到在这里从历史与现实的经验中论述了:在政治中谁服从谁,不是以才能、是非和道德为标准,而是要看权势的大小。在他看来,君主之所以为君主,主要是因为掌握着至高无上的权力,如果君主一旦失去这种权力,则将与匹夫无异。

基于对权势重要性的认识,慎到认为,君主必须实行独裁统治,国家不能有两个或多个权力中心,"两则争,杂则相伤"(《慎子·德立》),"两贵不相事,两贱不相使"(《慎子·佚文》)。如果有并行的权力,那么在其上则要有一个更高的权力加以制约,所以说,国家可以多贤,但却不可以多君。慎到的观点就是,君主专制国家的权力必须是一元的。慎到重"势",于是他反复告诫君主,一定要牢牢地控制自己手中的权力,巩固自己的地位。

相比慎到的势治理论,战国初期韩国的申不害更注重术治。申不害也是前期法家著名的代表人物之一,在重视法与势的同时,他更加侧重于术,相信权术才是君主专制中最为重要的因素。申不害认为,术不同于法,法的对象是全体臣民,术的对象是官吏臣属;法要公开,术则是暗藏心中,法是一种明确的规定,术则是存于心计之间,翻手为云,覆手为雨。

申不害的术治理论主要包括两个方面:一方面,他主张"正名责实之术"。申不害认为君主应该明确群臣各自的职分,并对一切都要有明确的规定。君主要善于抓大事,抓住了大事,就能控制细小,控制臣下。在申不害看来,君主不应该把精力放在论人忠奸上,重要的是应该抓住一般的规定,并严格按照规定进行检查、考核和评论得失。对官吏不要求他们如何表示忠诚,而要他们按规定办事,按规定办事即是忠臣,只有遵从规定才是真正遵从君主。另一方面,申不害主张"静因无为之术"。"无为",原是道家的思想,申不害借用了道家的这一概念,并且赋予了新的含义,成为君主愚弄臣下的一种手段。"无为"之术最关键的一点就是要把自己深藏起来,对任何事情都不要在未决定之前表示自己的好与恶、知与不知、是与非。因为只要有任何倾向性的表示,臣下都会钻空子。为了使臣下无机可乘,君主应该装作高深莫测,对任何事情都不置可否。总之,聪明的君主应该在任何时候都不露声色,统观全局,洞悉一切。

在前期法家的诸流派中,商鞅以重视法律而独成一家,他的理论虽然也涉及势与术,但是从总体上说,他主张国君应该以法为标准。他认为,法是治理国家的根本,只有实行法治,国家才能长治久安。法律之所以如此重要,是因为:首先,法律能够定纷止争。其次,法律能够富国强兵。在商鞅看来,法是实行耕战政策的保证。为了保护耕战,就必须打击一切不利于耕战的人和事,这就必须依靠法律,用法律明赏严罚。在法律的作用下,人们就不得不归于田亩,国家自然也就安定富强了。再次,法律还能够胜民。所谓的胜民就是说,法律能够有效地约束民众的行为,使民众服从。商鞅认为一个君主,想要治国安邦,首要的任务就是要制服境内的民众,而法律的主要功能就是镇压民众的反抗。在商鞅看来,法律是专制国家政治统治的工具。

基于上述认识,商鞅还提出了实行法治的一些原则:

第一,明法思想。商鞅认为,要实行法治,其首要的一点,就是要公布法律条文,使法律为全体人民所知晓。

第二,重刑主义。商鞅认为,君主实行法治所借助的刑、赏这两种工具或手段当中,刑罚才是最重要的。加重刑罚,减轻赏赐,就是君主爱护人民,人民就愿意为君主而死。商鞅还主张轻罪重罚,认为只有这样,才能达到威慑民众的作用,使民众不敢以身试法。在他看来,不仅应该对那些已经犯罪的人要进行重罚,而且对那些有犯罪动机的人也应该动用刑罚。

第三,刑无等级。商鞅认为,法律的基本精神是"公",不以私害法是专制国家达于治的根本保证。由于法律至公的性质,全体臣民必须共同遵守。但是,要注意的是,刑无等级并不等于法律面前人人平等,因为在任何时候君主都是在法律制裁的范围之外的,所以,商鞅的法治理论仍是为君主专制政治服务的,法律实际上只不过是君主专制的工具。

韩非作为先秦法家思想的集大成者,在总结前人的经验和教训的基础上,实现了法、术、势的统一。韩非认为"法"与"术"两者缺一不可,都是国君进行统治的手段。他认为商鞅注重法,使秦国国富兵强,但是却不懂得术的重要性,没有术来察知臣下的不轨行为,因此国家虽然富强了,但只是增加了大臣的财富和势力。申不害注重术,但却不擅长于法,不注意统一法令,因而引起了社会混乱。所以,韩非认为法与术必须结合。不仅如此,韩非还十分重视势,做《难势》篇专门阐述慎到关于重势的理论。

韩非的法治思想,除了把法、术、势三者结合起来以外,在内容上也多有发挥,与前期法家相比,法、术、势均有新的特点。

关于"法",前期法家强调变法,韩非虽然也主张变法,但更侧重定法,就是用法律把现有的封建秩序固定下来。另一个方面,前期法家变法重在富国强兵,而韩非的法治则注重加强君权,以法防奸。除此之外,韩非还主张以法治国,反对贤人政治,他说:"上法而不上贤。"(《韩非子·忠孝》)对君主而言,无须待贤君而后王。

第二章 中国传统文化的奠基

韩非认为,历史上的贤君和暴君都是千世不一出的,绝大多数君主都是"中人"。但中人只要"抱法处势"也可以将天下治理的很好。

关于"势",韩非把势分为自然之势和人为之势。自然之势是指客观既成条件下掌权和对权力的运用;人为之势是指可能条件下能动地运用权力。韩非之所以特别重视人为之势,其用意在于强调君主的能动作用。因为在他看来,尧、舜一般的圣贤与桀纣一样的暴虐都是千载难逢的,在大多数情况下,君主都是普通的中人。这种情况就特别需要发挥君主的能动作用,充分运用人为之势。韩非强调人为之势,意在鼓动君主将全部权力都紧握在自己手中,成为绝对的最高权威。针对君主如何保持势位,防止失势,韩非认为君主应该固握赏罚之权;独擅法令和任免之权;掌控重臣,避免结党营私。

关于"术",韩非主要是批判继承了申不害的思想,而又有了很大的发展。其中"循名责实"的部分,有其一定的积极意义。《韩非子·二柄》篇有这样一个故事:

> 昔者韩昭侯醉而寝,典冠者见君之寒也,故加衣于君之上,觉寝而说,问左右曰:"谁加衣者?"左右对曰:"典冠。"君因兼罪典衣与典冠。其罪典衣,以为失其事也;其罪典冠,以为越其职也。非不恶寒也,以为侵官之害甚于寒。故明主之畜臣,臣不得越官而有功,不得陈言而不当。越官则死,不当则罪。

在这里,韩昭侯把衣官拿来问罪,是因为他失职了,没有办他应该办的事;杀了管帽子的官,是因为他越职了,做了本来不属于他做的事。术的一个很重要的特点就是循名责实,拿这个故事来说,"典衣"和"典冠"是两个官名,是"名"。"典衣"和"典冠"他们的职责是那两个名的内容,是"实"。当他们做好自己的分内之事,尽到他们应尽的职责时,就叫做名实相副,就应该得到奖赏,否则就应该被处罚。一个做某种官的人,应做那种官所应该做的事,也就是说只应该做那种名所规定的职务,做的少了不行,做的多了也不行。做的少了是失职,做的多了是越职。韩非关于术的思想有其合理的部分,但也包括了许多玩弄权术的阴谋诡计。总体来说,他的术治思想是保证君主对一切权力的独擅,即专制。其思想出于道入于法,从中可以窥见道家无为思想向刑名之术的嬗变。

从中国传统文化的整体发展来看,儒家思想构成了中国文化的核心,道家思想构成了中国文化的主干,而法家思想则对中国政治文化产生了深远的影响,这就是我们经常所说的,儒道互补、儒法合流。

总结起来,本章论述的是在先秦诸子百家争鸣的大背景下,当时最有影响力的儒、墨、道、法四家的主要思想。在他们的思想展开中,我们可以清楚地看到,围绕着"天人"、"名实"之辩,既有先验论和经验论的对立、相对主义和绝对主义的对立,又有直观唯物论和唯心辩证法的对立,而唯物主义和唯心主义的斗争则贯穿始终。他们的思想中闪烁着智慧的光芒,以自己独到的见解在许多领域开创了先河;他们理清了文化发展的核心脉络,并由此奠定了中华传统文化发展的基本格局。但是,由于先秦处于传统文化发展的初期,再加上每个思想家认识上的局限性,这个时代的思想就不可能是成熟的,也就都存在着各种理论的缺陷。而这些理论的教训同那些积极的创造性成果,对整个传统文化的发展而言同样重要,同样宝贵。不论从哪个方面说,先秦诸子对中国传统文化都具有奠基性的作用,是我们值得珍视的历史遗产。

思考与探究

1. 试述先秦儒家理想人格理论在中国传统文化中的意义。
2. 墨家经验主义和逻辑思想的价值是什么?
3. 评价道家无为思想的积极意义和消极意义。
4. 法家法治思想在中国传统政治文化中的地位。

第三章 中国传统文化的基本特征

讲中国传统文化的特征,主要是为了让读者从文化现象上对中国文化精神的各种特点,有一概括性的认识。这些特征是就文化的各方面来说的,所以相当具有代表性。自然,提出这些特征的时候,多少是对应着其他的文化系统来说的,尤其是西方文化。中国传统文化特征之所在,往往也就是中西文化差异之所在——虽然这些差异并不是绝对的。自"五四"新文化运动以来,许多学者都力图在中西文化的比较研究中,概括出中国传统文化的特征,提出了许多观点。但是,一个国家或民族的文化往往是包罗万象的,其内容庞杂交错,繁杂不一。其中既有历史的、地域的、时代的、民族的、阶级的种种差异,又包含着进步的、落后的、明哲的、愚昧的多种多样的文化因素和成分。因此,如果不以客观冷静的态度和合理的科学方法对中西文化之全体或大部事实作全面、彻底的检讨,就很难得出令人满意的合理结论。梁漱溟先生在其所著的《中国文化要义》一书中,列出中国传统文化的十四大特征。其中第四个特征他是这样说:"若就知识、经济、军事、政治——数来,不独非其所长,且勿宁都是它的短处。必须在这以外去想,但除此四者以外,还有什么称得起是强大力量呢?实又寻想不出。一面明明白白有无比之伟大力量;一面又的的确确指不出其力量竟在哪里;岂非怪事!一面的的确确寻不出力量来;一面又明明白白见其力量伟大无比,真是怪哉!怪哉!此即便当是中国文化一大特征——第四特征。"①梁漱溟先生是研究中国文化的佼佼者,他对中国传统文化的特征有如此难言之处,足见这一问题的复杂。

鉴于问题的复杂性,故先确立三个前提:首先,它只是相对于西方文化或其他文化系统而言的;其次,就中国文化本身说,也只具有相对的意义;第三,中国传统文化的特征可以归纳出许多,本章的任务,只是做基本的概括。

---

① 梁漱溟:《中国文化要义》,学林出版社,1987年版,第7页。

第一节 崇尚道德的伦理观

中国素有礼仪之邦、文明古国的称誉。在中国传统文化中,传统伦理道德是重要的组成部分,甚至从一定意义上说,它是中国传统文化的核心。伦理道德问题引起了历代众多思想家的特别关注,往往成为他们理论思考的重心。各派思想家在对中华民族长期的道德实践经验进行总结与探讨的基础上,提出了丰富的伦理思想以及颇为细密完备的道德实践活动的行为规范,为我们留下了非常宝贵的理论资源。在古代,中国传统伦理道德文化主要指的是儒家道德,"仁"是儒家道德思想和道德学说中的核心概念。中国传统伦理道德文化的基本内容主要是通过道德规范表现出来,其基本思想是三纲五常、天下为公、为政以德、德教为先、修身为本、中庸之道、内圣外王等。

一、三纲五常

中国传统伦理道德规范最早产生于原始社会末期的尧舜禹时代,《尚书·尧典》中就有"以亲九族"、"协和万邦"的表述。在殷墟的甲骨文字里有"礼"、"德"、"孝"等文字,说明商代就已制定有成体系的道德规范,出现了所谓"六德",即知、仁、圣、义、忠、和。

儒家道德的创始人是孔子。孔子生活在奴隶制社会向封建制社会过渡的春秋时期,他从自己的政治理念出发形成他全面系统的道德思想。他以"仁"作为最高的道德境界,将"孝"、"悌"、"礼"、"信"等德目置于其下,形成了中国最早的道德学说。孔子的道德观因具有统一民众思想、稳定社会秩序的功效而受到统治阶级的重视。汉武帝时代,董仲舒根据孔子的"君君,臣臣,父父,子子",提出"三纲",即君为臣纲,父为子纲,夫为妻纲;以及仁、义、礼、智、信的"五常"说。同时,他用"罢黜百家,独尊儒术"的强硬手段,将儒家道德观念上升为中国封建社会的政治伦理。

"五常",是儒家从古代众多的德目中概括、提炼出来的五种最基本的道德规范。在中国古代社会中,这五种道德规范是处理人际关系的最基本的行为准则,也是个人修养的最主要的内容。它贯穿于人的整个道德生活之中,深刻地影响着中华民族道德素质的培养和道德精神的形成。

"仁"是孔子道德思想中的核心概念,在孔子看来,"仁"是社会规则和人文精神的基础,"人而不仁,如礼何?人而不仁,如乐何?"(《论语·八佾》)无"仁"更谈不上其他德行,由此逻辑得出"为政以德"就会天下太平的结论。孟子继承和发展了孔子的仁爱思想,提出"亲亲而仁民,仁民而爱物"(《孟子·尽心上》),主张由亲爱亲人进而仁爱百姓,由仁爱百姓进而爱惜万物。可以说,儒家的仁爱观念源于家庭血缘亲情而又超越了血缘亲情,它要求在尊亲敬长的自然道德情感的基础上,由己推人,由内而外,由近及远,层层向外递推,最终达到"仁者与天地万物为一体"(《孟子·梁惠王》)的境界。秦汉以后,儒家学者在理论上对仁爱思想又有了进一步的发展。唐代韩愈在《原道》中提出"博爱之谓仁",提倡广泛的、普遍的爱;北宋张载在《西铭》中提出"民,吾同胞;物,吾与也"的著名命题,主张应该把天下民众看作自己的同胞兄弟,把世间万物看作自己的朋友。这就进一步深化了仁的内涵。仁爱思想成为中国传统美德中极为重要的内容。中国古代思想家不仅把"仁"视为做人的基本准则,作为处理人际关系的情感要求,他们还往往希望把"仁"的精神渗透于政治运作过程之中。在先秦时期,孟子曾大力提倡"仁政",提出了一整套仁政的方案。《礼记·礼运篇》中更设计了一个洋溢着仁爱精神的"大同"社会。① 这是一幅人与人相亲相爱、和睦融洽的图景,也成了古往今来人们孜孜追求、无限向往的理想社会。范仲淹在《岳阳楼记》中的千古名句"先天下之忧而忧,后天下之乐而乐",无疑正是传统儒家仁爱精神的升华。

"义"是人类共同的根本利益的体现,孔子曾提出"见利思义"的主张,即在利益面前,要首先考虑是否应该、合理的问题。这一思想并不否定人们对个人利益的追求,而只是要以义作为衡量其行为的标准。孟子发展了孔子的这一思想,而更加重视义对人们行为的指导作用,认为如果不符合道义,即使拿天下的财富给他作俸禄,拿良马数千匹送给他,也不应该回头看一下,甚至在生命和道义之间发生矛盾冲突、二者不能兼顾时,就应该舍弃生命而取道义。这种"舍生取义"的价值取向,作为中华民族精神的一个重要内容,激励了无数仁人志士为了正义事业而艰苦奋斗,甚至献出自己的宝贵生命。到西汉时期,董仲舒提出"正其谊(义)不谋其利,明其道不计其功"(《汉书·董仲舒传》)的主张,又进一步把重义轻利的观念推向极端。宋代理学家继承了这种观念,强调"义利之辨",视义为儒者为学做人、立身处世的首要原则。这种观念,具有坚持人格尊严、实现个人价值的意义,深化了义的内涵。与此同时,理学家对个人的私利追求也进行了过分的排斥、否定,从而形成了儒家传统伦理道德中重义轻利的倾向占主导地位的状况。对于今天的人们来

---

① 《礼记·礼运篇》:"大道之行也,天下为公。选贤与能,讲信修睦。故人不独亲其亲,不独子其子,使老有所终,壮有所用,幼有所长,鳏寡孤独废疾者皆有所养。男有分,女有归。货恶其弃于地也,不必藏于己;力恶其不出于身也,不必为己。是故谋闭而不兴,盗窃乱贼而不作,故外户而不闭,是谓大同。"

说,如何确立适合时代需要的义利观仍然是一个重要的课题。除了儒家传统正义观念中所包含的"见利思义"、"舍生取义"等思想需要我们继承和弘扬外,对于那些只重义而否认利的观点,我们也应予以批判。

"礼"大概可分为三个方面:第一方面,指整个的社会等级制度、法律规定和伦理规范的总称;第二个方面,着重指整个社会的道德规范;第三个方面,指礼节仪式以及待人接物和处事之道。作为"五常"之一的礼,主要是指人们具体的行为规范。礼是与仁、义有着内在联系的范畴。儒家把仁爱作为处理人际关系最根本的道德要求,同时要求"仁者爱人"又必须遵循一定的原则,而不是没有差别地去爱一切人,这个原则就是义。但是,由于人与人之间的关系不同,相互之间的道德义务和道德责任也存在着差异,因此,对于不同的人际关系,人们的行为就有不同的道德要求。这就需要把义的原则化为具体的行为规范,使这些行为规范分别对应于特定的人际关系。这样,礼就作为处理人际关系的具体的行为规范产生了。可以说,礼就是仁的外在规范,是义的具体形式,是仁义的贯彻与外显,而仁、义则是礼的内在实质。在儒家看来,礼与仁、义是紧密联系起来的,离开仁、义,礼就只是虚伪的形式;离开礼,仁、义也就成为无从落实的空谈。儒家对礼非常重视,并进行了全面细致的探讨,构建了一个庞大、完善的、涉及社会日常生活各个方面的礼的体系。儒家以君臣、父子、夫妇、兄弟、朋友"五伦"对主要的社会道德关系进行了整体的概括,提出了包括君仁臣忠、父慈子孝、夫义妇顺、兄友弟悌、朋友有信在内的五伦之礼,对于其中每一种特定的关系,都有具体的礼节规定,如在父子关系中,规定子女孝敬父母的礼有敬顺、敬养、承教、继志、送死、祭祀等等。这些具体礼节之下,又还有十分详细的规范和要求。整个体系十分庞大、详细,各种规定渗透到人们的视听言行、饮食起居各个方面,使人们日常生活的种种行为都有所依循。正因为礼作为具体的行为规范在具体的人际关系中形成了固定的行为模式,所以在儒家看来,礼是立人之本,是人之所以为人的根据。孔子就说过:"兴于诗,立于礼,成于乐。"(《论语·泰伯》)"不学礼,无以立。"(《论语·季氏》)。《礼记·曲礼上》中甚至说:"人有礼则安,无礼则危。"可见,在儒家看来,礼是人们立身处世的基础,而学礼也就自然成为人们立身处世的前提条件。

"礼"作为一种传统道德规范,在提高个人道德素质、保持人际关系的和谐、维系社会秩序的安定等方面发挥了重要的作用。中华民族礼仪之邦的形象塑造,与礼的观念的深入人心无疑是有着密切关系的。需要指出的是,在中国长期的封建社会中,由于礼的道德规范在不同时期不同程度地受到等级制度及尊卑观念的影响,往往存在着过分"卑让"等消极方面,这是我们今天需要加以扬弃的。

"智"在"五常"之中有着非常特别的地位。儒家认为,智是一切道德品质、道

第三章 中国传统文化的基本特征

德观念以及道德行为的前提,是认识其他四德的工具。在孔子看来,"智者不惑",正确的道德认识是正确的道德行为的前提与保证,智是实现仁的重要条件,因此他多次以仁、智并举,并将智、仁、勇三者统一起来,作为志士仁人的基本品德。孟子把智看成是判别是非善恶的一种能力和观念,提出"是非之心,智之端也"的命题。董仲舒强调仁智兼重,既仁且智,并在《春秋繁露·必仁且智》篇中从许多方面对智的内涵作出详细的阐释。此后,历代儒家也一般都肯定智的重要,并对智进行了说明或发挥,赋予了智以丰富的道德内涵。简言之,智的道德内涵主要包括以下几个方面:第一,明辨是非;第二,利人利国;第三,自知知人;第四,谨言慎行;第五,居安思危。儒家的智,是不能脱离道德来谈的。人的认识、理性如果不与德性、德行相联系,就不能成为人们现实的道德品质,甚至会走向道德的反面。明清之际的思想家王夫之就谈到,"智"离开"仁"便显得苛刻,"智"离开"礼"便显得浅薄,"智"离开"义"便显得乖巧,"智"离开"信"便显得诡诈。也正是因为如此,儒家谈"智",总是与其他"四德"联系在一起的。作为"五常"之一的"智",实际上就是对仁、义、礼、信等道德原则的认同与理解。当然,作为道德认识,"智"也必须要落实、体现到道德行为上,与道德行为相一致,真正成为现实的道德品质。

"信"是中国传统道德的重要原则。它要求人们真实无妄、言行一致。在中国思想史上,各派学者都对"信"予以不同程度的重视,其中儒家对"信"最为推崇。尤其是在汉代,"信"被儒家列入"五常"之后,其地位进一步突显,成为最基本的道德规范。在儒家看来,"信"是"进德修业之本"、"立人之道"和"立政之本"。孔子不仅提出了"人而无信,不知其可也"(《论语·为政》)的命题,把信作为立人之本;而且把信视为立国之本,认为"民无信不立"(《论语·颜渊》)。《孟子》也提出:"诚者天之道,思诚者人之道"。诚、信是天道的属性,人们讲求诚信,就是对天道真实无妄的品德的效法,对客观天道的尊重、认同与遵循,对人类本性的完善。这样,儒家巧妙地论证了诚信原则的客观性、合理性与绝对性。作为人际交往的行为规范,信的基本要求是真诚相待、诚实不欺、讲究信誉、信守诺言等。孔子就说过,"与朋友交,而不信乎?"(《论语·学而》),"信则人任焉"(《论语·阳货》)。儒家重视、提倡信,要求人们能够言行一致,但并不是把言行一致作为绝对的行为戒律,僵化地套用于人际交往之中。孟子说"大人者,言不必信,行不必果,惟义所在"(《孟子·离娄下》),张载也说"君子宁言之不顾,不规规于非义之信"(《正蒙·有德》)。如果讲"信"有违大义,则宁愿食言。可见,儒家讲"信",注重的不是其形式,而是其精神实质。如果离开道德的标准,片面地强调"信",必然导致对道德责任的否定,破坏正常的社会秩序,这是不符合"信"的本质的。这一点,也是我们今天在弘扬优良道德传统时所需要特别加以注意的。

二、天下为公

中国传统伦理道德思想中的天下,既有"普天之下,莫非王土"的天下;也有以仁义为内容,以社会道德风气为主要表现的天下。明清之际的思想家顾炎武就说到"仁义充塞,而至于率兽食人,人将相食,谓之亡天下"(《日知录》卷十三《正始》)。显然,这两个"天下"有不同的内涵和阶级属性。但它们把统治阶级的利益,升华为一种神圣的、必须普遍遵守天命的整体意识,或超越个体的、局部的利益,最终形成统一的、具有社会性利益的整体意识。因此,出现了中国传统伦理道德文化的核心规范——公忠。"公忠"则兼有公与忠两个字的含义,讲的是对于国家利益、民族利益、社会整体利益的忠诚。它强调的是国家利益、民族利益至上,"以公灭私"、"至公无私",强调为社会尽责、为天下尽忠的献身精神。它实际上包涵了爱"君"之国家和爱"大家"之国家这两种内容和性质的爱国主义。这其中虽然具有局限性,却也形成了"得民心者得天下"、"不以天下之大私其子孙"、"天下兴亡,匹夫有责"、"先天下之忧而忧,后天下之乐而乐"之类等政治伦理观念。

三、为政以德,德教为先

"为政以德"是孔子的观点,他认为道德教化是为政的基础,而每个社会成员的道德自觉则是社会秩序稳定的基础:"道之以政,齐之以刑,民免而无耻;道之以德,齐之以礼,有耻且格。"(《论语·为政》)孟子继承并深化了孔子的思想,指出"仁言不如仁声之入人深也,善政不如善教之得民也。善政,民畏之;善教,民爱之。善政得民财,善教得民心。"(《孟子·尽心上》)

如何才能实现"为政以德"呢?那就是执政者率先垂范。"政者,正也",为政者应先正己。从而"其身正,不令而行;其身不正,虽令不从。"(《论语·子路》)季康子问政于孔子,子曰:"政者,正也,子帅以正,孰敢不正?""君子之德风,小人之德草。草上之风,必偃。"(《论语·颜渊》)同时中国传统伦理道德文化特别重视执政者的道德示范力量对于保持政治廉明的重要意义,认为国家政权的决策者和各级官吏的品德好坏,直接决定着国家的兴衰治乱。孔子说:"为政以德。譬如北辰,居其所而众星共之。"(《论语·为政》)

政治道德,体现为官员从政须加强道德修养并以"仁义"为政纪之要求。这在中国漫长的封建社会中,有其阶级的局限性,但它毕竟是历代统治阶级对于治理国家实践经验的理性思考,在一定程度上有助于清正廉洁、开明政治的出现。实事求是地说,"为政以德"是中国封建社会政治文明的具体体现,也是中国封建社会不断发展的重要因素之一。

"德教为先"与"为政以德"是儒家政治伦理思想递进的上下两层。"德教为先"并不仅仅在说道德教育为先,同时还明示了道德在儒家的政治蓝图中的核心地位;即把道德视为治国安邦的最根本的手段,视为立国之本。

德教是否是可能的呢?孔子通过"性相近也,习相远也"(《论语·阳货》)回答了这个问题。孟子继承和发展了孔子这一思想,认为人与禽兽的差别原来并不大,即"人之异于禽兽者几希"(《孟子·离娄下》),并进一步分析说:"人之有道也,饱食暖衣逸居而无教,则近于禽兽。"(《孟子·滕文公上》)即是说,人之所以为人,主要是因为有道德,道德是人区别于禽兽的标志,"德教"当然就是人成为人的基础。反过来说,人必须"有教",人也可以"教化"。所以,孟子回答别人:"'人皆可以为尧舜,有诸?'孟子曰'然'。"(《孟子·告子下》)

正因为如此,两千多年来儒家学说教育并培养了一代又一代的志士仁人,许多士大夫从儒家学说中汲取了营养,具有高尚的道德情操,为中华民族的生存和发展做出了积极的贡献。同时,在"德教为先"的思想下,形成了中国十分注重道德的伦理文化,中国因而被誉为"伦理之邦"。

四、修身为本

修身是中国传统伦理道德中最具特色的概念,在孔子那里被称为"修德"、"克己"、"正身"、"修己"。孟子发扬光大之:"存其心,养其性,所以事天也。夭寿不贰,修身以俟之,所以立命也。"(《孟子·尽心上》)而荀子讲得更清楚:"扁善之度,以治气养生,则后彭祖;以修身自名,则配尧、禹。"(《荀子·修身》)从内容上讲,修身就是要正其心,整饬自己的心情欲念;保持心境平和,净化自己的意念,不自负,严格要求自己,经常解剖自己,不掩饰自己的"不善",逐步达到至善的境界。但为什么要"修身为本"呢?关键之处就在于"本"。孔子说"克己复礼为仁,一日克己复礼,天下归仁焉"(《论语·颜渊》),《大学》中也有这样的文字:

> 大学之道,在明明德,在亲民,在止于至善。
> 致知在格物。格物而后知至,知至而后诚意,诚意而后心正,心正而后身修,身修而后家齐,家齐而后国治,国治而后天下平。自天子以至于庶人,壹是皆以修身为本。

可见"修身为本"的"本"就是"修"、"齐"、"治"、"平"。

修身为本的思想影响了中国封建社会两千余年,不仅知识分子形成"一箪食,一瓢饮,在陋巷,人不堪其忧,回也不改其乐"(《论语·雍也》)的安贫乐道的气节,而且志士仁人也把修身作为齐家、治国、平天下的基础和前提和实现自己政治理想和道德理想的基础和前提,毕其一生地去追求、去践行。这种重视修身的道德思想,影响了整个中华民族,不仅在知识分子群体当中,而且在广大的劳动人民中间都表现出重视追求精神生活的民族品格。

五、中庸之道

在传统道德思想体系中,"中庸之道"既是方法论,又是一种理想道德观念。要实现"天人合德"的道德境界,人们要自觉地用折中调和的方法,实现人与自然、人与人、人与社会发展之间的平衡和稳定。孔子说:"中庸之为德也,其至矣乎!民鲜久也!""不偏之谓中,不易之谓庸。中者,天下之正道,庸者天下之定理。"(《中庸》)由此可以看出,"中庸之道"是传统道德规范和道德品质形成的重要手段和基础,它认为,合理的道德行为和品德,合理的法律和法规都要适中,恰到好处,不能偏向一面,不能走极端,不能打破人与自然相互依存的关系。

充分尊重自然规律是传统道德的主要方法和一贯主张,也是中国传统社会保持稳定性、连续性的法宝,但过分地强调回避矛盾会使社会发展缺乏活力,缺乏创新精神。在某种意义上讲,"中庸之道"并非惧怕矛盾,过分抑制人的个性发展,也并非过分抑制创新;而是强调在稳定的前提下,认识和把握自然规律。从整个中华民族发展的历史线索中,可以发现"中庸之道"具有吸纳优秀文化的内在本质和非凡的融合之力。

作为道德观念,《中庸》中说:"道也者,不可须臾离也。可离非道也。是故君子戒慎乎其所不睹,恐惧乎其所不闻。莫见乎隐,莫显乎微。故君子慎其独也。""慎独"要求人们独自一人,无人监督时,也要非常小心地不做任何不道德的事情,这是一种较高的道德境界。

建设和谐文化,是构建社会主义和谐社会的重要任务;弘扬民族优秀文化传统,进行社会主义道德建设,则是建设和谐文化的重要内容。我国道德建设的一个重要课题就是如何把继承优良传统与弘扬时代精神相结合的问题,其前提即对中国传统伦理道德文化进行扬弃。中华民族的传统伦理道德文化,是中华民族在长期发展过程中所形成的、能够凝聚一个民族的重要的精神力量之一,在新世纪新阶段,理应充分发挥出中国传统道德的积极进步的作用。

六、内圣外王

"内圣外王"之道,后世学者无一例外将其归于儒家的主要思想,但它并非由儒家首创。"内圣外王"一词最早出自《庄子·天下篇》:

第三章 中国传统文化的基本特征

天下之治方术者多矣,皆以其有为不可加矣。古之所谓道术者,果恶乎在?曰:"无乎不在。"曰:"神何由降?明何由出?"曰:"圣有所生,王有所成,皆原于一。"……其数散于天下而设于中国者,百家之学时或称而道之。

天下大乱,贤圣不明,道德不一,天下多得一察焉以自好。譬如耳目鼻口,皆有所明,不能相通。犹百家众技也,皆有所长,时有所用。虽然,不该不偏,一曲之士也。判天地之美,析万物之理,察古人之全,寡能备于天地之美,称神明之容。是故内圣外王之道,闇而不明,郁而不发,天下之人各为其所欲焉以自为方。悲夫,百家往而不反,必不合矣!后世之学者,不幸不见天地之纯,古人之大体,道术将为天下裂。

"圣有所生,王有所成,皆原于一(道)",此即"内圣外王之道"。《天下篇》所讲的"内圣外王"之道是儒道两家思想结合的产物。其内涵通俗地讲,"内圣"就是修身养德,要求人做一个有德性的人;"外王"就是齐家、治国、平天下。"内圣外王"的统一是士人追求的最高境界。

(一)儒家的"内圣外王之道"

儒家"内圣外王"的政治思想,体现了道德与政治的直接统一。儒家认为政治只有以道德为指导,才有正确的方向;道德只有落实到政治中,才能产生普遍的影响。没有道德作指导的政治,乃是霸道和暴政,这样的政治是不得人心的,也是难以长久的。

孔子的思想中已包含"圣王"的观念,例如他把尧舜视为"圣王",他们所行的就是"内圣外王之道"。孔子说:"大哉,尧之为君也,巍巍乎唯天为大,唯尧则之。"(《论语·泰伯》)孔子的弟子曾把孔子比作尧舜,宰我说:"夫子贤于尧舜。"子曰:"为政以德,譬如北辰,居其所而众星共之。"《论语·为政》这就要求政治家首先应是道德家,统治者只有先致力于圣人之道,成为"仁人",才可能成为天下爱戴的"圣主"。怎样才能成为道德家呢?按照孔子的言论,要做到"仁"与"礼",达到内圣,才能成为一个合格的统治者。在孔子思想中,政治和道德教化是不分的。子曰:"道之以政,齐之以刑,民免而无耻;道之以德,齐之以礼,有耻且格。"(《论语·为政》)孔子以下层百姓为对象,以礼为主要工具,辅以刑政,试图达到"名人伦"的目的,来稳定民心,稳固统治。

道德与政治的统一,也就是由"内圣"到"外王"。这里,"内圣"是"外王"的前提和基础,"外王"是"内圣"的自然延伸和必然结果。"修己"自然能"治人","治人"必先"修己"。

(二)道家的"内圣外王之道"

《庄子》之内篇《应帝王》最后有个故事颇能说明庄子的思想:"南海之帝为倏,北海之帝为忽,中央之帝为浑沌。倏与忽时相与遇于浑沌之地,浑沌待之甚善。倏与忽谋报浑沌之德,曰:'人皆有七窍以视听食息,此独无有,尝试凿之。'日凿一窍,七日而浑沌死。"郭象注曰:"为者败之。"盖庄子以顺自然无为者应为帝王,倏与忽不知,而使中央之帝死。故可知,按庄子之思想,本来"内圣"(即庄子所谓之至人、神人等)是应为"外王"的,如帝王能任自然无为,其所行即"内圣外王之道"。其实早于庄子之老子所主张的圣人"无为而无不为",更能体现道家"内圣外王"之思想。我们知道,老子不仅有一小国寡民之理想社会的蓝图,而且他提出只有"圣人"才可以实现他所提倡的理想社会,《老子》第五十七章中说:"故圣人云:我无为而民自化;我好静而民自正;我无事而民自富;我无欲而民自朴。"这就是老子为帝王设计的一套治理国家的方略,他企图用一种否定方法达到肯定的目的,这就是"无为而无不为"的"内圣外王之道"了。

魏晋玄学继承老庄思想,同样提倡:"内圣外王之道",王弼的《论语释疑》注为:"大哉,尧之为君也! 巍巍乎唯天为大,唯尧则之。荡荡乎民无能名焉!"又谓:"圣人有则天之德。所以称唯尧则之者,唯尧于时全则天之道也。荡荡,无形无名之称也。夫名所名者,生于善有所章,而惠有所存。善恶相须,而名分形焉。若夫大爱无私,专将安在?至美无偏,名将何生?故则天成化,道同自然,不私其子而君其臣。凶者自罚,善者自功;功成而不立其誉,罚加而不任其刑。百姓日用而不知所以然,夫又何可名也!"

此尧帝俨然一道家圣王了。郭象《庄子注》明确地说他注《庄子》的目的,是要"明内圣外王之道"。郭象《庄子注》七篇,如果说前三篇的重点在说明"上知造物者无物,下知有物之自造",那么后四篇的主旨则是围绕着"内圣外王之道"展开。从后四篇的篇目注可以看出,在魏晋玄学中遇到的最大问题是如何调和"名教"与"自然"之间的矛盾,如何能做到不废"名教"而"任自然"。这就要在"名教"与"自然"之间找到两者可以沟通的桥梁。照郭象看,只要能作到"不离世间而无累于世","德充于内而应物于外",故"无心而顺有者应为帝王"。"无心"则"德合自然","顺有"则可不废名教,理想的行"内圣外王之道"的社会,并不要在超现实世界中实现;最高人格之"圣王"并不需要离世间,而应是"游内以弘外"者。这就是郭象所发挥的"内圣外王之道"了。而郭象这一思想实对宋明理学有着深刻的影响,兹不赘述。

第三章 中国传统文化的基本特征

第二节 家族本位的宗法观

在巩固中华民族持续力的文化力量中，最有价值者，当首推中国之宗法制文化。其组织十分完密，原则又阐明的十分详细，使任何人都不能忘却本人祖系之所属。这种赓续万世而不绝的社会制度使每一个中国人都无法超脱，这种心理实际含有宗教的意味，加上祖宗崇拜的仪式，其意识已深入人心。

家族是婚姻和血缘关系结成的社会单位。家族本位观念在中国人的思想意识中根深蒂固，家在中国人心中，具有超常的凝聚力和向心力。钱穆曾说"中国文化，全部都从家族观念上筑起"。[1] 中国人的姓氏，先是宗姓，其次是辈分，再次是自己的名字。这里突出的是氏族整体而非个人。由家庭而家族而宗族，进而组成社会，形成国家。中国古代社会组织的主要特点在于其血缘宗法制度。血缘结合是人类历史上最古老最自然的结合方式，中国的社会组织关系是以血缘关系为基础，在父子、夫妇、君臣之间的宗法原则指导下建立起来的，其制度可称为"家国同构"。具体来讲，社会组织关系就是"五伦"，从广义上来说都属于血缘关系，是一种广义的"家"。国家、社会行为很大程度上是一个"家"的运作。所以，家族意识和家族组织，也变成社会文化问题中最大的问题之一。中国家族制度在其全部文化中所处地位之重要及其根深蒂固是举世闻名的，俗话说"国之本在家"，在一个以家族为中心的社会里，表现是轻个人、重家族。

宗法制是血缘的族权和国家政权合一的产物，是贵族等级制同政权等级制相结合的结果。血缘关系是人类社会最初的一种社会关系，她将伴随人类社会始终。所以了解中国宗法制文化仍具有现实的意义。

宗法社会是父系家长制社会，在家庭生活中是父权和夫权，在社会政治生活中是君权，这三权就成为宗法制度的主要特征。宗法社会的基础是父权，由此产生了与此相适应的孝道观念。作为人子都要恪尽孝道没有行动自由，"父母在，不远游"，否则将为不孝，父亲在家中居统治地位，实行"一言堂"，是绝对的真理。鲁迅说："父对于子，有绝对的权利和威严，若是老子说话，当然无所不可，儿子有话却在未说之前早已错了。"[2]

宗法社会是男性的社会，女性自一出生就处于不平等地位。她们出嫁后成为

---

[1] 钱穆：《中国文化史导论》，商务印书馆，2003年版，第42页。
[2] 鲁迅：《我们现在怎样做父亲》，1919年11月《新青年》月刊，第6卷第6号。

男性家族传宗接代的工具,丈夫对妻子有支配权即"夫权"。为保证家族血缘上的纯洁性,社会对女性的要求很严,片面强调妇女的贞节,妇女成为宗法制社会中最大的牺牲者。

宗法制的核心是"君权",宗族有很强的宗族本位意识。为调节和消弭宗族间矛盾,社会要求一种超强力量即国家的存在。"大一统"观念的提出,便把一家规模推之天下,实行天下一家,皇帝被称为"君父",各地官吏被称为各地"父母官",封建时代的国家实际是皇帝个人的"家天下"。

由于宗族组织已成为封建政权的基础,家规族法本身具有封建政权的性质,并能起到政府机构所起不到的作用。因此,封建国家的一些政务是通过宗族组织来执行,如族长督促族人交纳赋税,对族人进行教化。族长利用祖宗名义进行统治,可以用"叛逆不顺"的罪名来镇压。老百姓会反抗政府,但很难反抗族权的压迫。所以族权、政权相补,形成中国特殊的封建宗族政治统治,这种形式源远流长,影响极深。首先,中国老百姓对血缘关系的高度重视,在亲属的称谓上,父亲和母亲的亲属称谓有严格的区别。其次,对血缘延续的重视,欲使家族兴盛,则生孩子愈多愈好,且重男轻女,以保证传宗接代,香火不断。其三,对祖先的崇拜,每家都祭祀祖宗,以保佑家族兴旺发达。其四,对传统的极端迷信、崇古,注重经验,尊敬老人,强调师承流派,不尚开拓,因循守旧。

今天,作为宗法制的社会形态早已不存在,但宗法制的观念意识形态和文化仍在中国社会产生着影响。

第三节　求稳务实的农业观

中国是一个历史悠久的农业大国,在传统农业发展过程中形成了传统农业文化。传统农业文化是传统文化的基础,中国的传统文化是属于农业文化的类型。传统农业文化不仅是农村的文化、农民的文化,而且也是城市的文化,是官、商、兵乃至知识分子的文化。中国传统农业文化历史久远、内涵丰富、贯穿古今,渗透在各个领域,至今仍是个很现实的问题,在发展中处处都感觉到它的存在和影响。

由于几千年来的中国文化是以个体农业经济为基础、以宗法家庭为背景、以儒家伦理道德为核心,所以,中国传统农业文化就成为中国传统文化的核心和母体。在农耕区,土地是不动产,农民不能像游牧民那样流动,也不能像商人那样冒险,只能生老病死于故土,过着稳定的、程式化的生活。稳定而艰苦的农耕生活养成了农民有很浓厚的乡土观念、防御意识和守成的心理。农耕文化是中国农业文化的主要组成部分,决定着中国农业文化的特征,也是中国古代传统文化的根底。

第三章 中国传统文化的基本特征

中国传统社会生产主要是农业的生产,传统经济的主要成分主要是农业经济,采用小农经济的运作方式,社会生产生活的各个层面都脱离不了农业。中国传统文化历史悠久、博大精深。她植根于中国这块特定的"土壤"中,受到自然地理环境、政治宗法伦理、农业经济及其小农生产方式等背景的深刻影响,表现出典型的生态型农业文化特征。传统社会经济的长期稳固与社会思想文化相得益彰,中国传统社会在这两者的互动中绵延和发展。以自然经济、小农生产方式为主体的农业社会经济长期稳固,铸就了早熟的典型的生态型农业文化。农业经济是中国传统经济的主干,它的最显著的特点是"靠天",农业生产对天地自然的依赖性,越是往前,表现越强。适宜的光热、雨量以及土壤环境是农业耕作的必备条件。对自然及土地的依赖,容不得人们有过分的举措和非分的想法,人们活动空间相对狭小,交流、交往较多的限于宗族亲情之间,重"和"重"仁"的人际关系,培养了人们的"中庸"性格。也由于对自然的依赖,一旦遇上自然灾害,农业生产就会遭受致命打击,久而久之就培养了中国人乐天知命的性格。反映到现实生活中,则多取向知足常乐,过淡泊宁静的生活。从政治社会的角度来看,小农经济思想利于社会的稳定,也是专制社会政治得以稳固的基础。在各种条件约束下,农民既勤奋耕作,又安于天命。农业生产周而复始,人生老病死,循环往复,没有新意与刺激,生活封闭、单调、形式化。小农经济的主要经营者——农户家庭,按照效益最大化原则,其经营的唯一动机是如何在有限的土地上得到较多的收成,以达到衣食无忧。小农经济生产方式培养了人们爱好和平,礼仪为重,互帮互助的性格。传统农业经济可以说是一种自然经济,它必然受到自然生态系统演替规律的影响。农业生产、农民生活要与自然环境相适应协调,农民要尽可能少地干扰农业生态系统(农田、旱地、草原),使其近似于或顺应于自然生态系统的自然生态演替,这样,农业生态系统就具有自然生态系统的自我保持和修复功能,这种生态智慧本质上就是人与自然的协调统一。历代王朝都重视农业,中国农学乃至技术以及农书的刊行等,都曾领先于世。农业经济发展早、比重大、人口多,这些特点造就了农业文化的早熟。民以食为天,农业稳定、农民安居则国家稳定、社会安定,重农重民思想以及与此相应的思想文化便成了农业文化的传统。

在古代社会,农业关系到国计民生以及整个社会的稳定,正是基于这种认识,产生了传统的农本观念。在人生态度上,讲求务实、进取有为的精神。在农业社会里,家庭之温饱取决于耕作和劳作,这种状况就使得人们领悟到一个朴素的道理:利无幸至,力不虚掷。一切行为和思想活动以取得实际效益为目的,反对空谈、玄想的无实效之风,此所谓"大人不华,君子务实"(《潜夫论·叙录》)。同时,在农业生产过程中,人们还自发产生只有持续的劳作才能有个人的存在、家庭的和谐和社会的安定的心理信念。正是基于这种信念,中国自古就倡导进取有为、自强不息的人生态度。在对待职业的态度上,以农为本,工商皆末。

总而言之,中国古代社会经济与政治宗法伦理制度互相促进是传统农业经济乃至农业文化得以维持稳固和长盛不衰的重要条件。中国传统农业社会经济营造了生态化的农业文化。它是自然环境条件、政治宗法伦理制度、社会经济状况综合作用的结果。中国传统农业社会在社会经济和思想文化的互动中绵延发展,几千年没有改变。中国古代农业文化有科学、优秀、积极的成分,但也有不符合现代社会发展要求的消极因素,总体上是与小农经济相适应的价值观念和行为规范体系。

第四节 推尊入世的处世观

中国人的生存处世智慧是非常灵活实在的,年富力强、春风得意、飞黄腾达时主张积极入世,建功立业;人老气衰、穷途末路、落魄失意时转向消极出世,功成身退,随遇而安。

一、以人为本

在中国传统思想中,儒释道皆重视"人",是以人为本的哲学思想。三者的理论都是要解决人如何生存处世的问题。

儒家主张"修身、齐家、治国、平天下";"达则兼济天下,穷则独善其身";"知进退,有进有退"。

道家以大自然为参照物,从自然与人的相互关照中去探讨人的问题。老子认为"道大、天大、地大、人亦大。域中有四大,而人居其一焉。"(《老子·二十五章》)即宇宙中有道、天、地、人四种伟大的存在。"道"为根本,天地为道所出,而又是人及万物的生存基础,故地位在人之前。天地之外应该还有人与物,但是老子"四大"中有人而无物,这显示了老子哲学的思想的一个基本的价值取向——重人。

珍重生命也是释家禅宗的显著特征,禅宗理论重心之一是探讨人在宇宙中的地位、人与万法的关系等问题,它考察这一问题的立足点不是宇宙而是人,它对这一问题的回答是以人为本,以法为末。

二、非宗教性

中国文化的非宗教性或人文精神,是中国文化的最显著的特征之一。梁漱溟先生在其《中国文化要义》中说:"几乎没有宗教的人生,为中国文化一大特征。""固然亦有人说,中国是多宗教的,这看似相反,其实正好相证明。因为中国文化是统一的,今既说其宗教多而不一,不是证明它并不统一于一宗教吗?不是证明宗教

第三章 中国传统文化的基本特征

在那里恰不居重要了吗?且宗教信仰贵乎专一,同一社会而不是同一宗教,最易引起冲突;但像欧洲以及世界各处历史上为宗教争端而演之无数惨剧与长期战祸,在中国独极少见。这里宗教虽然多而能相安,甚至相安于一家之中,于一人之身。那么,其宗教意味不是亦就太稀薄了吗?"①梁漱溟先生这一大段话,说了两层意思:第一,说中国文化是非宗教性的文化,并不等于说中国没有宗教;第二,在中国历史上,长期战祸与无数惨剧也像西方一样,时有发生,但究其原因,并不是宗教造成的,它固有其自己的原因。中国文化的这种非宗教性的品格特征,主要是由其浓厚的人文精神决定的。

人类历史在很长的时期里,一直都处在神的主宰之下。中国文化是较早企图摆脱神的主宰的文化。从周代人文精神的兴起,到春秋战国之际儒家人文思想的发展以及道家自然主义的形成,正代表着摆脱神的主宰和开展中国人文思想的发展过程。这一过程,在当时社会现实中得到多方面的扩展,具有深远意义,可以说,这是中国文化发展的一次重大转折。

在殷商时期,中国早期宗教的"天命鬼神"观念还高高凌驾于人事之上,牢固地统治着人们的头脑。到了周代,这种影响力便逐渐衰退。周的统治者从殷商灭亡中吸取了一定教训,不仅用"天"袭取了殷商"帝"的位置,强调了人格神的主宰性,而且就其所崇拜的"天"来说,也减少了它的绝对性,提出"天命靡常"的思想。《左传》中记载了春秋时期许多初步兴起的神灭论观念。如,隋国的季梁说:"夫民,神之主也,是以圣王先成民而后致力于神。"(《左传·桓公六年》)魏国的史嚚说:"吾闻之,国将兴,听于民;将亡,听于神。神,聪明正直而壹者也,依人而行。"(《左传·庄公三十二年》)宋国出现陨石和水鸟退飞的奇异现象,有人说这是灾祸之兆,而周内史叔兴却说:"是阴阳之事,非吉凶所生也,行凶由人。"(《左传·僖公十六年》)郑子产在驳斥裨灶时说:"天道远,人道迩,非所及也,何以知之?"(《左传·昭公十八年》)

春秋时期的人文主义思想经儒家的宣扬,至战国中后期完成了中国文化从神到人的观念转化。这一转化,把对人及社会的终极关怀提到一个新的高度。虽然他们还都保留有对天命鬼神的迷信,但都被上述人文精神所淡化,只是把它们作为一种"神道设教"的形式,以辅助道德的教化。

三、政指导教

世界各民族,大都经过神权政治或政教合一的阶段。中国在殷商以前,也许曾经有过同样的阶段。但自有文字记载的历史起,便显示出是政指导教。最为大家

---

① 梁漱溟:《中国文化要义》,学林出版社,1987年版,第8页。

所熟知的一个现象是中国殷商时代,从未出现过超越政治力量的宗教阶层。执行宗教仪式的祭司,是有比较特殊的地位,但绝没有形成一种超政治的势力。在中国,国家最高的权力在君主而不在祝史,①殷商以来数千年,一直是如此。在殷商时代,占卜的方法和历法,是随着君王的死亡而变动的,这可以说明,君王的力量可以影响到祭司。《左传》更有国王诛杀祝史的记载。在中国历史上,也从来没有由祭司出身的第一流的知识分子。我国西南少数民族中,仍有一些民族保持着贵族的制度,但族中的巫师并不属于贵族阶级,而属于平民阶级。他的地位,只能代表各种行业中的一种,与印度婆罗门教②以及希腊祭司③的地位,都相差甚远。这一例子,多少可以证明中国文化中,由政指导教这一事实。

政指导教,的确是中国宗教史中一个很大的特征。这一特征的形成,最初是与中国上古史中未出现一神崇拜的庞大宗教组织有关;而所以未出现一神崇拜,又因为上帝崇拜自始就与祖先崇拜相混合,而祖先崇拜在本质上是多元的。其次是受到春秋战国时代儒家人文主义的文化影响;儒家的人文运动,使教指导政这一极普遍的文化现象,永远根绝于中国历史舞台。

第五节 融情于景的文学观

中国古代文学作品形式多样,内容繁多。其体裁大略分为诗、词、曲、赋、游记、散文等。古人在描写人、事、物、景时,都注入了他的喜怒哀乐的情感,注入了他的

---

①祝史:司祭祀之官。《左传·昭公十八年》:"郊人助祝史除於国北。"孔颖达注疏:"祝史,掌祭祀之官。"

②所谓婆罗门教是雅利安人的宗教。这个宗教的形成,是在雅利安人进入印度之后,居于印度河流域的时代。后来,恒河流域产生了耆那教,特别是佛教等新宗教,经过长时间的相互影响,婆罗门教本身也发生了革新运动,故到近世以来,称之为印度教。但在本质上说,印度教与婆罗门教的意味,并无差别。所谓婆罗门,是雅利安人之中世袭的祭师阶级,他们在宗教上占有无上的权威,故将他们的宗教称为婆罗门教。

③古埃及的祭司阶级有着悠久深远的历史,根植于传统之中。不同于西方社会正统保守的神职人员,古埃及的祭司不是为预测占卜或者与某位神明保持和谐关系而存在,祭司的职位近似于一份日常的工作。其职责是,由于法老自视为神,他们就被看成是法老的代表,负责维持埃及社会的良好秩序。祭司们所具有的神秘特质使他们在社会中有了另一层重要性,那就是加强宗教的影响力。在古埃及人看来,宗教是获得超凡能力和满足基本需求的途径,也是控制社会运行的一道程序,它催生了等级制度,确保了文化传承。因此,无论是在实用的社会职能还是神秘的宗教层次,祭司都具有不可替代的重要性。

思想主张。同时,文学作品还是叙述生活的艺术,是人生哲理的艺术反映,一般在浓郁的感情中有理想信仰、人世经验、社会风云、生活智慧的闪光。倘就作品的内容中情景的融合体现而言,各类作品的情感、脉络都会作为作品的内在结构线索潜藏在作品之中,像一块磁石吸引着原本散漫零乱的意象,把它们联结、聚合成和谐的整体;而此时的景往往就是情的载体或标志。自古至今,文人骚客在舞文弄墨之时,大多借景抒情,托物言志,但其方式主要有两类,一类为"快乐抒情",通俗一点就是当作者心情好时,在欣赏美景之余,能够在作品中显现产生精神性的愉悦,给人们以快感。另一类是"发愤抒情",由于作者在现实生活中,理想受挫或备受坎坷,郁积一腔忧愤,然而现实的限制,又使其无计排遣,只得依就诗文,借托景物以释放。所以,文人墨客们在写景之余很注重情感的融入,让作品达到情景交融境界。此类作品,可用一句话来概括情景的关系——情随景变,景随情生。

诗歌写景的传统,可以追溯到最早的诗歌总集《诗经》。《诗经》三百零五篇,"毛公述传,独标兴体"(刘勰《文心雕龙·比兴》)。而这些兴诗,多数都是先言景物,"以引起所咏之词",如:《周南·桃夭》在吟咏"之子于归,宜其室家"之前,先言"桃之夭夭,灼灼其华"以渲染气氛;《陈风·泽陂》则在吟咏"有美一人,伤如之何?寤寐无为,涕泗滂沱"之前,先言"彼泽之陂,有蒲与荷"来诱发情思。此外,《诗经》中还有一些篇章,兴与赋相兼,对自然景物的简略刻画同时起着铺展环境和烘托情绪的双重作用,如"蒹葭苍苍,白露为霜"(《秦风·蒹葭》)及"风雨凄凄,鸡鸣喈喈"(《郑风·风雨》)等即是。

时代稍晚的屈原以其高格独具的才华承继了兴诗的特色,又颇得楚地奇峰秀色芳草嘉木的"江山之助"(刘勰《文心雕龙·物色》),在他的诗篇中自然景物常具有特殊的比喻或象征意义,香草如君子,萧艾比小人;而"袅袅兮秋风,洞庭波兮木叶下"一类的写景名句,更是千古流传。

六朝时期,出现了"窥情风景之上,钻貌草木之中"(刘勰《文心雕龙·物色》)的山水诗。促成山水诗崛起的原因很多,既有社会动荡,政治黑暗,迫使部分诗人不得不隐遁山林的现实原因,又有玄学盛行后强调自然山水乃"道"之最充分体现的文化背景,更有诗歌探索借景抒情的内在要求。山水诗的出现意味着一个重要的变化,那就是诗歌中写景部分由少到多,由繁到简,从局部上升为主体。同时,山水诗在描绘自然景物的细腻性与精确性方面也有长足的进展。这些在首开山水诗风气的谢灵运的《登池上楼》及其后继者谢朓《晚登三山还望京邑》等代表作品中体现得十分明显。

唐代作为中国古代诗歌最鼎盛的时代,诗歌的写景状物达到了炉火纯青的地步。抒情与写景更是水乳交融,妙合无垠,显示了巨大的艺术表现力。情景交融几乎可以说是唐代优秀诗歌的共同品质。《春江花月夜》是张若虚的经典之作,"《春江花月夜》从自然境界到热闹的内心世界都不受任何局限和压抑,向外无限扩展开去。人们面对无限的春江、海潮,面对无边的月色,广阔的宇宙,萦绕绵长不尽的情思,漾荡着对未来生活的柔情召唤。"①此诗以和谐的意境赢得了千百年来人们的喜爱,给人以美的熏陶和享受。

再看王维的《辋川闲居赠裴秀才迪》:

寒山转苍翠,秋水日潺湲。倚杖柴门外,临风听暮蝉。渡头余落日,墟里上孤烟。复值接舆醉,狂歌五柳前。

诗人描写了辋川秋日傍晚的幽雅风景以及与友人共得隐居之乐的心情。首联写山中秋景,寒山转翠,秋水缓流,表现出秋天里淡散之意。次联写人,站立门外,临风听蝉,于闲散中晕染出孤独的思绪。第三联写村景,渡口落日,炊烟初起,又表现了人间生活的暖意与活力。日圆烟直,线条分明,极具空间感。最后叙事,诗人正在欣赏这幅图景时,老朋友又喝醉了,学着古代的狂士在自己的居处前唱起来。如此便一改上文中静意与孤独感,使全诗基调在"醉"与"歌"中上扬起来。这是写景同样也是抒情,表现诗人对隐逸生活的热爱与陶醉。诗中将写景与写人交替安排,写出了情随景变的过程。

又如李白的《望天门山》:

天门中断楚江开,碧水东流至此回。两岸青山相对出,孤帆一片日边来。

全诗以大气磅礴的写意笔法勾勒出了山断江开的天然奇观,山势的高峻陡峭,水流的奔腾回旋,均表现得淋漓尽致,使人如身临其境,胸襟自阔,眼界自开。诗中青山、碧水、红日、白帆的色彩组合,绚丽鲜明,令人赏心悦目。同时,诗人的欢欣思绪与豪迈情怀,则了无痕迹地融化在了这幅雄伟壮丽的自然图景之中。这样情景合一、意境深远的诗歌作品在唐代不胜枚举。

杜甫《春望》中的"感时花溅泪,恨别鸟惊心",也含有作者自己的感情色彩。在常人眼中,百花争艳、百鸟朝鸣,这是多么令人赏心悦目的美丽景色,但让处于战

---

①余恕诚:《唐诗所表现的生活理想和精神风貌》,见《文学遗产》,1982年第2期。

第三章 中国传统文化的基本特征

乱中的作者看来,却成了"花溅泪"、"鸟惊心",此时的花、鸟再也不能让作者快乐抒情。被安史叛军占领的长安城,荒凉、凄惨、破败不堪,忧国忧民的作者仿佛看到花开也在为时事而感怀流泪,鸟鸣也在为他们的离别而惊心。这样的景,也只有这样的情感之下才能出现。

柳宗元的《至小丘西小石潭记》中,作者在不见其形先闻其声的情况下,偶然发现一小石潭,这里潭水空明澄澈,游鱼往来,宛如悬浮于空中,四周"青树翠蔓,藤萝摇缀,参差披拂",俨然人间仙境。作者的惊喜之情可想而知,所以"似与游者相乐",鱼乐,游人更乐。然而,这里又"寂寥无人,凄神寒骨,悄怆幽邃",作者融自身远谪之情于此景,写出了另一种境界。在这种境界里,透露出作者被放逐的凄苦和怨愤抑郁的心情。

词家多以景寓情。景因为有了人的存在才显得别具灵性,因此景在人的眼中、心中是活的,甚至因人的主观意识而产生不同的审美效果,这就是所谓的"景随情生"。文人用某种感情看待某一景物或场景,在其笔下,这一景物或场景,也染上了某种感情的色彩。此种意境,即有着作者自己感情色彩的境界。比如晏殊的《浣溪纱·一曲新词酒一杯》、欧阳修的《蝶恋花·庭院深深深几许》、范仲淹的《苏幕遮·碧云天黄叶地》、《渔家傲·塞下秋来风景异》,这些词作或有细腻婉约的情致,或具豪迈奔放气势,皆为人千古传诵。

李清照前期词风明丽,后期词风大变,显得凄清愁惨。在这方面,她的《声声慢》是最有名的例子:

> 寻寻觅觅,冷冷清清,凄凄惨惨戚戚。乍暖还寒时候,最难将息。三杯两盏淡酒,怎敌他、晚来风急!雁过也,正伤心,却是旧时相识。满地黄花堆积,憔悴损,如今有谁堪摘?守着窗儿,独自怎生得黑。梧桐更兼细雨,到黄昏,点点滴滴。这次第,怎一个愁字了得!

这种"愁",不是从前词人们常写的所谓"闲愁",而是由弃家去国之苦、丧失亲人的悲痛和理想破灭的失望等等交织而成的。因此,这"愁"往往表现得非常沉痛乃至凄凉。正所谓"一切景语皆情语",因此在她的眼中所有的景物都披上了悲凉的气息。

"景无情不发,情无景不生"。文人对某种景象或某种客观事物有所感触时,把自身所要抒发的感情、表达的思想寄寓在此景此物中,通过描写此景此物予以抒发。在我国古代文学作品中,松、竹、梅、兰、山石、溪流、沙漠、古道、边关、落日、夜月、清风、细雨和微草等,常常是诗人借以抒情的对象。情与景的处理很重要,如果

81

处理得恰当——情景交融,就会激起读者的感情,使读者与之发生共鸣。"登山则情满于山,观海则意溢于海",文人墨客正是在纵情山水之际,将自我融入其中,才能最贴切地感受景物,才写出了源于自然而高于自然的情景交融的佳作。

第六节 强调统一的政治观

中国文化源远流长,所以能顽强地生存发展并绵延至今而不坠,究其原因,在于它最显著的特征:统一性。中国文化在历史发展长河中,逐渐形成了一个以华夏文化为中心,同时汇聚了国内各民族文化的统一体。这个统一体发挥了强有力的同化作用;在中国历史上的任何时刻都未曾分裂和瓦解过。即使在内忧外患的危急存亡关头,在政治纷乱、国家分裂的情况下,它仍能够保持完整和统一,这一特征在世界任何民族的文化中都难以找到的。

中国的"大一统"观念历史悠久,这一传统起源之早,甚至可以上溯到远古时期。《尚书》是我国现存最早的一部历史文献,它不仅在先秦时期便由远而近地勾勒出了一部通史体系,还明确地反映出了大一统政权夏、商、周纵向传递的一个清晰而完整的序列。三代以下,在中国的历史上虽然也曾出现过动荡和分裂,但那往往是统一的前奏。由春秋战国动荡到秦统一,由三国鼎立到晋统一,由南北朝对峙到隋统一,由宋辽金夏征战到元统一,都是无可否认的事实。而且从秦朝以后,一般都是分裂时间短,统一时间长。也就是说,统一始终是主流,分裂和动荡往往是局部的、暂时的。这一趋势愈是发展到后来,便愈明显。特别是从元代以后,我国历史上出现了元、明、清以来连续数百年长期统一的局面,更是人所共知的历史事实。"大一统"的局面来之不易,"统一"的历史是由我们祖先世世代代的不懈追求和努力奋斗形成的。为了营造和维护国家的大一统局面,历朝历代特别是统一的封建政权曾经颁布了许多行之有效的政策和法令。在中国历史上,秦王朝不仅首开封建中央集权制的先河,而且做出了巨大的贡献。它在中央实行"三公九卿制"的同时,还在地方上一扫"封诸侯、建藩卫"的旧习,在全国范围内推行统一的"郡县制",地方服从中央,中央服从皇帝。不仅如此,秦朝还推行了"车同轨"、"书同文"、"度同制"、"行同伦"等各项政策。如果说货币和度量衡的统一为"大一统"政治局面的形成创造了经济条件,河流的疏浚及驰道的修筑为加强全国范围的统治提供了交通之便,那么,西起临洮(今甘肃岷县),东至鸭绿江边的连接原秦、赵、燕三国的半环状长城,则为保卫大一统政权起到了屏障北方的作用。为了营造和维护国家的大一统局面,历代人民更是前赴后继,英勇奋斗,用自己的实际行动在中华文明史上写下了永垂不朽的诗篇。反对分裂、崇尚统一的政治理念之所以深深

第三章 中国传统文化的基本特征

地溶入了中华民族的血液中,归根结底,是由以下三个因素造成的:

一、儒家思想的影响

如果说先秦诸子中的许多思想家都有追求统一的美好愿望,那么其中最突出者首推儒家。早在儒家的经典《诗经》中,就高高地竖起了追求统一的大旗:"溥天之下,莫非王土,率土之滨,莫非王臣。"(《诗经·小雅·北山》)春秋时期,五霸迭兴,尊王攘夷。孔子"张公室,杜私门",并明确指出"天下有道,则礼乐征伐自天子出,天下无道,则礼乐征伐自诸侯出","自大夫出","陪臣执国命"(《论语·季氏》)。后来孟子强调的"定于一"(《孟子·梁惠王上》),都为"大一统"理论的奠定和后世的广泛认同起到了重要作用。到了西汉时期,董仲舒在论定《春秋》经时,索性为"大一统"的合理性最终拍板定论:"《春秋》大一统者,天地之常经,古今之通谊也。"(《汉书·董仲舒传》)在儒家学说中,对"一统"理念影响最大者当数伦理思想。儒家伦理以"三纲五常"为核心,建立起尊卑有别、长幼有序的道德规范的理论架构。在这个体系中,伦理并不是单极的制约,它既表明了"卑"者的职责,也规定了"尊"者的义务。正是通过"尊"与"卑"的联系,"上"与"下"的合力,共同维护了小自家庭,大至国家的长期存在与安定。由于古代中国一直是家国一体的宗法社会,这种"一统"的观念也就具备了极其顽强的生命力和延续性。它既不会因为经济基础的改变而消失,更不会由于政治动荡而削弱。事实证明,伦理道德观念是形成中华民族共同心理素质和传统文化凝聚力的思想源泉。因而,比起其他方面的意识形态来,伦理道德对社会政治更敏感,并会施加更为强大也更为深远的影响。伦理观念在对外来势力表现出鲜明的"拒异性"、"抗变性"的同时,对于民族内部则往往表现出求统一、反分裂的意向。西汉的吴楚"七国之乱",清代的"三藩之乱",当初都是来势汹汹,不可一世,然而最终却都以惨败而告终,归根结底是因为动乱者搞分裂不得人心,遭到社会各阶层普遍反对。

二、政治一统的影响

从政治方面看,中国文化经历了持久的统一过程。在夏朝建立以前,中国和其他国家一样,也是有许多各自独立的氏族部落,经尧、舜、禹三代的辛苦经营,以黄河流域为中心的中原地区已趋于统一。夏商周三代,这种统一的趋势逐步扩大,周天子以分封的形式,建立并巩固了奴隶制国家的统一。春秋战国时期,从表面上看,是一种分裂,但实质上仍保持着中国内在的统一。同时也正是"在春秋战国时期,中国出现了两件大事:一是小邦逐渐合并成地区性的王国,一是封建制。前者表明,国家的领土范围在扩展,后者表明,国家的政权在集中。这两者显然不是分裂的趋势,而是统一的趋势"。① 秦始皇统一六国后,春秋战国时代长期分裂割据的动荡局面已基本结束,先秦时期邦国林立的奴隶制政权也被中央集权的封建王朝取而代之。继秦而起的西汉是一个更为强大、也更为统一的中央集权的封建王朝,为了对这个国家实行有效的管理,汉朝千方百计地加强了封建的中央集权制。从文帝、景帝时期采纳贾谊的《治安策》、晁错的《削藩策》,到武帝时实行主父偃的"推恩令",通过这样一系列政策的贯彻实施,从根本上铲除了诸侯王分裂割据势力。这种统一的影响是深远的,从此,中国连续保持了四百余年的政治统一,直到东汉末年,才出现三国鼎立的局面,这为中国的文化统一奠定了基础。自西晋短暂统一之后,中国虽出现了三个多世纪的南北大分裂,但文化上却始终没有偏离固有的大一统的传统。经过南北朝的分裂以后,重新出现了统一的隋唐帝国,为中国政治的统一开创了新局面,在这之后,宋元明清相继出现,其中每个朝代之间的分裂期最多不过几十年,而从隋至清的连续统一却长达十个世纪之久,这是造成中国文化统一性的政治背景。

三、文化领域的影响

在文化领域中,有许多因素对追求统一的观念产生重要影响。例如古代思想领域中整体动态平衡的世界观就是一个重要因素。中华民族是由包括汉族在内的许多兄弟民族构成的一个统一体,由这个统一体形成的中国不仅具有"动态的整体"性质,而且拥有"整体动态"的"平衡"功能。毫无疑问,建立在这种"整体"和"平衡"观念上的"大中国",是任何势力都攻不破的。中国的文字也是一个具有重要影响的因素。战国时代,诸侯割据,不仅"言语异声",而且"文字异形",这种局面既是各地区经济发展、文化交流的重大障碍,又是产生分裂、割据的一大诱因。秦灭六国后,始皇帝下令"书同文",以李斯总其事,将当时书写较为方便的"小篆"颁行全国。统一的文字不仅为巩固一统政权的国家作出了贡献,更为中华民族经济领域的发展和交流提供了有利的条件。

总之,强调统一是中华民族的优良传统,这一思想观念已经深深地溶化在中华儿女的血液中,使中国人对自己本民族文化产生强烈的认同感,炎黄子孙、龙的传人、华夏文化几乎成为每一个时代、每一个中国人所乐于接受的名称。20 世纪末,中国政府继承并发扬了中华民族这一传统美德,制定出符合国情的"一国两制"的

---

① 刘家和:《关于中国古代文明特点的分析》,载钟敬文、何兹全主编的《东西文化研究》创刊号,河南人民出版社,1986年版。

政策。在这一政策指引下,香港、澳门相继回归,对台湾的统一也指日可待。因为追求统一是大势所趋,人心所向,任何人以任何形式、任何借口分裂中华民族的政治图谋都注定是要失败的,相信在不久的未来,一个完全统一、强大的中国一定会重新屹立于世界的东方。

第七节 多元一体的民族观

中华民族作为一个自觉的民族实体,是近百年来中国和西方列强对抗中出现的,但作为一个自在的民族实体则是在几千年的历史过程所形成的。它的主流是由许许多多分散孤立存在的民族单位,经过接触、混杂、联结和融合,同时也有分裂和消亡,形成一个你来我去、我来你去,我中有你、你中有我,而又各具个性的多元统一体。这也许是世界各地民族形成的共同过程。中国有着辽阔的疆域,复杂的地形地貌,植根于这一国土上的大陆型文化在地域上具有多样性。从现代考古发掘发现,早在新石器时代,中国地域上已有黄河流域文化和长江流域文化,至春秋战国时代,出现了各有特色的秦、三晋、燕、齐鲁、楚、吴、越、巴蜀、岭南等地域文化。从秦汉开始,上述各区域文化融合,形成文化地域,并以此为中心形成了地域上包括周边草原、山地文化在内的中国大文化。

中华民族包括汉族和55个少数民族,各民族在历史和文化上虽然发展程度不同,但是它们互相联系,互相影响,共同发展,共同缔造了伟大的中国,共同创造了中华民族多元性的文化。

从文化进化的角度看,中国文化是多民族文化融会的结晶。这是一个文化群(系统),它肇始于同一的原始状态,在以后的发展过程中,受多种进化因素的影响,呈树状分叉,出现多方向、多种形态发展的异族个体。这些族的个体保留了人类原始状态中对自然的依附特性,表现出浓厚的地域色彩,又通过超地域性的冲突、竞争、交流和"新种代替失势的旧种"的演进,结成具有内部调节机制的文化共同体。简言之,中国文化不是一种依线性进化方式发展的单元个体,而是多元文化的融合,在其历史的轨迹中,曾出现四次明显的文化融合的转折点,即华夏文化形成;华夷(或称夷夏)文化融合;中国与世界文化交流和近代中西文化交流。

中国文化源于母系氏族社会末期至父系部落联盟的传说时期。在这一时期,黄河流域分布着崇奉各自宗神(或图腾)的氏族、部落。以后又逐渐结成较为先进的两大初始文化圈:一是居于黄河中上游的华夏族;一是居于东海之滨的东夷族。据有关学者的研究,华夏族的直接祖先是活跃于黄河上游渭水流域到甘陇一带的部族。这一部族称为姬姓黄帝部落。黄帝部族沿黄河向东发展,途中除了容纳其他异姓部族外,也有部分氏族留居今山西省南部,并以襄汾陶寺①为中心,创造出中原龙山文化陶寺类型,这一支黄帝后裔从此开始用"夏"这一族名(约公元前25世纪开始)。另有一部分黄帝族的族属,则留居汾河下游涑水流域,即运城盆地,开辟以夏县东下冯为中心的二里头文化东下冯类型,②并依与汾水会合的华水(出自华谷),定名为"华"族(约公元前23世纪开始)。因而,黄帝部族的直系后裔被后人笼统称为华夏族。

东移的部分部族以炎帝为宗,称为姜姓炎帝部落,其沿渭水向东发展,又继续循黄河南岸东进。炎帝部族与黄帝部族之间有通婚的姻亲关系,唇齿相依,共属同一个文化圈,故而得以与其他较小的部落组成部落联盟,华夏族的名称亦自然而然地扩大到这个以农耕为主要经济成分、农牧结合的氏族集团范围内,炎黄二帝也成为这一部族共同祖先。

东方黄河下游齐鲁一带聚集着众多崇奉鸟图腾的族属——东夷诸族,其中主要的一支是商朝和秦人的远祖。东夷族以游猎、畜牧为经济生活的主要内容,形成另一个较具先进水平的文化圈。

华夏族与东夷族两大文化圈随着彼此间的相向迁移,地域外延渐次扩大,终在中原地区汇合,加上当地部落集团的入盟,使黄河流域诸氏族文化出现融为一体的趋势,这种趋势在夏商周的交替变迁中成为事实。当社会进入青铜时代,如《左传》所载:"禹会诸侯于涂山,执玉帛者万国。"《禹贡》将这时的地域总称为"九州",大体包括了黄河中下游和长江下游的地区,奠定了日益壮大的华夏族的核心。继夏而兴起的是商。商原是东夷之人,而且是游牧起家的,后来迁泰山,再向西到达河南东部,发展了农业,使用畜力耕种。农、牧结合的经济使它强大起来,起初臣属于夏,后来取得了统治九州的权力,建立商朝,分全国为东南西北中五土。《诗经·商颂》有:"邦畿千里,维民所止,肇域彼四海。"

---

①陶寺遗址是中国黄河中游地区以龙山文化陶寺类型为主的遗址,还包括庙底沟二期文化和少量的战国、汉代及金、元时期的遗存。位于山西省襄汾县陶寺村南,面积约300万平方米。经过研究,确立了中原地区龙山文化的陶寺类型;据放射性碳素断代并经校正,其年代约为公元前2500~前1900年。同类遗址在晋西南汾河下游和浍河流域已发现70余处。陶寺遗址对复原中国古代阶级、国家产生的历史及探索夏文化,具有重要的学术价值。

②东下冯,位于山西省夏县东北。1959年在考古调查中发现,面积为25万平米。青龙河以东北向西南方向穿过遗址。遗址东南方为中条山,西北方是鸣条岗。1974年开始发掘,因发现夏商时期遗存而为学术界所重视。东下冯文化以山西夏县东下冯遗址命名,以与河南西部发现二里头文化类型相区别。东下冯文化类型目前分为三期。它的文化面貌与偃师二里头遗址的遗存有很多相同与相似之处,故也归入二里头文化之中。

第三章 中国传统文化的基本特征

公元前10世纪,宣称以夏为祖先的姬姓周人以摧枯拉朽之势,一举灭商,建立西周。周人来自西方,最初活动在渭水上游,受商封称周。它继承了商的天下,又把势力扩大到长江中游。《诗经·北山》称:"溥天之下,莫非王土,率土之滨,莫非王臣。"它实行宗法制度,分封宗室,控制所属地方;推行井田,改进农业,提高生产力。至此,华夏文化与东夷文化在不断地渗透、交换优势和沟通嬗变中,完成了中国文化第一次大融合,在这个基础上,黄河流域的北方文化又与江淮流域的南方文化交相融会,终建立起广义的"华夏"共同体。

黄河流域的华夏文化成型后,又以同样的方式与周边文化交流,这是"华夷"文化融合为中国文化的开端。

"夷",最初是对东方各族的称呼,后又泛指中原四方的部族,秦汉以后,其意义更可广延至中国疆域内各个少数民族。早在西周中期,以周为中心的华夏文化就已经处在与四方文化相互渗透的局面中,以游牧为主要经济内容的戎狄部族文化与周文化历经冲突、杂居而达到融合,拉开了中华多元文化第二次大融合的序幕。战国时期,各地域、各民族文化犬牙交错,兴废继绝,此消彼长,至秦统一中国,华夷文化的融合进入其发展的新里程,从此以后,中国文化便在多民族共存互补的主要趋势下,具备了一体化的资格。

历史上尽管华夷即汉族也与少数民族之间"迟速异齐,五味异和,器械异制,衣服异宜"(《礼记·王制》)。中国域内出现了多元的文化中心,但无论是汉族还是其他民族,大体上都对异族采取"修其教不易其俗,齐其政不易其宜"(《礼记·王制》)的进步民族政策。如汉族在西汉以前尚以军事行动作为向大漠、西南扩张的重要手段,东汉以后,军事活动转变为次要的防御性行为。在承认和尊重边疆民族的独立性的基础上,采用了"和亲"、"互市"、"贡赐"、"绥抚"、设立"羁縻州"①和征收少数民族赋税"夷僚之户皆半输(免去半数)"的民族政策;契丹的大辽国,典章制度"大略采用大唐";元朝入主中原后,"附会汉法";清朝的康雍乾时期,一直强调"满汉一体",在北京开设博学鸿儒科,②罗致全国名士,共建基业。

长期以来,中国各族人民相依相存,各异质文化互为吸纳和融合,奠定了建

---

①古代在边远少数民族地区所置之州县。以情况特殊,因其俗以为治,有别于一般州县。如《新唐书·地理志七下》:"大凡府州八百五十六,号为羁縻云。"宋赵昇《朝野类要·羁縻》:"荆广川峡、溪洞诸蛮,及部落蕃夷受本朝官封而时有进贡者,本朝悉制为羁縻州,盖如汉唐置都护之类也。"《明史·地理志一》:"终明之世羁縻之府十有九,州四十有七,县六。"

②清朝制科取士方式之一。清承唐宋旧制,于正常科举考试之外,增设制科取士。有博学鸿儒、经济特科、孝廉方正科等名目。博学鸿儒,又称博学鸿词,亦简作词科或鸿博。

立共同政治实体的基础,至清代最终实现全国空前的大统一,完成了各民族共同融合成为中华民族的历史过程。各具特征的民族文化的融合,是中国文化系统不断进化的最基本条件。

多民族的融合,创造了多元一体的文化,但多元的含义并非单纯地指中国各民族间的交流,也包括中国文化与外来文化的交流。外来文化毕竟与中国本土文化不同,中国文化对其的选择比较困难。然而,当观念的定势被突破后,中国文化的"和"的机制便会发挥作用,使中国人得以超越地理的隔绝,吸收外来文化中利于自己发展的新的因素。中外文化的交流正说明了这一点。而这种交流正是在中国人对世界的认识不断扩大的过程中,逐步发展起来的。

古代中国与外部世界联系,大规模的形式起于西汉张骞通西域之后。据《史记》记载,由于古代西域河流的分布(这些河流至今天有的已干涸、改道,有的潜行于地下),"丝绸之路"穿越的地带并未被流沙覆盖,有"绿洲之路"之称。中国商队避开塔克拉玛干沙漠,络绎于"丝路"南北两道上,以丝绸为主的大宗货物通过这一横贯亚洲内陆的交通大道,源源不绝地运往中亚、西亚,并由安息①商人转输到欧洲。西方的各种特产及艺术、宗教也顺着"丝路"传入中国。丝绸之路呈现出"驰命走驿,不绝于月;胡商贩客,日款于塞下"(《后汉书·西域传》)的繁荣景象。地处中西交通门户的敦煌,也发展成为国际性的商贸大都会。东汉时期,在西亚、中亚乃至欧洲,源于中国的丝路成为交通的主要干道,并以此逐步发展为四通八达的交通网。随着地理大发现,欧洲到东方新航路的开辟,丝绸之路才逐渐湮没。

除"丝绸之路"外,经陆路与西部世界联系的主要交通线,尚有在张骞通丝路主干道以前就存在的"蜀身毒道"②和"草原之路",前者由四川曲折转达进入印度,后者由东向西,纵贯亚欧草原地带,并在元代时为中西陆路交通带来一时极盛。

---

①安息,古代中东的地名和国名,又作"帕提亚"(英文作 Parthia,国家名),帕提亚为取英语 Parthia 之名的现代汉语音译,而 Parthia 之名源自波斯游牧民族——帕尔尼部落(Parni)之名,帕提亚人属于白匈奴的一支;汉朝则取其开国者 Arsacids 汉语音译"安息"作为国名;与汉朝关系密切,为丝绸之路的必经之地,其民族以安息回马箭而著称。安息首见于《史记·大宛列传》,作为地名,其范围大致相当于今伊朗的呼罗珊地区;作为国名,指公元前247~公元224年的帕提亚(Parthia)帝国。

②两千多年前,早在张骞尚未凿通西域、开辟西北丝绸之路以前,西南的先民们就已开发了一条自四川成都至滇池沿岸,经大理、保山、腾冲进入缅甸,远达印度的"蜀身毒道"(身毒是印度的古称)。蜀身毒道由灵关道、五尺道、黔中古道、永昌道等四条古道组成,由于它始于丝织业发达的成都平原,并以沿途的丝绸商贸著称,因此也被历史学家称为"南方丝绸之路"。

第三章 中国传统文化的基本特征

中国向外沟通的海上交通线,主要有两条:一条是从南海经马六甲海峡入印度洋,终抵大秦(古罗马)的"海上丝路";另一条是中日、中朝间的海上交通。"海上丝路",有史籍可考的,始于西汉,鼎盛于宋元。中日海上交通正式辟于东汉,以后逐渐发展为三条以上的航线。宋元明清时代,中日间屡次发生海禁:北宋前期(公元11世纪),适值日本外戚藤原氏全盛时期,实行闭关主义政策,日本商船匿迹于海上,但北宋商船仍不断前往日本;有明一代,东南沿海倭寇猖獗,明朝政府采取海禁政策,但是,中日民间贸易却很发达;清初,为了防御郑成功从海上与沿海人民联系共同进行抗清斗争,清朝政府于顺治十八年(公元1661年)开始实行大规模迁徙濒海居民的政策,严禁片帆出海,名之"迁海";康熙二十二年(公元1683年),清朝政府统一台湾,遂下令开海贸易。

中国与亚洲其他国家的文化交流开始得很早,先秦文献、秦汉史籍有不少提到朝鲜、越南、印度(身毒、天竺)、中亚等国的地名,足以证明中国与周边国家的渊源关系。如《山海经·海内经》有"东海之内,北海之隅,有国名朝鲜"的记载,《周外纪》亦有越南人的祖先在周代与中国通使的记载,"成王六年,交趾南有越裳氏,重译来朝,献白雉。"大量的古代历史地理文献则都不止一次言及渠搜、康、大夏、月氏、安息等中亚国家的名字。古代中国与上述国家的交流多为物质文化方面,在精神文化方面,则较为关注外来的艺术(文学、戏剧、音乐、舞蹈等)和宗教思想,尤以汉魏传入中国的佛教和7世纪中叶始传入中国的伊斯兰教为甚。

中西文化交流始于汉代以前,当时中国的商品已经由西域转输到欧洲。《史记·大宛列传》称:"安息在大月氏西可数千里……其西则条支,北有奄蔡、黎轩。"黎轩即罗马,这说明早在西汉时期,中国人的地理知识里已包含罗马,若没有中西间的接触,便难以有这种清晰的认识。中国与罗马间最初是经由西域进行商业交流的,后因安息人从中阻挠,便改由海路。公元3世纪后数百年,中国与欧洲的交流以海上通道为主,其中多是通过越南进行的。由于不断交往,至魏晋时,中国人对欧洲的认识已不局限于物质,《晋书·西戎传》在言及大秦国的国情制度、风俗物产时说:

> 大秦国一名犁鞬,在西海之西,其地东西南北各数千里。有城邑,其城周回百余里。屋宇皆以珊瑚为棁枅,琉璃为墙壁,水精为柱础。其王有五宫,其宫相去各十里,每旦于一宫听事,终而复始。若国有灾异,辄更立贤人,放其旧王,被放者亦不敢怨。有官曹簿领,而文字习胡,亦有白盖小车、旌旗之属,及邮驿制置,一如中州。其人长大,貌类中国人而胡服。其土多出金玉宝物、明珠、大贝,有夜光璧、骇鸡犀及火浣布,又能刺金缕绣

及积锦缕罽。以金银为钱,银钱十当金钱之一。安息、天竺人与之交市于海中,其利百倍。邻国使到者,辄廪以金钱。途经大海,海水咸苦不可食,商客往来皆赍三岁粮,是以至者稀少。

总的说来,中国与外域文化的交流,在古代基本上是输出的趋势大于输入,这是符合文化发展的客观规律的。文化在进化的过程中,具有先进文化向落后区域流动的特征,而5至15世纪正是欧洲文化近千年的沉寂黑暗期,中国文化则处于相对繁荣昌盛时代,古代科技水平一直居领先地位,这势必影响古代世界文化交流的主体动向。因此,中国古代对外来精神文化的接纳,仍以邻近的印度、中亚诸国和阿拉伯文化为主。中西文化交流则延至近现代方才进入高潮期。这时候,中国文化对西方文化的吸收已经是带有明显的扬弃传统精神的内涵,在引进西方先进的学术、思想和科技的同时,保持中国传统中利于现代化的积极因素,抛弃不利于文化进化的消极因素,已经逐渐成为中国人一种较为清醒的认识。

思考与探究

1. 在我们今天的道德建设中,如何批判性的借鉴传统伦理道德?
2. 家庭在社会生活中的意义是什么?它与中国传统的社会秩序关系如何?
3. 融情于景的性情文学如何体现了中国文化的基本精神和中华民族的文化心理特征?
4. 如何理解中国文化是多民族文化融汇的结晶?

第四章 流变中的中国传统哲学

哲学是民族精神的精华,反映着时代精神,因此一定时代的哲学总会对该民族的文化产生一定的影响,同时,哲学作为民族精神的精华,也是民族文化的核心组成部分。先秦诸子奠定了中国传统文化的基础,汉代以降,随着中国社会政治、经济不断变化发展,传统哲学也处在不断流变之中。本章主要按照汉代经学、魏晋玄学、隋唐佛学、宋明理学、明清实学这样一种思路,对汉代以后中国传统哲学的衍化作一简要叙述。

第一节 汉代经学

春秋战国时期作为百家之一的儒家在汉代经过"罢黜百家,独尊儒术"的过程,其思想取得了国家指导思想的地位。训解或阐述儒家经典的经学则成为了中国封建社会文化的正统,虽然在封建政治的起伏中,经学盛衰、分合、争辩都依附于封建社会制度的巩固、发展和延续,但它对中国的哲学、史学、文学和艺术皆产生了很大的影响。

一、经学的产生与发展

经学是解释和阐述儒家经典的学问。其名称最早见于《汉书·儿宽传》。经字本义为丝织物的纵线,引转为书籍的含义。把重要的书籍称为经,与一般的书籍相区别,或将文章中的提纲部分称为经,与文中阐述部分相区别,这在先秦文献中就已经出现。比如:《墨子》中有"经"和"说",《管子》中有"经"和"解"之分。

经本来不是儒家经典的专用名称,西汉初期统治者主张的原是黄老思想和与民休息的政策。但是在经过几十年的休养生息,国力强盛之后,统治者便不满足于"无为而治"。尤其在汉武帝时期,社会的经济等各方面达到了极盛的阶段,新的思想体系的出现则成为一种需要。武帝即位后,召聚"贤良方正直言极谏之士",亲自策问古今之道,其中董仲舒的对策受到汉武帝的重视。

董仲舒,广川(今河北枣强县广川镇)人,早年研究《春秋公羊传》,在汉景帝时做过博士(官方讲授儒家经典的教师)。董仲舒在《对策三》①中提出了"罢黜百家,独尊儒术"的主张:

> 《春秋》大一统者,天地之常经,古今之通谊也。今师异道,人异论,百家殊方,指意不同,是以上无以持一统,法制数变,下不知所守。臣愚以为诸不在六艺之科、孔子之术者,皆绝其道,勿使并进。邪辟之说灭息,然后统纪可一而法度可明,民知所从矣。(《汉书·董仲舒传》)

在这里,董仲舒将《春秋公羊传》中重视"一统"的思想说成是天地间永恒的道理,以为百家异说只能造成思想的混乱,危害统一,所以主张独尊孔子之术,而对其他各家则"勿使并进",以巩固"一统",加强封建专制的国家政权。这个说法符合国家要统一思想的要求,得到武帝的采纳,同时还采纳了公孙弘的建议设立五经博士。至此儒家思想开始成为统治思想,"经"成为儒家经典的专用名称,汉代经学开始形成。儒术独尊以后,汉武帝以通经作为选拔人才的标准,使得经学成为一时的社会风尚。

王莽新政时期,经学范围扩展。今文经学中本来就有神学编造补充五经的倾向,西汉末年,为了适应社会矛盾激化,政治危机严重,今文经学又进一步神学化,用普遍的神学编造附会五经,形成谶纬神学。"谶"是巫师、方士编造的预言或隐语;"纬"是对"经"而言的,谶纬神学是以宗教迷信附会儒家经典的著作。当时社会各派势力都把自己的政治需要转化成上天和孔子的意志,谶纬神学泛滥成社会思潮。西汉末年出现的古文经学就是反对谶纬神学,而注重从典籍本身出发研究其思想。王莽夺取政权时,充分利用谶纬神学和今文经学,取得政权后要复古改制,又要以古文经学作依据。东汉建立时,统治者继承王莽的文化政策,对谶纬神学和今文古文经学兼收并蓄,分别利用。其后很长一段时间,学术界一直持续着今文经学和古文经学的斗争,直到东汉末,今文经学和古文经学才趋于融合。

经学在汉代形成之后至近代之前,一直以不同形式发展和延续着。魏晋南北朝时期由于南朝和北朝在社会和文化上的差异,经学逐渐形成了南北两派不同的风格,出现了"南学"和"北学"。陆德明为经、注作音义,发展了南北朝的义疏之

---

① 《对策三》即《举贤良对策》。《举贤良对策》共三篇,讲述天人关系等问题,后人称之为"天人三策",现保存于《汉书·董仲舒传》中,并收入清严可均辑的《全汉文》。

学,成为唐代义疏的先声。孔颖达的《五经正义》是一部统一南学、北学的著作,虽说是统一,其实是兼采南北二学的综合性质。隋唐时期,韩愈复兴了孟子之学。清代是一个在文化上较为特殊的时期,经学以"朴学"或考据学的方式得到复兴,出现了戴震、章学诚、阮元等著名学者。

二、今文经学和古文经学

今文经是汉代学者所传述的儒家经典,用汉代通行的文字(隶书)记录,大都没有先秦古文原本,而由战国以来的学者师徒父子口耳相传,到汉代才一一写成定本。今文经包括三家诗(申培传的《鲁诗》、辕固传的《齐诗》、韩婴传的《韩诗》),出于伏生的《尚书》(下分三家),出于高堂生的《礼》(下分三家),出于田何的《易》(下分四家),出于胡母生、董仲舒的《公羊春秋》(下分两家)和出于江公的《谷梁春秋》。三家诗于文帝、景帝时,已立博士,武帝时遍立五经博士,宣帝时五经各家全部立博士。在西汉今文经学一直处于官学位置。

研究今文经的学问称为今文经学。今文经学家认为《六经》是孔子为"托古改制"而写的著作,并把孔子奉为教育家、哲学家、政治家,甚至是"受命"的"素王"。在这种认识下,孔子把《六经》当作发挥自己思想的躯壳。今文经学重在阐发《六经》中包含的微言大义,经常结合现实讨论,主张天人感应说,重视《公羊春秋传》,因而很容易与纬书结合,表现出浓厚的神学色彩。这种研究方法着重臆解经文,以合己意,是一种"六经注我"的注经方法。

董仲舒是汉代今文经学的春秋公羊派大师,《春秋公羊传》是一部解释《春秋》的著作,成书于战国时期。春秋公羊派认为,孔子依据鲁史作的《春秋》虽然文字简略,却常常用一两个字表示褒贬,有"大义"寻乎其中。《春秋公羊传》从《春秋》的词句中把这些"大义"发掘出来加以阐明,它重在发挥"微言大义",而不是像《左传》那样重在补充详实的史料。

董仲舒天人合一的思想,就是继承和发展了先秦儒家的"天命论",并吸收阴阳家神秘主义的五行学说,认为"天"是有意志的至高无上的神,是自然界和人类社会的创造者和最高主宰者。自然的变化和社会的兴衰都是"天"的意志决定的,皇帝受命于"天",是"天"的儿子,所以君权神圣不可侵犯。

> 天子受命于天,诸侯受命于天子,子受命于父,臣妾受命于君,妻受命于夫。所受命也,其尊皆天也。(《顺命》)
> 道之大原出于天,天不变,道亦不变。(《对策三》)
> 《春秋》之道,奉天而法古。(《楚庄王》)

这种说法论证了封建地主阶级的政权和代表这种政权的皇权的正当性,也是为政权和皇权虚构了一个形而上学的理论依据。

此外,董仲舒还认为天具有和人一样的感情和气质,因此天人之间可以互相感应。

>以类合之,天人一也。(《阴阳义》)
>天地之符,阴阳之副,常设于身,身尤天也(《人副天数》)
>人之形体,化天数而成。人之血气,化天志而仁。人之德行,化天理而义。人之好恶,化天之暖清。人之喜怒,化天之寒暑。人之受命,化天之四时。……天之副在乎人,人之性情有由天者矣。(《为人者天》)

这就是说人是天的副本,是宇宙的缩影,天是大宇宙,人是小宇宙。这里把天和人互相比附,是没有根据的。

董仲舒以天人感应、人副天数的理论为依据,重新解释儒家经典。他把孔子的"性相近,习相远"、"唯上智与下愚不移"的观点具体化和神学化,提出了"性三品说"。此外,还根据孔子的"君君、臣臣、父父、子子"的伦理纲常和仁义道德思想,以及"阳尊阴卑"的神学理论,提出了一套维护封建等级制度的三纲五常的学说。"三纲"即君为臣纲,父为子纲,夫为妻纲,他们的关系就像天地阴阳一样,因此,君、父、夫对臣、子、妻有绝对的权威。仁、义、礼、智、信这五常是维护和调整"三纲"的基本原则。这种纲常来自于天,"王道之三纲,可求于天",这样,就在"三纲"之上又冠之以"天"的权威,把封建社会的统治秩序神圣化为宇宙的根本法则,这样一来,就完整地构成了维护整个封建统治的四种权利——神权、政权、族权、夫权。毛泽东同志在批判封建纲常时就指出了:在旧中国,"这四种权力——神权、政权、族权、夫权,代表了全部封建宗法的思想和制度,是束缚中国人民特别是农民的四条极大的绳索。"①

董仲舒所提倡的天人感应的神学思想,在汉武帝之后,随着社会矛盾的尖锐化,讲究阴阳灾异的迷信色彩越来越浓,今文经学的《易经》、《春秋》更成为附会灾异迷信的渊薮。董仲舒之后的今文经学家都以擅长说阴阳灾异受到西汉统治者的重用。西汉末期,连年天灾和农民起义,使得西汉王朝摇摇欲坠,统治者只能乞灵

---

①毛泽东:《湖南农民运动考察报告》

于封建宗教的宣传,企图假借"天命"和神的启示来恢复社会秩序。于是,一种把儒家经典和宗教迷信进一步结合起来的谶纬神学就大肆泛滥起来。东汉初期,光武帝刘秀"宣布图谶于天下",把谶纬神学立为官方统治思想。汉章帝时,召开了大规模的经学讨论会,即"白虎观会议",讨论结果编辑成《白虎通义》。这部书进一步把儒家经学和谶纬迷信糅和起来解释封建社会政治制度和道德伦理,成为当时统治阶级的一部封建法典。

古文经指的是战国时期用秦以前的东方六国文字(古籀文字,又名大篆)书写的儒家典籍。汉代的古文经据说有三个来源,一是汉武帝末年鲁恭王扩建宫室时在孔子旧宅壁中发现的《古文尚书》、《逸礼》;一是流传于民间的《毛诗》、费直、高相所传的《易》;一是秘府中所藏的《周官》和《春秋左氏传》。以上古文经在西汉时没有设立博士,王莽时立《周官》、《春秋左氏传》、《毛诗》、《逸礼》、《古文尚书》五家博士,东汉即被取消。古文经在西汉一直处于私学地位。

研究古文经的学问称为古文经学。古文经学家认为《六经》是"述而不作,信而好古"的孔子整理保存下来的古代史料,由此他们把孔子视为史学家、教育家和儒学的先师,孔子的精神即在《六经》本身。古文经学重在考究史实,重视《周礼》、《左传》,因而向阐述古制,研究古文字的方向发展,表现出比较古朴的学风。这种研究方法注重"名物训诂",着重考证,以求符合古史事实,这是"我注六经"的注经方法。

西汉时期,古文经学一直处于被贬抑的地位。王莽改制时,立古文经博士,但随着王莽政权的覆灭,古文经学再一次被贬抑。但古文经学派的势力有很大发展,出现了服虔、马融、郑玄等经学大师,他们均推尚古文,马融以古文经学授郑玄,郑玄则遍注群经。东汉章帝时白虎观会议上,参加会议的经学各派,经过辩论,把经学的各种分歧解释统一起来,做出了各派大都能接受的规范性结论,以后经学则沿着今文古文融合的道路向前发展,郑玄就是这样一位融合今古经学的大师。

郑玄,北海高密(今属山东)人。早年曾入太学学今文《易》和《公羊春秋》,又向东郡张恭祖学《古文尚书》、《左传》、《周官》等古文经,最后西入关中,向马融(东汉时著名的古文经学家)学习古文经。东汉桓帝至灵帝年间,发生了党锢事件,郑玄也受到了牵连,但他的学术活动没有停止,教授弟子数百人。党锢禁解以后,他已年逾六十,但由于精通今古文经,他注解的儒家经书不受汉代经学派别的束缚,能够以古文经为主,兼采今文经学说,融会贯通,创立了一个统一的经学体系。这种体系被称为"郑学"。由于郑玄出身低微,学成归家后仍然"家贫客耕东莱,学徒相随",就把学术引到了民间,这对经学的传播起到了极大的推动作用。

第二节 魏晋玄学

　　玄学是魏晋时期流行的一种社会思潮,它以援道入儒、以道解儒为方式,实现了儒道合流,开启了中国思想史上新的一页。玄学的发展大致经过了三个阶段:第一阶段是正始时期,以何晏、王弼为代表,是玄学的形成时期;第二阶段是竹林七贤时期,以阮籍、嵇康为代表,是玄学的拓展期;第三阶段是元康时期,郭象为代表,是玄学的成熟期。玄学主要围绕着名教与自然、有无、言意等论题而展开形而上的诉求,这种形而上的诉求,使中国传统哲学具有较高思辨水平。

一、玄学的兴起

　　玄学之玄出自《老子》,《老子》之中曾有一句话:"玄之又玄,众妙之门。"(《老子·一章》)玄学所依据的经典主要有《老子》、《庄子》和《周易》,合称为"三玄"。
　　玄学在魏晋时期兴起,有其深刻的根源:
　　首先,名教危机是玄学产生的直接原因和目的。汉代经学的盛行,儒家所提供的一整套封建纲常伦理即所谓名教,在维护封建统治方面曾起到重要作用。但是,经学谶纬神学化的开始,一方面禁锢了儒家思想的发展,使得儒学走向了死胡同,另一方面这种谶纬神学化的经学已经很难为统治者服务,所以,封建统治者为了挽救名教所面临的危机,便需要寻找新的思想武器,于是玄学便应运而生。
　　其次,随着汉朝的覆灭,三国的鼎立,政治不断陷入混乱之中。朝代更迭的频繁,使得文人士子不再轻易谈论朝政,因为乱世用重刑,说话稍不当心,就有可能遭致杀身之祸。因此,崇尚玄学的清谈、避免谈论朝政,便成为当时逃避现实的一种方式。当然,政治上的这种混乱,不但没有禁锢思想的发展,反而激活了思想的活跃因子,随着何晏、王弼"正始之风"的刮起,一种追寻宇宙之本根、探讨万物之本体的思想活跃起来,这即是玄学。
　　再次,前期思想的积淀为玄学开启了思想的源头。玄学崇尚清谈,探寻人生宇宙之本,其方式是援道入儒,以道解儒,其主要文本则是《老子》、《庄子》、《周易》、《论语》等。这正是通过对先秦儒家、道家等诸家思想的解读,来探求人生、宇宙之本。

二、名教与自然

　　玄学的兴起是为了挽救名教的危机,魏晋时期的玄学家们尽管立场不同、态度不同,但都试图为挽救名教开出一副良药。魏晋时期玄学家对名教问题的讨论有

第四章 流变中的中国传统哲学

一共同特点,就是与自然相联系并从本体论上论证名教的合理性。按思想的演变顺序,魏晋时期对名教问题的讨论经历了"名教本于自然"、"越名教而任自然"和"名教即自然"三个阶段。

(一)名教本于自然

王弼是第一个明确从本体论上为名教寻找根据的思想家。他认为名教的危机是由于只注重形式的缘故,所以要崇尚仁义,抓住根本,这个根本就是王弼的"无"或"道"。

王弼首先通过曲解《老子》"始制有名"的原意,而为名教的合理性找到了形而上的根据。他说:"始制,谓朴散始为官长之时也。始制官长,不可不立名分,以定尊卑"(《老子注》第三十二章)意思是说纲常名教是道朴散为器的过程中产生的,是由道分化出来的,是以自然之道为本的,正因为名教是从道中分化出来的,所以具有形而上的根据,名教本于自然。

王弼还把"道"和"名教"的关系看成母与子、本与末的关系。"母,本也;子,末也。得本以知末,不舍本以逐末也。"(《老子注》第五十二章)强调要守母以存子,崇本息末。从表面上看来,王弼将名教与自然的关系说成是母与子、本与末的关系,似乎是降低了名教的地位,但实际上是为名教找了形而上的根据"名",这就是王弼为挽救名教的危机开出的一个药方。

(二)越名教而任自然

与王弼极力融合名教与自然的关系不同,竹林七贤时期的嵇康、阮籍则提出了与之相对的"越名教而任自然"的主张。

嵇康,字叔夜,本姓奚,谯国铚县(今安徽濉溪)人,"竹林七贤"的领袖人物,三国时魏末诗人与音乐家,玄学家的代表人物之一。嵇康从小喜爱音乐,有极高的音乐天赋,他创作的《长清》、《短清》、《长侧》、《短侧》四首琴曲被称为"嵇氏四弄",是中国古代一组著名琴曲,与东汉的"蔡氏五弄"合称"九弄",隋炀帝曾把弹奏"九弄"作为取士的条件之一,足见其影响之大、成就之高,而《广陵散》更是成为我国十大古琴曲之一。

魏晋玄学发展到竹林七贤时期一改正始时期关注政治哲学和本体论问题,而更多关注人生论,即人生哲学问题。这反映在名教与自然的关系问题上,即竹林七贤以"越名教而任自然"来代替正始时期的"名教本于自然",嵇康是这一时期的思想代表。

嵇康首先对名教进行了公开的批判,认为名教并不是出于自然,而是当权者"造立"出来的,是不符合人的自然本性的。统治者"造立仁义,以婴其心;制为名分,以检其外;劝学讲文,以神其教。"(《难自然好学论》)目的都是为控制人心。

嵇康还将魏晋时期的言意之辩转化为一种人生态度,强调从精神主体来说,"得意"就在于"自得",而要实现"自得",就必须"越名任心"。他说:"夫气静神虚者,心不存乎矜尚;体亮心达者,情不系于所欲。矜尚不存乎心,故能越名教而任自然;情不系于所欲,故能审贵贱而通物情。物情顺通,故大道无违;越名任心,故是非无措也。"(《释私论》)

由此可见,在嵇康那里,"越名教而任自然"就是要抛开俗世的干扰,而达心灵的清静。同时也表明竹林名士对个体生存状况的关注,对心灵自由的渴望。

(三)名教即自然

纵观魏晋玄学的整个发展,郭象较好的从理论上融合了儒道,他将以个体精神追求为主的道家学说与以强调社会规范秩序为主的儒家学说有机地结合起来,提出了"名教即自然"的命题。

郭象对"自然"一词的界定有其特点。他说:"自生耳,非我生也。我既不能生物,物亦不能生我,则我自然矣。自己而然,则谓之天然。"(《齐物论注》)他这里的"自然"有"自生"、"独化"的意蕴,这是对创世论的否定,这种自然而然就是郭象所谓的"天然",体现着郭象对万物生灭方式的看法。"名教即自然"是郭象对"独化论"的诠释,也是"独化论"在人生哲学中的体现。

郭象提出"名教即自然"命题的目的,就是要融合儒道,达到外在功名与内在精神的合一,这是整个魏晋玄学的真正用意所在。正如郭象在《大宗师注》这里所言:"夫理有至极,外内相冥,未有极游外之致而不冥于内者也,未有能冥于内而不游于外者也。故圣人常游外以冥内,无心以顺有,故虽终日挥形而神气无变,俯仰万机而淡然自若。……游外冥内之道坦然自明。"(《大宗师注》)在郭象那里,"外""内"是"相冥"的,也即名教与自然是融通的,圣人是"游外以冥内,无心以顺有",从而达到内外统一。

郭象"名教即自然"的命题还包含着自然即名教,仁义之类的道德规范都是人性自然的一部分,社会规范和人的本性之间本不存在所谓的"二分"的意思。"夫仁义自是人之情性,但当任之耳。"(《骈拇注》)同时,在郭象看来,在现实社会中,只要人们能够"各安其性",按照名教的规范行事,就能各尽其性,获得精神的自由,即便圣人处于名教之中,其身心也是自由的。郭象对名教与自然关系的这一论证,使名教与自然直接统一起来,从而使名教具有更大的欺骗性。

三、有无之辩

有无之辩是玄学争论的主题,在这一问题上主要有何晏、王弼的"崇有论"、裴頠的"贵无论"和郭象的"独化论"。

第四章 流变中的中国传统哲学

(一)贵无论

有无之论早在先秦就有了端倪,在《老子》一书中有无之辩就已经开始,但是真正从本体论层次上来讨论有无,何晏、王弼为始。

何晏,字平叔,南阳宛(今河南南阳)人,其父早亡,母亲为曹操所纳,他便为曹操收养,何晏自幼聪颖,是曹魏统治集团的重要人物之一,公元249年高平陵政变中被司马懿所杀。

王弼,字辅嗣,山阳高平(今山东邹城、金乡一带)人,魏晋玄学理论的奠基人。王弼一生短暂,但却大器早成,"幼而察慧,年十余,好老氏,通辩能言。"比他稍早的何晏曾叹称:"仲尼称后生可畏,若斯人者,可与言天人之际乎!"(《三国志·魏志·钟会传》)。王弼曾与当时许多清谈名士辩论各种问题,以"当其所得,莫能夺也",深得当时名士的赏识。在何晏的引荐下,王弼仕途顺利,官至尚书郎。正始十年曹爽被杀,王弼受案件牵连丢职。同年秋天,遭疠疾亡,年仅二十四岁。王弼的一生虽然短暂,但以其惊人的智慧,为后世留下了《老子注》、《老子指略》、《周易注》、《周易略例》和《论语释疑》等大量著作。

从时间上来看,何晏比王弼要稍早,但是从学术成就上来看,"正始玄风"应首推王弼。

> 天下之物,皆以有为生。有之所始,以无为本。将欲全有,必反于无也。(《老子注》第四十章)
>
> 万物万形,其归一也。何由致一?由于无也。由无乃一,一可谓无。(《老子注》第四十二章)

这是王弼对有无关系的基本论述,在这一论述中,王弼明确地将"无"看成宇宙的万事万物的本体,这里"无"就是"一",是世界的根源,这明显是一种本体论的说法。

王弼不仅把"无"与"一"等同,还把"无"与"道"比拟。王弼在《论语释疑》中说:

> 道者,无之称也。无不通也,无不由也,况之曰道,寂然无体,不可谓象。(《论语释疑》)

"道"即是对"无"的称谓,"道"是万物遵循的原理与法则,道的"寂然无体,不可谓象"即是"无",以"道"称"无","无"的本体意义得以彰显。

当然,王弼以无为本,并非不要有,不要末。在王弼那里,不仅有以无为本的一面,还有崇本举末的一面。"以无为本","崇本息末"是王弼哲学思想的根本所在。在王弼那里,无是本,是最高原则,是不可言说的对象,而有是末,是万物的相状,是可以言说的。本末如母子,非截然分离。这样,以无为本的"无"并非是悬空的"无",空空如也的"无",而是等同于"道"和"一"的"无"。

王弼不仅阐释本末关系,还第一次提出了体用范畴,并用体用范畴来论证有无、本末的关系,这也是王弼对中国哲学的重大献之一。

> 万物虽贵,以无为用,不能舍无以为体也。舍无以为体,则失其为大也,所谓失道而后德也。以无为用,则得其母,故己不劳焉而物无不理。
(《老子注》第三十八章)

从王弼的论述中可以看出,"无"虽然无名无形,但绝不是空,同时,万物若舍弃"无",则会"失其大",即万物舍弃"无",就会丧失自己的本体。"万物虽贵",仍然要"以无为用"。在王弼那里,虽然还没用达到"体用一源,显微无间"的程度,但是赋予体用范畴以本体论的意义,则是不可忽视的。

(二) 崇有论

"正始玄风"刮起的"贵无论"虽然思辨程度很高,但也不免流于"口谈虚浮",以至于"不尊礼法"之流弊。正是从这个意义上,裴頠提出了"崇有论"。

裴頠,字逸民,河东闻喜(今山西运城)人。裴頠从小聪颖,博学多识,官至尚书左仆射,后为司马伦所杀,年仅34岁。裴頠与王弼一样,都属英年早逝,但在学术思想上,两人又有极大的不同,即王弼倡贵无,裴頠主崇有。

以有无的关系来言,裴頠认为"有非生于无",而是"有自生"。

> 夫至无者,无以能生,故能生者,自生也。自生而必体有,则有遗而生亏矣。生以为己分,则虚无是有之所谓遗者也。(《崇有论》)

在这里,裴頠与王弼针锋相对,"至无"即绝对的"无",在王弼那里,"至无"是产生万物,在裴頠这里,"至无"却"无以能生"。

> ……由此而观,济有者皆有也,虚无奚益于己有之群生者。(《崇有论》)

"济有者皆有",就是说,事物的存在都是有的体现,无不能生有,无只是有的遗漏。这样,在王弼那里,作为本体的"无"就被裴頠给消解了,取而代之的则是"有"。

"崇有论"和"贵无论"都是玄学的一个派别,是对本体探寻的一种尝试,两者相互补充,弥补了对方的缺失。然而,无论是"崇有论",还是"贵无论",都有其理论上的缺陷:"贵无论"始终拖着宇宙论的尾巴,"崇有论"则有消解本体的危险。

(三)独化论

既然王弼的"贵无论"和裴頠的"崇有论"都有其理论上不可克服的缺陷,那么就需要一种新的理论来弥补他们的缺失,这种理论就是郭象的"独化论"。

郭象,字子玄,河南洛阳人,官至黄门侍郎、太傅主簿。郭象好老庄,善清谈,是西晋时著名玄学家。郭象最重要的著作是《庄子注》。

在有无问题上,郭象反对有生于无的观点,认为天地间一切事物都是独自生成变化的。

首先,郭象赞同裴頠的"有不能生于无"观点,提出了物"自生"而"自有"。

> 无则无矣,则不能生有。有之未生,又不能为生。然则生生者谁哉?块然而自生耳。(《庄子·齐物论注》)

也就是说,万物不是由虚无产生的,无不能生有,"无则无矣,则不能生有",从这个方面来看,郭象与裴頠的观点相近。不过,郭象并没有停留在"无不能生有"上,郭象还提出了"有之未生,又不能为生"的观点。既然"有之未生,又不能为生",那么万物是如何而来的?郭象的回答是"物各自生"而"自有"。

那么,物是如何自生的呢?郭象提出了有无统一的"独化而相因"的理论。在郭象看来,"有"和"无"不能互相生化,天地万物作为"有"虽千变万化,但不可能变为"无","有"是常存的。但是,正由于万事万物作为"有"是不断变化的,是一个"化尽无期"的过程,在这个过程中"有"就变成了"无",这就是有而无之,有无达到了统一。郭象不仅万物"独化",否定了造物者的存在,而且强调"独化"并非没有联系,所以又提出了"相因"的理论。他认为事物之间存在着普遍的有机联系,彼此相因而互相为缘。"天下莫不相与为彼我,而彼我皆欲自为,斯东西之相反也。"(《庄子·秋水注》)

郭象有而无之,独化而相因的理论是一种类似于现象学的理论,这种理论否定了造物者的存在,克服传统有无理论逻辑上无穷上推所产生的问题,达到理论思辨应有的高度。但作为一种主观辩证法,这一理论并没有揭示宏观世界的内在本质,归根到底仍然是一种相对主义和变相形而上学的观点,只能给人以一种似是而非的满足。

四、言意之辩

在先秦和两汉积淀的基础上，魏晋时期思辨的理论水平达到了新高度。如果说有无之辩是玄学对本体的探寻，那么言意之辩则是玄学家对本体的一种表达的尝试。按照逻辑发展的顺序，在魏晋时期，形成了"言不尽意论"、"言尽意论"两种观点。

（一）言不尽意论

言语能否表达思想，这是众多思想家一直讨论的问题。"言不尽意"说并不完全否定语言的作用，但是认为语言在表达思想时有其局限性，不可能完全表达思想的全部意思。早在先秦时期，老子就提出了"道可道，非常道；名可名，非常名"的命题，对名言能否表达真理定下了"基调"，庄子则从概念的静止性、有限性等方面对"言尽意论"提出了种种责难，这种责难也引起了思想家的关注。

魏晋时期，玄学家多关注老庄，无论是何晏、王弼，还是向秀、郭象，对老庄都有很深的研究。魏晋时期，正始玄风的开创者王弼较为系统地提出"寻言观意"，"得意忘言"的理论。

王弼认为，言者所以在意，要用言和象来把握意。"夫象者，出意者也；言者，明象者也。尽意莫若象，尽象莫若言。"（《周易略例·明象》）但是，更为重要的是"言"、"象"只是得"意"的工具，"得意者在忘象，得象者在忘言。"（同上）这就是王弼寻言观意，得意忘言的理论。

中国传统哲学中的言意之辩始终与逻辑思维能否把握道的问题密切相关的。王弼继老、庄之后，也对这一问题进行了讨论。王弼认为，名言、概念要求与对象有一一对应的关系，但是道是一个统一的整体，所以有分别的概念是难以表达道的。"可道之道，可名之名，指事造形，非其常也"（《老子注》一章）尽管如此，人们还是要作名言来表达道。那么，如何表达呢？王弼提出了两种表达的方式：一是用"对反之名"来表达"不可名之理"。何谓"对反之名"呢？"温者不厉，厉者不温；威者必猛，不猛者不威；恭者不安，安者不恭，此对反之常名也。若夫温而能厉，威而不猛，恭而能安，斯不可名之理全矣。"（《论语释疑》）二是给"无名"以"称谓"。王弼区分了"名"与"称"，认为名是与对象相对应的，而称谓在于表达所把握的理义。"名也者，定彼者也；称也者，从谓者也。我生乎彼，称出乎我。"（《老子指略》）

王弼的言意理论在当时具有反对汉儒烦琐学风的意义，但是由于过分强调了"得意忘言"，把"意"看成是脱离"言"、"象"而独立存在的东西，从而走向了唯心论。

(二) 言尽意论

与"言不尽意论"相反,"言尽意论"认为,言词的产生就是用来表达思想的,而且言词是能够完全表达出意思,魏晋时期的言尽意论以欧阳建为代表。

欧阳建,字坚石,渤海南皮(今河北沧县)人,是石崇之甥。欧阳建自幼勤学,小有名气。

欧阳建不赞同"言不尽意"说,在他看来,名、言虽不可能对事物有所增加,但有必要的,如果没有名、言,人们就不能辨别事物;没有名、言,人们就无法表达自己对事物的认识,也不能与别人交流思想。"名之于物,无施者也;言之于理,无为者也。而古今务于正名,圣贤不能去言,其故何也?诚以理得于心,非言不畅;物定于彼,非名不辩。言不畅志,则无以相接;名不辩物,则鉴识不显。"(《艺文类聚》卷十九)

欧阳建还进一步探讨了名、言产生的原因和名、言与对象一一对应的必要性。"欲辩其实,则殊其名;欲宣其志,则立其称。名逐物而迁,言因理而变。此犹声发响应,形存影附,不得相与为二矣。苟其不二,则言无不尽矣。"(同上)就是认为,辨别形形色色的事物,需要用不同的名,阐发思想也需要用语言,并且名言既要把事物固定下来加以认识,又要随着事物的变化而变迁,所以名、言是人们为了辨别事物和交流思想而制定的。

欧阳建在他的《言尽意论》中,自称为"违众先生",而把当时主张"言不尽意"论的人称为"雷同君子",正是对当时众多"雷同君子"的不满,他才做了《言尽意论》。该论虽然篇幅不长,但是表达的意思却非常明晰,那就是明确肯定名、言对人类认识的重要性。

第三节 隋唐佛学

自两汉以来,佛教传入中国,在其传播和发展过程中,不断与中国固有思想相接触、碰撞与融合,最终在隋唐时期形成了天台宗、华严宗、法相宗、禅宗等宗派,这些宗派的形成,标志着佛教中国化的完成。其中最典型的中国化的佛教宗派禅宗,受到中国固有文化,尤其是儒学的影响。隋唐佛学的盛行,是中国古代中外文化融合的象征,而隋唐佛学则是中华文化一颗璀璨的明珠。

一、佛学传入

两汉、三国时期,是佛学的初传时期。这时候佛学的发展在绝大程度上还是依附于中国固有思想——儒家思想和道家思想而得以缓慢发展。佛学在这个时候被称为"格义"时期。所谓"格义"也就是"以经中事数,拟配外书,为生解之例",①即把佛典中的"事数"和中国固有的思想相结合,以《老子》、《庄子》、《周易》等典籍相关概念进行比附。而"格义"虽然有助于理解佛典,却也难免产生歪曲佛典之原义。到了两晋南北朝时期,诸多佛教学者不满佛学对传统文化的这种过度依附关系,而提倡自由发挥之般若思想。一时,六家崛起,七宗鼎盛,②而般若思想的集大成者则是僧肇。僧肇的《物不迁论》、《不真空论》、《般若无知论》和《涅盘无名论》被合称为《肇论》,代表着般若学发展的高峰。与般若学的盛行相伴,六朝的佛性说也极为昌盛。慧远的"法性论"、梁武帝的"真神论"以及竺道生的"佛性论"都对佛性思想进行了探寻。至此,佛学一改传统不谈"本体"之初衷,而提倡佛性说,而这种转变正是佛教中国化的表现。

二、佛教宗派

隋唐是中国封建社会空前强盛的时期,在前期文化积淀的基础上,佛教完成中国化的历程而转变为中国佛教,"中国佛教哲学也进入了创新与繁荣的阶段。典型的中国化佛教——禅宗异军突起,与老、庄哲学相结合,以否定性的思维反观自心,见性成佛,实现了佛教向内超越的第一次革命",③佛教的中国化是一个历史的过程,佛教宗派的鼎立则是佛教中国化的标志之一,而佛教宗派的创立始于隋朝,其中尤以天台宗、华严宗、禅宗对传统文化影响深远。

(一)天台宗

天台宗是中国佛教史上最早创立的佛教宗派,把龙树尊为初祖,慧文尊为二祖,而实际上,三祖慧思才是天台宗真正的奠基人。天台宗的创始人则是智𫖮,又因为天台宗所依据的主要经典是《法华经》,故天台宗又称法华宗。

天台宗作为中国第一个佛教宗派,既保留了印度佛教的一些传统,同时也打上了中国传统文化的烙印。天台宗的思想主要体现在其判教理论以及"止观说"、"圆融说"和"性具善恶说"。

"止",相当于佛教说的禅定,"观"相当于佛教说的般若,即智慧而言。天台宗以前,在南北朝时期,佛教在中国的传播过程中形成了所谓的"南慧北定"的传统,这种"南慧北定"的形式显然是对佛教止观的割裂。到智𫖮时,其一改止观分裂的

---

① 《梁高僧传》(卷三),《竺法雅传》,《大正藏》第50卷,第347页。
② "六家"主要指本无宗、心无宗、即色宗、识含宗、幻化宗、缘会宗。"七宗"是在"六家"的基础上由本无宗而分出本无异宗,合称"七宗"。
③ 麻天祥:《中国宗教哲学史》,人民出版社,2006年版,第219页。

第四章 流变中的中国传统哲学

传统,提出了其独特的"止观并重"说。智𫖮大师分"止"为"体真止"、"方便随缘止"和"息二边分别止",分"观"为空观、假观和中道第一义观。

天台宗的"止观说"不仅是对南北朝时期止、观分离的融合,也有其发挥和创新,这主要表现在以下几个方面:

首先,智𫖮在继承慧思止观双修的基础上,把止观作为转迷开悟的重要方法,这样就打破了止观的自身缺陷,打通了止观并重之修行。

其次,智𫖮还认为止观如车之两轮、鸟之双翼,不可有偏废,应该止观并重。正如智𫖮在《小止观》中说:"若偏修禅定福德,不学智慧,名之曰愚;偏学智慧,不修禅定福德,名之曰狂。"

最后,智𫖮的止观学说还有其特定的含义,那就是与其圆融思想结合在一起形成了"体真止"、"方便随缘止"和"息二边分别止",以及"空观"、"假观"和"中道第一义观"。①

天台宗的"止观并重说"与其说是其自身的独创,不如说是那个时代特征的反映,隋朝虽是个短命的王朝,但却结束了两晋南北朝的分裂格局,形成了统一的王朝,这种政治的统一必然体现在思想上,同时也有儒家的那种"和"的哲学思想的影响,这在天台宗"圆融说"中表现更加明显。

(二)三论宗

当然,隋朝时期,除了天台宗以外,还有三论宗。三论宗早在南北朝时期就初见端倪,不过南北朝时期的三论学派,实是三论宗的前身,而三论宗实际创始人是吉藏。

吉藏,俗姓安,其原籍为西域安息国,后先祖因为避仇而移居南海,住于交趾(今越南)和广西一带,后来又迁到金陵(今南京),吉藏就出生于金陵,在吉藏很小的时候,其父便带他去拜访著名译经家真谛,"吉藏"是真谛为他取的名。

三论宗以"三论"而得名,所谓三论,即龙树的《中论》、《十二门论》和提婆的《百论》,它们都是印度大乘佛教中观学派的纲领性作品。隋炀帝大业四年(公元608年),吉藏大师完成其佛学体系的纲领性著作——《中论疏》、《十二门论疏》、《百论疏》,标志三论宗思想体系的正式形成。吉藏一生创宗立说,著述巨丰,广设讲座,盛弘三论,对中国早期佛教关于般若中观学说的错误理解作了批判与澄清,对中国未来佛教的发展,特别是禅宗、华严宗、唯识宗等宗派都产生了重大的影响。

---

① 赖永海:《中国佛性论》,上海人民出版社,1988年版,第137~145页。

贞观之后,三论渐衰,但吉藏弟子慧灌将三论传入日本,在日本颇为流行。①

(三)唯识宗

与天台宗多注重自身发挥不同,唯识宗的思想体系更多的是来源于印度,相对而言,其体系更加严谨、完备。该宗以万法唯识为基础,提倡"一分无性"说,从而成为唐代一个比较有特色的宗派。

唯识宗开创于唐代著名高僧玄奘,而大成于玄奘之上座弟子窥基,所以唯识宗的创始人是玄奘及其弟子窥基。

南北朝以来,佛性问题成为主要问题,本有与始有之争、众生有性与阐提无性之辩一时成为佛界讨论的焦点。自竺道生提倡众生皆有佛性以来,众生皆有佛性已基本为学者所接受。而唯识宗本着其印度的传统,提倡"五种姓说",却得出"一分无性"之结论。

"五种姓说"唯识宗的重要理论之一,唯识宗认为一切众生先天具有五种种姓,不可更改,具体来说,五种姓为:声闻乘种姓、缘觉乘种姓、如来乘种性、不定种姓、无种姓。唯识宗认为,此五种种姓,证得的果位各不相同。前三者分别可以证得罗汉、辟支佛、菩萨的果位,而不定种姓则"可上可下",就声闻,就修行声闻法,近菩萨,又修行菩萨法,故称不定种姓,而无种姓即无善根种子,永不可成佛。唯识宗的"无种姓说"从理论上瓦解了众生之平等,为众生所不愿接受,因此,在中国,唯识宗是一个短命的宗派。

(四)华严宗

华严宗将杜顺作为自己的远祖,相传杜顺和尚系文殊菩萨转世,随悟入华严法界,首倡华严宗,该宗主要以龙树的《大方广佛华严经》为主要经典而建立起来的宗派,华严宗以《华严经》为依据。法藏是华严宗的创立人,被尊为华严宗三祖。在教义理论上,华严宗以"一真法界"即真如佛性作为一切现象的本原,构建起以"四法界"、②"十玄门"、"六相圆融"等为基础"一即一切,一切即一"的思辨体系。

"六相圆融"也是华严宗的重要理论之一,"六相"即总相、别相、同相、异相、成向和坏相。总相是指事物的全体,是一;别相是指事物的各个部分,是多;各部分会合成此事物则为成相;各部分若不和合,则为坏相。到了三祖法藏,其又以金狮子为喻,阐释了无差别与差别,相即相入,圆融无碍;离总无别,离同无异,离成无坏;

---

①麻天祥:《中国宗教哲学史》,人民出版社,2006年版,第224~226页。

②四法界即事法界、理法界、理事无碍法界、事事无碍法界,由事法界而达理法界、理事无碍法界,最后达到事事无碍、圆融的华严境界。

第四章 流变中的中国传统哲学

总即别,别即总;同即异,异即同;成即坏,坏即成,从而得出"一即一切,一切即一"的结论。

华严宗与天台宗虽然在教义上千差万别,但是在"圆融"上是一致的。当然,天台宗的圆融更多的是理性的思辨,而华严宗的圆融则杂有诡辩的成分。

(五)禅宗

相传禅为菩提达摩创立,以在少林寺面壁九年修持佛法而著称,后世便以达摩为中国禅宗初祖,达摩以后有嗣法弟子慧可,僧璨为其再传弟子,璨之弟子为道信,信之弟子弘忍立东山法门,被奉为禅宗五祖,弘忍门下分赴两京弘法,各名重一时,帝师神秀、六祖慧能二人分立北宗渐门与南宗顿门,时称"南能北秀"。神秀以渐修见长,而慧能而以倡顿悟法门而著称,后慧能南宗昌盛,惠能也被奉为六祖。禅宗主要以《楞伽经》、《金刚经》、《大乘起信论》为教义根据,而禅宗的《坛经》则是中国唯一一个被称为"经"的佛学著作。

慧能(638~713年),俗姓卢,祖籍范阳(今河北涿县),生于南海新兴(今广东新兴县),被奉为禅宗六祖。慧能幼年丧父,后移居南海,家境贫困,主要靠卖柴养母,据说听闻《金刚经》而悟,后拜五祖弘忍为师,续禅宗之衣钵。后人所谈禅宗,主要指南宗慧能系,世称南宗。

虽然世人对《坛经》可谓仁者见仁,智者见智,但纵观整部《坛经》,则无外乎"无念为宗、无相为体、无住为本"是也。这种"无念"、"无相"、"无住"的思想既是对般若思想的继承与发挥,也是对中国固有文化的吸收和融合。

佛学发展至禅宗,虽然仍有印度佛学的烙印,但却在相当程度上被儒学化、老庄化,与中国固有文化不断融合,成为中华文明的重要组成部分。而南宗的"一花开五叶,结果自然成"①则标志着禅宗在中国的盛行以及与中国固有文化的融合之深。

隋唐佛学除了天台宗、三论宗、唯识宗、华严宗、禅宗外,还有净土宗、密宗、律宗等宗派,这里只列出天台宗、三论宗、唯识宗、华严宗、禅宗,主要是因为这几家思想对中国佛学思想乃至中国传统文化影响至深。实际上,从信仰的角度来说,净土宗对中国影响也不小,其因专修往生阿弥陀佛净土法门而得名,以《无量寿经》、《观无量寿经》、《阿弥陀经》和世亲的《往生论》为该宗所依经典,在解脱论上主张在他力的基础上而前往西方极乐世界。

---

① [宋]释道原《景德传灯录》(卷二十八):"一花开五叶,结果自然成。""一花"即佛学传入中国后,以达摩为祖师而建立的宗派及其思想,在学术界主要以慧能所建立的南宗为禅宗的正统;"五叶"即在南宗的基础上而开沩仰、临济、曹洞、法眼、云门五个宗派。

如果说佛学在登陆中华大地的那天起就开启了中国化的历程,那么禅宗的建立,则标志着佛学中国化的完成。而儒释道的合流则是隋唐时期文化发展的基本趋势,为中国文化的融合奠定了坚实的基础,最终形成了融儒释道于一炉的宋明理学。①

第四节 宋明理学

儒学在宋代主要以理学的形式得到了复兴。作为封建社会后期的官方哲学,理学占据了意识形态的统治地位。在理学内部,既有唯心主义(二程)和唯物主义(张载)的争论,又有客观唯心主义(朱熹)和主观唯心主义(陆、王)之间的分歧。

一、理学的奠基

理学奠基于北宋,当时著名的理学家周敦颐、邵雍、张载、程颢、程颐是理学的奠基者,被后人称为"北宋五子"。

周敦颐是宋代理学的第一个思想代表,他把道教修炼内丹的"图"改造成了关于宇宙的图式,并以《太极图说》来阐明他的思想。他认为太极和无极是统一的,是"一",这个"一"动静变化生成阴阳二气,阴阳二气又变化、结合形成五种特殊实物,即金、木、水、火、土。而万事万物就是从这五种特殊物质变化而来的。这里实际上是一种把精神本体(太极)作为宇宙本体并产生万物的唯心主义理论。周敦颐将这样一种宇宙论推演到人道观,认为"无极而太极"是自我运动的结果,宇宙的本体的自我运动产生了"得其秀而最灵"的"人"。而圣人为人类"定之以中正仁义",人们只要按照圣人的教诲,"无欲"、"主静",就可以符合最高之理了。

邵雍和周敦颐一样,着重讲宇宙形成论,但邵雍主八卦说。邵雍利用象数关系来推演世界的发展及其周期过程。邵雍"先天象数学"的特点是用"加一倍法"来推演的。具体来说:太极是"无体"的"一",通过"一分为二"就有了天地,"二分为四""四分为八"就有了"天之四象"——日、月、星、辰,"地之四象"——水、火、土、石。这八象又"八分为十六",用这种方法推演下去,从"一"到"万",把整个宇宙史、人类史都统摄进去了。这个枝繁叶茂的"先天象数学"是邵雍的一个主观虚构

---

①禅宗思想还涉及"禅"的演变,学界以禅宗前期为祖师禅,后期主要是分灯禅,而在惠南以前,则是如来禅。这样禅的演变就是由如来禅到祖师禅,再到分灯禅,之所以如此,则因为禅宗前期主要受到儒家思想影响,后期受到老庄思想影响所致。(参见赖永海:《中国佛教与哲学》,宗教文化出版社,2004年版,第83~100页。)

第四章 流变中的中国传统哲学

的体系。

周敦颐把"太极"作为世界的本体,邵雍把本体的"太极"归之于"心",二程[①]则把"心"或"道"归之于"理"或"天理"。程颢说:"吾学虽有所授受,天理二字却是自家体会出来。"(《外书》)这里程颢明确指出了,二程在本体论上虽受周敦颐、邵雍影响,但却是自家的发展和创造。从二程开始,正式将"理"、"天理"作为哲学的基本范畴,为封建社会后期的官方哲学——程朱理学奠定了基础。

二程首先设定一个独立于万事万物客观精神实体——天理,这个天理"莫之为而为,莫之致而致"(《遗书》卷十八),是一种人力无法抗拒的神秘必然的性,是真实存在的唯一本体。二程不同于周敦颐和邵雍,并没有费心思去构造宇宙的起源和演变的图式,而是直接对天理进行了本体论的论证。他们认为天理"不为尧存,不为桀亡";"寂然不动,感而遂通"(《遗书》卷二上),是永恒不变但感而遂通的形而上的本体。

二程将其天理观从天道推演到人性论,用理气关系讨论人性,认为应该区分"天命之性"(理)和气禀之性。程颢讲"性即理",认为人性出于天理,所以无有不善,可是又有"才禀于气",气有清浊之分,所以人有贤愚、善恶、中下之分。这是把孟子的"性善说"、董仲舒、韩愈的"性三品说"综合起来,形成了更为完整的先验论人性学说。在二程看来,理为一切,一切即理,由于气禀的差异,人欲所蔽,使得人心丧失明觉,理性变得昏暗,所以学习和修养的功夫在于"去人欲,存天理"(《遗书》卷十九),学习和修养主要是"明人理"和"用敬"。"学者不必远求,近取诸身,只明人理,敬而已矣,便是约处"(《遗书》卷二上)。就是说,自身良知良能俱足,便不用外求,只需用敬存养,自然能"复其性",达到"存天理,灭人欲"的目的,完全是一种蒙昧主义。

张载,字子厚,北宋长安人,因家住陕西郿县横渠镇,世称横渠先生,因讲学关中,所创立的学派被称为"关学"。张载虽然也是"北宋五子"之一,但却是北宋理学中唯物主义的代表。

张载主要的思想贡献首先在于提出了根本不同于二程的"气一元论"唯物主义思想,张载系统阐述了他的"太虚即气"的唯物主义本体论。他认为,世界的统一原理是气,无形的太虚,有形的万物,都是同一种物质实体——气的两种存在形态。太虚是气散而未聚的本然状态,万物则是暂时凝聚的"客形"。这里的"客形"

[①] 二程指的是程颢、程颐兄弟两个。程颢(公元 1032~1085 年),字伯淳,河南洛阳人。程颐(公元 1033~1107 年),字正叔,程颢之弟。两人长期在洛阳讲学,其学派被称为"洛学"。二程反对王安石的新法和"新学"。他们的言论和著作,后人编为《二程全书》。

既是认识对象的具体实物,又是变化的物质运动形式。不能把有无对立起来,分割开来,空无一物的"无"是没有的。气本身就是"有无、虚实统一物者"。"太虚即气"命题不仅说明了气是"有无"的统一,还说明了气是动静的统一。"气块然太虚,升降飞扬,未尝止息。"(《正蒙·太和》)"此动是静中之动。"(《易说·复》)就是说,"太虚"之气永恒地运动着,而这种运动是动静的统一。张载还明确地指出了物质运动变化是一个对立统一的过程。"凡圜转之物,动必有机,既谓之机,则动非自外也。"(《正蒙·参两》)"机"即动因,一切天体都要由于内在的动因而作圜转运动。张载把物质运动的源泉和演化过程称作"造化",而《易》正是阐明"造化"的。"易,造化也。……盖易,则有无、动静可以兼而不可偏举也。"(《易说·系辞上》)这里所谓"造化"就是对立统一的思想,从而揭示了物质运动在于其自身内在的矛盾。应该说,张载"太虚即气"的思想不仅坚持了唯物主义的基本原则,而且揭示事物运动变化根源,总结了魏晋以来的"有无(动静)"之辩,达到朴素唯物主义和朴素辩证的统一,作出了自己应有的理论贡献。

张载作为理学家,也非常重视理想人格的培养问题,他把理想人格的培养过程看作是凭借"知"和"礼"来变化气质以成就德行的过程。

张载认为,气化生成天地万物,气之清浊形成人、物之别。但对于人来说,人之性质也是有差别的。在他眼中,人人都有"天地之性",但由于生理条件不同,气质所偏,受到习俗环境的影响,会导致人的善恶之分。个人通过教育,努力学习,就能变化气质,使天地之性明白起来。"为学大矣,在自求变化气质。"(《语录》)求知和培养德行是同一个过程。

张载认为教育人的主要内容就是"礼"。礼是全部封建统治制度,就是理学家要维护的事业。他主张人们在观礼习礼的过程中提高修养。

张载还认为,"知"与"礼"结合了就能"成性",即造就理想人格。"知礼成性,则道义自在此也。道义之门盖由仁义行也。"(《易说·系辞上》)他认为知和礼结合成就了人的德性,道义就由德行产生出来,这是人的行为都能自觉地"由仁义行"。同时,人也要凭借意志力"自勉",勤勉不息,持续不已为善,才能"成性"。张载在这里基本上恢复了先秦儒家关于理性和意志、自觉和自愿的原则相统一的思想。然而,"成性"的最终结果是与"天命"为一,这就走向了宿命论。

张载的哲学思想对于后来的正统理学家如朱熹产生了一定的影响,对明清之际的唯物主义思想家王夫之也有很大的影响。

二、朱熹的理一元论

朱熹是正统派理学的集大成者,他建立了庞大的客观唯心主义的理一元论体

第四章 流变中的中国传统哲学

系。朱熹,字元晦,号晦庵,徽州婺源(今属江西)人,著作有《晦庵先生朱文公文集》、《朱子语类》、《四书集注》、《太极图说解》、《西铭解》、《通书解》。

"理气(道器)"问题是理学的核心问题之一,朱熹继承和发展了二程的理论。朱熹说:"理也者,形而上之道也,生物之本也。气也者,形而下之器也,生物之具也。"(《文集》卷五八)就是说理是产生万物的"本体",是物形成的道理,所以是形而上之道;气是产生万物之"具",就是形成物质的材料,材料是具体的器物,所以是形而下的器。朱熹把"理"当作形式因,把"气"当作质料因,类似于古希腊亚里士多德的说法。

朱熹认为,任何具体事物的生成,要有理,也要有气,一切事物都是理和气的结合,但就形而上和形而下之分来说,则是理在先,气在后。"理未尝离乎气,然理形而上者,气形而下者,自形而上下言。岂无先后?""未有天地之先,毕竟也只是理,有此理,便有此天地。"(《语类》卷一)

为了说明无形之理形成万物的过程,朱熹提出了"理一分殊"的命题。他认为,从末溯本即由用到体,万物则归结为五行、阴阳,而五行、阴阳又出于理的总和太极,所以"合万物而言之,为一太极而已也";从本溯末即由体到用,万物分有太极以为体,这不意味着万物在太极里面各取一部分,把太极分割了,而是"万物之中各有一太极"(《通书解·理性命章》),即各种事物都各具有一完整的太极。由于朱熹强调"理一分殊",所以其哲学具有更强的分析精神。

在人性问题上,朱熹发挥了张载和二程的思想,把"人性"分为"天地之性"和"气质之性"。"天地之性"专指理本身而言,但理表现在每一个人身上,则与气不能相离,与气相杂的理,就成为气质之性。朱熹认为,理是至善的,所以天地之性也是至善的,气有清浊昏明之分,所以气质有善有恶。人的贤愚就是因为所秉的气有昏浊,所以人才有贤愚高下之分。"论天地之性,则专指理言;论气质之性,则以理与气杂而言之。"(《语类》卷四)

与"天地之性"和"气质之性"对应,朱熹赋予"命"双重意义。"死生有命之命,是带气言之,气便有禀得多少厚薄之不同。天命谓性之命,是纯乎理言之,然天之所命毕竟皆不离乎气。"(《语类》卷四)就是说,"气禀之命"不只是决定生死,而且决定人们之间的贫富、贵贱、贤愚等等的差别,这些差别是由于天生的气禀所致,因而是无法改变的,这是极端的宿命论。

朱熹根据"天地之性"和"气质之性"的区分,以为同一个"心"有两种知觉活动:"道心"和"人心"。"道心"是从"天地之性"发出的,所知觉的内容是"理",包括仁义礼智信道德准则;"人心"是从"气质之性"发出的,所知觉的内容是声色臭味及饥思食,寒思衣等。由理气结合成的是圣人,虽有人心,但能使人心服从道心,下愚的人也具有天赋的天地之性,不过就是被人心所操纵了。

正是按照这些理论,朱熹发挥了"复性说"。"明德者,人之所得乎天,而虚灵不昧,以具众理而应万事者也。"(《大学章句》)这里的"明德"即是"天地之性",这是天赋的,不过又被气禀人欲遮蔽了,要通过"存天理,灭人欲"的功夫,将天地之性恢复并扩展开来。朱熹的"复性"说以为德性只有通过教育才能达到自觉,突出强调伦理学中的自觉原则。即"出于情愿,自不以为痛也"(《语类》卷二)。这里把"理"("封建道德")说成是出于"天地之性",是"天命",即当然、必然的,任何人不能违抗的,于是教人自觉地忍住疼痛来"存天理、灭人欲",这就完全抹杀了自愿原则,由此可见他的复性说是一种精致的宿命论。

在知行问题上,朱熹也继承和发展了二程的理论。"知行常相须,如目无足不行,足无目不见。论先后,知为先,论轻重,行为重。"(《语类》卷九)朱熹认为两者不可偏废,主张知行统一,指出行的重要,但同时他肯定"知先行后",实质上是把"知"和"行"割裂开来,承认先有一个"知"的阶段,但在这个阶段里不存在"行"。朱熹的"知"指的是唤醒心中的"天理","行"指的是封建道德的践履。

至于唤醒"天理"的途径,朱熹提出了"格物致知"的说法。他发挥了程颐的"格物"说,认为"所谓致知在格物者,言欲致吾之知,在即物而穷其理也。"(《大学章句·补格物传》)"格物致知"就是"即物穷理"。朱熹认为,人的心有天赋的知识,人的认识活动就是唤醒被气禀人欲蒙蔽了的"天理"。同时,"知"就是穷尽天下之理,人通过今日格一物,明日格一物的积累过程,而一旦豁然贯通,就达到了真理,这是一种神秘主义。

朱熹还指出"格物致知"的方法有三个环节,首先是在博学的基础上探求规律性的知识,同时还需要以分析为主的精思明辨,另外,还得加上一般和个别相结合的推理方法。从这里看,朱熹将"格物致知"作为方法论,要求博学基础上的辨析、类推,包含有合理因素。

三、陆九渊和王守仁的心一元论

陆九渊,字子静,江西抚州金溪人,曾讲学于贵溪象山,自称象山居士,世称象山先生。他在十几岁写读书笔记时就写道:"宇宙便是吾心,吾心即是宇宙。"这也是后来他的哲学宗旨。

心的观念是陆学最重要的观念。陆九渊认为,任何人都有先验的道德理性,这就是本心。这个本心提供道德法则、发动道德情感,故又称仁义之心。由于本心是每个人先天具有的,所以是不虑而知、不学而能的"良知"。人的一切不道德的行为都是根源于"失其本心",因而一切为学工夫都应围绕着保持本心以免丧失。陆

第四章 流变中的中国传统哲学

九渊的本心思想来源于孟子。他所说的本心不是抽象的或隐蔽的神秘实体,是指人的道德意识和情感,也就是孟子讲的四端。

世界的本源便是吾心,从这个基本前提出发,他提出了一套所谓简易的修养方法。他认为,心中本有理,真理本在心中,因此只要反省内求,就可以得到真理。在为学之方上,陆九渊与朱熹曾发生了重大的争论,在鹅湖之会上,朱熹主张"泛观博览而后归之约",陆九渊则主张"先发明人之本心,而后使之博览";陆九渊强调先立其大,直接达到"心即理",朱熹则强调"格物穷理",才能达到"吾心之全体大用无不明"的境界。

实际上,朱熹和陆九渊在为学之方都有其所见,也有其所蔽。朱熹教人读书明义理,虽不同于汉学章句训诂之学,但他过分强调"泛观博览",也有流于支离、烦琐之弊,所以陆九渊的批评也有合理性。而陆学近禅,反对分析,近于叫人囫囵吞枣,非常空疏,也比较粗糙,并没有产生太大的影响。但到了明代王守仁①阐发了陆九渊的"心学",并使之成为一个完备的哲学体系,产生了重大的影响,并打破了自南宋以来的程朱理学独尊的局面。

王守仁的"心学"是以反对程朱理学的姿态出现的,一方面他的学说从更彻底地唯心主义角度来批判程朱理学,另一方面也破坏了程朱理学的教条,启发了李贽等人的异端思想。

王守仁用"致良知"来概括他的全部学说,王守仁把"良知"作为"心之本体",强调"心外无事"、"心外无理"。就是说"心"是身体主宰,而心的"灵明"不为物欲所蔽时,就是本然的"良知"。"良知"作为意识主体应感而动,便有种种活动或意象作用,观念活动或者意象作用便表现为事物。

王守仁的"致良知"说从功夫这个方面来讲,强调"心外无学",由此他提出了"知行合一"的说法,他以此来反对朱熹的"知先行后"给学术界带来的流弊。王守仁认为,"知行合一"的功夫是求"复那本体",因为就本体来说,知行本来就是统一的。"知之真切笃实处即是行,行之明觉精察处即是知"(《传习录中·答顾东桥书》),"知是行的主意,行是知的功夫,知是行之始,行是知之成"(《传习录上》)。王守仁认为人的本能是知行合一的,而且人类一切的复杂活动,有意识的作为也都是知行合一的。人类有目的的活动都是知行统一的过程,知之真切必见于行,行之明觉正在于知,这个统一的过程开始于观念,要有观念作指导才开始行,但这并不

---

① 王守仁(公元1472～1528年),字伯安,余姚(今浙江余姚)人。曾筑室于故乡阳明洞中,世称阳明先生。其著作由门人编辑成《王文成公全书》,其中主要的哲学著作为《传习录》和《大学问》。

意味着知先于行。他虽然反对割裂知行关系,但最终却使行归属于知。

王守仁还从"心外无学"来讲"格物致知",朱熹将"格物致知"解释为"即物穷理"。王守仁把"格"解释为"正","格物"就是"格心",即是在心中做去恶为善的功夫,而"致知"就是使心中的"良知"明白起来。这里包含着知行合一的思想,但"格物"就是"格心"的观点是主观唯心论的。然而从这个观点出发,王守仁强调是非、真理标准都在良知中。如果良知认为错了,即使圣人说的话,也不能认为是对的,这为后来李贽提供了理论契机。

王守仁根据"因时制宜"的观点,提出了"六经皆史"的观点,把儒家经典看作是一定历史条件下的产物,应该以历史的眼光来看待"六经",这就大大降低了经典的神圣地位。

同时,王守仁并没有把心体("良知")看做是静止不变的,而是以为心之本体即内在于发用流行的过程中,所以他把"六经"看作是心体展开的历史过程,也把个人的智慧增长看作是心体的发育过程。

对于世界观的培养和人的德性的培养方法,程、朱、陆、王都认为应该通过"存天理,灭人欲"的途径以求"复性"。但陆、王心学更强调圣学只是求诸内心的这一个功夫,王守仁同时把求助于内心的"致良知"功夫展开为一个过程,他多次以种树为喻来说明人的培养教育过程。

同时,在培养人的德性方法中,他还强调要贯穿"知行合一"的方法,这就包含着理智与意志的统一,自觉原则与自愿原则相统一的意思。这种方法对程朱抹杀自愿原则的方法有所纠正,他强调对人的教育要"随才成就",认为根据每人各自的具体情况做格物致知的功夫,这样就不会有束缚感,就能使个人自觉自愿地接受教育。

第五节　清代朴学

明清之际出现了一批进步的思想家,他们从明朝覆灭、清兵入关整个过程中,看到了理学空谈误国的害处,试图对宋明理学从现实的角度来进行批判的总结,其中黄宗羲、顾炎武、王夫之三个伟大的学者,在批判理学的过程中担负起了对中国古代哲学进行总结的任务,在对理学的批判过程中,各派学者对汉代的经学也有所发展。

一、明清之际的哲学批判

清初时期出现了一批进步的思想家,如黄宗羲、顾炎武、王夫之等。他们都有

第四章 流变中的中国传统哲学

强烈的爱国之心,为了回答现实问题而从事理论和学术研究。他们从明朝灭亡中吸取教训,看到宋明理学对社会造成的祸害,试图对宋明理学做批判的总结。他们的批判基本上是从地主阶级改革派的立场出发,但也反映出了市民阶层的要求,某些言论已触及到封建主义本质,包含了民主主义的新思想。同时,在这一时期,经学以其治经的新方法也给学术界增添了新鲜空气。

黄宗羲,字太冲,号南雷,学者称梨洲先生,浙江余姚人,十九岁入都为父讼冤,后从学于大儒刘宗周。清兵南下,曾领导起义,晚年从事讲学活动。黄宗羲学识渊博,对天文、算术、乐律、经史百家以及释道之书,无不研究。在史学上的研究尤大,他的学风影响了清代的浙东史学学派。其著作主要有《明儒学案》、《宋元学案》、《明夷待访录》、《孟子师说》、《南雷文案》等等,后人汇集为《梨洲遗著会刊》。

黄宗羲的思想是从批判理学开始的。他首先批判的是理学与社会脱节的学风。他强调人们研究学术必须着眼于社会实际,表现出了求实的倾向。他的经世思想和求实精神还表现在经学和史学研究上。关于经学,他撰有《易学象数论》六卷,重在用历史分析方法力辩象数学之伪。

顾炎武,江苏昆山人,原名绛,是明清之际又一位具有特色的进步思想家。明亡后,他改名炎武(又作炎午),因其故居有座称"亭林"的园林,学者称他为亭林先生。早年参加复社,议论朝政,反对宦官权贵。明亡,参加起义,失败,十谒明陵,遍游华北。后半生广集资料,到各地调查访问,致力于边防和西北地理的研究。晚年卜居华阴。学问渊博,对经史百家、天文、地理、典章制度、金石文字等都有研究,音韵学成就尤大。治经侧重考证,对后来考据学中的吴派和皖派都有影响。主要著作有《日知录》、《音学五书》、《亭林文集》。

顾炎武尖锐批评明代以来社会中流行的八股之风,指出:"八股之害,等于焚书。""而败坏人才,有害于咸阳之郊所坑者但四百六十余人也。"(《日知录》卷十六"拟题"条)他提倡要有自己的独立思考的精神。

顾炎武的治学方法,在注重实地调查和善于运用归纳这两方面很有特色。经世致用思想使他不能满足依靠书本的学习方法,他要用实际知识来验证书本知识,要得到书本上所没有的知识。他后半生的二十五年,"足迹半天下,所至交其贤豪长者,考其山川风俗、疾苦利病,如指诸掌。"(潘耒《日知录序》)

顾炎武治学,从不盲从轻信,而注重材料的搜集,对于获得的大量材料,他善于采取归纳的方法进行研究。所谓归纳的方法,就是通过对材料的归类排列,找出其中带有普遍意义的结论,顾炎武把这样的方法运用于对古代重要典籍以及社会现实问题的研究。在对古代重要典籍的研究方面,顾炎武主张:"读九经自考文始,考文自知音始。"即按照"字音→字义→文义"的顺序来理解古代典籍,(这种观点后来被事实证明是一种真知灼见)在实践这种观点时,他大量运用了归纳的方法。

顾炎武用来归纳的材料来源很广泛,不仅有经书,也有史书、子书、文集、诗赋、谣谚,甚至医术等。他采用陈第①的看法,把归纳本书的内容称之为"本证",把归纳它书的内容称之为"旁证",可见这样的归纳工作,在顾炎武之前就有人做过,但顾炎武所做的更加完备,超过了前人,他这种用归纳的方式来研究经书内容的方法,后来便发展为"考据"方法的一种。

王夫之,湖南衡阳人,晚年居衡阳的石船山,学者称为"船山先生"。早年起义兵败入狱,后隐居山林,刻苦研究,著述四十年。学术思想在哲学、经学、史学、文学方面贡献巨大,天文、历法、数学、地理方面有所研究。著作有《周易外传》、《尚书引义》、《春秋世论》、《读四书大全说》、《老子衍》、《庄子通》等等,后人编为《船山遗书》。

王夫之对中国传统哲学进行了全面的总结。首先,王夫之对名实观进行了总结。对名、实、言、意、象与道关系,王夫之站在唯物主义立场上对这些问题作了总结。王夫之认为名是由实而来的,实是第一性的,名是第二性的。人们亲眼看见某种实物,虽然不能马上给以名称,形成概念,但经过审问、学习、思考,"则实在而中得乎名",达到了名实的统一。而知名不知实,很容易走入邪道。一味在名实、概念中兜圈子,而不用事实来检验自己的认识,进而从概念出发,执一偏之见,最终是错误的。

从名实统一的观点出发,王夫之提出了"言、象、意、道"统一的理论。"言"是"意"的表达形式,"意"是"言"的思想内容,内容与形式是不可分割的,道与象,则是指"言"之所指的客观对象,也指"意"所把握的规律和范畴。"象"和"道"也是不可分割的。"天下无象外之道。""汇象以成《易》,举《易》而皆象,象即《易》也。"(《周易外传·系辞下传第三章》)认为所有的"象"即范畴汇集成一个体系,就是《易》。总起来说,《易》可以概括为奇偶乾坤的"对立之象"的矛盾运动;分开来说,《易》象又是无数有机联系、变化多端的体系。正是通过这些范畴辩证的联系和运动,揭示了宇宙的变化法则即易道。

"言、象、意、道"的统一,并不是说言与意、象与道直接等同,没有矛盾。他说:"书不尽言,言不尽意,是故有微言以明道。"(《周易外传·系辞上传第五章》)由于有言不达意的情况,所以还是需要"微言"表达道。

---

①陈第(公元1541~1617年),中国明代音韵学家。字季立,号一斋,晚号温麻山农。连江(今福建连江)人。万历时秀才。曾任蓟镇游击将军,后致仕归里,专心研究古音,著有《毛诗古音考》、《读诗拙言》、《屈宋古音义》等,对清代古音学家有巨大影响。

王夫之"言、象、意、道"统一的逻辑论,揭示了名实的辩证运动,批判了中国古代哲学中的唯心论,比前人更深入地阐明了"类"、"故"、"理"的逻辑范畴,较之荀子、《易传》在逻辑思维方面已经有了很大的提高了。

其次,王夫之对气一元论的总结。王夫子从气一元论出发对哲学史上的理气(道器)问题、心物(知行)问题进行了总结。王夫之认为,气是宇宙存在形式,理依于气,作为事物共同本质和普遍规律的"道"和作为个别特殊事物的具体事物是统一不分的。"阴阳二气冲太虚,此外更无他物,亦无间隙。天之象,地之形,皆其所范围也"。(《张子正蒙注》)"凡言理气者,谓理之气也。"(《读四书大全说》卷九)这就用唯物主义宇宙观否定了程朱理学把"理"观念作为世界的主宰观点。

再次,王夫之提出了"理势合一"的历史观。王夫之用"理势合一"的命题表达了他的历史观。王夫之认为,"无其器则无其道",人类历史是不断变化的,每个历史时代都有其特殊的规律,历史发展的规律就是"理势合一"的过程。"迨得其理,则自然成势,又只在势之必然处见理。"(《读四书大全说·孟子》)因此,人应该通过"势"来认识历史发展之"理"。王夫之尽管还不可能提出真正科学的历史观,但他把历史理解为理势统一的过程,要求人们通过偶然性去发现必然性,无疑是一个重要的理论贡献。

值得一提的是,王夫之以深刻而完备的思想反映了明清之际时代精神的精华,他在重新整理古代典籍的过程中,吸收了丰富的思想精华,使他的朴素唯物主义理论中贯穿着辩证思维,并且使其理论水平达到了当时社会所能达到的高度。

二、乾嘉学派

清康熙以后直至嘉庆年间,学术和思想呈现出较以往不同的特点。这是因为这一时期的多数思想家和学者都遵循汉代的学术(主要是经学),又因为他们追求一种朴实无华的学风,所以称这一时期的学术思想为"朴学"。在乾(隆)、嘉(庆)时期由于重视训诂考据的研究,所以这一时期的学术思想也被称为"汉学"、"乾嘉学派"、"乾嘉学术"。

所谓汉学、朴学、考据学,作为一种流行百余年的学术思想潮流,产生的原因有社会方面的,还有自身发展的原因。清朝统治者用武力征服全国以后,对汉族知识分子实行软硬兼施的政策,使士人的思想不能逾越一定的范围。考据学既不触动清政府的专制统治,又有较强的学术吸引力,符合清朝的需要。

清代学术思想以"汉学"的形式出现,也有学术自身发展的轨迹可循。明代以后,宋明理学不断遭到进步思想家的批评。尽管这一时期有新思想的产生,但这些思想在清代始终得不到继续成长发育的土壤。在当时的历史条件下,清代的思想家和学者在否定理学之后,只有回头看,把目光转向遥远的古代。他们企图因循汉儒的途径,从经学的研究中找到治世的真理和方法。这一时期汉学代表人物有阎若璩、胡渭、毛奇龄、顾祖禹等人。他们对经典和史实进行了勤奋的攻读和考证,写出大量著作,并从考据出发对典籍的一些字义表示怀疑。此时的经学家们进行的考据和怀疑,有积极的学术效果,他们采用由音韵、考据以通义理的方法论原则,形成一套完整的治学方法与学术思想体系。这时期的经学通常被分为吴、皖两派,两派中以皖派的戴震较为著名。

戴震,字东原,安徽休宁人,他是清代乾嘉时期著名的学者,无论对自然的天文历算,对古文字的音韵训诂以及对古籍编校注释方面,都有很大的贡献,被认为是汉学大师。但是,戴震自己认为这些是属于"考核文章"之事,不是他做学问的目的,他的目的主要是通过"考核文章",以求得"义理"之明,如他所说的"由字以通其辞,由辞以通其道"(《与是仲明论学书》),所谓义理和道,即指现象背后最根本的原因。

戴震一生著述很多,但他对他在中年以后所著的《孟子字义疏证》看得很重。他自己说过,"仆平生著述之大,以孟子字义疏证为第一"(段玉裁:《戴东原集序》),这使得戴震的主要注意力放在了对理学的批判上。此外,戴震还是个科学家,他在哲学上的唯物主义思想和科学研究是相联系的,他对音韵学、地理、天文、数学等科学的研究的方法和整理古籍有很大关系,但他的局限性也在于此,他没有走进实验室,也没有深入到社会中去,在政治上没有提出积极的方案,使其著作没有理想的光芒。

乾嘉时期,汉学成为思想主流,繁琐的学风又兴起,这就引起了其他学者的批判,其中最著名的是章学诚。

章学诚强调学术的宗旨和目的在于实用,反对趋时好名,为学术而学术的风气。他说:"世之言学者,不知持风气,而惟知徇风气,切谓非是不足邀誉焉,则亦弗思而已矣!"(《文史通义》内篇二《原学》下)这里所说的"风气"是指学术思潮而言。章学诚认为"风气"是循环发展的,在风气面前,学者必须有自己的独立见解,"持世而救偏"。他批评当时学术思想界"趋时好名,徇末而不知本"(同上),所谓"本"即是学的根本和目的。他批评"专门汉学"笃守经传训诂,眼界狭小。汉学家穷毕生精力于经传的训诂考证,他们之中的佼佼者虽有"由字以通词、由词以通道"之说,但是绝大多数的汉学家把训诂考据当作"道"。章学诚批评汉学家在研究方法上的循规墨守,主张独立思考。他说:"近日学者风气,征实太多,发挥太少,有如桑蚕食叶,而不能抽丝。"(《文史通义》外篇三)这种学风是"德之贼也。"

章学诚学术思想的基本出发点是"明道",所谓道,不是圣人的经训,而是客观

第四章 流变中的中国传统哲学

事物的法则,关于学术与道的关系,章学诚认为,学术是自然事物与人事的描绘和记录,当自然事物与人事随着历史而消逝以后,它就以学术的形式而被保存下来,道也就体现在其中,即所谓"学术当然,皆下学之器也,中有所以然者,皆上达之道也。"(《文史通义》外篇三)章学诚以此论证了"六经皆器"。

章学诚十分重视古代的学术遗产,强调进行贯通的综合研究。他强调"会通",反对死记硬背古人的言论。"通今"是章学诚学术思想的又一条重要原则。"通今"是指学问之道要对当前的现实有所辅益。章学诚还从学术发展史的角度,说明学术应因时而变,以强调"知时"的重要性。

鸦片战争后,随着西方思想的引入,对传统思想形成冲击。戊戌变法时期,维新派思想家康有为、梁启超等一面批评旧学,一面提倡新学,引起旧学与新学激烈的争辩。二十世纪初资产阶级革命派,则以更激进的姿态,继续举起新学的旗帜向旧学发起新的冲击,终于在"五四"运动时期,革命派思想家以"科学"、"民主"为旗帜,发动了影响深远的思想解放运动。

思考与探究

1. 汉代经学对中国传统文化的影响。
2. 魏晋玄学的基本精神对中国传统文化的影响。
3. 佛学对中国文化的影响。
4. 宋明理学的基本精神及其对中国传统文化的影响。

第五章 规矩人伦的礼仪文化

中国素以"礼义之邦"、"文明古国"著称于世。中国古代,礼仪是一整套大到国家政治体制、朝廷法典,小到婚丧嫁娶、待人接物的繁琐、细密、等级森严、包罗万象的文化思想体系和政治体系。这个完整的伦理道德、生活行为规范就构成了一种"文化",即礼仪文化。礼仪要求人们在社会活动中的行为按规定的或约定俗成的程序、方式来进行。

礼之产生,可以追溯到远古时代。首先它是人类协调主客观矛盾的需要。自然的人伦秩序是礼产生的最原始动力,人们为生存和发展相互依赖,逐步积累和自然约定出一系列"人伦秩序"。这是最初的礼,后又有"圣贤之人"如黄帝、尧、舜、禹等为"止欲制乱"而制礼,身体力行为民众做榜样,从而使礼在"维稳制乱"中发挥了作用,也正因如此,人们更加遵礼尚礼。其次,礼起源于原始的宗教祭祀活动。远古时代社会生产力水平低下,人们认识自然的能力低下,无法解释和征服自然现象与自然力,于是人们把关于人的灵魂观念扩大到他们所接触的自然界万物,从而产生了"万物有灵"的观念,开始用原始宗教仪式等手段来影响神灵,如祭祀、崇拜、祈祷等,期望以虔诚感化和影响自然神灵,以使其多赐福少降灾,原始的"礼"便产生了。

按荀子的说法礼有"三本"即"天地生之本","先祖者类之本","君师者治之本"。在礼仪中,丧礼的产生最早。丧礼于死者是安抚其鬼魂,于生者则成为分长幼尊卑、尽孝正人伦的礼仪。在礼仪的建立与实施过程中,孕育出了中国的宗法制。礼仪的本质是治人之道,是鬼神信仰的派生物,人们认为一切事物都有看不见的鬼神在操纵,履行礼仪即是向鬼神讨好求福。因此,礼仪源于鬼神信仰,也是鬼神信仰的一种特殊体现形式。"三礼"(《仪礼》、《礼记》、《周礼》)的出现标志礼仪发展的成熟阶段。宋代时,礼仪与封建伦理道德说教相融合,即礼仪与礼教相杂,成为实施礼教的得力工具之一。礼在中国古代是社会的典章制度和道德规范。作为典章制度,它是社会政治制度的体现,是维护上层建筑以及与之相适应的人与人

第五章 规矩人伦的礼仪文化

交往中的礼节仪式。在长期的历史发展中,礼作为中国社会的道德规范和生活准则,对中华民族精神素质的修养起了重要作用。

第一节 治国安邦的传统五礼

一、吉礼

吉礼即祭祀之礼,为五礼之首。古人普遍认为,祭祀能给自己带来福祉,是国家的大事,所谓"礼有五经,莫重于祭"(《礼记·祭统》),"国之大事,在祀与戎"(《左传·成公十三年》)。吉礼的主要内容包括:祭祀天神,指对上帝、日月星辰等祭祀;祭祀地祇,指对社稷、五岳、山林川泽等的祭祀;祭祀人鬼,指对先王、先祖、先圣、先贤的祭祀。

（一）祀天

祀天就是对天帝的侍奉、享献的仪式。五行、与五方、五色、四季、五人神、五人帝等一一相配,构成了我国古代祭祀大典的基本内容。

天在古人眼里不仅是自然万物的缔造者,也是社会秩序的维护者。古文献记载,虞舜、夏禹时代已有祭天之礼。周代,天帝的形象被人格化,周王被称为"天子",即作为天的儿子,代表天来统治人民。只有周王才有祭天的资格,其他各级君主虽也崇拜上帝,但只能采取不同形式的助祭。

"圜丘祀天"——是周代祭天的正祭。圜丘是一个圆形的祭坛。[①] 古人认为天圆地方,所以建圆形的祭坛祭天,建方形的祭坛祭地。圜丘祀天于每年的冬至日在国都南郊举行,故又称"郊祀"。祀天是我国古代最隆重的政治宗教活动,祀天之日,天子身着饰有日、月、星、辰、山、龙等图案的衮服,外着大裘,头戴前后垂有十二旒的冕,腰插大圭,于清晨率百官来到郊外。鼓乐声中,天子手持镇圭,面向西方,立于圜丘东南侧,报知天帝降临享祭。然后,由周天子牵着献给天帝的牺牲,把它宰杀,和玉帛等祭品一起放在柴垛上,天子点燃积柴,烟火高高升腾于天,让天帝嗅到气味,称为"燔燎"。随后,由活人扮演的作为天帝化身的"尸"登上圜丘,代表天

---

① 圜(yuán)丘位于天坛的最南端,外面有二层圆形围墙,中间是三层圆形石坛,上层台面四周环砌台面石,中心一块圆形石板称为"天心石"。其外环砌石板九块,再外一圈为18块,依次往外每圈递增九块,直至"九九"八十一块,寓意"九重天"。人站在天心石上说话,声音特别浑厚、洪亮。

帝接受祭享。待"尸"在盛放玉帛等祭品的礼器前就坐后,先向其献牺牲的鲜血,随后依次献五种质量不同的酒及全牲、大羹(肉汁)、刑羹(加盐的菜汁)、黍稷等。祭毕,天子与舞队同舞《云门》之舞。最后,祭祀者分享祭祀用的酒醴,称为"饮福",天子把祭祀用的牲肉分赐给宗室臣下,称"赐胙"。

周代郊祀除常规的冬至日祭天外,也有临时性的目的明确的郊祀,如遇建都、征伐等重大事件时。后代祀天之礼大多依周礼而定,少有变通。秦汉时期行三年一郊之礼,而唐时祀天一年四次,祭祀时以神主或神位牌代替了由活人扮演的"尸"。后世在祭祀活动中出现了天地合祭的趋势。

(二)祭地

大地吐生万物,哺育人类。在以农为本的中国古代,土地是人们生活可依赖的唯一的重要的生活资料,人们视土地为人类和万物的母亲,故有"父天而母地"的说法,并把它作为神灵来崇拜。对于统治者来说,土地的占有又是获取政治权力的基础,所以,祭地同祀天一样成为国家典章制度中最重要的内容。

方丘祭地——是祭祀地神的正祭。古文献中的土地神称"地祇"或"社",祭礼叫"宜"。方丘,即四周环水的方形祭坛,象征四海环绕大地,每年夏至日在国都北郊水泽之中的方丘举行祭地大典。祭地礼仪与祭天礼仪大致相同,只是祭地不用燔燎而用瘗埋,即挖坎穴把祭品埋入土中。祭地所用牺牲取黝黑之色,玉为黄琮,取黄色象土,方形象地之意。

四望山川——即祭祀名山大川。祭祀山川,亲至其地而祭,称为"祭";因山川距离遥远,远望山川而祭之,则称之为"望"。古代祭祀山川,多在国都四郊各建一坛,望祀一方的名山大川。古代的名山大川主要有:"五岳"(东岳泰山、西岳华山、南岳衡山、北岳恒山、中岳嵩山)、"四渎"(江、济、河、淮)、"四海"(东海、南海、西海即青海湖、北海即贝加尔湖)。正祭之外,国家遇有大事,如重大军事行动、凶灾变异等,也要举行望祭。

封禅——是古代帝王于泰山上祭告天地的典礼。"封"指在泰山上筑土为坛以祭天,报天之功;"禅"指在泰山下小山(指梁父)上除地,报地之功。"封禅"是古代特别隆重而又难得举行的祭祀天地的大典,只有改朝易代或帝王自认为世治国盛之时才有可能举行。由于这一隆重的典礼要耗费巨大的人力物力,所以,历史上行封禅之礼的帝王屈指可数。有确凿史料记载的封禅帝王只有秦始皇、汉武帝、汉光武帝、唐玄宗、宋真宗等人。除泰山以外,历史上只有武则天于天册万岁二年(696年)登封嵩山,禅于少室。

祭社稷——古代吉礼的一种。"社"代表土地神。"稷"为谷神。古代中国以农业为本,土地及谷为最重要的原始崇拜物。新石器社会中期的母系氏族时代,已出现社稷祭祀,西安半坡仰韶文化遗址曾发现用陶罐盛满黍稷埋在土中献祭土地神的遗迹。至周代,社稷神成为仅次于昊天上帝的重要神祇,祭社稷也成为国之大典。《周礼》:"建国之神位,右社稷,左宗庙。"建国以社稷为先,"社稷"成为国家的代名词。天子与诸侯每年春季祭祀社稷,祈求丰年;秋季祭祀,表示报谢。

(三)宗庙祭祀

在宗法制度影响下,敬天祭祖成为中国古代社会精神生活的大事。周代已确立了宗庙祭祀制度:天子七庙,三昭三穆,与太祖之庙合而为七;诸侯五庙,二昭二穆,与太祖之庙合而为五;大夫三庙;士一庙。所谓昭穆,是指宗庙中位次的排列,始祖以下,父曰昭,子曰穆,依次左右排列下去。对于除始祖之外的渐渐远去的"亲尽"之庙则实行"毁庙"制度,即把远祖的神主移入"祧庙",藏在石函或专设的房间里,合祭时才拿出来与其他的远近祖先一起进行总祭。南宋以后,随着宗族祠堂制度出现,祭祖活动更加分散和放宽。清代,庶人可以祭父、祖、曾、高四代祖先。

古代祭祀行礼非常严格,有"九拜"之礼:一曰稽拜、二曰顿拜、三曰空首、四曰振动、五曰吉拜、六曰凶拜、七曰奇拜、八曰褒拜、九曰肃拜。稽拜是跪下后两手着地,引头至地,停留一段时间,是九拜中最重的礼节;顿拜是引头至地,稍顿即起,是礼拜中次重者;空首是两手拱地,引头向地而不着地,是礼拜中较轻者;振动是两手相击,振动其身而拜;吉拜是立拜以后再稽拜;凶拜是稽拜以后再立拜;奇拜是屈一膝而拜;褒拜是回报他人行礼的拜礼;肃拜是俯身行拱手礼。前三种为正拜,后六种是前三种的变通。

(四)其他祭祀

我国古代祭祀名目繁多,除以上三类以外,列入国家祀典的重要祭祀还有:

1. 祀先王先圣先师

此指对传说中的三皇五帝等有功于民者的祭祀。《礼记·曲礼》:"法施于民则祀之,以死勤事则祀之,以劳定国则祀之,能御大灾则祀之,能捍大患则祀之。"祭祀先圣先师,初为立学之礼,未有特定之人,汉魏以后逐渐以周公为先圣,孔子为先师。唐朝定孔子为先圣,颜回为先师。元代,孔子之后袭封衍圣公,天下郡学书院皆修孔庙以时祀之。

2. 祀先蚕礼

养蚕及缫丝织绸的技术都源自中国。在我国古代帝王祭祀农桑是很重要的一环。按照男耕女织的传统习惯,每年春季,皇帝要在先农坛"亲耕",皇后则要在先蚕坛"亲桑",以此为天下的黎民百姓做出表率。天子后妃于仲春二月以少牢祭祀先蚕神,三月朔率内外命妇于北郊,亲桑事,以鼓励蚕桑生产。历代所祀蚕神各有不同,后齐以黄帝为先蚕,后周以嫘祖①为先蚕。

3. 媒神之祭

对媒神的敬仰源自远古,因时代和各民族信仰的不同产生差异。夏人所祀之媒神为深山氏(即女娲);殷商人所祀媒神为简狄;周人所祀媒神为姜源。古代各民族或部落所祀的媒神,几乎都是该民族的先妣,侧面反映了远古母氏社会以女性为中心的历史。先秦时代,天子亲自主持对媒神的敬祀,仪式隆重,究其实质,是对祖先的拜祭的表达形式。媒神传说是主宰婚姻与生殖之神,所以敬祖重嗣必祭高媒。周代,天子率妃嫔于仲春二月祭祀媒神。

二、嘉礼

嘉礼是和合人际、联络感情之礼。其主要内容有六:一曰饮食,二曰婚冠,三曰宾射,四曰飨燕,五曰脤膰,六曰庆贺。以嘉礼亲万民,以饮食之礼,亲宗族兄弟;以婚冠之礼,亲成男女;以宾射之礼,亲故旧朋友;以飨燕之礼,亲四方之宾客;以脤膰②之礼,亲兄弟之国;以贺庆之礼,亲异姓之国。

(一)燕飨之礼

"燕"通"宴",飨(饗,xiǎng)即用酒食招待客人,泛指请人受用,同"享"。燕飨,即宴饮之礼。《周礼》:"以飨燕之礼,亲四方之宾客。"燕飨之礼,是古时王室以酒肉款待宾客之礼,飨礼在太庙举行,虽设酒肉,但并不真的吃喝,牛牲"半解其体",也不煮熟,不能食用。飨礼规模宏大,重在仪式,用以明君臣之义、贵贱等差;燕礼在寝宫举行,烹狗而食,主宾献酒行礼之后即可开怀畅饮。秦汉以后一般在朝会(正月初一)、圣诞(皇帝诞辰)等所谓大庆、大礼时举行"大宴",重要节日如立春、上元、寒食、端午、七夕、中秋、重九等皇帝也常赐宴,称为"节宴"。"大宴"气氛较严肃,节宴则比较轻松活泼,常在园林楼阁举行。

(二)冠笄之礼

我国古代的成年仪礼,主要是"冠礼"和"笄礼"。所谓冠礼,是指男子的成年

---

①嫘祖,一作"累祖"。传为西陵氏之女,是传说中的北方部落首领黄帝轩辕氏的元妃。嫘祖是养蚕制衣的发明者,华夏文明的奠基人,她辅佐黄帝,协和百族,统一中原,确立以农桑为立国之本,首倡婚嫁,母仪天下,福祉万民,和炎黄二帝开辟鸿荒,告别蛮荒,功高日月,德被华夏,被后人奉为"先蚕"圣母,与炎帝、黄帝生活在同一时代,同为人文始祖。

②脤(shèn)膰(fán):传统文化祭礼中所用的祭肉。《谷梁传》曰:"生曰脤,熟曰膰。"按照祭义,祭祀自然神用脤(生肉),祭祀祖宗神用膰(熟肉)。

第五章 规矩人伦的礼仪文化

仪礼,笄礼则指女子的成年仪礼,囿于男尊女卑的传统偏见,古人在言及成年仪礼时,一般只称"冠礼"。"凡人之所以为人者,礼义也。礼义之始,在于正容体、齐颜色、顺辞令,容体正、颜色齐、辞令顺,而后礼义备。以正君臣、亲父子、和长幼,君臣正、父子亲、长幼和,而后礼义立。故冠而后服备,服备而后容体正、颜色齐、辞令顺。故曰,冠者礼之始也。"(《礼记·冠义》)

男子加冠后就被承认为成年男子,从此有执干戈以卫社稷等义务,同时也就有了娶妻生子等成年男子所拥有的权力。行冠礼的年龄,一般为20岁。加冠在古代是人生一件大事,一般在宗庙里举行,由父或兄主持。冠礼前,要以蓍①草占卜,选定加冠的良辰吉日。冠礼时,"宾"(主持人)要给受冠者加三种形式的冠:先加缁布冠(用黑麻布做成),表示从此有治人特权;其次加皮弁(用白鹿皮制成),表示从此要服兵役;最后加爵弁(用葛布或丝帛做成),表示从此有生人之权。加冠后,"宾"还要给冠者取"字"。

男子二十而冠,女子十五而笄。古代女子在15岁许嫁时举行的成人礼仪叫"笄礼"。笄礼由女性家长主持,负责加笄的是女宾。女宾将笄者头发挽成发髻,盘在头顶,然后著髻,加笄后也要取字。女子到了20岁,即便仍未许嫁,也要举行笄礼。

(三) 宾射之礼

射即射箭。射箭是原始人类征服野兽,抵御外敌的重要手段,后来逐渐演变成以比试射箭娱乐宾客的习俗。周人射礼有四种:大射、宾射、燕射、乡射。大射是天子、诸侯祭祀前为选择参加祭祀的贡士而举行的射礼;宾射是诸侯朝见天子或诸侯相会时举行的射礼;燕射是天子与群臣燕息之时举行的射礼;乡(飨)射是地方官为荐举贤能之士而举行的射礼。射者要目的明确,姿势和谐,容仪进退要合乎礼节,动作要和于乐歌节奏。

如果庭院不够宽敞,不足以张弓比箭,便以"投壶"代替弯弓。《礼记·投壶》说:"投壶者,主人与客燕饮讲论才艺之礼也。"主宾手执箭矢,投入壶中为胜。春秋时期,此礼盛行一时。《左传·昭公十二年》记载,晋侯齐侯投壶宴饮,晋侯先投,中行穆子致词说:"有酒如淮,有肉如坻,寡君中此,为诸侯师。"一投而中。齐侯投时,执矢祝到:"有酒如渑,有肉如陵,寡人中此,与君代兴。"也一投而中。

(四) 乡饮酒礼

古代嘉礼的一种,也是汉族的一种宴饮风俗。起源于上古氏族社会之集体活

---

①蓍(shī)草:古代一种用于占卜的草。

动。《吕氏春秋》认为是古时乡人因时而聚会,在举行射礼之前的宴饮仪式。周代时,以致仕之卿大夫为乡饮酒礼的主持人,贤者为宾,其次为介,又其次为众人。仪式严格区分尊卑长幼,升降拜答。《礼记·射义》:"乡饮酒之礼者,所以明长幼之序也。"乡饮酒礼是敬贤尊老之礼,是古代地方行政管理工作的一项重要内容。历代常以乡饮酒礼作为推行教化的手段。汉代乡饮酒礼与郡县学校祀先圣先师之礼同时举行。唐代科举取士以后,地方长吏即以乡饮酒礼招待,后代发展为鹿鸣宴。明清时期,乡饮酒礼在孟春正月及孟冬十月举行,并伴有"读律令"和训诫致词的内容,对民众加强控制的目的更为明显。

三、宾礼

宾礼即接待宾客之礼。《周礼》:"以宾礼亲邦国",宾礼是用来加强王朝与诸侯国及诸侯国之间联系的礼仪。后世也将皇帝遣使蕃邦,外来使者朝贡,觐见及相见之礼等都归入宾礼。

(一)朝觐之礼

朝觐之礼指诸侯藩国朝见天子的礼仪。诸侯拜见天子,春季曰"朝","以图天下大事";夏季曰"宗","以陈天下之谟";秋季曰"觐","以比邦国之功";冬季曰"遇","以协诸侯之虑"。朝觐之礼意在明君臣之义,通上下之情。王畿之内的诸侯,每年四次朝觐,畿外诸侯分为"六服":侯服、甸服、男服、采服、卫服、要服,从一年一见到六年一见;九州之外谓之藩国,一世一见;但这只是理想,实际上各代并不严格照此执行。

(二)会同之礼

会同之礼是四方诸侯藩主一同来朝见天子的礼仪。会同之前,先告祭宗庙、社稷、山川。会同之时,天子先向诸侯三揖行礼,而后率诸侯拜日、盟誓等。礼毕,天子宴飨诸侯,或行宾射之礼。春秋战国时期诸侯国征战不休,为了政治需要,时期常伴有"会盟"。公元821年(唐穆宗长庆元年;吐蕃彝泰七年)唐朝和吐蕃双方派使节,先在唐京师长安盟誓。次年又在吐蕃逻些(拉萨)重盟。公元823年,将盟文刻石立碑,用汉藏两种文字对照,树于拉萨大昭寺门前,即历史上有名的"甥舅和盟碑",又称"唐蕃会盟碑"或"长庆会盟碑"。它是汉藏两大民族团结友好的历史见证。

(三)相见之礼

《仪礼》有《士相见礼》,以士礼为主,记载了士、大夫及庶人相见之礼。秦汉至宋,各朝均无相见礼。宋太祖乾德二年(964)定立群臣相见之礼:下级见上级,按职官分别行礼;途中相见,下级"敛马侧立"等候上级通过,或"回避"分路而行;同级相见,行对拜礼;下级参拜上级,上级官员要答拜。如品级相差较多,则上级无须答拜。明代官员之间行揖礼,公、侯、驸马相见行两拜礼;庶人相见,依长幼行礼,幼者先施礼。清代王公相见,宾主二跪六叩行礼;官员之间再拜行礼,庶人相见行揖礼。

四、军礼

军礼指军队征战、操练之礼。《周礼》所讲的军礼包括:"大师之礼",指召集整顿军队出师之礼;"大均之礼",指校正户口,调节赋役征收之礼;"大田之礼",指检阅车马人众,定期狩猎之礼;"大役之礼",指营建土木工程之礼;"大封之礼",指整修道路、疆界、沟渠之礼。

(一)征战之礼

古代军队出征,有天子亲征和命将出征两种。天子亲征前,要举行祭告天地、宗庙、军神、军旗、道路等的祭祀活动,以示此次征伐乃受命于天地、祖宗之意,并祈求得到神灵护佑。祭祀完毕,举行誓师典礼,一般是告知出征的目的和意义,整齐军纪,鼓舞士气。如果是命将出征,君王要在太庙召见全军将士,并授节钺于大将以节制全军。

出征前祭天叫类祭,在郊外以柴燔燎牲、币等,把即将征伐之事报告上帝,表示恭行天罚,以上帝的名义去惩罚敌人。古代干支纪日有刚日、柔日之分,甲、丙、戊、庚、壬为刚日,刚日属阳,外事须用刚日。出征前祭地叫宜社,社是土地神,征伐敌人是为了保卫国土,所以叫"宜"。后代多将祭社(狭义指本国的土地神)、祭地(地是与天相对而言的大地之神)、祭山川湖海同时举行。祭社仍以在坎穴中瘗埋玉币牲犊为礼。出征前告庙叫造祢,造就是告祭的意思,祢本是考庙,但后代都告祭于太庙,并不限于父庙,告庙有受命于祖的象征意义。祭军神、军旗称为"祃(mà)祭"。祃祭既要祭牙旗,也要祭六纛①,建坛位,张帷幄,设旗、纛神位,掘坎埋瘗,礼仪也更趋复杂。

祭祀礼毕,出征的军队有誓师典礼,一般是将出征的目的与意义告知将士,揭露敌人的罪恶,强调纪律与作风,也就是一次战前动员和教育。

(二)检阅之礼

校阅之礼指君主亲自检阅军队训练之礼。比如在王者和诸侯在均土地、征赋税时举行军事检阅,以安抚民众的"大均之礼";国家兴办的筑城邑、建宫殿、开河、

---

①纛(dào),古时军队或仪仗队的大旗。

造堤等大规模土木工程时的所举行的"大役之礼";当时各个诸侯国勘定国与国、私家封地与封地间的疆界、树立界碑后所举行的"大封之礼",均属于此类。

(三)田猎之礼

古代之所以把田猎之礼列入军礼,是因为古代田猎是一项具有军事意义的活动。《左传》记载,周代四时田猎,春曰"蒐"、夏曰"苗"、秋曰"狝"、冬曰"狩"。田猎须遵守礼规:不捕幼兽,不采鸟卵,不杀孕兽,围猎捕杀要围而不合,留有余地,不能一网打尽。这些礼规对于保护自然界的生态平衡有积极意义。

五、凶礼

凶礼指用于吊慰家国忧患的礼仪活动。《周礼·春官·大宗伯》说:"以凶礼哀邦国之忧。"凶礼主要有五项:"以丧礼哀死亡,以荒礼哀凶札,以吊礼哀祸灾,以襘礼哀围败,以恤礼哀寇乱。"五项中,以丧礼最为重要,本章第二节有对丧礼的详述,在此不赘。

(一)荒礼

荒礼指自然灾害引起歉收、损失和饥馑后,国家为救荒饿而采取的政治礼仪措施。

《周礼》全面系统地记录了荒礼的内容:"一曰散利,二曰薄征,三曰缓刑,四曰弛力,五曰舍禁,六曰去幾,七曰省礼,八曰杀哀,九曰蕃乐,十曰多婚,十有一曰索鬼神,十有二曰除盗贼。"散利是给灾民以救济,主要有周、贷、粜三项措施。周即周济,无偿赈济;贷即借贷,粜即平价卖粮。薄征指减免或缓征租赋。缓刑即灾荒之时为饥寒所迫容易触犯法律,所以执法应适当宽缓。弛力即减免徭役。舍禁指允许灾民到国有山林川泽樵采渔猎。去幾即放松关卡之征,使各地互通有无,丰凶相救。省礼指减省庆贺、祭祀等礼仪或其中的某些仪式。杀哀主要指减省丧礼的礼仪规格。蕃乐即罢去声乐等娱乐活动。多婚即减省婚娶礼仪鼓励婚配,以补充因受灾而减少的人口。索鬼神即找出与凶荒有关的鬼神给予祭祀。除盗贼即镇压农民暴动或图财害命的盗贼。

(二)札礼、吊礼、襘礼、恤礼

札礼指防治疫病之礼。凶荒之年往往有疾病发生,札礼重在讲及时葬死救病,减少疾病流行。古代常常对在凶荒岁月中病死者周济棺木或丧葬钱。北宋还建有"漏泽园",埋葬病死者。吊礼是指祸灾发生后的相互慰问之礼。襘礼是指诸侯国由于外来侵략或内部动乱灾祸蒙受经济、财产、人员损失时天子或盟国汇集财货予以救助之礼。恤礼是指天子派使者慰问、存恤之礼。

第二节 慰藉祈福的人生礼仪

世界上多数民族,都有比较丰富的生命礼仪。这种生命礼仪是贯穿人的整个生命过程的。它从一个新生命的诞生开始,至生命的逝去而结束。中间经过了成长、成年、婚姻等环节,生命礼仪是生命历程中柔软的结点,它承接了上一段生命历程,又开启了新的生命前景。生命礼仪是人生的一个个驿站,对于年轻的生命来说,生命礼仪带来的是新鲜、喜悦、兴奋,如同追日的少年,登上山顶目睹太阳喷薄而出的感觉一般。憧憬在心中荡漾,壮丽的生命前景在眼前展开。而对于成熟的生命个体,生命礼仪则像冬日暖阳般的温暖,如同雨夜疲惫的路人歇脚的驿站。历尽跋涉艰辛的生命个体,由年少时对生命的憧憬转化为感悟,回望来时之路,心中充满着回味与感慨。但是不管是如风的少年还是沉静的中年,或者是安详的长者,生命礼仪都会给人们心底一份温和的滋养,温情的抚慰。

一、出生礼仪

出生礼被称为"摇篮边的礼仪",世界许多民族的出生礼都与宗教密切相关,但华夏民族的诞生礼仪更多的带有儒学和世俗的色彩。可以说,华夏传统的出生礼,是儒家礼义与世俗生活紧密结合的产物。弄璋、悬弓等,礼义色彩浓厚,洗三、抓周等世俗风格明显。随着儒学的式微、世俗的扩张,和其他华夏传统礼仪一样,传统出生礼在发展过程中整体上呈现俗进礼退的趋势。

(一)诞生礼

1. 男弄璋、女弄瓦

《诗经·小雅·斯干》曰:"乃生男子,载寝之床。载衣之裳,载弄之璋。""乃生女子,载寝之地。载衣之裼,载弄之瓦。"意思是说,如果生了男孩,就让他睡在床上,给他穿华美的衣服,给他玩白玉璋;如果生的是女孩,就让她睡在地上,把她包在褓褓里,给她陶制的纺锤玩。重男轻女、男尊女卑的意识非常明显。

2. 男悬弓、女悬帨

"子生。男子设弧于门左,女子设帨于门右。"(《礼记·内则》)若生的是男孩,则在侧室门左悬木弓一副;若是女孩,则在侧室门右悬帨。帨,音同"睡",是女子所用的佩巾。周礼昏礼中,女子出嫁,母亲也要亲自为女儿系结佩巾。显然,弓与帨,具有鲜明的性别特征。木弓象征男子阳刚之气,佩巾象征女子阴柔之德。

3.名字与报喜

孩子出生后,大人为其取名,称为"名字"。古时人有名有字,婴儿出生三个月或满百日后命名,男二十冠而取字,女十五许嫁后方行取字。姓名无非是社会上使用的个人符号,但取名的背后实在蕴藏了丰厚的文化和心理,因此,中国人把给自己子女的命名当做一件大事看待。婴儿呱呱落地,就得给他取一个名字。乳名(也叫小名、奶名)是父母对孩子的一种爱称,这与他的"大名"(也叫学名)是完全不一样的。大名代表人的独立人格与尊严,乳名反映的则是父母对孩子的真挚情感,是亲昵与疼爱。

报喜一般是由孩子的父亲赴亲友家,主要是岳父母家告知自己"喜得贵子"。所持喜物主要有红鸡蛋(俗称"喜蛋")等,有些地区是"提鸡报喜",产妇生头胎的当天,有女婿提上鸡、酒、肉到岳丈家报喜,如果提公鸡,表示生男孩;提母鸡表示生女孩;提双鸡表示双胞胎。

(二)三朝礼①

指孩子出生三日后举行的礼仪,主要风俗有:

1.射天地四方

"故男子生,桑弧蓬矢,以射天地四方。天地四方者,男子之所有事也。故必先有志于其所有事,然后敢用谷也,饭食之谓也。"(《礼记·射义》)男孩出生三天以后,父母抱其出外,用弓箭射天地四方。很明显,这是期待男孩长大后志向高远。对女孩子,则不行此礼。

2.洗三

又叫"洗三朝"、"洗儿"、"洗三",指婴儿出生后三日,会集亲友,为婴儿洗浴,故有此称。《道咸以来朝野杂记》曰:"三日洗儿,谓之洗三。"据记载,洗三朝在唐代即已出现,宋代已很流行。这是婴儿出生三日后举行的洗浴仪式。各地做法不尽相同,但基本过程大同小异:用艾熬水,给小孩洗澡。前来祝贺的亲友拿银钱、喜果之类的东西,往洗澡盆里搁,叫作"添盆"。洗婆根据亲友所投物品不同,口念不同的吉祥话。如,若搁枣儿、栗子,就说"早立子儿";若搁莲子,就说"连生贵子",等等。洗完后,有的还用葱在孩子身上拍打三下,取聪(葱)明伶俐之意。洗三时,亲朋好友纷纷以红包贺礼,主人则以糕点等款待,并留亲友吃"洗三面"。

---

① 又称做三朝,一朝为十天。三朝即婴儿出生第三十天接受外婆家的赠礼。旧时凡产妇生头胎,娘家要送婴儿一年四季所用的衣裤、兜蓬、尿布、座车、摇篮等。富有人家有送银项圈、银手镯,甚至是金质的。此外还送彩饼、红蛋、花生、橘子等,以示吉利。

第五章 规矩人伦的礼仪文化

(三)满月礼

满月礼也叫弥月礼,小孩出生满一月举行。宋代的礼俗是"亲朋盛集"、"大展洗儿会"。孟元老《东京梦华录》卷五《育子》载:"至满月则生色及绷绣线,贵富家金银犀玉为之,并果子,大展洗儿会。"满月礼对于婴儿和产妇来说都有重要意义。生子满月,值得庆贺;产妇出月,也该纪念。这样一来,满月礼就显得颇为隆重、热闹。主要风俗有:

1. 满月酒

民间普遍流行的满月礼风俗。此日,亲朋好友带礼物来道贺,所送物品有衣物、食品、摇篮等。礼品以帽子最为讲究,上缀银饰,并绣有寿星、兽头图案及金玉满堂、长命富贵等字样。主人设丰盛宴席款待,要宴请亲朋好友,喝"满月酒",吃"满月面",祝新生儿顺利成长,聪慧天成。

2. 剃胎发

满月有剃胎发的习俗,剃胎发又叫"绞发"、"落胎发",是满月礼中重要的一项仪式。《东京梦华录》载:"浴儿毕,落胎发,遍谢坐客。"剃头时婴儿由他人抱着,剃下的头发搓成团,用红绿花线串起来,拉于堂屋高处,认为这样婴儿将来会有胆有识。满月剃头不能把头发剃光,这叫留胎毛,即在婴儿前脑门上留约一至一寸大小方形的胎毛。此为小孩第一次剪理头发,一般是请理发匠上门,理完后给赏钱。小孩则着新衣。

3. 移窠

又叫移巢、挪窝、满月游走等。民间风俗,婴儿初生是不能随便走动的,到了满月时就可以了。此时,母亲抱着婴儿到别人房间中去,四处游走,称为移窠。

(四)百日礼

婴儿出生第一百日,要举行"百日礼",取圆满、完全的意思。百日为"百禄",即百日的福禄,象征多福。《中华全国风俗志》云:"百日后,名曰百禄,请客与满月时同。"过去婴儿初生一百天内死亡率相当高,过了百天,就是过了一个关卡,能顺利度过百天,便可认为有了新的生机。所以,在这一天,要进行祝贺。在婴儿的成长过程中,人们视百日为一个新的起点。

1. 穿"百家衣"

婴儿百日,民间风俗给他穿百家衣。父母期望孩子健康成长,认为这需要托大家的福,托大家的福就要吃百家饭、穿百家衣。从各家取一块布片,将布片拼合起来做成服装也就成了百家衣。

2. 戴长命锁

长命锁是挂在儿童脖子上的一种装饰物,民间认为,只要佩挂上这种饰物,就能辟灾去邪,"锁"住生命。长命锁的前身是"长命缕"。佩长命缕的习俗,最早可追溯到汉代,据《荆楚岁时记》、《风俗通》等书的记载,在汉代,每逢端午佳节,家家户户都在门楣上悬挂上五色丝绳,以避不祥。到了魏晋南北朝时,这股丝绳被移到了妇女臂上,渐成为妇女和儿童的一种臂饰。在当时,由于战争频繁,加之瘟疫、灾荒不断,人民渴望平安,所以用五色彩丝编成绳索,缠绕于妇女和儿童手臂,以祈求辟邪去灾祛病延年。这种彩色丝绳,就被称之为"长命缕"、也叫"长生缕"、"续命缕"、"延年缕"、"五色缕"、"辟兵缯"、"朱索"、"百索"等。到了宋代,这种风俗,继续存在。不仅流行在民间,还传入宫廷,除妇女儿童之外,男子也可佩戴。每到端午节前,皇帝还亲自将续命缕赏赐给近臣百官,以便他们在节日佩戴。宋代称这种五彩丝绳编结物为珠儿结、彩线结,其形制已较复杂。除丝绳、彩线外,还穿有珍珠等物,在当时汴京等地的街市上还有不少店铺和市贩,专门以销售这种饰物为生。到了明代,风俗变迁,成年男女使用者日少,通常用于儿童,并成为一种儿童颈饰。

(五)周岁礼

三朝、满月、百日礼是纯粹的诞生礼,而周岁礼则比较独特,它既是诞生礼仪的总结,也是寿礼系列的开始,因此,周岁礼更加隆重和热闹。

文献上有关抓周的记载,最早见于北齐颜之推《颜氏家训·风操》:"江南风俗,儿生一期,为制新衣,盥浴装饰。男则用弓、矢、纸、笔,女则用刀、尺、针、缕,并加饮食之物及珍宝服玩,置之儿前,观其发意所取,以验贪廉愚智,名之为'试儿'。"不少著述在论及抓周习俗的历史时,都称此俗至少在南北朝时已普遍流行于江南地区,至隋唐时逐渐普及全国。

周岁礼上最重要的仪式是抓周。抓周也叫"拈周"、"试周"、"试儿",是指小儿周岁时,陈列各种玩具、生活用品和不同职业的用具让小儿抓取,以预测其一生性情、志趣及造化际遇。《东京梦华录》载:"至来岁生日谓之周晬。罗列盘盏于地,盛果木饮食,官诰笔研算秤等,经卷针线,应用之物,观其所先拈者为徵兆,谓之试晬,此小儿之盛礼也。"(晬,即"最"即小儿周岁。)小孩不经意的一抓,引起大人浮想联翩,这一风俗极为普遍,至今仍然流行于民间,还出现了专为小儿抓周时使用的套装礼器。

二、婚嫁仪式

婚礼是人成年后的重要大礼,俗称"终身大事",从古至今,历来为人们所重视。《礼记·昏义》指出:"昏礼者,将合二姓之好。上以事宗庙,而下以继后世也,故君子重之。"它标志着一个人进入到了建立家庭、发展家族的重要阶段。《礼记·昏义》又指出:"敬慎重正,而后亲之,礼之大体;而所以成男女之别,而立夫妇之义也。男女有别,而后夫妇有义;夫妇有义,而后父子有亲;父子有亲,而后君臣有正。故曰:昏礼者,礼之本也。"由此可见,先"男女有别,夫妇有义",后才能"父子有亲,君臣有正"。即婚姻是家庭、社会的本源,难怪"昏礼者,礼之本也。"由此古代的贤士圣人们创设了一整套繁琐的婚姻礼仪,供人们遵照执行,后世传承,以正社会。

我国古代为婚姻制定了"六礼",《礼记·昏义》上说:"是以婚礼,纳采、问名、纳吉、纳征、请期、亲迎,皆主人筵几于庙,而拜迎于门外。入,揖让而升,听命于庙,所以敬慎重正昏礼也。"在封建制度下形成的婚礼模式,成为婚姻所必须遵循的礼仪,也即婚礼进行的程序。只有严格按照纳采、问名、纳吉、纳征、请期、亲迎六种礼仪行事,婚姻才算合乎规范,正式合法,才能得到社会认可。"六礼"经历代传承、革新、演化,到近现代,尽管因纷繁冗杂而有所简化,但由于人们对其重视程度有增无减,其基本过程,重要仪式至今仍在我国汉族民间沿袭。

最初的婚姻仪式非常简单,男女互赠礼物就表示婚姻关系确定。从西周开始,上层社会的婚姻被赋予越来越多的政治色彩,原来纯属于男女个体之间的关系扩大成了重要的社会关系,相关礼仪也日趋完善,逐渐形成了婚姻"六礼":"纳采"、"问名"、"纳吉"、"纳征"、"请期"、"亲迎"。

就婚姻"六礼"的功能而言,大体可分为三个阶段。"纳采"、"问名"、"纳吉"为议婚阶段,"纳征"、"请期"为订婚阶段,"亲迎"为正式的婚嫁阶段。

1. "纳采"—— 执雁牵缘

俗称提亲、说媒,是古代婚礼的开始。男方遣媒向女方提亲,征得女方同意后,男家再请媒人以雁作为贽礼,正式向女家求婚。纳采用雁是取雁随阳气迁居,来去有时,阳倡阴和,信守不渝之意。《白虎通义·嫁娶》称:"贽用雁者,取其随时南北,不失其节,明不夺女子之时也;又取飞成行,止成列也,明嫁娶之礼,长幼有序,不相逾越也。"可见,作为候鸟的大雁总是按照季节南来北往,极有规律,而且飞行时排列有序,不相逾越。传统婚姻崇尚按时嫁娶,信守不渝,夫唱妇随,尊卑有序,婚礼以雁为贺礼,正是取其象征意义。在古代,一般情况下,提亲、议婚有先决条件,讲究"门当户对",即门第观念,它是宗法社会的阶级关系在婚姻中的反应。因为婚姻关系血缘的延续,财产的继承、宗族的盛衰,所以无论是上层阶级还是平民百姓都很重视门第高低。此外,纳彩礼以物寄情,表示一种美好的愿望,其接受与否也是婚姻缔结的衡量标准。

2."问名"——八字合婚

问名,俗称讨八字、合婚。即求婚成功后男方派人询问女方的姓名和出生年、月、日、时,也就是通常所说的"生辰八字",请阴阳先生合婚,看男女是否八字相合,才决定配婚与否。古代仪式是"宾执雁,请问名"。向女方家要庚帖,上书女方属相、生辰八字,命相阴阳;男方也照例给庚帖。双方通过每人交换庚帖进行合婚。

封建时代的帝王将相从其统治利益出发,非常重视家庭婚姻,合婚一事至关重要。据《明史·礼志》记载:天子纳后,皇太子亲王纳妃,公主下嫁,都要问其名,讨八字,进行合婚,由于问名是婚礼的重要内容,是决定婚配的重要一关。从古到今,不仅上层人士非常看重,就是民间普通百姓也十分讲究,所以这一礼节从南到北,从东到西普遍流行,并且各地风俗大同小异。

3."纳吉"——换贴卜吉

纳吉,俗称"订婚"、"订亲",也有"小定"、"小聘"之称。即在问名之后,男方得到女方生辰后在家庙进行占卜。若卜得吉兆,合婚后的好结果告知女方,然后定聘,婚事遂定;若得凶兆,则中断婚姻。郑玄注《礼记》云:问名之后,"归卜于庙得吉兆,复使使者控告,婚姻之事于是定"。历代婚礼都有纳吉之礼,宋代帝王纳吉称为"告吉","官占既吉,奉制以告"。明代亲王婚礼纳吉辞是:"卜筮协从,使某告吉。"经过告吉,算是正式订婚。它是双方正式缔结婚约的形式,标志着男女双方已有婚姻关系,都要受到社会舆论的监督,伦理的约束,一方要想毁约就不再是随便的事情,必须有充分的理由,经过双方的协商或媒人的调解,才能终止婚约。古代在男女双方同意订亲后,要下定帖,类似合同书、契约,以防一方另有他意。

纳吉也要送礼物,称"订婚礼",是与定帖同时送往女方家。古时纳吉也用雁,后世订婚礼物范围极广,普遍是女子所用的衣饰,如簪珥项戒等,或附衣服布帛等。由于纳吉礼具有极其重要的意义,所以自古及今,在全国各地普遍存在。尽管有所改变,成为订婚、订亲等等,但有同样内容的这一仪式始终没有消失,并且成为婚礼过程中的重要一环。

4."纳征"——彩礼订婚

又称"纳币",俗称"下财"、"下聘礼"、"过大礼"。即订婚后,男方依照双方所议定的数目,将彩礼送往女方家,这是"六礼"中关键的一步,一经纳征,双方亲事就会得到社会的承认和法律的保护。《礼记·昏义》云:"纳征者,纳聘财也;征,成也;先纳聘财而后彩礼。"纳征是婚姻中不可或缺的重要步骤,在有些地方甚至是最重要最具特色的礼节,"非受币不交不亲"、"无币不相见",时至今日,纳征礼仍然长盛不衰。

5."请期"——良辰吉日

请期,双方议定婚期的仪式,俗称"择日子"、"看日子"、"送日子",即男家择定迎娶吉日,委托媒人征求女方同意。《礼记·昏义》云:"请期用雁,主人辞,宾许告期,如纳征礼。"意味男方主人准备好婚书和礼物,派使者前往女家,女方主人把来宾迎入屋内,来宾致谢,并谦虚地敬请女家定结婚日期。女家主人说婚期应该有男家定,宾客于是递上婚书告知婚期,主人接下婚书表示答应,并以纳征之礼款待来宾。期贴亦称婚书,是以书面形式以告期日,显得郑重。内容包括:嫁娶年、月、日、起轿吉时,娶送男女客人所忌属相、冠戴要面向何方迎神等等。

6."亲迎"——锣鼓喧天

即新郎亲自率领人马到女家迎娶新娘,这是古代婚姻六礼中最重要的一道程序,又称迎亲。《诗经·大雅·大明》有:"大邦有子,天之妹,女定阙祥,亲迎于渭。"亲迎礼始于周代,周王成婚时也曾亲迎于渭水。此礼历代沿袭,为婚礼的开端。亲迎礼形式多样。至清代,新郎亲迎,披红戴花,或乘马,或坐轿到女家,傧相赞引拜其岳父母以及诸亲。岳家为加双花披红作交文,御轮三周,先归。新娘由其兄长等用锦衾裹抱至轿内。轿起,女家亲属数人伴送,称"送亲",新郎在家迎候。

古代亲迎仪式都不是一天内能完成的,需要两三天。婚期前几天便开始准备婚礼大典,男方家请亲友、乡邻来帮忙,清扫庭院、立彩门,挂灯笼、贴对联,张灯结彩,热闹非凡。亲迎前又一个重要仪式,即"催妆",男方家托媒人带上帖匣子到女方家告知亲迎时辰,其实是亲迎的信号。去时还要带布帛衣料、金银首饰等礼物,女家得讯,便送嫁妆于男家。

婚期前一天,女家最重要的是仪礼是"送嫁妆",女家在收到男家的催收礼后,把准备好给女儿的陪嫁物送至男家。除此以外,新娘还要开脸、化面妆、上头、着装、佩戴首饰等等。

迎新娘进家门以及进家门后还有很多礼仪,常见的有:"传袋",即男方家以袋铺地,新娘行其上进门,新娘走过袋又传到前面铺上,有传宗接代的意义;"同牢",即新郎新娘共食一祭牲的肉,含有夫妻互相亲爱之意;"拜堂",即新郎新娘行拜天地、拜高堂、对拜的仪式;合卺,即新郎新娘各用一片瓜瓢喝酒,合卺含有男女合和之意,后来演变成了"交杯酒";"婚宴",即主家排开筵席大宴宾客,恭贺新婚之喜的仪式。婚宴结束后,人们通常还要拥入新房,同新郎新娘逗笑取乐,称作"闹洞房"。至新郎新娘休息,正式婚礼才算结束。

婚后礼主要有:"拜舅姑"(古代妻子称呼其丈夫的父母为舅姑),即亲迎的次日天刚亮明时,新娘就要起身沐浴盛装,行拜见舅姑的仪式,至此新娘才算成为男家的正式成员;"庙见",新娘到男家时,如果舅姑已不在世,则三个月后到舅姑庙中参拜;"归宁",新婚后一到三天(有的一个月),已嫁女子回到娘家探望父母,俗称"回门",如父母已不在世,则派人向娘家兄弟问好。

三、传统丧葬习俗

死亡,是人生旅程的最后一站,标志着此人将从此脱离社会。在传统社会里,人们普遍认为死亡并非人的消失,而是他从一个世界进入了另一个世界。活着时在人世间,死后则去了阴间。怎样处理死尸,则是活着的人的事。做这件事,即表达了活着的人与死人的感情纠葛:哀悼、思念、依恋、评价;同时也表达出活着的人对生与死(人世间和阴间)这样一个严重问题的思考。正因为如此,丧葬祭礼仪一向受到重视。

丧葬礼仪是古代礼仪的重要组成部分,它包括不同民族、不同地域对死者举行的殓殡祭奠方面的礼节,也包括人类对于自己的祖先、对大自然及周围事物的敬仰、崇拜而采取的祭祀仪式。"丧"指哀悼死者的礼仪,"葬"指处置死者遗体的方式。中国古代的丧葬制度包括埋葬制度、丧礼制度、丧服制度,等级分明,形式极其复杂,其中许多内容有国家法典规定,还有许多内容在民间相沿成俗。

(一)埋葬习俗

原始社会初期,人们并没有丧葬意识。那时,死者的尸体被弃之于原野和山谷。进入氏族社会以后,血亲关系相对明确,人们经常梦见死去的亲人仍在生产和生活,于是人们相信人死后灵魂不会死,会到另一个世界去生活,而且具有生人不具备的神秘力量。于是人们逐渐形成对死人的崇拜,开始有意识的埋葬亲人并对尸体加以保护,丧葬习俗由此产生。母系氏族初期,人们一般把自己居住的山洞深处作为公共墓室,以土覆盖尸体,在尸体上撒上赤铁矿粉屑,并以工具及简单装饰品作为随葬品。随着生产工具的进步,到了新石器时代,掘地土葬逐渐成为普遍的葬法,有单人葬、同性多人葬、母子合葬及专门埋葬儿童的瓮棺葬。原始社会末期,出现了一男一女合葬、一男二女合葬,男子仰身直肢,女子侧身屈肢。进入阶级社会以后,丧葬习俗逐渐礼仪化。西周时期,传统丧葬仪制已经定型。

1.落葬方式

在我国历史上,曾经实行过许多种落葬的方式,诸如天葬、水葬、火葬、土葬、墓

第五章 规矩人伦的礼仪文化

葬、食葬、岩洞葬、崖葬、悬棺葬、瓮葬、塔葬、风葬、衣冠葬、二次葬、复合葬等,其中有的已淘汰,有的还在沿袭。从安葬时尸体的姿势来分,又有仰卧直肢、屈肢、交手、侧身、俯身的区别。总之,不同的葬法都传达出人们的一种信仰心理,是他们处置死者灵魂的不同方法。

(1) 土葬,又称"埋葬"。早在原始社会旧石器时代中期就已形成这种葬法了。大概那时的人类以为人的灵魂要去的世界在地下,所以把尸体埋入地下。早期的土葬是尸体直接入土坑,不装棺材。后来多用墓葬,尸体入棺材,葬入墓穴。历史上,墓的建造也有多种式样,有的挖一个土坑,葬后填实成一土馒头;有的用大石造墓室,石门可开闭,同一家族的人死后可不断葬入;也有先葬入木棺,几年后挖出,再捡骨重葬,放入陶瓮或陶罐内埋葬,又称"二次葬";还有木椁墓,先用木板在土坑内构成长方体椁室,再把棺木放入,上面覆土。凡实行二次葬的,一般与迁徙有关。子孙迁徙时要把祖先的尸骨也一起带走,免得"祖先"凄苦。也有人认为是为了把死者的灵魂送到原来祖先的住地,让其与祖先共同生活。土葬是我国古代的主要葬法。如今提倡火葬,许多人还是要把骨灰盒埋入土中,表现出"入土为安"的传统观念。

(2) 火葬,又称"火化"、"熟葬"、"焚尸"。即在人死后,用柴薪将遗体火化,其骨灰或藏或埋,安放之。火葬起源于原始社会时期。在春秋战国时,氐羌人就实行火葬。《太平御览》卷十引《庄子》佚文:"羌人死,燔而扬其灰。"《荀子·大略篇》云:"氐羌之虏也,不忧其系垒也,而忧其不焚也。"这大概与他们从事游牧生产而无固定住处的特性有关。《墨子·节葬下》:"秦之西有仪渠之国者,其亲戚死,聚柴薪而焚之,熏上,谓之登遐,然后成为孝子。"我国实行过火葬葬俗的少数民族有羌、彝、白、纳西、哈尼、怒、布朗、土、拉祜、瑶等。

(3) 天葬,又称"鸟葬"、"风葬"、"野葬"。《隋书·契丹传》:"父母死而悲哭者,以为不壮,但以其尸置于山树之上,经三年之后,乃收其骨而焚之。"印度、缅甸、柬埔寨等信奉佛教的国家历史上也实行天葬,对我国有一定影响。藏族的天葬,死者不穿衣物,运至天葬场,喇嘛焚香诵经毕,将尸体肢解,拌以糌粑,焚化柏树枝后离去,让群鹰啄食,以食尽为吉,如果骨头没吃完,要拣起焚化,撒向四方。俗信以为这样可让死者灵魂随鸟一起升天而得到来世幸福。蒙古、土、普米、怒、拉祜等族也有不同的天葬葬法。

(4) 其他葬法。如水葬,是将尸体投入江河湖海。东南沿海地区的汉族也有将棺木置海滩边,利用涨潮冲入大海的做法。塔葬,是佛教高僧的葬法,尸体脱水处理,砌入塔中永久保存。悬棺葬则是将死者遗体放入一种船形棺内,再置于悬崖上的洞中,有着让灵魂乘船去往祖先聚居处之意。衣冠葬一般都是因为某种缘故,无法得到尸骸,才转而以衣冠立墓的。

2. 墓葬制度

人类将死者的尸体或尸体的残余按一定的方式放置在特定的场所,称为"葬"。用以放置尸体或其残余的固定设施,称为"墓"。在中国考古学上,两者常合称为"墓葬"。在墓葬中,往往还包含着各种随葬的器物。根据迄今的调查发掘,中国至迟在旧石器时代晚期已有墓葬。此后,经新石器时代至商、周、秦、汉及以后各历史时代,墓葬制度随着社会生产力、生产关系和上层建筑的发展而不断演变,显示出一定的规律性。在阶级社会中,墓葬制度突出地体现了阶级关系。在各个时代,民族和地区的特点,在墓葬制度中也得到了充分的反映。

古代墓地建筑主要有寝、祠堂、墓碑和神道。寝是用来供墓主灵魂起居,继续享受生前生活的建筑。早期的寝一般坐落于墓室之上,秦汉以后往往设于墓侧。祠堂是用来祭祀死者的,祠堂中除了祭祀的场所外,还有供上墓族人休息和祭祀后宴饮的地方,往往建成有几进房屋的大院落。南宋以后,祠堂多不建在墓地。墓碑最初是下葬时用来悬棺的,有木质、石质之分。西汉中期以后,有人把石制的碑立在墓前,在石碑上刻下墓主的官爵姓名,从而成了墓碑。帝王及贵族的墓碑有碑首(又叫碑额)、碑身、碑座(又叫趺座)组成,碑文以介绍墓主家世生平事迹及颂扬墓主功德的长篇文字为主。庶人之墓碑一般只有碑身,只刻有"亡故显考(妣)某某府君之墓"类字样。神道是帝王贵族墓前的甬道,神道两侧排列有石雕人像、动物像和传说中的神兽像等。

3. 棺椁制度

棺椁是盛放死者遗体的葬具。"棺"是敛尸用具;"椁"是套在棺外面或绕棺四周的匣子。《说文》:"棺,关也,所以掩尸。"《说文》段注:"木椁者,以木为之,周于棺,如地之有郭也。"最早的棺是新石器时代瓦制的瓮棺,商代以后才用木棺,周时形成棺椁制度。《荀子·礼论篇》有"天子棺椁七重、诸侯五重、大夫三重、士再重"的说法。由《礼记·檀弓上》考知,天子为五棺二椁,诸侯为四棺一椁或三棺二椁,大夫为二棺一椁,士为一棺一椁。棺是一层一层套在一起的,中间没有空隙,棺或套棺之外隔较大的空隙再加一层,就叫做椁,棺椁之间的空隙用来放置随葬品。大型墓葬中的木椁一般是用长方木卯榫相扣,直接安放在墓室内,不仅规模巨大,而且同墓室一样,故称椁室。由于用料太多,汉代以后椁室制度不再行世。棺椁的发展体现了森严的封建等级制度。

第五章 规矩人伦的礼仪文化

4. 随葬习俗

古人在"事死如事生"的观念支配下,厚葬之风一直是丧葬文化的主流,随葬物品种丰富、数量巨大,几乎活人所用者皆为死者所用。最初的随葬物品都是死者生前使用过的武器、工具以及少量陶制生活用品和简陋的装饰品。商周时期厚葬习俗逐渐形成,帝王显贵纷纷用一些能显示其身份地位的专用品及大量的生活资料和珍奇玩好之物随葬。大到车马小到金玉珠玑、货币、玺印、简册、丝绸、衣物无不尽有。安阳殷墟的妇好墓随葬的各种青铜器210多件,玉器750多件;成都发掘的战国船棺墓中,随葬品有数以百计的陶器、漆器、竹木器、青铜器,其中包括相当数量的艺术珍品;长沙马王堆一号汉墓的墓主是一个封邑仅700户的列侯夫人,随葬品也数以千计。至于古代帝王陵墓,更是一座座地下宝库。秦始皇"宫观百官、奇器珍怪,徙藏满之。令匠作机弩矢,上具天文,下具地理。以人鱼膏为烛,度不灭者久之。"(《史记·秦始皇本纪》)汉代规定,新君即位一年,即以天下贡赋三分之一"充山陵"。厚葬之俗,由此可见一斑。

(二)丧礼习俗

丧礼指殡殓死者、举办丧事、居丧祭奠等的种种礼节仪式。古人把办理亲人特别是父母的丧事看作是极为重要的大事,很早就形成了一套严格的丧礼制度。同样是死,不同身份等级的人,叫法上就截然不同。《礼记·曲礼下》:"天子曰崩,诸侯曰薨,大夫曰卒,士曰不禄,庶人曰死。"丧礼的差别很大,非常复杂。主要分为初终、入殓、下葬三个步骤:

1. 初终

(1)送终。古代讲究"寿终正寝"、"善终",所以将死之人要居于正室。凡人垂危之际,子女等直系亲属应守护其傍,听取遗言,直到亲人去世,称为"送终"。送终是一件大事,能为老人送终表明子女尽了最后的孝心,若未能为老人送终,则会成为人们心中的一大憾事。而有没有子女送终,是不是所有子女都来送终又是老人是否有"福"的一个判别标准。亲人仙逝,家属哭泣尽哀,然后抬尸放在临时设置的灵床上,待殓入棺,依礼设帏,暂不设灵堂灵位。

(2)招魂。死者亲属守在周围,"属纩以俟绝气"。"纩"①是质地很轻的丝绵新絮,用以放在临终者口鼻上察验是否还有呼吸。如确已断气,则由家人拿着死者衣服,朝着幽冥世界所在的北方,高呼死者的名氏,呼唤死者回来,叫"复",俗称"招魂",意为挽回死者作最后的努力。"复"后,再验纩,确已断气,则开始哭丧。

---

①纩(kuàng),古时指新丝棉絮,后泛指棉絮。《小尔雅》:"纩,绵也。絮之细者曰纩也。"

之后用"复"的衣服为死者穿上,然后用殓巾覆盖尸体,叫做"幠殓"。在尸体东侧设酒食,供死者鬼魂饮用,明清时称"倒头饭"。死者家属退去华丽衣饰,着素服,开始居丧。

(3)报丧。报丧仪式早在周代的时候就已经形成了。它用发信号的方式把有人逝世的消息告诉亲友和村人,即使已经知道消息的亲友家,也要照例过去报丧。登门通报死讯,对远道亲友要告之开吊下葬的日期。报丧时切忌遗漏亲友、以免亲友责怪。孝子需亲自登门跪拜报丧。报丧时,不宜直接通报死讯,而应采用另外一种较委婉的说法,如"病危"等等。

(4)哭丧。人死亡之后,家人、亲属围在死者身旁号哭。长子或长孙拿哭丧棍一根。哭丧棍由竹根或死者生前拐杖做成用白色纸条包裹。哭丧人边哭边诉说死者生前含辛茹苦的经历及对自己的养育之恩,以尽哀痛之情。亲友闻讯前来吊唁,并赠送死者衣被,称"致襚",死者家属要陪哭,并跪拜答谢。

(5)守铺。亲长死后到大殓及出殡期间,丧家亲属要昼夜轮流守护死者铺侧,以表示孝心,叫做"守铺"。大殓之后,家人守护、睡卧在棺旁草垫上叫做"守灵"。

(6)居丧。死者的亲属自死者断气时起即开始居丧;男子不穿华丽衣服,穿草鞋;妇女脱去彩色衣服,摘除身上的装饰品,并各依服制穿孝服,戴孝帽,直到除灵以止。在居丧期间(或一个月、或百日之内),孝子禁理发、修容,不晤宾友,不赴宾以昭孝道和避免灾祸不吉。

2. 入殓

入殓分"小殓"和"大殓"。

(1)小殓。"小殓"是指为死者穿上入棺的寿衣,小殓之前,先把各种殓衣连同亲友所致之襚全部陈列开来。平民通常在死后次日举行,诸侯五日小殓,天子七日小殓。古代衣服有里曰"复",无里曰"单",小殓用的所有寿衣必是夹衣、绵衣,小殓时所有参加者都要不停地号哭,以示悲痛至极。小殓后用衾被裹尸,用胶布收束。周制国君用锦衾,大夫用绡(白色细绢)衾,士用缁(黑色布)衾。清代一、二品官员殓衾用绛色,三、四品用黑色,五品用青色,六品用绀(深青透红)色,七品用灰色。民间殓衣多用绸子,以福佑后代多子多孙,忌用缎子,因其谐音"断子",恐致"断子绝孙"。

(2)大殓。大殓指死者入棺仪式,一般在小殓次日举行。这是死者与亲人最后一别,所以仪式非常隆重。入棺前要为死者着衣祭奠,小殓时着常衣,大殓时着官服,女子则凤冠霞帔。主人主妇在执事人的帮助下,铺席执衾,亲自奉尸入棺。民间习俗,要在棺底铺上一层谷草,然后再铺一层黄纸,乞求死者灵魂能够高高地升入天堂。要用黄绫绣花棉褥,俗叫"铺金",褥子上绣海上姜牙、八仙过海等图案,目的是超度死者的灵魂升天成仙。盖棺时儿女应在场,如死者为女子,要等娘家人与之告别后,方可盖棺。棺内还要放金银铜钱等,富家讲究死者左手执金,右手握银,而穷人就只好放些铜钱了。盖棺之后,再次祭奠。已盛尸之棺称"柩",停柩称"殡"。此后,死者家属分别按血缘关系的远近穿着不同等级的丧服,叫"成服"。

3. 下葬

下葬是指埋葬死者的礼仪。《礼记》载:"天子七日而殡,七月而葬;诸侯五日而殡,五月而葬;大夫、士、庶人三日而殡,三月而葬。"秦汉以后,平民三、五天后就下葬。墓地是死者的最终归宿,墓地的选择是埋葬死者的头等大事。墓地要选在地势宽广,山清水秀的地方,以使死者安息地下,庇佑子孙。下葬前一天,先举行"迁柩"仪式,即把灵柩迁入祖庙停放。第二天,灵车启行,前往墓地,叫"发引",后世称"出殡"。发引队伍由丧主带领,边哭边行,亲友执绋(牵引柩车的绳索),走在灵车之前,富贵之家仪仗繁多,往往由方相士开道,乐队前导,旗幡高树,明器浩荡,纸钱飘飞,僧尼道士随行念经。出丧队伍经过之处,亲友可设"路祭"——搭棚祭奠。

灵柩到达墓地后,先行祭奠,然后由孝子执锹挖土,众亲友打墓穴。打好墓穴后,在墓穴的底部铺垫两根竹子或者剥了皮的光滑小杉树,把灵柩推进墓穴后再抽掉。下柩时家属男东女西肃立默哀。灵柩安放平稳后,主人及亲属痛哭,并抓起泥土扔向灵柩上,叫做"添土"。最后,筑土成坟。下葬完毕,丧主还要"反哭"、"虞祭"。西汉以后,受佛教的影响,又有"做七"和"百日"的习俗,每逢七天一祭,以"五七"为重。至百日,家人再次对死者进行祭奠。至此,丧礼基本结束。

(三)丧服制度

为了表示孝意和哀悼,丧家必须穿戴丧服。丧者服饰与服丧时间严格区别血缘亲疏和男女之别,体现了宗法等级观念和男尊女卑的观念。

中国封建社会是由父系家族组成的社会,以父宗为重。其亲属范围包括自高祖以下的男系后裔及其配偶,即自高祖至玄孙的九个世代,通常称为本宗九族。在此范围内的亲属,包括直系亲属和旁系亲属,为有服亲属,死为服丧。亲者服重,疏者服轻,依次递减,《礼记·丧服小记》所谓"上杀、下杀、旁杀"即此意。服制按服丧期限及丧服粗细的不同,分为五种,即所谓五服。两千多年来,汉族的孝服虽然有所变异,但基本上保持了《仪礼·丧服》规定的五服之制,即:斩衰、齐衰、大功、小功、缌麻。

1. 斩衰

也称"斩榱"。① 斩衰是最重的丧服,适用于诸侯为天子、臣为君、子为父、未嫁之女为父、妻妾为夫、父为长子,服期三年。之所以服丧三年,是因为"子生三年,然后免于父母之衽怀。"服丧期间,饮食起居还有一套烦琐的规定。周礼春官司服:"凡丧,为天王斩衰、为王后齐衰"。秦汉以后,随着宗法制度的瓦解,父为长子服丧不再实行。明清二代,规定子女为母也服斩衰。

衰是麻质上衣,斩是用刀剁成不加缝缉之意。斩衰裳粗劣简陋,用以表示服者的哀痛之深。后世常用麻布片披在身上,故有"披麻戴孝"之说。除外,还有"苴绖"(麻布带,在腰称腰绖,在首为首绖)、"苴杖"(后世俗称哭丧棒)、"菅屦"(草鞋,后世以白布覆履代替)等。

2. 齐衰

齐衰是第二等丧服,用本色粗生麻布制成,断处辑边。齐衰有三个等级:父卒为母、母为长子服丧三年;父在为母、夫为妻、男子为伯父兄弟、以婚女为父母、媳妇为公婆、孙男孙女为祖父母服丧一年;男子为曾祖父母服丧五个月,为高祖父母服丧三个月。

3. 大功

大功为丧服第三等,是用熟麻布制作的,质料比"齐衰"用料稍细。指男子为为堂兄弟、未嫁的堂姐妹、已嫁的姑母、姐妹,女子为夫之祖父母、伯叔父母,为兄弟的丧服。服期九个月。

4. 小功

小功为丧服第四等,是用较细的熟麻布制作的。指男子为从祖父母、堂伯叔父母、未嫁祖姑、堂姑、已嫁堂姐妹、兄弟之妻、从堂兄弟、未嫁从堂姐妹、外祖父母、舅母、姨母,女子为妯娌、夫之姑母、姐妹等的服表。丧期为五个月。

5. 缌麻

缌麻是最轻的丧服,是用细熟布做成的。指为族曾祖父母、族祖父母、族兄弟、外孙外甥、表兄弟、岳父母的丧服。服期三个月。

在中国上下五千年的历史演变过程中,礼仪强烈地影响和制约着中国人的思想言论和行动。重礼仪、守礼法、行礼教、讲礼信、遵礼义已内化为一种民众的自觉意识而贯穿于其心理与行为活动之中,成为中华民族的文化特征及基本表征。孔

---

①"榱",《说文解字》释为'椽子'.'榱'之言差次也。自高而下、层次派列如有等衰也。这里引申为丧服中披于胸前的上衣,下衣则叫做裳。

第五章　规矩人伦的礼仪文化

子的"非礼勿视、非礼勿听、非礼勿言、非礼勿动"、著名思想家颜元的"国尚礼则国昌、家尚礼则家大、身尚礼则身正、心尚礼则心泰"等都充分反映了礼与中国历史、中国文化的相伴而生、相伴而长。

　　传统礼仪文明对我国社会历史发展产生积极影响。一般说来，社会上讲文明礼貌的人越多，这个社会便越和谐、安定。如果我们每一个人都教养有素，礼貌待人，处事有节，我们的生活就会更多一些愉悦，而国家、社会更多一些有序与文明。从这一点讲，礼仪对社会起着政治、法律所起不到的作用。我们忽视了传统礼仪文明这一宝贵的精神财富。

　　长期以来，由于大量礼仪文化的精华和糟粕处于渗融并存的状态，礼仪文化的糟粕产生了不可低估的消极作用。在今天社会主义精神文明建设中，我们应立足于吸收民族文化中的精华，去其糟粕，使传统文明礼仪古为今用，重建一套现代文明礼仪，促进社会和谐发展。

思考与探究

1. 传统礼仪对中国传统文化有哪些积极作用？
2. 简述中国传统"五礼"的基本内容。
3. 简述传统人生礼仪的内容及其社会功能。
4. 中国古代婚嫁仪式及其现代意义。

第六章 建国君民的教育文化

作为中国传统文化的重要组成部分,教育一方面通过知识传授、人才培养、考试选拔等形式不断的延续中国传统文化的血脉,同时,通过自身的发展不断地丰富和扩充着中国传统文化的内涵。"建国君民,教学为先"(《礼记·学记》),充分揭示了教育的重要性和教育与政治的关系。与国情相适应,我国教育的发展走出了一条与众不同的道路,有着鲜明的特色。本章简单介绍一下我国教育的发展脉络,重点介绍学校制度、重要的教育思想和考试制度。

第一节 形式完备的学校制度

一、学校教育的萌芽

教育的产生,是伴随着人类的出现而出现的。自从有了人类,就有了教育,但人类严格意义上的学校教育产生,并不是一件轻而易举的事情,在其产生之前,经历了漫长的萌芽过程。

中国是一个有着悠久文明的国家,早在200多万年前,勤劳的先民就生活在这片美丽富饶的土地上。作为人类延续发展的重要手段,教育伴随着人类的出现应运而生。早期的教育更多的是适应人类劳动生产的需要,传授一些简单劳动技能如狩猎、捕鱼、种植以及制造简单的劳动工具,这一阶段承担教师角色的多为部落里面上了年纪的老人,教育采用的方式就是简单的"言传身教",学生学习的方式就是模仿,教育的开展也没有固定的场所和时间,多是在闲暇的时间进行。正是靠着这种最基本的教育,人类的知识得以延续和发展。

随着历史进程的推演,中国进入氏族社会,在这一阶段,伴随着生产力的发展,教育也呈现出了不同于以往的特点。最明显的特点是教育内容逐渐正规化,这一

第六章 建国君民的教育文化

时期的教育内容主要包括以下几个方面:

(一)身体训练和生产教育

人类生产和部落间的战斗都需要有强健的体魄,作为人类生产和延续的必要条件,身体训练被放到了首位,这都需要在教育中有所体现。因此,身体训练在当时教育中占据了重要位置。

在洪荒时代,人类与自然的斗争是艰难的,人类首先要解决的问题就是生存下去,因而生存的本领——生产劳动的技能如何得到有效的传递就显得异常重要。当时,石器制造、人工取火、狩猎、农作物的种植以及一些简单的手工业技术都需要传递和保存下来。"伏羲之世,天下多兽,故教民以猎","神农氏制耒耜,教民农作",都是这一时期生产教育内容的体现。生产教育的开展,推动了原始人类更好地适应自然的进程。

(二)宗教教育

面对自然界的种种神秘现象,人类没有办法给出科学的解释,原始宗教便应运而生了。这一时期进行的宗教教育的内容有自然崇拜、图腾崇拜、祖先崇拜以及巫术。

自然崇拜就是在人类没有能力认识自然和征服自然时对自然的物或力的崇拜,崇拜的对象可以是万事万物;图腾崇拜是指在原始人信仰中,人们认为本氏族人都源于某种特定的物种,或与某种动物具有亲缘关系;祖先崇拜是指氏族的人将自己的祖先神化,一方面重视血缘关系,另一方面肯定祖先的功劳,加以歌颂。通过这些活动可以起到凝聚力量,加强团结的作用;巫术是原始宗教信仰的表现形式,巫术的内容主要包括对"善神"的歌颂、讨好和对"恶鬼"的痛斥、驱逐。巫术中间包含大量的迷信思想,但是对于保存原始知识也起到了一定的积极作用。

(三)伦理道德教育

氏族社会并没有严格意义的伦理道德,但已经形成了初步的规范,如:在氏族的内部要做到尊老爱幼,听从氏族首领的指挥,人与人之间要平等交往。这些初步的规范要通过教育让年轻一代掌握。这一时期教育的内容主要为传播氏族公社共同认定的行为规则和社会规范,维系氏族内部的秩序和传统。

二、学校教育的初步完善

夏朝的建立,标志着我国奴隶社会的开端,关于夏朝学校的记载并不多,我们可以基本确定的是夏代可能已经有了"庠"、"序"、"校"三种尚未发展为学校形式的非专门的教育机关。① 到了商代,除了"庠"、"序"、"校"以外,又出现了"瞽宗"这种学校形式。习礼学武是这一时期学校教育的主要内容。

西周时期已经初步形成了比较完备的官学制度,西周官学分为两类:一类是国学,国学是专为贵族子弟开设的学校,按照学生的年龄与学习情况分为小学和大学两级,西周大学有"辟雍"、"成均"、"上庠"、"东序"、"瞽宗"、"泮宫"等名称,小学是为蒙昧儿童启蒙之学;另一类是乡学,为设在王都以外的地方学校的总称。西周的学校没有专职教师,都是由官吏兼任。国学由大司乐主持,是国家的礼官;乡学由大司徒主持。西周学校教育的主要内容是"六艺"——"礼"、"乐"、"射"、"御"、"书"、"数"。"礼"的主要内容是当时的政治伦理道德教育;"乐"相当于综合艺术课;"射""御"共同承担军事训练的内容,"射"指射箭,"御"指驾车;"书"指书写文字;"数"指计算、运算。"六艺"作为体系较为完整的教学内容,既重视基本技能的训练,同时关注伦理道德教育和艺术教育,注重人的全面发展。

三、封建时期的官学制度

由朝廷或官府开办的学校称为官学,官学制度是历代统治者为统一思想、维护自身利益而采用的一种教育制度。官学一般分为中央官学和地方官学两类。

秦代统一中国以后,由于统治时间较短,官学制度并未恢复。经过多年的休养生息,汉代国力到汉武帝时已经发展得非常强盛,进而带动官学制度的发展,使之日趋完备。汉代的中央官学包括太学和鸿都门学。太学最初是汉武帝在长安设置的,是中国当时的最高学府,除设置太学以外,汉代还设置鸿都门学,这是我国最早的专门的文艺大学。地方官学按照行政区划设置,分为"学"、"校"、"庠"、"序"四种类型。汉代官学的教学在"独尊儒术"的观念指导下,以儒家经典为主要内容,教师由博士担任。

魏晋南北朝时期,战乱频仍,官学制度受到严重的冲击,处于半瘫痪状态。但由于民族融合进程的加快,官学的发展受政府的影响减弱,官学出现了多样化的形式。如西晋时期在太学之外专门设立国子学,国子学的学生为五品以上官吏的子弟,太学的学生为六品以下官吏的子弟,这是门阀制度在学校教育中的一种体现。与此同时,各种专门学校已开始出现,三国魏明帝设立法律专门学校,西晋武帝设置书法专门学校,南朝宋文帝开设儒、玄、史、文四个学馆,分别讲授儒家学说、老庄

---

① 郭齐家:《中国古代学校》,商务印书馆,2007年版,第12页。

学说、历史知识和文学知识。这些专门学校的存在时间并不是很长,但意义却十分重大,为后世的分科教学提供了可以借鉴的样态。

隋唐时期是我国官学制度的繁荣时期,官学制度十分完备。隋炀帝时期设置了管理中央官学的专门机构——国子寺,下面分设了五学——国子学、太学、四门学、书学、算学。唐代继承了隋代的官学制度,设置了管理中央官学的机构——国子监,国子监设祭酒一人,是教育的最高行政长官。国子监设立了六学:国子学、太学、四门学、书学、律学和算学,这属于直系。同时设立弘文馆和崇文馆,属于旁系。除此之外,政府各部门还开办了医科、天文、兽医等专门学校,极大地促进了教育的多元发展。唐代官学的教学内容主要是儒家经典,除此之外还学习书法及各种礼仪。地方官学有三种形式:经学、医学和崇玄学,崇玄学主要教授《道德经》、《庄子》等内容,崇玄学的开设归功于唐代开放的宗教政策。

宋元明清的官学开始走向衰落,具体来说有以下几个特征:(1)学校办学形式进一步开放、多元。宋代基本采用唐代的形式,中央官学设国子监、太学以及律学、算学、书学、医学等专门学校,增加了武学和画学。元代在国子学以外开设"蒙古国子学",以本民族的语言授课,为保留本民族文化起到了积极的作用。(2)学校管理制度进一步完善和健全。为了缓解学校办学经费的压力,宋代首创学田制。北宋教育家胡瑗倡导实务,在学校中设置"经义"和"治事"两斋,经义斋学习理论,治事斋学习实用知识,改变了当时空洞的教学内容和漂浮的学风。王安石变法期间改革太学,设立"三舍法",将太学分为外舍、内舍和上舍。初入太学的学生,为外舍生,每年进行一次升舍考试,这种做法有利于调动学生的学习积极性,提高教学质量。元代太学分为上中下共六斋,基本延续了宋代"三舍"的做法。(3)教学对象进一步扩大,唐代以后,随着中小地主力量的不断增强,教育的等级性逐渐有所放松,许多平民子弟也有机会进入学校接受教育。如宋朝的国子学和太学规定八品以下官吏子弟及庶人之俊异者也可入学。元代在地方上建立了路学、府学、州学、县学以及诸路小学、社学系统,其中社学是以农家子弟为对象的教育形式,对于农村普及教育有积极的意义。

四、封建时期的私学制度

私学是教师私人授徒讲学、培养弟子的一种教学活动,在整个封建时期一直与官学平行发展、相互补充,对封建教育的发展起到了积极的作用。私学教育的形式灵活,内容多样,一般包括经师讲学和启蒙教学两种类型。

西汉初期，政府无暇顾及教育，所以给私学教育留下了发展的空间。汉武帝以后，官学逐渐建立，但由于官学数量和入学名额的限制，加之官学集中在京都，路途遥远，很多远道学生入学很难，造成汉代私学盛行。汉代私学按照学生的学习程度可以分为小学阶段和专经阶段，小学阶段主要完成启蒙识字以及阅读浅显经典的任务，专经阶段集中学习一经或者几经，与太学学习内容相一致。

魏晋南北朝时期，官学教育受到严重冲击，但私学教育得到了长足的发展，儒学、玄学、佛学和道教的结合是这一时期私人讲学的特色。尤其值得称道的是这一时期家庭教育的发展，颜之推的《颜氏家训》是这一时期家庭教育的代表作，它是我国历史上第一部系统完整的家庭教育教科书。

隋唐私学遍布城乡，培养了一大批人才，唐代开国重臣魏征、房玄龄均为私学门人。唐代许多国子博士同时从事私人讲学，这是当时私人办学的一大特色。隋唐时期不仅儒家私学兴盛，而且佛教私学也很流行，唐代的许多佛教寺院就是佛教学校。

宋元明清的私学教育基本延续隋唐的基本形式，这一时期的私学大体分为"蒙学"和"经馆"两类。蒙学是以授书、背书和写字为基本内容，教学中强调牢固记忆和基本训练及培养儿童符合封建伦常道德的品质和习惯的阶段，这一时期的蒙学读物影响最深远的是《三字经》、《百家姓》和《千字文》。经馆是经过蒙学识字教育以后，逐渐进入以科举考试为目的、程度较高的私学阶段，这一阶段的学习内容为儒家经典及其注疏文字，元明以后以朱熹的《四书集注》为主要学习内容，同时学习八股文章。

五、书院制度

书院是我国封建时代一种特殊的教育形式，它是以私人创办为主、聚集大量图书、将教学与研究相结合的高等教育机构，包括官方设立和私人设立两种。官方设立的主要功能在于收藏、校勘和整理图书，私人设置的书院是私人治学读书或聚徒教学的场所。① 书院最早出现于唐代，发展于五代，兴盛于宋代。

书院大都位于山林之中，地理位置优越，自然环境优美。书院的兴起原因大致有以下几个：一是私人办学的传统，自春秋以来，我国就有私人讲学的传统，唐宋以来书院的兴盛就是私人办学传统的延续和继承。二是政府的支持，书院有效的满

---

① 刘德华：《中外教育简史》，广东高等教育出版社，1999年版，第96页。

第六章 建国君民的教育文化

足了读书人求学的需要,弥补了官学地域上的空缺,除了明朝书院因参与政治斗争被焚毁以外,历朝政府对书院的态度是大力支持的。三是社会的动荡不安为书院的发展提供了宽松的外部环境。四是印刷技术的发明和普及使书院具备了良好的物质基础,书院大量藏书只有在印刷技术大面积推广和使用的基础上才可能实现。

宋代著名的书院有岳麓书院、白鹿洞书院、应天书院和嵩阳书院,岳麓书院位于湖南长沙岳麓山下,历经宋、元、明、清各代,沧桑千年,弦歌不绝。白鹿洞书院位于江西庐山,始建于唐贞元年间,南宋朱熹重修了白鹿洞书院,建立了严格的书院规章制度,从此白鹿洞书院闻名于世。应天书院位于河南省商丘市,嵩阳书院位于河南登封少室山。宋代书院主持人一般称为院长、山长、洞主等,规模大的书院中还设有副山长。书院的组织机构一般比较简单,但管理非常严格,学生也可以参与管理。明代书院中间最有名的当属东林书院。东林书院的最大特点是密切关注国家大事,"风声、雨声、读书声、声声入耳;家事、国事、天下事、事事关心"即是这一特点的集中体现。以顾宪成为首的书院领导人在书院中开坛讲学,针砭时弊,遭到了以魏忠贤为首的阉党迫害,书院被焚毁。但东林书院这种以天下事为己任的精神却代代相传,成为中国知识分子一种自觉的精神追求。

书院在长期的发展过程中,积累了大量的优秀传统,值得我们认真汲取:首先,书院师生关系非常和谐,老师与学生平等相处,给学生学习以自主性,倡导多样化的学习形式。朱熹曾带领学生到优美的自然环境之中自由学习,相机指导。其次,书院允许不同的学术流派自由的碰撞,重视学习交流。如朱熹和陆九渊是不同的学派,公元1175年两人在"鹅湖之会"上互相辩驳对方,陆九渊认为朱学有"支离"之弊病,朱熹认为陆学有流入"空虚"之嫌,但是不同的学术观点并没有影响正常的学术交流,公元1181年,朱熹邀请陆九渊到自己主持的白鹿洞书院讲学,并将其所讲内容刻在石碑上立于书院之内。这种不同学术流派的交流、碰撞带动了学术的发展。最后,组织机构精干、高效。书院在初创之时一般只有山长负责,随着规模的不断扩大,管理人员开始逐渐增多,但是总体来讲书院的管理机构还是比较简单,有的管理人员还是从学生中间选用,使得整个书院的运转高效、迅捷。

纵观中国封建社会的学校制度,官学、私学和书院是其基本样态,其中官学是封建社会教育的主要形式。它为维护封建统治培养了一大批中坚力量,但是由于受政治的影响过大,经常因王朝的颓势而衰败,私学就有了比较充分的发展空间,能够迅速的扩张。官学与私学两者相互补充,和谐共生,共同传递和创造着中华传统文化。

第二节 异彩纷呈的教育思想

在我国教育的发展过程中,涌现出了一批伟大的教育家,他们的教育思想博大精深,很多思想现在看来仍然具有现实意义,限于本书的篇幅,只从中间选取一些有代表性的教育思想加以介绍。

一、孔子的教育思想

孔子是我国古代教育理论的奠基人,一生弟子先后累计达3000余人,有突出成就的有70多人,"孔子以诗、书、礼、乐教弟子,盖三千焉,身通六艺者,七十有二人。"(《史记·孔子世家》)孔子从各个层面对教育现象进行了思考,提出了一系列关于教育问题的真知灼见。

(一)教育的作用

孔子认为教育对社会的发展具有举足轻重的作用,"子适卫,冉有仆。子曰:'庶矣哉!'冉有曰:'既庶矣,又何加焉?'曰:'富之。'曰:'既富矣,又何加焉?'曰:'教之。'"①孔子将教育放在突出的位置,认为在"庶"、"富"的维持百姓生计的基本条件满足以后,教育就应该被提上议事日程。

孔子认为在人的成长过程中,教育起着决定作用,"性相近也,习相远也",人的资质差距并不是特别明显,之所以在成人以后有很大差别的原因就在于教育可以缩小人和人之间的差别。但是,孔子同时承认有少数人是生而知之的圣人,"生而知之者,上也;学而知之者,次也;困而学之,又其次也。困而不学,民斯为下矣!"过分强调先天作用对人的影响。

(二)教育目标

孔子认为培养官员是教育的目标,"学而优则仕",学校培养出来的人才就应该为政治服务,但学习成绩优秀是做官的前提,如果学习成绩差,就不具备做官的条件。尽管这种观念具有狭隘性,但它反映了当时的社会需要,学优而仕因此成为广大知识分子求学的强大推动力量。

孔子心中的理想人格是"君子",《论语》中关于"君子"的论述多达100多处,"子路问君子,子曰:'修己以敬。'曰:'如斯而已乎?'曰:'修己以安人。'曰:'如斯

---

① 《论语·子路》

而已乎?'曰:'修己以安百姓。修己以安百姓,尧、舜其犹病诸!'"①从这段话中我们可以看出衡量君子的标准是人格修养,对自己要能"修己",对人要能"安人",最终达到"安百姓"。

(三)教育内容

为了培养孔子心目中理想的"君子",在教学内容的选择上,孔子也是煞费苦心,"子以四教,文、行、忠、信","文"就是《诗》、《书》、《礼》、《乐》等典籍,"行、忠、信"则是德育的要求。孔子倡导用"六艺"教育学生,但是在实际教学活动中主要是讲授《诗》、《书》、《礼》、《乐》四门课程。

《诗》是我国第一部诗歌总集,由孔子收集整理而成。他高度评价《诗》对人发展所起的积极作用,"不学诗,无以言",认为通过学习各地的诗歌可以了解各地的风俗习惯,可以掌握从政的基本技能,并且可以了解一些自然常识。《书》就是《尚书》,是古代历史文献的汇编,"文武之政,布在方策。其人存,则其政举;其人亡,则其政息。"②孔子注重让学生从历史的存废中观照现实。"礼"是孔子最为推崇的,"不学礼,无以立",在当时"礼崩乐坏"的背景下,孔子试图通过自己的努力加以挽回。但孔子并没有将"礼"僵化,而是有选择的从社会现实出发进行了改良。孔子喜好音乐,也非常重视音乐教育。他眼中音乐的作用体现在两个方面:"对个人而言,陶冶情操,净化心灵,形成高尚的人格;对社会来说,乐教使人性情宽和朴实,帮助移风易俗改造社会"。③

总而言之,孔子教学内容的选择皆服务于他培养"君子"的教学目标:《诗》使人明辨是非,性格温和敦厚;《书》使人知晓历史,通古明今;《礼》使人掌握道德规范,不至于僭越;《乐》使人心情畅达,品性善良。

(四)教学方法

孔子在长期的教学实践过程中总结出了一套行之有效的教学方法,大体可以概括为启发诱导、因材施教、学思行并重和谦虚诚实等四个方面。

1. 启发诱导

孔子在传授知识的过程中,注重发挥学生的学习主动性,"不愤不启、不悱不

---

①《论语·宪问》
②《礼记·中庸》
③孙培青:《中国教育史》,华东师范大学出版社,2000年版第36页。

发、举一隅不以三隅反、则不复也。"①这实际上就是启发式教学。他并不急于灌输学生知识,而是在学生经过艰难的思考而百思不得其解的时候,相机点拨,起到"四两拨千斤"之功效。

2. 因材施教

孔子倡导的因材施教的前提是了解学生,他了解学生的方法一般有两种:一是有目的的找学生谈话,了解学生的性格特点。二是个别观察,注重从学生平日一贯的做事风格和行为习惯进行观察。"听其言观其行"、"退而省其私"、"视其所以,观其所由,察其所安",通过一系列的了解和观察最终掌握学生的个性特征。同时,孔子还非常注重学生的年龄特点,"君子有三戒:少之时,血气未定,戒之在色;及其壮也,血气方刚,戒之在斗;及其老也,血气既衰,戒之在得。"②

在了解学生的基础上,面对不同的学生,孔子会根据其特点采用不同的教学方法,面对同样的问题,给出截然不同的回答。后人非常推崇孔子的"因材施教"思想,并将之广泛地应用在教育实践中。

3. 学思行并重

"学而不思则罔,思而不学则殆",孔子认为学习不能只是一味地记忆固定的知识而不思考,也不能只是左思右想,丝毫不了解和掌握知识。学习是"学""思"的有效结合,学习是基础,思考是学习的进一步深化,学思结合才是最好的学习方法。

学习掌握知识以后,孔子倡导"学以致用",要将自己所学的知识应用于社会实践之中。如在学习完"诗"以后,要充分发挥它的作用,"子曰:小子何莫学夫诗?诗可以兴,可以观,可以群,可以怨。迩之事父,远之事君,多识于鸟兽草木之名。"③只有在实践的过程中,知识的意义才能更加鲜明的体现出来。

"学→思→行"这样一个学习过程,符合人对事物的认知过程,对后来的教学理论和实践产生了深远的影响。

4. 谦虚诚实

孔子认为,学生良好的学习态度是其成功的重要前提。首先要谦虚,"敏而好学,不耻下问","三人行,必有我师",勇于承认自己的不足,敢于向地位比自己低下的人请教,

---

① 《论语·述而》
② 《论语·季氏》
③ 《论语·阳货》

第六章 建国君民的教育文化

"以能问于不能,以多问于寡,有若无,实若虚。"其次要诚实,孔子要求学生在学习过程中要具备实事求是的态度,"知之为知之,不知为不知,是知也",①没有完全掌握知识时,不能想当然,要有一种求真的态度。

（五）关于教师的思想

1. 言传身教

教师在教育活动中间,要能够以身作则,"其身正,不令而行;其身不正,虽令不从",教师通过自己的行动做出表率比单纯的说教对于学生影响更加显著。教师的"身教"主要体现在以下几个方面:首先,严格要求自己,"不能正其身,如正人何?"要求学生做到的,首先自己要做到。其次,传授知识时毫无保留,将自己所知所能毫无保留的传授给学生,丝毫不加隐瞒。第三,诲人不倦。孔子将自己毕生的精力都投入到教育事业中,在教育的过程中对学生高度负责,细致耐心的说服教育每一个学生,将自己的满腔热忱倾注到学生身上。

2. 教学相长

教学活动并不是教师单方面的灌输活动,师生在这个过程中间互相促进,共同提高,这是孔子心目中理想的"教"、"学"关系。在师生交往的过程中,孔子经常受到学生的启发,加深自己对一些事物的思考,进而达到"如切如磋,如琢如磨"的境界。

3. 宽严相济

在对待学生的问题上,孔子坚持"宽""严"相结合的原则:一方面,严格要求学生,对待知识要有老老实实的态度,反对在学习中的偷懒行为。他发现宰予白天睡觉的时候,痛斥他"朽木不可雕也,粪土之墙不可圬也,于予与何诛"。同时他还要求学生不能半途而废,要持之以恒。另一方面,在教学过程中,孔子采用了民主的教学方式,师生和谐相处,师生交往可以畅所欲言,无所顾忌。

二、《礼记》中的教育思想

战国末期出现了一批集中论述教育问题的教育理论著作,就教育理论的系统性而言,首推《礼记》中的《大学》与《学记》两篇。

（一）《大学》中的教育思想

《大学》是一篇关于大学教育的文章,大学指年龄在 15 岁以上,在初步习得文

---

①《论语·为政》

化知识和具备一定道德修养的基础上进行儒学教育的阶段。《大学》对大学教育的目的、任务和步骤进行了完整而全面的概括,集中体现于"三纲领"、"八条目"。

1. "三纲领"

《大学》提出的教育目标是"大学之道,在明明德,在亲民,在止于至善",这就是我们所讲的"三纲领"。"明明德"是指将先天的善性加以恢复和发挥;"亲民"是指推行仁政;"至善"是指每个人处在不同的身份位置时应做到尽善尽美,这个目标是封建伦理道德思想的集中体现。

2. "八条目"

为了实现"三纲领",《大学》提出了一系列完整的步骤:"格物、致知、诚意、正心、修身、齐家、治国、平天下"。这就是所谓的"八条目":

"古之欲明明德于天下者,先治其国;欲治其国者,先齐其家;欲齐其家者,先修其身;欲修其身者,先正其心;欲正其心者,先诚其意;欲诚其意者,先致其知。致知在格物,物格而后知至,知至而后意诚,意诚而后心正,心正而后身修,身修而后家齐,家齐而后国治,国治而后天下平。"

"格物"是指学习儒家基础知识;"致知"是在"格物"基础上的提高;"诚意"是在掌握知识的基础上对情感和意志的历练;"正心"主要是指不受各种情绪的影响,始终保持认识的客观;"修身"着眼于与外人关系的协调过程中个人自我综合素养的提高;"齐家"是指通过个人的完善来促进家族内部的和谐;"治国"、"平天下"实际上就是"齐家"的不断完善和扩大。前五条侧重于修身的目的,后三条侧重于前五条所掌握的儒家知识和形成的个人道德修养在家庭和国家的应用。"八条目"实际上是一个有机融合、逐步推进的整体。

(二)《学记》中的教育思想

《学记》是我国第一篇专门论述教育问题的论著,全文篇幅短小,但是涉及内容广泛,主要包括以下几个方面的内容:

1. 教育的目的与作用

《学记》认为教育的作用在于服务政治,"建国君民,教学为先","君子如欲化民成俗,其必由学乎"。意思说如果想要维护统治,使百姓遵守社会秩序,就必须要高度重视教育的作用。从教育的作用出发,《学记》中主张的教育目的有两个:首先要培养具有适应"建国君民"能力的高素质人才;其次,要能够"化民成俗",将百

第六章 建国君民的教育文化

姓培养成按照当时伦理道德行事的顺民。实际上,教育只不过是政治的一种手段。

2. 教学制度

《学记》中设计了一整套的从中央到地方的学校系统:"古之教者,家有塾,党有庠,术有序,国有学。"这种按照行政区划设置学校的做法对后世影响较大。

《学记》中同时提出了一个比较完整、明确的学业考核标准:"比年入学,中年考校。一年视离经辨志,三年视敬业乐群,五年视博习亲师,七年视论学取友,谓之小成。九年知类通达,强立而不反,谓之大成。"详细规定了每个阶段不同的考核要求,整个标准先易后难,循序渐进,同时兼顾德育和智育。

3. 教育教学的原则

教育教学原则是《学记》的主要内容,也是它的精华所在,对后世启发和影响极大,概括而言,主要有以下几点:

(1) 启发诱导。"君子之教,喻也",在教学的过程中间,要根据学生的年龄阶段、行为习惯和接受程度采用启发式教学,否则,学生就有可能对学习失去了兴趣,认为它是一个痛苦的事情。善于启发诱导,能让学生对学习总是保持一种热情,"道而弗牵,强而弗抑,开而弗达。道而弗牵则和,强而弗抑则易,开而弗达则思,和易以思,可谓善喻矣"。教师只是给学生提供一个引导;而不能事无巨细,全部代办,越俎代庖,以免造成学生主体性的缺失。

(2) 教学相长。《学记》相对于孔子"教学相长"的思想又有了进一步的阐发:"是故学然后知不足,教然后知困。知不足然后能自反也,知困然后能自强也。故曰:教学相长也。"这段话明确了"教"、"学"之间的相辅相成的关系,只有在教学的过程中不断地向学生学习才能促进教师教学水平的逐渐提高。

(3) 藏息相辅。在学习过程中,既要重视课堂中的学习,同时要辅之以必要的课外练习,课外练习是课堂教学的有益补充。"故君子之于学也,藏焉修焉,息焉游焉。夫然,故安其学而亲其师,乐其友而信其道,是以虽离师辅而不反也。"学习中要能一张一弛,课堂学习到的知识要和社会实践相结合,只有这样,学习的知识才具有生命力。

(4) 长善救失。《学记》仔细分析了学生的个性差异,认为学生在学习中主要有四种缺点:"学者有四失,教者必知之。人之学也,或失则多,或失则寡,或失则易,或失则止。"也就是"贪多求全"、"片面狭隘"、"自我满足"、"畏难不前"。这四种情况产生的原因是:"此四者,心之莫同也。"也就是我们现在通常所说的心理差异较大。教师需要做的工作就是"知其心然后能救其失也。教也者,长善而救其失者也",认真分析学生之间的差异,有针对性的发挥其长处,克服其不足之处,实现缺点向优点的转化。

(5)豫时孙摩。《学记》的出现标志着中国古代教育理论专门化的开始,是中国"教育学的雏形"。①"豫时孙摩"思想实际上是《学记》中四种教育规律的总称。"豫"就是预防,"禁于未发之谓豫",对于学生有可能发生的问题要有一定的预见性,适当采取一些措施加以预防,否则"发然后禁,则扞格而不胜",当不良倾向已经发生再加以弥补就非常被动了;"时"是指把握学习时机,及时施教,"当其可之谓时",否则"时过然后学,则勤苦而难成";"孙"是指循序渐进,"不陵节而施之谓孙",顺序包括年龄的顺序和学习内容的顺序,"杂施而不孙.则坏乱而不修",如果在学习的过程忽略了这种顺序,学习的效果就会大打折扣;"摩"就是学习观摩,在学习的过程中间要能够互相学习,取长补短,在合作学习的过程中相互促进共同提高,否则"独学而无友,则孤陋而寡闻"。当然,在交友的过程中也要十分慎重,"燕朋逆其师,燕辟废其学",要交好朋友,同时朋友间也要进行正当的交往。

三、朱熹的教育思想

朱熹是南宋著名的教育家,理学思想的集大成者,他一生著述很多,其中影响最大的是《四书集注》,朱熹的教育思想庞杂,涉及教育的多个方面。

(一)教育的目的与作用

朱熹秉承儒家教育思想,认为教育的目的就在于"明人伦","父子有亲,君臣有义,夫妇有别,长幼有序,朋友有信,此人之大伦也。庠、序、学、校皆以明此而已"。② 与他的教育目的观相适应,朱熹认为教育的作用就在于改变人性,他认为人性就是"理",就是"仁义礼智"等道德规范,"性即理也"。他吸取张载等人的观点,将人性分为"天命之性"和"气质之性","天命之性"是指具有"天理"的人性,"气质之性"是指"理""气"掺杂的人性。"理"是完美的,但"气"有清澈、浑浊之分,所以"气质之性"有好坏之分,教育的作用就在于最大限度地把"气质之性"中的杂质祛除,这样一个过程就是"复性"的过程,就是"存天理,去人欲"的过程。

(二)教育阶段划分和教学内容选择

朱熹在充分吸收前人经验和总结个人教学实践的的基础上,将教育分为"小

---

① 毛礼锐:《中国教育史简编》,教育科学出版社,1985年版,第247页。
② (宋)朱熹:《孟子集注》(卷五)。

学"和"大学"两个阶段,"大学者,大人之学也。古之为教者,有小子之学,有大人之学"。① 两个阶段的目标任务和学习内容各不相同。

8岁到15岁为小学教育阶段,此期的主要任务是"学其事"。"人生八岁,则自王公以下,至于庶人之子弟,皆入小学,而教之以洒扫应对进退之节、礼、乐、射、御、书、数之文",②通过小学阶段的学习形成良好的道德行为规范,养成良好的行为习惯。为了实现上述目标,朱熹采用了以下三种教学方法:首先,倡导早教,在学生没有接触过其他不良思想之前,将正确的思想先让其掌握,做到先入为主。"必使其讲而习之于幼稚之时,使其习与智长,化与心成,而无扞格不胜之患也"。③ 其次,按照学生的心理特点,教学过程中注意形象、生动、有趣,选择孩子们喜闻乐见的故事、格言编成《小学》一书,易于被学生接受。第三是通过编写《须知》、《学则》等形式使学生有章可循,学生可以对照这些守则来对照自己的日常行为习惯,加以执行。

15岁以后为大学阶段,这一阶段的主要任务是"明其理",为了实现这一任务,朱熹在卷帙浩繁的儒家经典中挑选出《论语》、《孟子》、《大学》、《中庸》作为基本的教材,并按照理学的观点加以评注。在教学方法的选择上,大学和小学阶段也有明显的不同,一是倡导自学,二是鼓励不同学术观点之间的碰撞和交流。

(三)朱子读书法

朱熹一生酷爱读书,对于读书有很多心得体会,并提出了许多精辟的见解,他的弟子将其总结为"朱子读书法",其内容主要包括循序渐进、熟读精思、虚心涵泳、切记体察、着紧用力和居敬持志。

(1)循序渐进。读书要有一定的次序,如朱熹认为读"四书"的次序是:先《大学》,再《论语》、《孟子》后《中庸》。在阅读一本书的时候,章节的顺序也不能随意打乱,同时,每个人在读书的过程中也要从个人的实际出发,不能急于求成。

(2)熟读精思。读书的过程中间不仅要多读、多背,同时要勤于思考,"读书始读,未知有疑,其次则渐渐有疑,中则节节有疑。过了这一番后,疑渐渐解,以致融会贯通,都无所疑,方始是学。"④在这样一个无疑→有疑→解疑的过程中,人的认识不断深化,对知识的掌握也就更加牢固。

(3)虚心涵泳。"虚心"是指读书的过程中间要能够虚心,仔细思考,不可牵强

---

① (宋)朱熹:《朱子文集》(卷十五),《经筵讲义》。
② (宋)朱熹:《朱子文集》(卷七十六),《大学章句序》。
③ (宋)朱熹:《小学书题》。
④ (明):黄宗羲:《宋元学案·晦翁学案》。

附会;"涵泳"是指在读书时一定要细细品味,反复阅读,通过自己的阅读体验得出自己的判断。

(4)切记体察。"纸上得来终觉浅,绝知此事要躬行",朱熹认为读书不能仅仅停留于书本知识之上,要将书本知识和现实紧密地结合起来,只有这样才能将书读"活"。

(5)着紧用力。读书时要抓紧,要有废寝忘食的精神,"宽着期限,紧着课程",在阅读时要保持旺盛的精神风貌,"直要抖擞精神,如救火治病然,如撑上水船,一篙不可放缓"。

(6)居敬持志。居敬就是在读书时心无旁骛,专心致志,注意力集中,不受外界的干扰。持志是指树立远大的理想、目标,并且要勇于为实现目标持之以恒,坚持不懈。

朱子读书法是适合实际情况的读书理论,至今仍然具有重要的参考价值。当我们面对众多的阅读理论,有一种"乱花渐欲迷人眼"的感觉时,更应该努力发掘传统读书理论的现代意义。

四、王守仁的教育思想

王守仁,浙江余姚人,字伯安,号阳明,是明朝著名的唯心主义哲学家。王守仁创立了"阳明学派",倡导"心即理""致良知"等学说,在教育作用、教学原则和方法以及道德教育等方面提出了自己的见解。

(一)教育作用

王守仁对于教育作用的论述是建立在它的哲学理论之上的,他认为"心即理","心"与"理"是合二为一的,不承认客观存在的真理,"心外无物,心外无事,心外无理,心外无义,心外无善"。在这样一种哲学观念支配之下,王阳明认为教育的作用就在于"学以去其昏蔽",恢复学生本来的良知,教育不需要增加什么样的教学内容,只要能保持学生的"良知",祛除"人欲"就可以了。

(二)教学原则

王守仁关于教育原则的论述很多是承袭前人的思想,并没有特别的创新之处,但是其"知行合一"的教育原则对后世有重要的影响。"知行合一"是针对朱熹的"知先行后"提出来的,王守仁认为,"知是行之始,行是知之成,若会得时,只说一个知,已自有行在,只说一个行,已自有知在。"[1]他强调"知"、"行"的统一,认为良

---

[1] (明)王守仁:《传习录》上。

知并没有先后和主次之分。"知行合一"的教育思想对后世影响特别巨大,成为我国近代教育家陶行知先生教育思想的精神来源之一。

(三)道德教育

王阳明将道德教育放在了学校教育工作的首要地位,他认为,"学校之中,惟以成德为事,而才能之异,或有长于礼乐,长于政教,长于水土播植者,则就其成德,而因使益精其能于学校之中"。① 在他看来,封建伦理道德的核心是"明人伦",了解并遵守人伦秩序成为道德教育的目的。基于这样一种认识,王阳明大力批判当时的科举考试制度影响下的学校教育,他认为学校已经成为追逐科举制度的机器,教师所教和学生所学都已经异化为科举考试的附庸。王阳明同时提出了自己关于道德教育的四个主张:

(1)静处体悟。就是让人心平气和,淡定自如,抛去私心杂念,进行自我反思,这实际上和佛教的静心打坐大体相同。

(2)事上磨炼。这是王守仁晚年提出的道德教育的方法,就是结合具体事物进行道德磨炼,这和他"知行合一"的教育原则是一脉相承的。

(3)省察克治。这是儒家惯用的一种方法,就是强调个人的自我反省,通过自我的省察来克制自己的内心杂念。

(4)贵于改过。在实际的生活中,人会犯各种各样的道德错误,这并不可怕,只要勇于正视错误,并且能够改止,都是值得肯定的。

我国古代教育家的教育思想植根于当时中国的现实土壤,具有鲜明的本土气息,是一笔宝贵的精神财富,尽管其中有些思想失之于偏颇或者已经失去维系其生存的环境,但仍然存在着许多合理成分需要我们继承。

第三节 学优而仕的考试制度

教育的最终目的之一是选拔人才,考试就是选拔人才的一种最重要的渠道,考试时的选拔标准和形式引导和制约着教育。我国古代的考试制度,从西周开始,历经汉代的察举制,魏晋南北朝时期的九品中正制,隋唐以后的科举考试,对我国古代的教育产生了深远的影响。科举制度是维护儒家意识形态和皇权正统地位的重要手段。同时,这种"学而优则仕"的精英选拔机制,也开辟了一个人才平等竞争向上流动的社会通道。因而"十年窗下无人问,一举成名天下知"的金榜题名的刺激,对当时知识分

---

① (明)王守仁:《传习录·答顾东桥书》。

子极具诱惑力。科举考试制度不仅在一定程度上塑造了当时社会的文化形态与知识分子的人格形象,也对当今中国社会的文化教育有着深刻的影响。

一、汉代的察举制

所谓察举,也称荐举,是由汉朝的三公九卿及地方郡守等高级官吏依据考核,把民间及基层官吏中的德才兼备者推荐给朝廷,由朝廷授予他们一定的官职或提高其官位的做法。① 汉代的察举,名目众多,一般分为两类:一类是常科,也称岁举(即每年都选拔),包括孝廉、茂才等科;一类是非常科,也称特科、特举(根据需要临时开设的选拔科目),典型的有贤良方正科。

孝廉是汉代经常性的选拔考试科目,"孝"是针对百姓而言的,"廉"是针对官吏而言的,按照各地的人口分配名额,大致20万人的郡国每年推举一人。设置孝廉的目的一方面为朝廷选拔官吏,另一方面是为了在百姓中间选拔道德楷模,借以实施道德感化。孝廉的选拔最初主要以道德修养为主,后来逐渐演变为以考查文化知识为主。

茂才在西汉称为秀才,为避刘秀之讳改为茂才。在西汉时茂才为特科,东汉光武帝时改为常科。茂才选择的多为有特殊才华的人,选拔出来的茂才一般都授予县令官职,或者相当于县令的官职。茂才初设之时,所选之人确实都是有异能之人,但是发展到后期,腐败现象十分严重,当时童谣所唱"举秀才,不知书。举孝廉,父别居。寒素清白浊如泥,高第良将怯如鸡"正是这一现象的生动描写,举茂才便失去了其原有的意义。

贤良方正是汉代地位最高的选拔科目,一般是在国家有重大问题难以解决的时候,由皇帝出面下诏,令高级官员推荐贤良方正,让他们通过对策的形式提出解决这些问题的思路。贤良方正一般都是道德和才华并重的人,一旦对策为皇帝所赏识,便可获得重用。

汉代察举制的确立,为知识分子"学而优则仕"提供了制度保证,为朝廷选拔了一批高素质的人才,促进了教育的发展,提高了人们求学的积极性。同时,其负面影响也不可忽视,过于追求功名利禄带来一系列的问题如道德沦丧、教学僵化单一等给教育带来严重影响。

二、魏晋南北朝时期的九品中正制

魏晋南北朝时期,战争不断,朝代更迭频繁,汉代的察举制很难实行下去,新兴

---

①郭齐家:《中国古代考试制度》,商务印书馆,2004年版,第33页。

第六章 建国君民的教育文化

地主集团要求掌握更多的政治权利,士族有门阀高低之分,也要求在政治上有一定的发言权,怎样分配政治权力成为摆在统治者面前的一个问题,九品中正制就是在这一背景下出现的。

九品中正制的具体做法是:首先挑选中正官,郡设置小中正,州设大中正,然后由大小中正负责了解本辖区士人的家世、品行等表现情况,撰写评语。"家世"称作"品",本人的德才称为"状",中正官按照其"品状"评定其等级,等级分为上上、上中、上下、中上、中中、中下、下上、下中、下下共九品,由朝廷按品级选用。

九品中正制实施以后,造成了恶劣的社会影响,产生了"上品无寒门,下品无士族"、"世胄蹑高位,英俊沉下僚"的情况,严重挫伤了知识分子的学习积极性,给教育带来了消极的影响。

三、隋唐以来的科举考试

我国的科举考试制度萌芽于隋朝,一般将隋炀帝创设进士科作为科举考试制度正式产生的标志。科举考试制度在我国经历了漫长的演变过程,明清时期是科举考试的完善化和制度化的时期,此时科举考试已成为入仕做官的唯一正途。

隋、唐由于科举制度兴起,学校逐渐成为科举的附庸。隋文帝废除维护门阀贵族地位的九品中正制,于开皇十八年(公元598年)七月设"志行修谨"、"清平干济"两科。① 炀帝时始置进士科。② 因为是分科取士,所以名为科举。用公开考试的方法来甄别人才高下,从而量材录用,这是中国古代铨选制度上的重大改革,为以后历代所沿用。唐代科举有常举和制举两类。常举每年举行,于进士科外,复置秀才、明经、明法、明字、明算等多种。应试者以进士、明经两科为最多,高宗以后,进士科尤为时人所重。所谓"三十老明经,五十少进士"(王定保:《唐摭言》卷1),意思是说明经易而进士难。考试的内容,进士着重于诗赋和时务策,明经则着重于儒家经典的记诵。唐代每年参加进士考试的,有一二千人,而录用的,不过二三十人。当时重要官员大多出身于进士,考上进士称为登龙门,"缙绅虽位极人臣,不由进士者,终不为美"(《唐摭言》卷1)武则天还增设武举,由兵部主持。③ 制举由皇帝临时立定名目,有贤良方正直言极谏科、文辞清丽科、博学通艺科、武足安边科、军谋越众科、才高未达沉迹下僚科等百十余种。士人和官吏都可以参加考试。科举制度把读书、应考、任官三者结合了起来,为广大庶族士子敞开了入仕的大门,使

---

①《隋书》卷2
②刘肃:《大唐新语·厘革第二十二》
③《新唐书》卷44、45

地主制封建政权具有了更广阔的社会基础。它具有自荐性,重视学识和才干,以诗赋和时务策录取进士,也比鼓励单纯地背诵经典更有利于促人才的成长。这一制度在当时历史条件下是有积极意义的。唐初人才比较缺乏,凡应试者,大都可以做官。随着科举制度的发展,人才辈出,加之尚有其他入仕途径,于是出现官少员多难以安排的问题,这个问题是历代王朝都无法避免的,即使唐代盛时也不例外。

宋代文武官员的主要来源是科举。宋太祖正式确立了殿试制度,即在礼部考试后,皇帝在殿廷主持最高一级的考试,决定录取的名单和名次。殿试录取后,直接授官。常举有进士、九经、五经、三礼、三传等,进士科与唐代一样,最受重视。神宗时,罢诸科,只留进士科。哲宗时,将进士分为经义、诗赋两科,分别举行考试。宋代凡寒门士人,"自起程以至还乡费皆公家"(王栋:《燕翼贻谋录》卷1)。又大幅度放宽录取人数,录取进士一般每次在二三百人以上。录取分"及第"、"赐进士出身"、"赐同进士出身"三等,有一甲至五甲,每甲无定数。考试内容,宋初承唐制,以诗赋为主,王安石认为浮华不切实用,改试经义策论,实际上就是后来八股文的始俑。英宗治平三年(公元1066年),确定了"每三年一开科场"(《宋会要辑稿·选举一》),为后世所沿袭。

元代蒙古贵族有做官的特权,无须通过考试,所以开国之初不重科举。中叶以后,为了笼络汉人,才开科取士,但分为左、右两榜。蒙古人、色目人为右榜,只考两场,题目容易,录取后授官高;汉人、南人为左榜,要考三场,题目较难,录取后授官低。

明清的科举考试最完善时一般包括四个阶段:第一步是童试,这是在清代才出现的,严格意义上讲只是科举考试的预备考试,这一阶段的考生不管年龄大小皆称为"童生",考试通过以后称为"生员",俗称为"秀才"。第二步是乡试,乡试是省一级的考试,一般三年举行一次,考生为通过童试的生员。乡试的考官一般由皇帝任命,主考多为翰林出身,乡试通过者称为"举人",第一名称"解元"。第三步是"会试",会试是在乡试后第二年的春天在京城举行,所以又称为"春闱",会试的参加者为各省举人和国子监监生,由礼部主持考试,考中者称为贡生,第一名叫"会元"。第四步称为"殿试",也称作"廷试",一般在会试之后举行,由皇帝主持,参加殿试的所有贡生均获得进士资格,殿试按照三甲确定名次,第一甲有三人,第一名称状元,第二名为榜眼,第三名为探花,赐进士及第;第二甲若干名,赐进士出身;第三甲若干人,赐同进士出身。

明宪宗年间的科举考试内容有了重大变化,开始采用"八股取士"。"八股文"的题目一般为"四书"、"五经"中的原文,大体内容以程朱理学为准,要求考生在写作的过程中严格按照起承转合的八股模式。八股文一般有以下八个部分组成:破题,说明题目的意义;承题,承接破题加以引申说明;起讲,议论的开始;入手,在起

第六章 建国君民的教育文化

讲以后引入要写作的内容;起股;中股;后股;束股。后四部分是八股文的核心内容,要求每一部分都有两股相对偶的文字,共计八股,所以称为八股文。八股文的内容形式有皆严格的要求,要求在写作的过程中代圣人言,不能越雷池半步。鲁迅曾对八股文有过精辟的见解:"八股原是蠢笨的产物。一来是考官嫌麻烦——他们的头脑大半是阴沉木做的,——甚么代圣贤立言,什么起承转合,文章气韵,都没有一定的标准,难以捉摸,因此,一股一股地定出来,算是合于功令的格式,用这格式来'衡文',一眼就看得出多少轻重。二来,连应试的人也觉得又省力,又不费事了。"①诚如斯言,八股文的评价具有客观标准,但在易于操控的同时,也禁锢了读书人的思想,使人很难在文章中看到作者的真情实感。

科举考试对社会的影响重大。首先,它为平民百姓打开了门路,一大批知识分子可以通过自己的努力实现"学而优则仕"的理想,扩大了政权的阶级基础,形成较强的社会凝聚力。其次,选拔官吏有了一定的标准,便于思想的统一,从而加强了政权的集中。最后,科举考试鼓励读书,在一定程度上促进了学校教育的发展。但与此同时,科举制度的弊端也十分明显,最大的弊端就在于考试内容和方法的不当,最终导致了考试内容的僵化,致使很多有真才实学之人被科举考试拒之门外,同时,由于科举考试的内容大多为儒家经典,于是在全社会形成了一种轻实务的风气,中国近代以来自然科学发展缓慢与之有很大的关联。但是比较起来,科举考试在历史进程中整体上还是利大于弊,清末,政府武断的废除科举制度,并且没有找到合适的选拔制度加以替代,导致下层民众失去了社会流动的可能性,直接加剧了清政府的崩溃。②

教育为中华文明的产生、继承与发展提供了重要的动力,在全球化的语境中如何更好地挖掘和发挥中国古代教育的优秀传统,实现中外教育观念的有机融通,是一项艰巨的任务,需要我们共同的努力。

思考与探究

1. 如何将书院制度的优秀传统与当代大学教育相结合?
2. 孔子的教育思想的现代意义如何体现出来?
3. 如何全面看待科举制度对中国教育的作用和意义?

---

① 《鲁迅全集》(第5卷),《伪自由书》,人民文学出版社,1981年版,第103页。
② 田澍:《科举的利弊及清朝废除科举的教训》,《西北师范大学学报》,2005年第1期。

第七章　灿若群星的科技文化

"在科学技术发明的许多重要方面,中国人怎样在3到13世纪之间保持一个西方望尘莫及的科学知识的水平?中国的这些发明和发现往往超过同时代的欧洲,特别是在15世纪之前更是如此。""欧洲在16世纪以后就诞生了近代科学,而中国文明却未能在亚洲产生与此相似的近代科学,其阻碍因素是什么?"——李约瑟①

这两个问题相互联系,构成了著名的"李约瑟难题"。对于这个"难题",国内外的许多学者对其进行了研究,众说纷纭,但至今未能达到对这一"难题"的破解。科学技术既是物质力量的体现,又是精神力量的升华,毫无疑问是文化系统中的重要环节。因此,要全面、系统地认识中国传统文化,就必须多方面地把握中国古代科学技术。

第一节　中国古代科技的伟大成就

中国古代在科学技术的各个领域和部门中,都创造了辉煌的历史和卓越的成就,对整个人类文明作出了不可估量的贡献。鉴于篇幅所限,无法一一备述,本章从中选取有代表性的几方面加以介绍,当可使读者一窥15世纪之前的中国科学技术所取得的伟大成就。

---

① 李约瑟(1900~1995年)是世界著名科技史学家,生物化学家。他是英国历史上唯一一位既是英国皇家学会会员、又是英国科学院院士的科学家,他还是中国科学院首批外籍院士之一。李约瑟于1948年着手撰写的《中国科学技术史》,是全球最具影响力的中国科技史著作。在中国,李约瑟博士是最广为人知、最受爱戴和尊敬的外国科学家之一。参见《中国科学技术史》,科学出版社、上海古籍出版社,1990年版,第1、2页。

第七章 灿若群星的科技文化

一、数学

萌芽于新石器时代晚期的十进位值记数法,在商周时期已普遍使用,到春秋战国时期已被熟练应用于计算数学中,后来这种计数法伴随着文化交流传入印度,又经印度传入阿拉伯,再传到欧洲,演变为今天世界通用的印度—阿拉伯数码。十进位制计数法是中国对世界文明的一项不可磨灭的重大贡献。正如李约瑟所指出:"如果没有这种十进位制,就几乎不可能出现我们现在这个统一化的世界了。"[①]至迟在春秋末年,我国劳动人民在生产实践中创造了一种简便的计算工具——算筹,应用算筹进行运算是我国古代的主要计算方法。春秋战国时期,我国人民又归纳出了分数概念、整数四则运算和九九乘法表。战国时我国劳动人民在制造农具、车辆和兵器等的实践中已有了角度的概念。墨家的著作《墨经》中有点、线、面、方、圆等几何概念。

公元前1世纪成书的《周髀算经》是我国现存最早的天文数学著作,它总结了我国古代天文学中所应用的数学知识,其中包括直角三角勾股定理的应用和复杂分数的运算。约东汉时成书的《九章算术》是我国较早的杰出的数学专著,内容包括246个应用问题及其解法,涉及算术、初等代数、初等几何等各个方面。其中关于多元一次方程组解法的记载,关于正负数的概念、正负数加减法则的记载是世界上最早的,关于开平方、开立方以及一般二次方程的解法等在世界上也都是最早的。《九章算术》是我国古代劳动人民在长期的生产实践中积累起来的数学知识的结晶,为我国古代数学的发展奠定了基础。

三国魏人刘徽作《九章算术注》,他指出过去的圆周率近似值过于粗疏,在卷一《方田》中运用"割圆术"(即用圆内接正多边形面积无限逼近圆面积的办法),得出圆周率的近似值为3.1416。他的"割圆术"体现了极限的思想,该书最后一部分《重差》总结和研究了古代劳动人民的测量术,唐代以后独立成书,称为《海岛算经》。约于公元4~5世纪成书的《孙子算经》提出了"物不知数"的问题并作了解答。后经南宋秦九韶发展成为一次同余式理论,被称为"中国的剩余定理"。19世纪初,德国人高斯才提出同一定理。5世纪,祖冲之从天文和器械制造的实践需要出发,推算出圆周率在3.1415926与3.1415927之间,有效数字达到八位。祖冲之还确立了圆周率的分数式表示:密率=355/113,疏率=22/7。其中密率是分子分母在1000以内的最佳值,欧洲直到16世纪德国人鄂图和荷兰人安托尼兹才得出同样结果。

隋代刘焯在制订《皇极历》时,在世界上最早提出了等间距二次内插公式,这在数学史上是一项杰出的创造。唐代王孝通在《缉古算术》中解决了大规模土方

[①] 李约瑟:《中国科学技术史》(第3卷),科学出版社,1978年版,第333页。

工程所提出的三次方程求根的问题。李淳风等注释《周髀算经》、《九章算术》、《海岛算经》等十部数学著作,作为唐代的数学教科书,称为《算经十书》,对保存我国古代数学著作做出了贡献。

北宋贾宪在《黄帝九章算法细草》中创造了开任意高次幂的"增乘开方法",19世纪英国人霍纳才得出同样的方法。贾宪还列出了二项式定理系数表,欧洲到17世纪才出现类似的"巴斯加三角"。沈括从"酒家积罂"数与"层坛"体积等生产实践问题提出了"隙积术",开始对高阶等差级数的求和进行研究,并创立了正确的求和公式。沈括还提出"会圆术",得出了我国古代数学史上第一个求弧长的近似公式。他还运用运筹思想分析和研究了后勤供粮与运兵进退的关系等问题。

南宋秦九韶在《数书九章》中推广了增乘开方法,叙述了高次方程的数值解法,他列举了20多个来自实践的高次方程的解法,最高为十次方程。欧洲到16世纪意大利人菲尔洛才提出三次方程的解法。秦九韶还系统地研究了一次同余式理论。李冶著的《测圆海镜》是第一部系统论述"天元术"(一元高次方程)的著作,这在数学史上是一项杰出的成果。

元代王恂、郭守敬等制订《授时历》时,列出了三次差的内插公式。郭守敬还运用几何方法求出相当于现在球面三角的两个公式。元代朱世杰著《四元玉鉴》,他把"天元术"推广为"四元术"(四元高次联立方程),并提出消元的解法,朱世杰还对各有限项级数求和问题进行了研究,在此基础上得出了高次差的内插公式。公元十四世纪我国人民已使用珠算盘。在现代计算机出现之前,珠算盘是世界上简便而有效的计算工具。

明代吴敬的《九章算法比类大全》中记载了珠算口诀。程大位的《直指算法统宗》是当时广泛流传的珠算术书籍。徐光启等翻译欧几里得《几何原本》前六卷,李之藻翻译《同文算指》,欧洲数学开始引入我国。

清代梅毂(jué)成等人编成《数理精蕴》五十三卷,介绍西方数学以及我国古代数学的一些成就,是当时的数学百科全书。明安图著的《割圜(圆)密率捷法》,证明和扩充了用解析方法求圆周率的公式。明安图还用他自己独创的几何方法对三角函数展开式进行了研究。18世纪,唯物主义思想家戴震校勘《周髀算经》、《九章算术》等著作,对保存我国古代数学成就做出了贡献。

二、天文历法

南昌故郡,洪都新府。星分翼轸,地接衡庐。

——《滕王阁序》

这是王勃年轻时做出的千古名篇《滕王阁序》。"星分翼轸",分就是分野,翼

第七章 灿若群星的科技文化

轸是翼星、轸星,属于江西地区。它的地理位置是"地接衡庐",南面是湖南的衡山,北面是江西九江的庐山。中国古代天文学家按照地球一年四季几个月的"时间"序列与天体"空间"位置,把我国地理区域与星宿相对应,这便是著名的"星象分野"。分野,就是将地上的区域与天上的星宿相互对应,由观测天象变化来预测地球人类事务吉凶的方法。《史记·天官书》中说:"天则有列宿,地则有九州。"分野主要表现在二十八宿上。从大禹治水开始,中华大地就被分成了"九州",后来古人就建立起了中国各州(不止九个)与二十八宿的对应关系。据《史记·天官书》的标准,天上二十八宿在地上的分野如下:

东方苍龙	角、亢、氐	房、心、	尾、箕
	兖州	豫州	幽州
北方玄武	斗、牛、女	虚、危	室、壁
	扬州	青州	并州
西方白虎	奎、娄、胃	昴、毕	觜、参
	徐州	冀州	益州
南方朱雀	井、鬼	柳、星、张	翼、轸
	雍州	三河	荆州

自公元前8世纪直到公元20世纪初,我国的干支记日从未间断过,这是世界上迄今最长久最完整的记日。《春秋》中记载了我国自公元前8世纪～前5世纪300年间的37次日食,其中32次据推算是可靠的,这是世界最完整的上古时期的日食记录。《春秋·僖公十六年》有世界上关于陨石的最早记载。《春秋·文公十四年》记载了公元前613年秋七月"有星孛(即彗星)入于北斗",这是关于哈雷彗星的最早记载,我国古代共有关于哈雷彗星的记载31次。公元前6世纪我国已采用十九年七闰月的置闰方法制定历法,比希腊人早一百多年。战国时楚国甘德的《天文星占》和魏国石申的《星占》各记载了数百颗恒星的方位,这是世界上最早的星表,比欧洲第一个星表古希腊伊巴谷的星表早约二百年。

公元前2世纪初,司马迁等人制定《太初历》。《太初历》采用"八十一分法"(即定一朔望月为29天零43/81日)和有利于农业生产的二十四节气,是我国历史上第一部统一的较完整的立法。《史记·天官书》记载了五百多颗恒星的位置,还记录了恒星的各种颜色以及各种云状、云速、云距等。公元前1世纪西汉时已认识到月光是日光的反射。《汉书·天文志》详细记载了公元前32年10月24日出现的一次极光,这是世界上较早的精确的极光观测记录。我国古代有世界上最丰富的极光记录,为研究太阳活动和地磁变化等提供了宝贵的资料。《汉书·五行志》有世界上关于太阳黑子的最早的记录。西汉末年我国已有朴素的关于地球公转的思想。

东汉贾逵明确指出黄道和赤道有一交角,在我国首先利用黄道坐标系测定天体的位置。他还发现月亮的视运动有快慢,并测定了近点月。东汉张衡在《浑天仪图注》中记载了当时测定的黄道和赤道的交角为24°;在《灵宪》中正确地解释了月蚀的原理,还提出了宇宙无限的思想,对古代天文学的发展做出了重大的贡献。张衡主持制成的"水运浑天仪",是用水作动力,由复杂的齿轮系传动的天文仪器,他可以准确地自动演示天体运行的情况,是现代天象仪的前身,这是古代天文仪器的重要创造。"水运浑天仪"还是世界上最早的机械性计时器,欧洲到12世纪才有机械性计时器。《后汉书·天文志》载有世界上最早的超新星爆发的记录。

三国时魏人杨伟制订《景初历》时,提出了推算日、月食的食分和亏起方位角的方法。公元4世纪左右,西晋虞喜发现岁差,定冬至点每50年在黄道上西移一度。

南朝宋、齐间的祖冲之编制《大明历》时,首次把岁差计算在内,定一回归年为365.2428日,一交点月为27.21223日(现代数据分别为365.2422日和27.21222日)。祖冲之对历法作出了许多创造性的贡献,《大明历》是当时最好的一部历法。公元6世纪,南朝梁人祖暅(gèng)发现当时的极星(天枢星)距北极有一度多的偏离。公元6世纪,北齐张子信在海岛上观测天象30多年,发现太阳一年间的视运动有快慢,并且初步掌握了太阳视运动快慢变化的规律,对隋唐历法的改革有重要影响。他还对日月交食的规律进行了研究,对提高交食预报的准确性作出了贡献。

隋代刘焯制订《皇极历》时用等间距二次内插法计算日月的运行,采用定朔,并定岁差为75年差1度,已同准确值接近(今测为每隔71.6年差1°),当时欧洲还沿用100年差1°的数据。由于保守派的反对,《皇极历》在当时没有颁行。唐代李淳风制订的《麟德历》采用了刘焯的定朔的方法。隋代丹元子作《步天歌》,他把恒星表编成歌诀,广为流传,对普及天文知识起了很好的作用。

唐代张遂和梁令瓒主持制造了黄道游仪,对日、月和五星的运行进行了观测,比较正确地掌握了太阳运动的规律,并且重新测定了恒星的位置。张遂根据实测的结果制订了《大衍历》,计算方法也有很大改进,对后来的历法改革有很大影响。张遂和梁令瓒还主持建造了浑天铜仪。浑天铜仪以水力运转,通过复杂的齿轮系统,可以显示天象运行的情况,并可自动报时,这是古代天文仪器的杰出成就。

北宋进行了五次大规模的恒星位置的观测。元丰年间(公元1078—1085年)的观测结果由黄裳绘成星图,公元13世纪被刻成石刻《天文图》,现仍保存在苏州市博物馆,图上共有星1440颗。《宋会要辑稿·瑞异》和《宋史·天文志》等均载有金牛座超新星爆发的记录,为现代天体物理学的研究提供了宝贵资料。北宋张载在《正蒙·参两》篇中提出关于宇宙的假说,他认为地是宇宙的中心,悬浮在气

第七章 灿若群星的科技文化

之中,地有自转,又有游动,日月五星与天之间有相对运动,恒星则附于天之上。沈括在天文历法方面有许多重要成就。他在《梦溪补笔谈》中提出了彻底改革历法的主张:按节气定月,以立春为元旦,大月三十一日,小月三十日,大小相间,不置闰月。这种把二十四节气和十二个月完全统一起来的历法很适于农业生产的需要。

元代王恂、郭守敬等制订《授时历》时,根据实测校正了许多天文数据,计算方法也有创造。《授时历》施行了 364 年,是我国古代最精确和使用最长久的历法。郭守敬等人还创制了"简仪"(由浑仪改进、简化而成)、"仰仪"(观测太阳位置和日食的仪器)等十多种天文仪器,其中简仪比西方丹麦天文学家弟谷的同类仪器早三百多年。

公元 1405—1433 年,明代郑和七次下西洋时所绘制的"航海图"上所载的"过洋牵星图"四幅,是我国古代航海天文学的宝贵资料。明末,邢云路测得一回归年为 365.242190 日,已准确至十万分之一日(今测值为 365.242193 日)。清初颁行《时宪历》,改平气为定气,是历法的又一次改革,一直施行到清末。清代平民天文学家王锡阐著《晓庵新法》等十三种天文学著作,提出计算金星凌日的凌始和凌终方位角的方法等。王锡阐尖锐地批判了脱离实际的唯心主义,并同外国传教士否定我国古代科学文化的谬说进行斗争。

三、冶金

铜器在夏朝被广泛应用于手工业、农业生产。此外,贵族的生活器皿也常用铜铸成,相传夏启曾铸九鼎。夏王帝杼发明了甲,制出了铜矛,在河北唐山大城山龙山文化遗址中发现了红铜制造的铜器。在稍晚的甘肃武威皇娘娘台齐家文化遗址中发现有单范铸造和经过冷锻的红铜器,表明当时已能冶铜。商代的青铜冶铸技术达到了相当高的水平。河南安阳、郑州等地发现了商代的大规模青铜冶铸作坊遗迹。各地的商代遗址中出土了大量青铜器。对河南偃师二里头出土的早商青铜器的研究表明,当时在铸造中已采用了多合范。商代的许多青铜器形制宏伟,造型复杂,制作十分精巧。湖南宁乡沩山出土的商代四羊方尊可能已采用"失腊铸法",河南安阳武官村出土的商代晚期的司母戊方鼎重达 875 公斤。商代墓葬中还出土了镀锡的铜器和锡、铅、金器。

广西一带出土了许多春秋以来的铸造精美的铜鼓,反映了我国西南地区各族人民很早以前就已有较高的青铜铸造技术。河南洛阳出土的春秋末至战国时的大件青铜器,有些已采用器身的附件分别铸造,然后再以合金(可能是铅铜合金)焊接成整体的工艺。战国时的《考工记》中有六种不同成分的铜锡合金及其用途的记载,与现代应用的锡青铜规范大体相同,这是世界上最早的关于合金成分研究的记载。至迟在春秋时,我国人民已掌握了冶铁技术。战国时发明的用柔化退火制造可锻铸件的技术和多管鼓风技术是冶金技术的重要成就,比欧洲早两千年左右。战国时还掌握了块炼铁固态渗碳制钢的方法和淬火技术。

公元前2世纪,秦始皇设铁官管理全国冶铁事业。汉武帝进一步实行盐铁官营,据《汉书·地理志》及《汉书·贡禹传》记载,当时在全国设铁官四十九处,矿冶手工业者达到十万多人。西汉时冶铁技术有很大的发展。河南温县发现了东汉早期的烘范窑,出土了五百多套各种陶范,许多都是一箱多器或多箱套铸的陶范。经研究,在浇铸前已对陶范预热以保证铸件质量,并且对造型材料的选择已考虑到可塑性、透气性、耐火度和退让性,母范、外范、内范和加固泥分别采取不同的砂土比例。这些都反映了汉代的壳型铸造工艺已达较高水平。公元前2世纪的《淮南万毕术》中载有:"白青(硫酸铜)得铁,即化为铜。"即硫酸铜溶液与铁作用而产生铜的置换反应,也就是"胆水(硫酸铜溶液)浸铜法"的基本原理。

南北朝时期我国已广泛应用灌钢技术炼钢。陶弘景的《名医别录》中载有:"钢铁是杂炼生(生铁)鍒(róu,熟铁)作刀镰者。"《北史·綦(qí)母怀文传》载有以灌钢技术造"宿铁刀"的方法。灌钢技术是一种把生铁和熟铁按一定比例配合加热熔炼、渗碳而成钢的方法,在近代炼钢法发明之前,这是一种先进的炼钢技术,是我国古代劳动人民的杰出创造。

南宋李焘在《续资治通鉴长编》中记载了青唐羌族(古代居住在青海西宁一带的民族)利用冷锻加工硬化锻造铁甲的先进技术。沈括的《梦溪笔谈》中也有冷锻技术的记载,他说这种铁甲"去之五十步,强弩射之不能入"。五代初轩辕述所著的《宝藏论》中有以"苦胆水"浸熬制"铁铜"的记载,并把"铁铜"列为当时生产的十种铜之一,表明五代时已应用胆水浸铜法制铜,宋初,胆水浸铜法大量用于生产。公元11世纪晚期,张潜编成关于浸铜技术的专著《浸铜要略》。北宋时胆铜产地有十一处,年产量达一百八十万斤左右。胆水浸铜法是世界上最早的湿法冶金技术,在实际上已利用细菌冶金方法,这是我国古代劳动人民在冶金史上的重要贡献。

明代永乐年间铸造的大铜钟(现保存在北京西直门外觉生寺),是世界上著名的大钟之一。铜钟高7米,重四十多吨,铸造精美,表现出明代劳动人民铸造技术上的高度成就。公元15世纪,明代中叶我国已大量生产金属锌。《天工开物·五金》中有关于密封加热冶炼"倭铅"(即锌)方法的记载。宋应星的《天工开物》记载了我国古代冶金技术的许多成就,如冶炼生铁和熟铁(低碳钢)的连续生产工艺,退火、正火、淬火、化学热处理等钢铁热处理工艺和固体渗碳工艺等。

四、四大发明

英国哲学家弗兰西斯·培根指出,印刷术、火药、指南针"这三种发明已经在世界范围内把事物的全部面貌和情况都改变了:第一种是在学术方面,第二种是在战事方

第七章 灿若群星的科技文化

面,第三种是在航行方面;并由此又引起难以数计的变化来:竟至任何教派、任何帝国、任何星辰对人类事务的影响都无过于这些机械性的发现了。"①马克思评论:"火药、指南针、印刷术——这是预告资产阶级社会到来的三大发明。火药把骑士阶层炸得粉碎,指南针打开了世界市场并建立了殖民地,而印刷术则变成了新教的工具,总的来说变成了科学复兴的手段,变成对精神发展创造必要前提的最强大的杠杆。"②虽然没有提到造纸术,但是正是它为印刷术的产生和推广提供了必要条件。

1. 指南针

中华民族是一个伟大而勤劳的民族,又是一个富于创造的民族。远在两千多年前的战国时代,我国人民利用地磁偏角的原理,就发明了指示方位的司南,是世界上发明指南针最早的国家。指南针(又名罗盘针)的发明,对人类社会历史的发展、科学的进步和东西方的文化交流都起了很大作用。

指南针的发明不是一蹴而就的,而是经过了漫长的辛勤研究和不断的改进,逐渐发展而制成的。据史书记载,最初人们发现天然的磁石能吸铁,继而又发现磁铁利用地磁吸引,总是指向南端,从而在公元前3世纪的战国年代,人们用天然磁铁矿琢磨成当时称为"司南"的指南针,还发明了一种车上安装的木头人,车子里边有许多齿轮,无论车子如何转动,木头人的手总是指向南方的"指南车"。公元1世纪初,即东汉初年,王充在《论衡》中记述了磁勺柄指南的史实。但"司南"等由于是用天然磁石制成的,容易失去磁性,使用起来既不方便,效果又不很好。在北宋时,著名的科学家沈括总结了前人的经验,在物理方面又发现地磁偏角的存在,利用人工磁化法制成了使用方便、效果较好的指南针,就是用天然磁石上摩擦后带磁性的钢针来指南。此法制成的各种指向性的仪器,虽然在形状上和装置方法上有新的发展和差异,但其原理基本上是一样的。12世纪指南针传到阿拉伯和欧洲后,促成了哥伦布发现美洲新大陆,麦哲伦完成了环球航行。这就说明指南针的发明,不仅对我国航海事业的发展有巨大意义,而且对人类社会的进步也做出重要的贡献。

2. 火药

硝性至阴,硫性至阳,阴阳两神物相遇于无隙可容之中。③

——《天工开物》

---

① 弗兰西斯·培根:《新工具》,北京出版社,2008年版,第62页。
② 马克思:《机器、自然力和科学的应用》,人民出版社,1978年版,第67页。
③ 作者解释黑火药爆炸的原因时,继承了我国古代朴素的辩证观点,用一切事物都包含着阴阳矛盾并相互作用来解释事物变化的原因。

火药是中国四大发明之一,是中国古代科学技术的杰出代表。火药是古代炼丹术士发明的,其主要成分是硫磺、硝石和木炭。它是在唐代发明,在宋代成熟发展的。炼丹术士们没有发明出长生不老的仙丹,却积累了丰富的化学知识。由于硫磺的化学性质活跃,毒性过大,容易着火,于是他们将硝石、木炭与之混和起来加热,硝石是一种强氧化剂,会使硫磺部分燃烧,减低其毒性,从而减少容易起火的特质。这种方法被当时的一位医药学家孙思邈在其有关化学性质的著作《丹经》中称为"伏硫磺法"。在施行伏硫磺法的过程中,他发现,硫磺、硝石(硝酸钾)、木炭适当混合起来可以产生爆炸。这种技术传到军事手工业工匠手中之后,他们开始对原料的配方加以研究,经过多次试验,改变几种原料的配比,终于掌握了火药在密封条件下燃爆的技巧,使火药成为可控制的实用性爆炸物。

北宋时,曾公亮在其专著《武经总要》中,详细记载了三种火药的配方:火炮火药方、毒药烟球火药方、蒺藜火球火药方。《武经总要》还简要地记述了几种火药的制作方法和原料配比,硝石在其中的比重已经超过了硫磺和木炭的总和,已经接近现代黑色火药的比例。紧接着,北宋又创造出使用火药的各种轻重型武器,其中最著名的是"突火枪",它也成了近代枪炮的开端。13世纪时,元朝发兵西征中亚,火药和火炮的技术传到阿拉伯世界,又由阿拉伯人传到欧洲。

3. 造纸术

造纸术的发明是中国古代最伟大的发明之一,也是人类文明史上一项最杰出的成就。纸的出现,是人类文明的基础,它作为一种新的信息载体在中国率先出现,使中国汉代的文明勃兴超过了其他文明。8世纪左右,阿拉伯人才开始用中国的技术和设备造纸。在蔡伦造纸术出现之前,在中国,商代用甲骨,西周用青铜器,春秋时用竹简、木牍、缣帛作为记事材料。

汉代,农业发达,经济繁荣,国力强盛,文化事业蓬勃发展。笨重的竹简和昂贵的缣帛已不能满足人们的需求,寻求新的书写材料已成为时势所趋,造纸术就因此应运而生。

东汉元兴元年(公元105年)蔡伦改进了造纸术。他用树皮、麻头及敝布、鱼网等植物原料,经过挫、捣、抄、烘等工艺制造的纸,是现代纸的渊源。自从造纸术发明之后,纸张便以新的姿态进入社会文化生活之中,并逐步在中国大地传播开来,以后又传播到世界各地。纸的发明、发展及传播也是经过了一个曲折的过程。纸的出现和推广,使汉代以后的文化生活出现了崭新的面貌。造纸术从中原向经济文化发达的其他地区传播,另外,纸通过丝绸之路也先后传向北方各少数民族地区。但纵观汉代的书写材料占主要地位的仍是简牍和缣帛。直到东晋以后,经济发展,造纸术流传到长江流域和江南一

第七章 灿若群星的科技文化

带,造纸材料丰富,才出现了较多较好的纸。晋代盛行的读书、抄书和藏书之风都得益于纸的普及和推广。抄经热、藏书热和因传抄左思《三都赋》而出现的洛阳纸贵,都是纸普及后出现的前所未有的文化景观。晋代与南北朝的书写纸抄经为麻和楮皮制造,纸面已敷用淀粉与白色矿物涂料并进行研光。

隋代统一南北后,唐、宋继承与发展了数百年造纸的成就,并开辟了唐、宋手工造纸的全盛时期:唐代书画与佛教盛行,使纸的需求剧增,造纸的原料扩大到用藤和桑皮等。北宋时安徽已采用日晒夜收的办法漂白麻纤维以制纸,抄出的生纸光滑莹白,耐久性好。南宋时我国南方已盛产竹纸,王安石、苏东坡等都喜欢用竹纸写字,认为竹纸墨色鲜亮,笔锋明快,当时受到许多文人墨客的仿效,从而促进了竹纸的发展。宋代不但盛产竹纸,而且开始用稻、麦草造纸。北宋苏易简《文房四谱》中记载了浙江人以麦、稻秆做纸浆及与油藤配用造纸。到了明代,我国用竹子造纸的技术(指手工)已臻完善,该时代宋应星著的《天工开物》系统叙述了用竹子造纸的生产过程,并附有生产设备与操作过程的插图。该书已译成日、法、英文传入日本与欧洲,是我国系统记述造纸工艺的最早著作。经过元、明、清数百年,到清代中期,我国手工造纸已相当发达,质量先进,品种繁多,成为中华民族数千年文化发展传播的物质条件。

4.活字印刷术

活字印刷术是人类历史上最伟大的发明之一,是中国对世界文化的重大贡献。顾名思义,印刷术的"印"字,本身就含有印章和印刷两种意思;"刷"字,是拓碑施墨这道工序的名称。从印刷术的命名中已经透露出它跟印章、拓碑的血缘关系。印章和拓碑是活字印刷术的两个渊源。

在唐代,印章与拓碑两种方法逐渐发展合流,从而出现了雕版印刷术。唐穆宗长庆四年(公元825年),诗人元稹为白居易《长庆集》作序,说到当时扬州和越州一带处处有人将白居易和他自己的诗"缮写模勒",在街上售卖或用来换茶酒。"模勒"就是刊刻。这是现存文献中有关雕版印刷术的最早记载。1900年在甘肃敦煌千佛洞发现的藏书中有一卷雕版印刷的《金刚经》,其末尾题着"咸通九年四月十五日王玠为二亲敬造"一行字。咸通九年,即公元868年,这是目前世界上发现的有确切日期的最早的雕版印刷品。

自从有了纸以后,随着经济文化的发展,读书的人多起来了,对书籍的需要量也大大增加了,促进了印刷业的发展。到北宋时期,由于经济的发展、商业的繁荣和文化的兴盛,都需要迅速地大量地传播信息。印刷业更加发达起来,全国各地到处都刻书。活字印刷术正是为解决这个社会需要所提出的问题而产生的。印刷术必须用纸和墨。中国早在汉代就发明了纸和油烟、松烟两种墨。纸和墨的发明为活字印刷术的诞生奠定了物质基础。战国秦汉以来出现的印章和拓碑等复制文字、图画的方法又为活字印刷术的发明提供了技术条件。到了11世纪中叶,平民毕昇,发明了一种更进步的印刷方法——活字印刷术,把我国的印刷技术大大提高了一步。毕昇用胶泥做成一个一个四方长柱体,一面刻上单字,再用火烧硬,这就是一个一个的活字。印书的时候,先预备好一块铁板,铁板上面放上松香和蜡之类的东西,铁板四周围着一个铁框,在铁框内密密地排满活字,满一铁框为一版,再用火在铁板底下烤,使松香和蜡等熔化。另外用一块平板在排好的活字上面压一压,把字压平,一块活字版就排好了。它同雕版一样,只要在字上涂墨,就可以印刷了。为了提高效率,他准备了两块铁板,组织两个人同时工作,一块板印刷,另一块板排字;等第一块板印完,第二块板已经准备好了。两块铁板互相交替着用,印得很快。毕昇把每个单字都刻好几个;常用字刻二十多个,碰到没有预备的冷僻生字,就临时雕刻,用火一烧就成了,非常方便。印过以后,把铁板再放在火上烧热,使松香和蜡等熔化,把活字拆下来,下一次还能使用。这就是最早发明的活字印刷术。这种胶泥活字,称为泥活字,毕昇发明的印书方法和今天的比起来,虽然很原始,但是活字印刷术的三个主要步骤——制造活字、排版和印刷,都已经具备。北宋时期的著名科学家沈括在他所著的《梦溪笔谈》里,专门记载了毕昇发明的活字印刷术。

毕昇发明活字印刷以后,朝鲜人民开始用泥活字等方法印书,后来又采用木活字印书。到了13世纪,他们首先发明用铜活字印书。我国使用铜活字印书比朝鲜稍晚。朝鲜人民还创造了铅活字、铁活字等。

印刷技术传到欧洲,加速了欧洲社会发展的进程,它为文艺复兴的出现提供了条件。恩格斯指出:"印刷术的发明以及商业发展的迫切需要,不仅改变了只有僧侣才能读书写字的状况,而且也改变了只有僧侣才能受较高级的教育的状况。"[①]中国人发明的印刷技术对欧洲历史的发展乃至人类文明的历程都产生了深远影响。

第二节 中国古代科学技术发展的特征

一、我国古代科学技术的发展显示出阶段性高潮的特点

李约瑟曾把中国古代各个时期的重要科技成就作为纵线,世纪年代作为横线,制作了一幅科技发展的示意图,它清楚地表明:几千年来,中国科学技术"事实上一点没有退步";而是"一直在稳缓地前进"。他在《中国与西方的科学与社会》一文中还指出:"我

[①]《马克思恩格斯全集》(第7卷),人民出版社,2003年版,第391页。

第七章 灿若群星的科技文化

常喜欢用一种相对来说缓缓上升的曲线来说明中国的演变,显然这曲线比欧洲同一时期,譬如说公元2世纪至15世纪的演变过程的曲线上升得高,有时高得多。"①几千年漫长的历史长河中,春秋战国、两汉与宋元时期,中国古代科学技术的发展基于政治、经济、文化、社会等方面的内外因素又都显示出阶段性的高潮。

二、经验性、描述性、实用性是我国古代科学技术的一个突出特点

我国古代科学技术特点是在封建社会初创的秦汉时期形成的,从建立与巩固新的封建秩序出发,要求科学技术直接为发展生产服务就成为必然,因此它更多地具有实用性的色彩。秦汉时期,重视整理已有科技知识,像天文历法、数学与农学等传统科技或者在此时成书,或者在原有基础扩充,以实用性为特色的重要成果。由于封建社会绵延两千多年,中国科技在这一时期形成的这种特色,也就被进一步固定化,几乎成为一种前后继承的固有模式。

对于已形成体系的天文学、数学,其实用性特点也不例外,例如天文学就是围绕"颁历授时"等维护皇权的实用目的而展开研究的。由于主要致力于制订历法和异常天象的观测,在历法及天象记录两方面虽有不足之外,但成就却是明显的。数学的发展是与急需回答的各种测量与计算的实际问题的解决联系在一起的,因而它往往侧重于计算出具体数字,显示出很强的程序性。同时,由于在延续两千多年的中国封建社会中,自给自足的小农经济一直是社会生产的基础与主体,它对科学技术能提供的经验往往是片断而零星的,不可能有其系统性,这样,在这个基础上进行的科学抽象当然多数也就只能是经验性的;同时在这样的社会生产条件下,为科学实验与观测所提供的仪器设备,总的讲也必然是既有限又简陋的,这就使人们对自然现象的观测受到限制,对其本质的揭示只能停留在描述阶段,或者在理论上给予某些定性的说明,或者做出天才的猜测。而这种情况,与着眼于实用要求,特别关注工艺技巧与可操作性是密切相关的。

总而言之,科学技术发展由于历史的局限性与社会条件的制约,仍然只能是停留在定性描述为主的经验科学阶段。

三、与农业关系密切的学科更多地得到发展是我国古代科学技术的又一特点

由于我国古代的封建经济主要是农业经济,国家又采取重农抑商的政策,因此,与农业关系密切的学科,如天文学、农学、地学等在中国古代都得到较大的发

---

① 李约瑟:《中国与西方的科学与社会》,见潘吉星主编《李约瑟文集》,辽宁科技出版社,1986年版,第42页。

展。譬如中国古代天文学中的历法方面所显示的特色体系与连续不断发展的情况,那是很突出的。从社会需要考察,先秦以来,一直强调以农为本,编造历法,授民以时正是历代王朝必须从事并给以极大关注的重大事项。在我国殷代甲骨文中,就有关于天气实况的记录,《卜辞》里还表达出人们已有预知天气状况的要求,这些都是和当时农业生产的需要相适应的。以后随着生产的发展,有关气象的知识不断积累和丰富,取得很大的成就。利用物候知识安排生产,以不误农时,促使物候历在我国出现较早,以记载各月物候和农业活动为主要内容的《夏小正》就是一部最早出现于我国奴隶社会时期的物候历。水利工程与水文知识的发展同样与农业灌溉、防止水患侵袭、保障粮食运输等需求紧密相连,正因为这样,都江堰、郑国渠、大运河等我国古代水利工程都是闻名世界的杰作,它们都集中反映出在我国古代对水利工程与水文知识的掌握水平已经相当高了。

自古以来,我国的农业就很发达,悠久的农业历史,使农学和农业技术知识得到了丰富的积累。据不完全统计,包括现存和业已散失的,农学著作有近四百种之多,其中综合性农书,一般以作物栽培、园艺畜牧和蚕桑为基本内容,而又以大田生产为主,也有包括水产以及农具、水利、救荒、农产加工等内容的;专业农书,则包括天时、耕作专著、各种专谱,蚕桑专书、兽医书籍、野菜专著、治蝗书等,内容十分丰富。

四、有机宇宙观、元气论是指导中国古代科学技术发展的主流思想

李约瑟在他的《中国科学技术史》中提出这样的看法:"当希腊人和印度人很早就仔细地考虑形式逻辑的时候,中国人则一直倾向于发展辩证逻辑。与此相应,在希腊人和印度人发展机械原子论的时候,中国人则发展了有机宇宙的哲学。"[①]他认为西方机械论是把世界看作一台机器,而中国哲学则把宇宙看作是一个有机体。中国传统的学术思想着重研究整体性和自发性,研究协调和协和,把自然界看作是一个有机整体,立足从整体来把握事物及其规律,强调把握事物之间的关系,这些都是中国传统学术思想的特点。

事实上,在我国古代不仅较早地发展了辩证逻辑,也较早地发展了气一元论为基础的辩证自然观,认为气分阴阳,阴阳的对立统一就是道,也就是自然界变化发展的规律。中国古代众多的唯物主义哲学家都主张这种学说,成为传统科学思想的主流,而中国古代自然科学中的天文、历法、音律、农学乃至物理学、化学等等,也都是建立在这种气一元论思想的指导之下的。也可以说,在这些学科中贯穿了有

[①] 李约瑟:《中国科学技术史》(第3卷)科学出版社,1978年版,第337页。

机宇宙观和元气论的哲学指导。

五、官办为主是中国古代科技发展史上的另一特点

当封建社会处于上升时期，统治阶级为了治国安民，巩固其统治，必然在一定程度上关心生产的发展和天时地利的情势，而这样也就不得不求助于科学技术的力量，必须组织一批知识分子为实现其目的服务，而传统一经形成，在封建社会往往就会很自然地沿袭下去。

几千年来，我国古代科学技术事业大多为官办，相当多的著名科学家同时又是政府官员。天象记录、历法编制都是连续不断，代代相传，和它相关的大型天文仪器的研制，大规模的天体测量，水利工程的兴建与治水理论的探讨，地理志的编纂，一些大型药典的修撰等都是在知识分子的积极参与下由统治者组织庞大人力、物力来完成的。李约瑟指出："我们觉得无论是理论方面还是应用方面，科学都相对具有官办性质，天文学家只不过是皇帝的文职公仆而已，而文化更低、更下一层的技师和工匠也无疑同样具有这种官僚性质。其部分原因，几乎各个朝代的作坊为国家所有。另一个原因是在某些朝代，如西汉盐业及炼铁业等大多数具有先进技术的行业都为国家所有。除此之外，还有一种明显的现象，一些技师是追随某个显赫官员个人的食客。"[①]8世纪早期，在僧一行与南宫说指导下进行的子午线的测量就是一个很具代表性的例子，这次测量的范围南到交州、北至铁勒，至少有两千多公里长。另外，技术的绝大多数精华也都掌握在官办企业及其人员手中，从丝绸、官窑瓷器、盐业、炼铁到大型船舶的建造，从万里长城直到皇宫寝殿的修筑等方面，我们都可以察见其端倪。《考工记》、《武备志》、《营造法式》、《农政全书》等技术著作也都是在官办情况下编纂完成，对各门科学技术有重要贡献的著名科学家或技术专家多数人又均出身于官僚世家，而本人也都是现任的高官。

第三节 近代科学没有在中国成长的原因

在公元15世纪之前，中国的科学技术一直处于世界的前列，但历史进入15世纪之后，中国的科学技术发展水平明显落后于西方，并且一直延续到今天。认真总结近代中国科技发展迟滞的原因，对于发展今天中国科技文明会有许多启示。

一、中国传统文化因素的影响

科学技术发展的历史表明：任何一个国家的科学事业，总要受到民族文化的制

[①] 李约瑟：《中国与西方的科学与社会》，见潘吉星主编《李约瑟文集》，辽宁科技出版社，1986年版，第42页。

约和影响,都要在一定的文化背景下发展前进。纵观人类的历史,我们会发现,科学技术的发展呈现阶段式、阶梯式的发展趋势,并与此相对应地产生几种不同的文化观念和理论思想。而每一种文明文化、文化观念和思想理论都是对上一阶段文明、文化观念和思想理论的扬弃,而当第一阶段的内容向第二阶段的内容递进的过程中,各个学科都会经历一场深刻的革命。然而,任何事物都具有双重性,一个地域的文化可以推动科学技术的发展,也可以在一定程度上对自然科学产生消极作用。中国古代自然科学所取得的举世瞩目的辉煌成就,与古代传统文化有密切的联系,同样,近代科学没有在中国成长,也有相应的文化方面原因。可以认为,中国古代传统文化本身就包含了一些不利于自然科学发展的因素。

(一)传统文化实用理性的思想导致经验科学发达而基础理论研究薄弱

李泽厚认为,中国实用理性主要与中国四大实用文化即兵、农、医、艺有密切联系。"它们与天文、历数、制造、炼丹等等还有所不同,兵、农、医、艺涉及极为广泛的社会民众性和生死攸关的严重实用性,并与中国民族的生存保持直接的关系。"①在面临较严峻自然环境的中国古代社会,压倒一切的问题是如何维护氏族与国家的社会秩序以生存下去。后来占据统治地位的儒家学说,主要是实用伦理学和政治学,儒家之外其他诸子学说也多是实用理论。魏晋玄学,虽然有着天地万物的哲学思辨,但在价值观上却是非常实用的,它的目的并非要人脱离现实生活,而是教导人们回归那种朴实无华、无为而治的原始社会,废除一切非实用的事物。因此,在这种思想环境下生长出来的中国古代自然科学,自然是实用型的科学技术。中国传统文化是"入世"为主的文化——以生存为目的的实用文化。它导致中国缺乏理论基础研究,使科学止于工匠水平。我国古代"重实用轻理论"的思想致使中国古代虽然拥有先进的技术却没能形成一套完整的科学体系,导致了中国在科技发展的开始阶段就已先天不足。可以说近代科技革命以前西方对自然的认识处理是一种理论性的,而中国则是工匠式的经验积累。当然,这种实用型价值取向对社会发展还是起到了一定的推动作用,作为一种具有高度成熟的实用理性精神的文化,它将全部社会资源几乎都投入到实用性领域,使中国古代社会,成为古代世界最发达的文明国家。

(二)"天人合一"的宇宙观和整体性思维方法不利于自然科学的独立发展

在中国传统思想文化中,对人的认识首先是从天人关系中加以把握的。几千年来,大多数思想家都推崇一个基本理念——"天人合一"。《孟子·尽心上》说:"知其心,知其性,则知天矣。"在这里,孟子将"天"义理道德化,强调"人"与"天"是相通而整合为一体的,"天"是人伦道德的根源,人心善性是禀天之赋。天性一

---

① 李泽厚:《中国古代思想史论》三联书店,2008年版,第19页。

第七章 灿若群星的科技文化

贯,认识了自己的本心善性便能认识"天","天"的义理原则便存在于人心之中,通过"尽心"、"养性"即可达到"上下与天地同流"的境界。在"天人合一"的认识论中,认识的主体与认识的客体是相互包容的,不可分割的,甚至是一个无法区别的整体。受这种有机宇宙观的影响,整体性思维成为传统文化认识论中把握事物的又一方法。这当然是非常高明的辩证思维方式,它有利于把握一事物与另一事物的联系以及从总体上认识世界的本质。但是,与欧洲文化相比,中国传统文化过分偏爱整体性观念和综合认识的方法,几乎完全忽视了对具体事物特殊规律的认识,忽视了对事物的细节和原因的探讨。而科学从本质上是对不断运动、变化、发展着的客观事物的定性、定量分析,所以,这种思维方法在很大程度上阻碍了近代科学的产生。

（三）传统文化的伦理化倾向对科学技术有一定的排斥性

哲学思想是人类文化的精髓,它影响着一个地域文化前进的方向。中国古代哲学思想的兴起是源于道德政治的需要,所提倡的是修身治国之道,讲求内圣外王之道。从它产生之日起,就与社会政治紧紧地缠绕在一起,呈现出伦理哲学的倾向,而与之相对应的自然哲学却不发达。儒、墨、道三家,几乎无一例外的都是围绕现实的社会政治和处于各种伦理关系的"人"而构建自己的思想体系的。先秦时期的其他思想流派,也都把学说的侧重点放在对历史、政治、伦理、军事等问题的研究上,总体上缺少对自然科学的兴趣。先秦思想文化的这种现实主义风格和伦理化的倾向,对我国古代科学技术的发展有着极大的影响。中国两千多年的封建思想文化,基本上是以儒家文化为主体的,儒家思想和其他学派的思想相比较,其理论性、思辨性不强,主要是以"格物"、"致知"、"诚意"、"正心"为基本方法,以"修身"、"齐家"、"治国"、"平天下"为终极目的。古代中国传统文化的这种伦理化倾向使大部分人都有"官本位"的思想,入仕升官成为许多知识分子的终生理想。对于科学研究,一般只有在实用的时候才有所涉及。

（四）传统文化没有孕育出有利于科学研究的逻辑方法,重演绎,轻归纳,使古代科学缺乏总结

中国的古代思想家,为讲论自己所研究的对象,常用文学家的方法。即喜欢用同义字而不予说明,用譬喻和排比手法,每篇文章自成一体,不和前后文章互相连贯,缺乏分析和系统研究方法。如果说辩证逻辑对中国古代科技的发展起了十分巨大的指导作用的话,那么形式逻辑的缺乏则影响了中国古代科学体系的建立。另外,就中国古代传统文化所运用的逻辑来说,偏重于演绎法,很少使用归纳法,这是众所周知的,在演绎推理中,一般是大前提的内涵小,外延大,模糊而不确定,很难推出精确的结论。当经验自然科学知识积累到一定数量的实证的知识材料,以致在每个研究的领域中有系统的和有依据材料的内在联系把这些材料加以整理的必要,这个时候科学就进入了理论领域,需要用总结归纳的方法来建立起一定的科学范畴、公理体系。而中国古代传统文化没有孕育出能够给科学技术提供经验总结和理论概括的工具,况

且,古代学者大都信奉孔孟之道,他们所依据的公理大部分都是儒家经典中的训条,这不仅影响了理论思维水平的提高,而且也影响了科技伦理的建立。

二、封建教育制度的影响

人才是科学技术的物质承担者,在人类社会发展的任何一个阶段,智商高的人才数量总是呈一定比例的,而当时的社会制度下的人才选拔机制怎样分配这些人才,就成了一个国家和地区科学技术发展的关键因素。传统的文化背景下人才的选拔机制造成了人才类型的畸形发展。隋炀帝大业二年(公元606年)开始设进士科,正式标志着科举制的建立,最后于1905年正式废除,绵延存在了1300年。中国科举制度是在中国和世界历史上最具开创性和平等性的官吏人才选拔制度,它对我国封建社会的发展,特别是对儒家文化的传播发展都产生过巨大的作用。但随着历史车轮的推进,科举制度对近代的科学技术发展却越来越起着阻碍作用,其诸多弊病也日益显现。科举考试的内容、范围和形式十分狭窄,科举制度只注重理论而轻视实践,造成知识结构不平衡。我国封建教育偏重于政治与伦理道德,轻自然科学。封建社会,我国大量的知识分子不是潜心于科学研究,而是热衷于"学而优则仕"的官僚仕途。"八股取士"的选官制度,其考试命题范围是以儒学为主的"四书五经",在这种氛围下根本不能产生有气魄创立新学说和新理论的科学家,科技发展也就失去了文化基础。

总之,科举选士制度大大限制了人才类型培养的多样化,特别是专门从事科学技术方面的人才。本来学校教育和科举制是两个独立的系统,学校教育的主要职能是培养人才而由此得以实现其经济、政治、文化等各方面的社会价值,科举制是为封建统治者选拔管理人才而设置的。隋唐以前荐举做官,隋唐以后必须经过科举的选拔,才能授官。所以学校的培养目标和教学内容都围绕科举而行。学校成为科举的预备机关或附庸,学校培养学生的目标就限于造就官僚,表明教育事业已经步入歧途,这不仅使教育事业自身陷入困境而不能自拔,而且与社会对各方面人才日益增长的需要相背离,教育的弱点就是人才的弱点,同时也是社会的弱点,科举制度造成了各类人才特别是科学技术等方面的人才的凋敝,阻碍了资本主义生产方式在封建社会内部孕育。因此,虽然在17世纪初至20世纪初的400年间,受西方科学技术影响,中国发生多次关乎科学技术发展的历法、教育制度以至官僚制度的变革,最终科技还是难以得到应有的发展。另外,近代中国历史上常年战争的环境,也使得中国的科学技术无法延续。

三、闭关自守政策的影响

15世纪下半叶到18世纪,西方科学技术的发展随着资本主义生产方式的发展而发生了本质性的大转折。18世纪开始了第一次科技革命,19世纪末又开始了第

第七章 灿若群星的科技文化

二次技术革命,在科学技术发展史上写下了光辉灿烂的篇章。与此相反,正当西方国家科学技术在日新月异进步的时候,中国除了落后的社会制度和生产方式没有改变之外,开始实行闭关自守政策。闭关自守政策在一定历史时期是有实行的必要和进步意义的。明朝末期,东南沿海一带倭寇盛行,政府实行闭关自守政策,有利于防止海盗和保护东南沿海一带人民的生活安定。但在倭害灭除之后,中国政府并没有随即停止闭关政策,反而更加故步自封。尤其进入清朝后,清王朝虚骄自大,闭目塞听,一直做着"天朝上国"的迷梦。这使中国成了井底之蛙,与世界隔绝开来,远远落后于世界发展的时代潮流。众所周知,社会发展和科技发展的历史证明,生产力发展的需要是推动科学技术不断前进的最根本、最持久、最强大的力量,是生产的需要给科学研究提出了多方面的课题,因而也会使科学技术取得重大进展和重大突破。但中国的近代科技既没有自身发展的欲望,又没有推动力,也没有外力刺激,所以它落伍于时代的列车是一种历史的必然。明清以来实行闭关自守,导致了中国科技从辉煌走向衰落。

四、国家政治和社会制度的影响

封建统治的长期存在,是阻碍我国科技发展最主要的原因。封建统治曾适应了当时生产力发展的要求,使我国古代科技发展取得了辉煌的成就;但到封建社会中后期,封建统治的种种弊病逐渐暴露,严重阻碍了我国的科技进步和社会发展。正如马克思所指出的那样:"资本主义生产第一次在相当大的程度上为自然科学创造了进行研究、观察、实验的物质手段",而且也只有在资本主义生产方式下"才第一次产生了只有用科学方法才能解决的实际问题。只有现在,实验和观察——以及生产过程本身的迫切需要——才第一次达到使科学的应用成为可能和必要的那样一种规模。""因此,随着资本主义生产地扩展,科学因素第一次被有意识地和广泛地加以发展、应用,并体现在生活中,其规模是以往的时代更本想象不到的。"[①]我们认为马克思的这几段话已经把近代科学何以只能产生在资本主义发展的欧洲这个问题,讲得十分清楚了。同样,近代科学之所以不能在中国产生,不能单纯地从中国古代科学技术体系的内部寻找原因。这个问题归根结底是和资本主义何以在中国始终不能得到发展紧密联系在一起。换言之,即不能不对中国的封建社会对科学技术发展的影响进行一定得分析。

(一)长期"重农抑商"政策的推行,压制了资本主义的发展,阻碍了科学技术的进步

我国封建社会长期实行"重农抑商"的政策,历代封建王朝都以农为"本",工

[①] 马克思:《机器、自然力和科学的应用》,第208页。

商为"末",严重阻碍和压制了资本主义的发展,导致中国工商业的落后和科学技术禀赋的先天不足。科学技术与工商业之间存在着天然的内在联系,工商业活动中所包含的平等意识和契约精神正是科技发展的动力;而科学技术的发展反过来又能够推动生产工具的不断改进和社会分工的进一步细化,并最终导致生产需求的日益多样化和商业贸易的进一步发展。清末开展的洋务运动,使中国虽然有了自己的一些民族工业,但由于受"中学为体,西学为用"思想的影响,民族工业的发展仍然受到很大的限制,这就导致了中国科技发展的迟滞。而西欧各国都或主动、或被动地顺应历史潮流,大力推行重商主义政策,鼓励发展工商业,既增加了社会财富又大大推动了资本主义的发展和科学技术的进步。

(二)高度集权的封建专制制度是导致近代中国科技发展落后的内在因素

与西欧近代资本主义制度给近代科学发展提供肥沃的土壤相比,中国高度集权的封建专制制度直接限制和否定了近代科学的产生和发展。中国历代封建统治者大都认为科学技术是奇技淫巧,轻视从事科学技术的人。尤其到了近代,自然科学技术受到严重的贬斥,根本无法吸引一流的人才去研究。自然科学研究旨在对未知的自然现象进行探索,它必须尊重客观事实,重视实验和实践,讲究理性思维,服从科学真理,并且需有对问题进行自由探讨的氛围。而封建专制制度下形成的禁锢意识必然扼杀科学与创新精神,阻碍科技事业的发展。

五、从经济方面看,小农经济生产关系严重阻碍近代中国科技的发展

封建时代小农经济生产的基本形式是以小块土地经营和以家庭为单位的个体劳动。不同类型的封建农业经济,由于土地所有权特点不同,所形成的小农经济也不完全一样。领主制经济下的中世纪西欧庄园经济,不允许土地自由买卖,农奴没有私有土地,农奴对领主的依附关系紧密,而封建地主制下的中国小农经济,土地可以自由买卖,中国农民的小土地所有制比较发达,对其内部逐步萌生出来的新的经济关系,具有最顽强的抵制能力,极不容易被新经济关系的发展所冲破和瓦解。因而,中国资本主义的发展,远比西欧资本主义的发展迟缓、困难得多。清中叶以后,中国大部分地区已经出现农民经济收入多元化倾向,家庭副业获得了较大发展,如制瓷、冶铁、丝织、棉纺织等行业都有不同程度的增长。副业对农业的依附,便形成农业和手工业的紧密结合,使"男耕女织"成为这种小农经济的稳固结构。与这种小农经济相适应的是欠发达的生产力水平,所用的耕具和织机变化不大,除水利事业和一些经济作物加工业使用机械动力外,其他方面的生产都没有使用机械动力,劳动效率低下。由于中国土地制经济下土地非等级所有和自由买卖,同时也受"农本商末"的政策影响,商人对再生产的积极性不高,他们热衷于把商业资本一部分用来购置土地,从事封建地租的剥削,变成商人地主;另一部分用于骄奢淫逸的生活,买奴婢,大兴土木,而不是投资扩大再生产,当然也就更

第七章 灿若群星的科技文化

谈不上对科技发明的投入了。

封建地主采取的租佃剥削制度既带来了较为松弛的主佃封建依附关系,也带来了佃农与土地结合的不稳定性,在地主垄断土地的情况下,地主利用佃农的租地竞争,往往可以把地租水平提到难以想象的高度,中国的农民在经济上比较缺乏保障,他们有时甚至不能得到最低限度的维持自身生存的生活资料,在这样严重的地租剥削下,农民不可能改良生产,应用科学进行生产更是谈不上,而且从思想意识上来说,因循守旧,对经验主义的惯性依赖束缚着农民改进技术。许多农具如汉代发明的楼车、翻车一直沿用到近现代,犁、锄等生产工具历千百年而无变化。长期以来,中国封建社会占据统治地位的经济形态是自然经济。这种以小农经济为基础的经济形态,满足于一时的风调雨顺,自给自足,安于现状,绝少有改变传统的开拓精神和创造精神,对于科学技术的进步没有迫切的需求,因而使科学技术的发展失去了最根本的原动力,只能在日益没落腐朽的封建制度的轨道上蹒跚而行。封建小农经济生产方式的保守性使科技进步失去原动力。如唐代工商业大多被官方垄断,而工商业者有钱以后也只是通过买地以期改变身份,在技艺改进方面则投入甚少。15世纪后中国之所以未能产生近代科技,很大程度上要归因于中国封建社会自给自足的自然经济为主的自然经济形态占主导地位的社会实际。在一个建立在小农自然经济基础上,严格实行封建专制的国度,我们怎能指望它产生近代科技的社会需求呢?

总之,中国自进入近代以来,科学技术无论是从外部因素、内部因素,还是从传统文化因素、科技结构因素来说,都存在着严重的缺陷。相对于古代科技发展的速度,近代科技的步伐已是大大减慢了,再与同时期西方发展的速度相比,中国的近代科技更显得缓慢不堪。直至今日,中国虽然在某些科技领域在世界处于领先地位,但从总体均衡水平来说,中国还是远远落后于西方发达国家。但是,先进在一定条件下可以变成落后,落后在一定条件下又可以转变为先进。自觉地从历史与现实的经验教训中,认识这一事物发展的客观规律,必将极大增强我们发展科技事业建设祖国的信心和决心。我们相信,正如当初资本主义曾经把封建的中国抛到后面一样,社会主义中国的科学技术一定可以在较短的时间赶上并最终超过它们,以历史上前所未有的速度前进。

思考与探究

1. 我国古代科学技术能够达到较高水平的原因?
2. 为什么中国没有产生近代科学?
3. 古代科学技术成就与局限性给我们的启示?

第八章 师法自然的艺术文化

我国的艺术文化源远流长,在原始社会就已萌芽,经过奴隶社会、封建社会几千年的积累和发展,最终形成了门类丰富、形式多样的艺术形式——书法、绘画、音乐、舞蹈、戏曲等。

中国艺术文化在发展过程中,形成了师法自然的艺术特点。这一中国艺术特点基本可以分为两大类型:"阳刚与阴柔"。① 儒家重阳刚之美,道家主阴柔之美。儒家的审美情趣在浓,而道家则尚淡。浓推崇一种"错彩镂金"的美,但却彰显一种"出水芙蓉"之美。总体上,中国艺术的特点是由中国文化的特点所决定的。"天人合一"、"万物一体"是中华审美文化之精魂,追求天地人三才的和谐共处、师法自然是艺术文化追求的根本。总而言之,中国古代艺术讲求天人合一,与天地精神往来,在漫长的发展过程中逐渐形成了意境悠远,妙趣横生的艺术形式。

第一节 花开并蒂的书法与绘画

书法与绘画,并蒂绽放,相映惊艳,孕育于同一母体之中,最初"画成其物,全如作绘"的象形文字和原始绘画相差无几,只不过在后来的发展和演变中,其各自的职能逐渐明晰化了。书法是通过汉字的书写来表达思想感情意象的艺术,而绘画重在通过描摹客观事物表达画者对人生和社会的理解和看法。和书法所不同的是,绘画除了基本的审美情趣外,还具有丰富的社会功能。

一、书法流变

书法艺术历史悠久,在原始社会就开始萌芽,经过上古三代和春秋战国时期的发展,至秦汉时期已初具特点。秦统一全国后创造了小篆,篆书主要用于石刻、刻

---

①张岱年、方克立:《中国文化概论》,北京师范大学出版社,2004年1月版,第190~192页。

第八章 师法自然的艺术文化

符及高级官方文书和重要仪式典礼的书写,如天子册封诸侯、柩铭、官铸铜器铭文、碑上题额、宫殿砖瓦文字等。汉代书法在秦代的基础上进一步发展,此时主要流行三种字体,一是秦代就已通行的篆书,二是发展成熟的隶书,另外一种就是草书了。隶书萌芽于战国,创立于秦代,盛行于西汉,至东汉定型,到了桓帝、灵帝时达到极盛。这一时期流下来的隶书作品丰富多彩,尤其东汉时期盛行树碑立传,所以碑刻作品最多,亦最为精湛,如《乙瑛碑》、《礼器碑》、《史晨碑》等。草书在东汉时期已普遍流行。汉代著名的书法家有史游、张芝、蔡邕等。史游曾以隶书草写作《急就章》,张芝擅长于章草书,《书断》言张芝创立今草,并称他为"草圣"。蔡邕擅长于篆隶,草创了飞白书,曾参与书写石经,对后世的书法艺术的创作影响深远。

钟繇(公元151~230年)是这一时期较为著名的书法家。他博取众长,自成一家,尤精于隶、楷;书若飞鸿戏海,舞鹤游天。后人评其隶、行入神,八分入妙,和大书法家胡昭并称"胡肥钟瘦",又与晋王羲之并称"钟王"。东晋时期,书法艺术出现空前繁荣,楷书和草书已经成熟,书法三体都已具备,书坛甚是繁荣,社会上涌现出了许多书法家,尤以"二王"(王羲之、王献之)最为杰出。

王羲之(公元303~361年),字逸少。原籍琅琊(今属山东临沂)。出身于西晋的名门望族,从小就向当时著名的女书法家卫夫人学习书法。后来他渡江北游名山,博采众长,草书师法张芝,正书师法钟繇。通过观摩学习"兼撮众法,备成一家",达到了"贵越群品,古今莫二"的高度。王羲之书风最明显的特征是用笔细腻,结构多变,最大的成就在于增损古法,变汉魏质朴书风为笔法精致、潇洒俊逸的书体。其草书浓纤折中,正书势巧形密,行书遒劲自然。总之,他把汉字书写从实用引入一种注重技法、讲究情趣的境界。实际上,这就意味着书法艺术的觉醒,标志着书法家不仅发现了书法美,而且能表现书法美。王羲之为中国书法的发展做出了开创性的贡献。王羲之行草尤为著名,传世作品《兰亭序》被誉为"天下第一行书"。其草书数量较多,但真迹所存甚少,所传几乎全是古摹本和刻帖本。较著名的古摹本有《快雪时晴帖》、《远宦帖》、《丧乱帖》等,值得一提的是,唐僧怀仁曾集王字《圣教序》,对保存王羲之书法成果起了很大的作用。

魏晋南北朝是书法艺术的成熟期,其标志为楷书、行书、草书的定型。三国到西晋时期隶书仍是官方通行的书体,但已逐渐向楷书演化。汉魏两晋书法成为人们的自觉追求,这从以下几个方面表现出来:其一,成批书法家的出现,呈现出父子相传,兄弟争胜现象。从蔡邕到张、钟到二王,书法成了个人专门的艺术追求;其二,对书法的研学达到高度的热爱。张芝学书法"家之衣帛,必书而后练,临池学书,水为之黑";其三,书法理论大量出现。如崔瑗《草书势》、蔡邕《笔论》等;其四,对书法各要素有严格的美学要求。如卫夫人《笔阵图》说:"笔要取崇山绝刃中兔毫……其砚取煎涸新石,其墨取庐山之松烟,纸取东阳鱼卵。"宋人书法尚意,其中最享盛名者为李建中和蔡襄两人。李建中擅长楷、行、篆、隶书,其楷、行书师法颜真卿,但无颜体的丰肥朴拙,而是肥而能秀、拙中见巧。蔡襄工于楷、行、草书,得颜体的端庄稳健。此外,楷书也有新的起色和发展,如宋徽宗赵佶,学书薛稷而自创"瘦金体"。南宋在书法上能另辟蹊径的是张即之,擅长于楷书,用笔斩钉截铁,风格方劲古朴,技法娴熟,能行至自如。

隋朝结束了南北对峙的局面,文化再一次全面合流,书法也掺杂多体,综合变化,奇正相生,别开生面。唐朝是我国封建社会文化的最高峰,书法艺术至唐而极盛。这一局面的到来,除了书法艺术自身发展的长期累积之外,与唐朝政治开明、经济繁荣、文化开放、崇尚书风等的社会环境密不可分。当时朝廷定书法为国子监六学之一,设书学博士,以书法取士。唐太宗李世民便尚好书法,倡导书学,并且竭力推崇王羲之的书法。唐初书法家的代表是欧阳询、虞世南、褚遂良、薛稷,号称"初唐四家"。其中欧阳询书法初学王羲之,后渐变其体,创出一种险劲瘦硬,流宕精美的书体,人称"欧体"。其四子欧阳通得其父真传,与询齐名,人称"大小欧"。欧阳询父子的"欧体"法度严谨,雄深雅健,以险峭取胜,对后世书坛影响颇深。

北宋初期的书法仍然沿袭唐代余波,仿颜体,学张旭、怀素草书,摹李阳冰小篆,一时成为风潮。

张旭(约公元675~750年),字伯高,一字季明,江苏苏州人。母亲陆氏为初唐书家陆柬之的侄女,也是虞世南的外孙女。陆氏世代以书传业,有称于史。张旭为人洒脱不羁,豁达大度,卓尔不群,才华横溢,学识渊博,是一位极有个性的草书大家。因他常喝得大醉,呼叫狂走,然后落笔成书,甚至以头发蘸墨书写,故被世人称为"张颠"。张旭的传世书迹不多,以《古诗四帖》著名,其行笔迅疾,气势磅礴,笔画连带之中,其字忽大忽小,忽轻忽重,忽枯忽湿,出乎意料。线条的飞腾跳跃之中,笔画丰满、敦厚、淋漓,富有自然的起伏波动。"伏如虎卧,起如龙跳,顿如山峙,控如泉流",美不胜收。唐僧怀素是继张旭之后的又一狂草大家。他的狂草笔墨飞舞奇逸,气势变幻跃荡,富有音乐的旋律之美及舞蹈的翩然之态,传世作品有《自叙帖》。

颜真卿(公元709~785年),字清臣,陕西西安人,祖籍山东临沂。其曾祖、祖父、父亲都工于篆隶,母亲殷氏亦长于书法。其书初学褚遂良,后从张旭得其笔法,史称"颜体"。其楷书端庄雄伟,气势开张;行书遒劲舒和,神采飞动。宋代朱华文《墨池编》称颜体笔法为"点如坠石,画如夏云,钩如曾金,戈如发弩,纵横有象,低昂有志",形象地描绘出了颜书用笔骨力雄强,筋肉丰实的特点。同时,颜字结构饱满,端庄严整,气势宽博。这些特点共同形成了它雄强浑厚、朴茂端庄的特有风格。

第八章 师法自然的艺术文化

颜体书法的出现,具有划时代的伟大意义。它突破了自"二王"至初唐四百年间流美趋逸的书风,开创了大气磅礴的新风格,形成了"二王"以后的第二大流派,强烈地表现出了盛唐的时代风貌。颜体对后世影响极大,可以说,一千多年来长盛不衰。颜真卿楷书代表作有《多宝塔碑》、《元结碑》、《麻姑仙坛记》等,行草书有《争座位帖》、《祭侄文稿》等,为历代书法家效法不止。

两宋时期三百多年间,书法发展比较缓慢。宋太宗赵光义留意翰墨,购募古先帝王名臣墨迹,命侍书王著摹刻禁中,厘为十卷,这就是《淳化阁帖》。帖中有一半是"二王"的作品。所以宋初的书法,是宗"二王"的。此后《绛帖》、《潭帖》等,多从《淳化阁帖》翻刻。这种辗转传刻的帖,与原迹差别就会越后越大。所以同是宗王丛帖,宋人远逊唐人。所以一些评家以为帖学大行,书道就衰微了。这是宋代书法不景气的原因之一。其次如米芾《书史》所指出的"趋时贵书"也造成了宋代书法每况愈下。在这种风气笼罩之下,书法家能够按自己对书法艺术的理解去继承、革新的就不太多了。总之,帖学大行和书法艺术以帝王的好恶、权臣的书体为转移的情势,影响和限制了宋代书法的发展。当时著名代表书家有:蔡襄、苏轼、黄庭坚、米芾四大家。四家之外,宋徽宗赵佶独树一帜,亦堪称道。

元朝的书法艺术在继承前代衣钵的基础上继续发展,主要书法家有赵孟頫、康里夔夔、鲜于枢、耶律楚材。其中赵孟頫、鲜于枢,并称"元代一妙"。赵孟頫是元代初期颇具影响的书法家。其行书、楷书自成特色,赞誉甚高。代表作有《汲黯传》、《洛神赋》等。

明清已至封建末世,市民经济有所萌芽,但未获得健康发展。这一时期的书法,对传统艺术形式进行了全面总结完善,同时也有部分书法家刻意出新,展示个性的魅力。整个明代书法以行楷居多,篆、隶、八分及魏体作品几乎绝迹,而楷书皆以纤巧秀丽为美。

明初,仍沿袭元人复古趋向,明中叶则"自祝允明、文徵明、王宠出,始由松雪上窥晋唐,号为明书之中兴。"①"吴门三家"的书法秀雅多姿,给"尚态"的明代书法注入活力。明朝像宋代一样崇尚帖学,法帖传刻异常活跃,此风影响书坛弥久。晚明董其昌为帖学大家,书法清朗秀逸成为清代前期书法楷模。徐渭、张瑞及由明入清的傅山则脱出帖学窠臼,突破常法。

清代的书法在继承前代的基础上继续发展,顺治、康熙、雍正年间,延续明代书法余绪,崇尚帖学,学董其昌之风甚浓。清代前期书法以帖学为主流。书法家主要

---

① 马宗霍:《书林藻鉴》,文物出版社,1984年版,第164页。

有:刘墉、翁方纲、张照等。同属"扬州八怪"中的郑燮、金农欲矫时弊,参用隶笔以求新变,已透漏出碑学兴起的迹象。清代后期碑学盛行。就各种书体而言,清代不仅楷书、行书、草书继续发展,而且篆书和隶书也在一定程度上得到了复兴。就这样,中国书法这一古老艺术形式以多样化的面貌走向了现代。①

二、绘画流变

绘画,与书法并蒂争艳,吐露芬芳。我国的绘画艺术历史亦悠远绵长,经过数千年的不断丰富、革新和发展,创造了具有鲜明民族风格和形式多样的表现手法,以深厚壮丽的文化底蕴和独特的美学追求,在东方画系中别具一格,魅力耀目,异彩纷呈。

中国绘画的源头可以追溯到 12000 年前的旧石器时代晚期。② 新石器时代的彩陶,夏商周时代的青铜器纹饰和春秋战国时代的壁画、帛画,构成了中国早期绘画的风采格局。

秦朝享国日浅,绘画未取得大的进展。汉朝立国后,国势强盛,疆域广阔,丝绸之路的开通加强了中外艺术的交流,在此历史背景下,我国的绘画艺术取得长足的发展,一时间景象繁荣,异彩纷呈。此时的绘画内容多涉及神话传说、古圣先贤和时人景行。其主题多以宣扬封建伦理道德为主,以求达到"成教化,美人伦"之目的。就艺术水准而言,汉代的绘画较前代已有了飞跃性的进步。尤其在汉武帝、汉明帝时期,因帝王提倡而盛极一时,绘画形式各异,内容纷呈。比较有代表性的作品主要有壁画、帛画以及画像石、画像砖等。

魏晋南北朝时期是中国绘画史上重要的时期,这一时期的绘画走上自觉发展的道路,其自觉性体现在以下几点:

其一,文人画家出现,使绘画加入了纯艺术行列,以前绘画基本上出自民间工匠之手,这一时期则出现知识分子利用绘画抒情写意。

其二,山水画形成。秦以前绘画作品以人物为主,在这一时期山水画得到独立发展。

其三,绘画理论成熟。绘画理论的成熟标志着绘画创作达到了自觉的境地,如宗炳《画山水序》和王微《叙画》开山水画论的先河。③ 这一时期人们挣脱了正统儒学的羁绊,玄学畅行,个性得到张扬,绘画艺术蓬勃发展。卫协、曹不兴、顾恺之、陆

---

①彭吉象:《中国艺术学》,北京大学出版社,2007年版,第281页。
②胡凌、邹兰志:《全彩中国绘画艺术史》,宁夏人民出版社,2000年10月版,第1~2页。
③彭吉象:《中国艺术学》,北京大学出版社,2007年版,第290页。

探微、张僧繇等一批优秀画家脱颖而出,成为划时代的艺术大家。其中最有影响的是顾恺之、陆探微、张僧繇,画史上誉之为"六朝三杰"。"三杰"中当属顾恺之影响最为深远。

隋代的绘画风格,承前启后,风格细密而清丽。隋朝的统一结束了持续三百年的战乱和纷争,全国出现了稳定的局面,南北画家纷纷云集于京都,交流技艺,各显其长,中国绘画艺术南北融合,出现了异常活跃和兴盛的局面。

唐朝是中国绘画史上一个空前繁盛的时代,以阎立本、吴道子为代表的肖像画,在人物心理和细节的刻画上超越了前代。此外,盛唐的山水画已从人物画的背景中独立出来,而且形成了风格迥异的两大流派——"金碧山水"和"破墨山水"。①即:李思训父子继承和发展了展子虔技法,形成了工细巧整、金碧辉映的青绿山水画派;王维用水墨画山水,笔意清润、笔迹劲爽,是水墨山水画派的始祖。李思训的《江帆楼阁图》是其山水画的代表之作。气魄豪放,着色浓烈,尤喜施用大青绿,色彩效果以"金碧辉映"著称于世。其子李昭道在继承家学的基础上又自辟蹊径。二李的山水多被后人取法,对后世的绘画产生了极大的影响。王维的《辋川图》,笔墨清润婉约,气韵生动、意境丰满、笔致空灵,画中有诗,诗中有画。这种诗画融合、诗情画意的审美情趣,成为后世山水画家孜孜以求的艺术标准与境界。与此同时,花鸟画在历经了南北朝的萌芽阶段之后也发展为独立的画种,为以后花鸟画的发展奠定了基础,其间出现了不少花鸟画家,形成了不同的艺术流派。壁画仍是唐代画家一展才华的重要形式。其中,石窟壁画极度鼎盛,成就较高的敦煌"经变画"显示出世俗化的鲜明倾向。

宋朝的绘画虽无唐代的辉煌富丽,却体现了前所未见的丰富多彩。这一时期的绘画作品,灿若繁星,画风多样,题材丰富,一时令人目不暇接。绘画出现了明显的分科,比如按题材可分为:人物画、山水画、花鸟画等,按社会阶层可分为:宫廷画、文人画、民间画等。

元朝的山水画在中国古代山水画发展过程中具有里程碑意义,从此之后,山水画成为中国绘画中最大的画科。明朝的绘画在继承宋元传统的基础上,进一步发展。随着政治和经济的逐渐稳定,文化艺术变得发达起来,出现了一些以地区为中心的名家与流派。绘画方面以戴进和吴伟为代表的浙派,以沈周、文徵明为首的吴门派,董其昌、赵左等人为代表的松江派、华亭派、苏松派,浙江钱塘蓝瑛的武林

---

① 李一宇:《中国文化的由来》,中国档案出版社,2006年版,第304页。

派等。①

清代是中国山水画和花鸟画的全盛时期,在题材、技法、风格上比宋元明三代更加多样和成熟。清初的主要代表为"四僧"、"金陵八家"、新安派等,其中"四僧"中石涛的成就最高,对后世影响也最大。石涛擅长山水、兰竹,代表作有《海晏河清图》。清朝中期最具影响的是"扬州八怪",常以"四君子"等花卉为描摹对象,以水墨为主,形式洒脱不拘一格。清末在中国画坛上出现了"海上画派",其大胆革新为中国传统绘画吹来了清新之风。

第二节　情动于心的音乐与舞蹈

乐舞艺术在原始社会就已出现,在远古时代,乐舞艺术互相交叉分界尚不明晰,原始社会时期舞蹈和音乐紧密结合,统称为"乐"。《尚书·益稷》记载:"击石拊石,百兽率舞。"《吕氏春秋·古乐篇》又记:"昔葛天氏之乐,三人操牛尾,投足以歌八阕。"都是有关上古时代载歌载舞场面生动的描述。先秦乐舞包含三皇五帝的乐舞、西周的雅乐舞、东周的民俗乐舞等,尤其是西周时期,经过周公"制礼作乐",乐舞和社会教化密切结合在了一起。② 这对后世乐舞艺术的发展产生了深远的影响。

一、乐舞探源:歌舞乐一体的原始乐舞

先秦时期我国的音乐艺术最突出的特点就是:歌、舞、乐浑然一体。有关远古时代的音乐资料,在考古中已有实物发现,如在河南舞阳贾湖村发现了远古时期的骨笛,浙江河姆渡和陕西半坡发现了陶埙等乐器,这些都简单表明在远古社会人类已经具备基本的音乐审美能力。③ 根据古代文献记载远古时代的音乐具有歌、舞、乐互相结合的特点。如《竹书纪年·帝舜元年》记载:"(舜)即帝位……击石拊石,以歌九韶,百兽率舞。"《穆天子传》卷五:"天子射鹿于林中,仍饮于盂氏,爰舞白鹤三八。"这些歌、舞、乐互为一体的原始乐舞,反映着当时人类喜怒哀乐等复杂的情感以及人类对自然、祖先的敬仰等。④ 关于原始的歌曲形式,在《吕氏春秋》中记载

---

①李少林:《中国艺术史》,内蒙古人民出版社,2006年4月,第25~37页。
②诸春元:《论周代礼乐文化中的乐舞艺术的象征性艺术精神》,《巢湖学院学报》,2008年第10卷第4期。
③黄厚明:《中国原始音乐起源的考古学观察》,《中原文物》,2003年第4期。
④李少林:《中国艺术史》,内蒙古人民出版社,2006年4月版,第185页。

第八章 师法自然的艺术文化

有涂山氏之女所作的"候人歌"。这首歌的歌词仅只"候人兮猗"一句,而只有"候人"二字有实意。此时的音乐尚处萌芽阶段。① 从古典文献记载来看,我国的乐舞艺术在夏商时期已经渐渐脱离了图腾崇拜,转而为歌颂人对自然的征服。例如歌颂夏禹的乐舞《大夏》,歌颂商汤伐桀的乐舞《大䕶》。夏商时期已经出现了较为完善的教育机构和从事音乐教育的乐师。② 《礼记·明堂位》说:"瞽宗,殷学也。"郑玄注:"瞽宗,乐师瞽矇之所宗也,古者有道德者使教焉,死则以为乐祖,于此祭之。"《周礼·春官·宗伯第三》说:"瞽矇:掌播鼗、柷、敔、埙、箫、管、弦、歌、讽诵诗,世奠系,鼓琴瑟。"商代巫风盛行,出现了专司祭祀的巫(女巫)和觋(男巫),他们在行祭时舞蹈、歌唱,是最早以音乐为职业的人。用于祭祀的《桑林》是商代流传下来较为完整的乐舞之一。据史料记载,在夏代已有用鳄鱼皮蒙制的鼍鼓。商代已经发现有木腔蟒皮鼓和双鸟饕餮纹铜鼓,以及制作精良的脱胎于石桦犁的石磬,同时还出现了编钟、编铙等乐器。根据陶埙发音推断,我国民族音乐思维的基础五声音阶出现在新石器时代的晚期,而七声音阶至少在殷商时期已经出现。

二、制礼作乐寓教于舞:先秦时期的乐舞转化

随着社会的发展,中国舞蹈在周代有着重要的发展,即舞蹈与祭祀"联姻"的形式虽然被延续下来,但其功能却逐渐发生了转化——从娱神而走向娱人。

这种变化在商代已经有所显示,《尚书·商书·伊训》载:"恒舞于宫,酣歌于室,时谓巫风。"说明当初祭祀的舞乐为奴隶主日常享用。西周时期建立了完备的礼乐制度,总结了历代的典章乐舞,形成了祭祀天地、日月、山川以及祖先的雅乐——"六代乐舞"。春秋战国时期,周代的音乐文化涉及社会生活的各个方面,十分活跃,出现了许多著名的音乐家,如春秋时期晋国的师旷,鲁国的孔丘,晋国的伯牙等。伯牙是一位资深的古琴演奏家、作曲家,是先秦典籍中最早以善音乐著称于世而跻身"士"的音乐家。

周代音乐文化高度发达,1978年湖北随县出土的战国曾侯乙墓葬中的古乐器充分地证明了这一点。在出土的一百二十四件乐器中,按照周代的"八音"乐器分类法(金、石、丝、竹、匏、土、革、木),几乎各类乐器应有尽有。③

西周灭亡之后,群雄并起,诸侯争霸,一时间"礼崩乐坏"。雅乐走向衰落,民间歌舞艺术出现了空前的繁荣景象。此时的舞蹈艺术从内容到形式上都发生了巨

---

① 苏燕:《原始社会音乐概述》,《成功》(教育版),2009年第9期。
② 祈文源、李锦生:《中国音乐史》,甘肃人民出版社,2002年版,第4页。
③ 李少林:《中国艺术史》,内蒙古人民出版社,2006年4月,第187页。

大的变化,在技巧上有了质的飞跃,形式更加丰富多彩。如《诗经》中的部分诗歌,起初都是舞曲歌词。这些歌词有不少就是直接描写民间歌舞的场景的:如《陈风·东门之枌》、《陈风·宛丘》、《王风·君子阳阳》等诗篇,直接描绘了青年男女相爱时的歌舞情景。楚国信巫好祠,歌舞娱神之风甚盛。屈原的《九歌》主要是根据位于江汉流域的楚国民间祭祀乐舞素材创作而成的。《九歌》分为《东皇太一》、《云中君》、《湘君》、《湘夫人》、《大司命》、《少司命》、《东君》、《河伯》、《山鬼》、《国殇》、《礼魂》十一篇,有独舞、群舞、歌舞和伴唱等,全篇瑰丽华彩,是春秋战国巫舞中最具代表性的。在这种发展趋势中,各地的优秀乐舞艺人涌现并且集中在贵族之家和诸侯后宫。"女乐"、"倡优"队伍不断扩大,舞蹈艺人技巧水平也推动了舞蹈自身的发展和进步。据记载,西施擅长表演《响屐舞》。此外还有燕昭王时期,由广延国进献的两名舞人:旋娟、提嫫,擅长于《萦尘》、《集羽》、《旋怀》。据史籍记载,这一时期的舞蹈的基本特点是飘逸轻盈,长袖细腰,对后世舞蹈风格影响深远。

三、雍容融汇博大:汉唐盛世的乐舞高峰

汉、唐是我国封建社会的伎乐舞蹈的两大高峰时期。这与其经济繁荣,国力强盛紧密相关。

秦汉时期,我国的音乐文化开始走向繁荣阶段,出现了宫廷音乐、宗教音乐、文人音乐、民间音乐欣欣向荣的局面。

西汉时期,国家专门设立了管理音乐的机构——乐府。汉武帝时,乐府在发扬和整理乐舞艺术方面发挥了重要的作用。李延年担任协律都尉,司马相如等十几位文学家参与创作改编诗词,同时还吸纳了各地的民间艺人。乐府采集的民间音乐范围很广泛,所涉及的地域几乎遍布整个中国,对西汉时期以及后来我国的音乐创作、演奏和演唱技巧的发展及各民族音乐之间的交流、借鉴、提高做出了很大的贡献。此外,汉初出现了一种新的音乐形式——"鼓吹乐",[1]因其主要用于军乐和朝会仪仗,又被称为"黄门鼓吹"。李延年在鼓吹乐的发展过程中做出了重要的贡献。

由"角抵"发展而成的"百戏"是汉代舞蹈艺术高度发展的集中体现。百戏又叫"散乐",内容有杂技、角抵、幻术、武术、歌舞、杂戏等,主要流行于汉代的宫廷和达官显贵家里。从汉代乐舞画像砖等资料看,汉代的角抵百戏大体有各种杂技、武

---

[1] 阴法鲁、许树安、刘玉才:《中国古代文化史插图本(上)》,北京大学出版社,2008年4月版,第492页。

第八章 师法自然的艺术文化

术、幻术,如走索、舞剑、吞刀、吐火等;还有音乐舞蹈,如乐队演奏、歌唱、各种模拟鸟兽的舞蹈,即所谓"鱼龙曼衍"之戏,如《七盘舞》、《巾舞》、舞袖、建鼓舞等等。有时亦有侏儒、俳优配搭或穿插演出。特别是在"百戏"中还出现了《总会仙倡》和《东海黄公》这种扮演特定人物或略带故事情节的表演,是以后戏曲发展的滥觞。汉代除了穿插在"百戏"中有舞蹈表演外,在后宫和贵族之家还有许多专门以歌舞娱人的艺人——"女乐",亦称为"歌舞者",即隋唐时期的歌舞伎。这些人接受过专业的舞蹈训练,大都技艺高超,如著名的宫廷乐人丙彊、景武等。汉朝有专门的乐舞管理机构,隶属奉常的太乐,主要掌管祭祀宗庙的雅乐;隶属少府的乐府,管理供皇帝娱乐的俗舞蹈。

汉代的古琴艺术在此时也取得了很大的发展,汉末蔡邕及蔡琰父女都是当时著名的古琴家和作曲家。流传于世的琴曲有"蔡氏五弄"——《游春》、《绿水》、《幽居》、《坐愁》、《秋思》,蔡琰的《胡笳十八拍》。汉代律学家京房按照"三分损益"、"五度相生"的办法推演出的"六十律"。这种理论在音乐实践上虽无意义,但体现了律学思维的精微性,具有一定的探索性和科学价值。

汉代酒宴中,除观赏歌舞艺人的表演外,宾客们亦有相邀起舞的习俗,古代叫做"以舞相属",既是礼节,亦为自娱。汉魏晋时甚为流行,是一种古老的"交谊舞"。宾主偶尔也即兴起舞,如《鸿门宴》中项庄舞剑。在汉代,传统的雅乐舞蹈衰微了,因汉初高祖喜好乐舞,民间乐舞被引入宫廷;结合当时的政治需要,还出现了一些具有民间风格的雅乐舞蹈,如《大风歌》、《灵星舞》等。汉代各民族交往频繁,"胡舞"亦甚为流行。

隋唐时期的舞蹈可以看做是中国舞蹈历史的枢纽点,中国的乐舞艺术出现了空前的大融合。隋初时燕乐有"七部乐"、隋炀帝时增至九部乐,唐贞观年间增至"十部乐"。燕乐是以传统音乐为主,吸收了西凉、龟兹等少数民族音乐的因素而创作的一种崭新的歌舞音乐。主要有清商乐、西凉乐、高昌乐、龟兹乐、康国乐、安国乐、天竺乐、高丽乐、疏勒乐、文康乐等。至唐玄宗时改"十部乐"为"坐部伎"和"立部伎"两部。在燕乐中,最具代表性的是唐代大曲。唐代大曲在继承相和大曲的基础上,吸收了九部乐中各族音乐的精华,形成了散序——中序(或拍序、头)——破或舞遍的结构形式。唐代大曲是溶器乐、声乐、舞蹈等艺术为一体的综合性艺术表演形式。现可考的曲名有六十多种。其中梨园表演的大曲典雅而严谨被称为法曲,如著名的《霓裳羽衣舞》。它集中了唐朝及前代的音乐舞蹈艺术精华,曾令无数的诗人赞叹不已,并且传到了朝鲜、日本等国,对这些国家乐舞产生了重大影响。

隋唐时期除了发达的燕乐外,民间音乐和文人音乐也具有特色。如民间的"曲子",流传甚广的文人乐府诗等。"曲子"是一些长期流传在民间的歌谣,经过文人选择、推荐、加工,并用新词配乐的音乐。曲子最早主要在民间流行,传到城市后逐渐发生了变化,内容和表现形式也日益丰富起来。保存在敦煌石窟中的唐代曲子多达五百多首,曲调名有八十余支,除少数署名外,其余大都为民间作品。

四、民间舞乐突起:宋以后舞乐至变异

宋代是我国舞蹈艺术发生转折变化的时代。与唐代的舞乐相比,其宫廷舞乐不可同日而语,但民间歌舞却异军突起,盛况空前。

宋元时期,城镇经济兴盛,随着市民阶层的扩大,乐舞文化的重心开始由宫廷转向民间。[①] 如果说隋唐时期的宫廷燕乐曾经炫彩夺目,那么宋元时期的音乐则以表现世俗情态获得蓬勃发展,音乐形式也由歌舞转向戏曲。

宋代舞蹈主要有三个方面:宫廷队舞、民间队舞和百戏中的舞蹈。"队舞"是一种以歌舞为主并包括舞蹈化、表演化的武术、杂技、说唱、带戏剧情节的民间游行表演,不仅规模大,名目也极多。宋代的队舞是在唐代队舞的基础上发展为小儿队舞和女弟子队舞。代表作品有表现农耕劳作的《村田乐》、《讶鼓》;带有宗教色彩的《装神鬼》、《跳钟馗》;舞蹈化了的武术表演《舞蛮牌》、《狮豹》等等。宋代的民间舞蹈十分兴盛,每逢新年、元宵灯节、清明节、天寿节(皇帝的生日),民间队舞表演非常活跃。《武林旧事》所记的元夕队舞有70种,这70种队舞有许多节目至今尚在民间流传。宋代百戏中的舞蹈,在军旅中常有演出。《东京梦华录》"驾登宝津楼诸军呈百戏"条载,军士化装成假面披发的神鬼、判官等,鼓笛齐奏,烟火弥漫,爆竹、喝喊声中,表演《抱锣》、《硬鬼》、《舞判》、《哑杂剧》、《七圣刀》、《歇帐》、《抹跄》等,表演者从一两个人到百余人,有的戴面具,有的用青、绿、黄、白各色涂面,金睛异服,两两格斗击刺,摆阵对垒。这些扮演了各种人物的舞蹈,各成一出,又似有一定的戏剧情节的联系。

随着商业经济的发展和市民阶层的出现,城市出现了"勾栏"、"瓦肆",为民间艺术剧场化、民间艺人职业化创造了条件,促进民间艺术的发展。

元代杂剧崛起,它是在唐宋以来话本、词曲、讲唱文学的基础上而形成文学剧本。这比之以滑稽取笑为主的参军戏或宋杂剧可说已起了质的变化。元杂剧在内容上不仅丰富了久已在民间传唱的故事,而且广泛地反映了当时的社会现实,成为

[①] 牛娜娜:《唐宋音乐的主要特征》,《郑州航空工业管理学院学报》(社会科学版),第27卷第5期。

广大人民群众最喜爱的文艺形式。

明清时期中国社会内部出现了资本主义萌芽,市民阶层壮大,音乐文化的发展进一步呈现世俗化的特点,民间音乐发展势头高涨,尤其是民间小曲和戏曲音乐。[①] 民间小曲内容丰富,社会影响广泛。私人收集编辑、刊刻小曲成风,而且从民歌小曲到唱本,戏文,说唱音乐异彩纷呈。其中南方的弹词,北方的鼓词,以及牌子曲,琴书,道情类的说唱曲种更为重要。

清代舞乐具有浓厚的满族特色。在他们的队舞中,既有祖先狩猎的痕迹,也有以弯弓骑射的雄姿,表现清朝之强盛和历史功德。

不过,就总体而言,宋以后舞蹈作为独立的艺术品种呈现衰弱趋势,取而代之的是综合性艺术——戏曲之兴起。

五、辉煌石窟艺术:敦煌、龟兹舞乐

我国石窟遗存众多,石窟中的那些形态各异的塑像和丰富绚丽的壁画,为我们保存了各个历史时期中国舞蹈的风貌。丝绸之路上的两颗明珠——敦煌莫高窟和克孜尔的千佛洞集中再现了东西乐舞的融汇交流。

莫高窟现有492个洞窟,壁画4.5万平方米、泥质彩塑2415尊。大多数洞窟中的壁画都有舞人形象和乐舞场面,生动再现了从北魏、北周、隋唐、五代、宋元、明清时期的人文风貌和舞蹈艺术,堪称佛教艺术的最高成就,又是中外舞乐交流的历史卷宗和中国古代舞蹈艺术的博物馆。

敦煌艺术源于佛教的传入,"经变画"在敦煌壁画中占有很大的比重。它虽然讲的是佛经的故事,但在礼佛、娱佛的过程中必有美妙动人的舞蹈。尤其是唐代,中外交流频繁,八方舞乐尽收画工眼底,再现其笔端的杰作颇多。112窟"观无量寿经变",画中所描绘的西方佛国世界,歌舞升平,富丽庄严,对幻想脱离人世"苦海"的人们,具有很大的吸引力。经变画中的大量歌舞画面,是画幅中最突出、最主要的一个部分,不同肤色和发色的乐工舞伎,鼓乐并奏,舞态翩跹,不仅给人以一派繁华升平的佛国气象,还反映了现实的大唐帝国融汇中外文化绽出的艺术异彩,是我们研究音乐舞蹈的重要资料。

与"经变画"相对照的是少量"世俗画",大都是富于生活气息的乐舞场面,反映当时民间生活的风貌和礼仪。

在众多"天官伎乐"、"力士"、"供养伎乐"中,可以看到各代舞风的特征及其演

---

① 阴法鲁、许树安、刘玉才:《中国古代文化史》,北京大学出版社,2008年4月,第517页。

变过程。如早期的"天官伎乐"舞姿多有印度、西域影响,而造型奇特、情态粗犷的"力士"则留有汉代东西文化交流的遗风。北周时期的"供养伎乐",有着突厥装舞者,这大约和当年推行与北夷结姻的政策有关。总之,北魏的古朴、唐代的雍容、西夏的淳厚,在仙人的形象中都有体现。其中令人注目的就是"飞天"。莫高窟的壁画上,处处可见漫天飞舞的美丽飞天。飞天是侍奉佛陀和帝释天的神,能歌善舞。墙壁之上,飞天在无边无际的茫茫宇宙中飘舞,有的手捧莲蕾,直冲云霄;有的从空中俯冲下来,势若流星;有的穿过重楼高阁,宛如游龙;有的则随风漫卷,悠然自得。画家用那特有的蜿蜒曲折的长线、舒展和谐的意趣,呈献给人们一个优美而空灵的想象世界。

克孜尔千佛洞同样是东西舞乐交流的见证。佛洞中的壁画和塑像都呈现出不同的舞姿和神态,其中多见翻腕、弹指、拧腰、跷指等舞姿,这种活泼俏丽的舞风和今日维吾尔族、乌孜别克族的民间舞蹈有很多相似之处。

第三节 和谐融通的戏曲文化

戏曲是一种融合文学、音乐、舞蹈、美术、武术、杂技等为一体,高度综合化的艺术形式。中国戏曲萌芽于先秦时期,在宋元时期成熟,明清时期走向繁荣。在漫长曲折的发展过程中,中国戏曲逐渐形成具有标志性两大剧种——昆曲和京剧。中国的戏曲与古希腊的悲喜剧、印度的梵剧并称世界三大古剧。

一、戏曲的萌芽和形成

贯穿戏曲形成的有两条重要的线索,一条是古代的歌舞,另一条是传统的说唱艺术。原始社会的歌舞,三代时期的傩戏等都含有早期戏曲萌发的因子。①《史记·滑稽列传》上所记载的"优孟衣冠"的故事,俳优的表演已经含有极其明显的戏曲因素了,其诙谐调笑的语言艺术,对后来的戏曲有着深远影响。正因为如此,有学者把"优孟衣冠"说成是中国戏曲的开端,而优孟是中国最早的戏曲演员。②

汉代时在民间出现的"角抵戏",如《东海黄公》已经含有非常丰富的表演成分。南北朝时期,民间出现了歌舞与表演相结合的"歌舞戏",具有更为浓郁的表演成分,如《拔头》、《代面》、《踏摇娘》等。唐代出现了由先秦时期的优伶表演发展

---

①五双:《论中国戏曲起源于原始祭祀仪式》,《中国文化研究》1999年秋之卷(总第25期)。
②周传家:《中国古代戏曲》,商务印书馆,1996版,第1页。

而来的"参军戏",以滑稽表演为特点。民间的歌舞戏也进入宫廷,得到了更大的发展。"俗讲"和"变文"等通俗说唱形式在民间也十分流行。宋代,城市商品经济得到长足发展,出现很多市民娱乐场所——"瓦舍"和"勾栏"。民间歌舞、说唱、滑稽戏有了综合的趋势,出现了"宋杂剧"。金代,在宋杂剧基础上,北方出现了"金院本",南方出现了"南戏"。元代,北方形成"北杂剧",南方戏曲进一步发展成熟,中国的戏曲艺术形成。

二、戏曲的成熟——南戏

宋元时期中国戏曲正式形成,其具有标志性的是南戏的诞生。而稍晚出现的北曲杂剧(即元杂剧)则使中国戏曲进入黄金时代。南戏,又称戏文、温州杂剧或永嘉杂剧,产生于北宋中叶,最初形成于温州一带。它是在宋杂剧的基础上,融和南方民间小曲、说唱等艺术因素形成的,以体制庞大、曲词通俗质朴为其特点,已粗具戏曲的基本艺术特征。南戏的剧本多为长篇,一场为一出。角色有七个,即生、旦、净、丑、末、外、贴,其中以生、旦为主要角色。一本戏文中,以生、旦为主,展开情节,其他角色皆为配角。南戏的作者大都为下层文人或民间艺人,当时成为"书会才人"。南戏形成于民间,不受文人学士的重视,故有关南戏的资料及剧本被保存下来的甚少。

最早的南戏有《赵贞女》和《王魁》两个剧目,可惜剧本失传。在现存的南戏作品中,当以《张协状元》、《错立身》、《小孙屠》等三种戏文为最早。《荆钗记》、《白兔记》、《拜月亭》、《杀狗记》、《琵琶记》等五种南戏影响最大。其中前四种在明清时期被称为"四大南戏",王国维在《宋元戏曲史》中云:"元之南戏,以《荆》、《刘》、《拜》、《杀》并称,得《琵琶》而五。"

总而言之,南戏是中国戏曲艺术的雏形。在艺术特点上讲,已经具有后来戏曲艺术的一些基本特征,比如:唱、念、做、打等表现手法。同时,生、旦、净、丑等戏曲角色也已基本形成,为以后戏曲的繁荣奠定了丰实的基础。

三、戏曲的繁荣——元杂剧

元代是中国戏曲史的一个十分重要时期,元杂剧在此时获得了空前的发展。元杂剧是在金院本和诸宫调的直接影响之下,融合各种表演艺术形式形成的一种较为完整的戏剧表演形式,在唐宋以来话本、词曲、讲唱文学的基础上创造了成熟的文学剧本,这和以滑稽取笑为主的参军戏或宋杂剧而言,已经发生了质的飞跃。作为一种成熟的戏剧形式,元杂剧在内容上丰富了民间传唱的故事,且广泛地反映了当时的社会现实,成为广大人民群众最喜爱的文艺形式之一。

元杂剧的基本形态是"四折一楔子"。"折"类同今天戏剧里的"幕","楔子"是放在开头、中间或结尾的小开场和过渡戏,起着说白和过渡性作用。位于开头,起序幕性作用,叫开场楔子。置于剧中,起过渡性作用,叫过场楔子。所谓"四折"即:开端、发展、高潮、结尾四个阶段。关于"四折一楔子"的形态是灵活可变的,为了表现剧情的发展变化,剧作家常常的也会有所突破,如关汉卿的《秋千记》就是六折,王实甫的《西厢记》多达五本二十一折等。

此外,元杂剧的文学,以质朴自然取胜,后世戏曲文学无有出其右者。关汉卿、马致远、郑光祖、白朴、王实甫等杂剧作家,在戏曲史上影响深远。其中前四者被后世誉为"元曲四大家",其中又以关汉卿的成就最高、影响最大。他一生写了60多部杂剧,现存的还有18部。

四、昆剧的兴起

昆剧来源于明清传奇。传奇,源于宋元南戏,是它成熟化与规范化的结果。明中叶以后,传奇代替杂剧成为戏曲舞台上的主角。明清传奇包括众多的地方声腔,最著名的有四大声腔:浙江的海盐腔、浙江余姚腔、江西的弋阳腔、江苏的昆山腔。其中流传最广、影响最深远的是昆山腔和弋阳腔。昆山腔是元末南曲的一个支派。在清朝以来被称为"昆曲",现也被称为"昆剧"。

明末,由于文人士大夫的倾情,昆曲的足迹遍及全国各处,在当时的两大戏曲都市北京和扬州,昆曲更是独占鳌头。明末清初新剧创作和演出频繁,昆曲达到了发展的顶峰期,在此间涌现出了许多著名的剧作家,如汤显祖、沈璟、高濂、李渔、朱素臣、孔尚任、洪昇等,其中汤显祖、孔尚任、洪昇的影响最大。

汤显祖是明朝万历年间著名的剧作家,被誉为"中国的莎士比亚",一生著述颇丰,主要包括《紫箫记》、《紫钗记》、《牡丹亭》、《邯郸记》、《南柯记》等五种传奇,其中《紫钗记》是根据《紫箫记》修改而成的,又因四剧中皆有梦的情节,故将四剧合称为《临川四梦》或《玉茗堂四梦》。"四梦"中,《牡丹亭》是汤显祖的代表作。《牡丹亭》,又名《还魂记》,写的是南宋初年,福建南安太守杜宝的女儿杜丽娘到花园游玩,梦中与书生柳梦梅幽会。梦醒后她为相思所苦,伤情而死。三年后,柳梦梅去临安应试,经过杜丽娘的墓地,拾到她的自画像,然后在梦中与杜丽娘的鬼魂相会,得到指引掘墓开棺,丽娘因而起死回生,二人结为夫妇,但杜宝不承认他们的结合,直至柳梦梅中了状元,奉旨成婚,此事才获得圆满解决。

明清易代之际,在昆曲发祥地的苏州,产生和集中了许多优秀的戏剧作家。在这个专业作家群体里,李玉是最突出的一个。他的作品《一捧雪》、《人兽关》、《永团圆》、《占花魁》闻名剧坛,入清后又作《千钟禄》、《清忠谱》。此外宗教题材的戏曲也深受广大民众的欢迎,其中目连戏是最具代表性的,代表作就是《劝善目连救母行孝戏文》。

清初社会稳定,昆曲依然向前发展,代表作品有洪昇的《长生殿》和孔尚任的《桃花扇》。戏曲史家将这两部杰作视为传奇的"压卷之作",是传奇达到顶峰的标志,也是传奇创作最后极为辉煌的一页。但自乾隆以后,随着各地方剧种的兴起,昆曲渐渐成为曲高和寡的艺术,逐渐走向衰落,其地位被后兴起的京剧所取代。

五、花部的兴起和京剧的形成

自清代前期起,戏曲舞台发生了极大的变化,戏曲艺术开始走向的民间化和通俗化,先是昆曲、高腔折子戏的盛行,后是地方戏的兴起,从此,戏曲舞台不再是传奇戏的天下,昆曲与高腔有了来自民间的竞争者。清中叶戏曲发展进入了一个转折阶段,从明初以来一直占据统治地位的戏曲形式——传奇,在曲坛的霸主地位已被高腔、梆子腔、柳子腔、皮黄腔等地方戏所取代,昆曲消沉,地方戏兴起。

地方戏是昆曲之外多种剧种的统称。其中,占主导地位的是乾隆年间被称为"花部"或"乱弹"的梆子、皮簧、弦索等新兴剧种。因用昆山腔演唱语言典雅,旋律婉转高雅,故将昆山腔演唱的传奇成为雅部,而将其他地方戏称为花部,又称乱弹。有关"花""雅"之分,李斗《扬州画舫录》里说:"两淮盐务例蓄花雅两部,以备大戏。"雅部即昆山腔,花部为京腔、秦腔、弋阳腔、梆子腔、罗罗腔、二簧调,统谓之乱弹。所谓雅,就是正的意思,当时奉昆曲为正声;所谓花,就是杂的意思,指地方戏的声腔花杂不纯,多为野调俗曲。花部创作可视为是对昆曲雅化倾向的逆反运动。由于剧作家的匮乏,清代地方戏创作始终未能出现和关汉卿、汤显祖那样相媲美的艺术大师。中国戏曲从这个时候开始了由剧本文学为中心向舞台艺术为中心的转移。清代地方戏作品主要靠梨园抄本流传或艺人口传心授,刊刻付印的极少,保存至今能看到早期面貌的剧本,只有乾隆年间刊刻的戏曲选本《缀白裘》。

中国少数民族的戏曲剧种,在花部崛起的年月,也似春笋一般,纷纷破土而出了,如贵州侗族的侗戏,布依族的布依戏,云南白族的吹吹腔剧(白剧之前身),傣族的傣剧,以及分布在云南、广西两省的壮族的壮剧等。而15世纪便在西藏地区形成的藏剧,此刻已呈繁荣蓬勃之貌,它们各异的形态、风格,体现着自己民族独特的历史与文化传统。

花部戏兴起后,当时的戏坛一度出现了"花雅之争"的局面。在花部中徽班显示出了自己的优势,特别是在三庆班进京之后,花部戏的唱腔和表演很快获得广大观众的喜爱。三庆班在京城站稳脚跟后,其他的徽班也相继进京,最后形成了独霸京城曲坛的局面,在基础上形成了一种新的腔调——"京腔"。这就为以后京剧的形成奠定了基础。

乾隆五十五年(公元1790年),为庆祝皇帝的八十大寿,诏令四大徽班入京。四大徽班,即三庆、四喜、春台、和春。四大徽班进京是京剧形成过程中的一个十分重要事件。徽班是演出团体,进京后他们演出的剧目和演唱的声腔,必须克服审美的地域性,去迎合来自于全国各地的京都观众。这就迫使他们不得不进行一些改革,在艺术上要求更加精湛,表现技法更加娴熟。同时又吸取其他戏曲表演的养料,积极融会贯通,逐渐形成了自己别具一格的特色。

首先,在唱腔上形成了一整套曲调板式,唱二簧调、西皮调为主的兼容进了汉调、皮簧腔等腔调,最终逐渐形成了皮黄剧,即京剧。其次,戏曲语言融入了北京方言,形成了"十三辙"、"四声"、"上口字"、"尖团字"等带有北京语言的唱白发音特征。第三,形成了板腔体的音乐结构。总而言之,京剧是南方的戏曲艺术被移植到北方后,积极汲取了南北戏曲的各种养料,且与北方地区的语言习俗和欣赏水准巧妙融会贯通,实现了南方风情与北方神韵的交汇。① 此时杰出的艺人有程长庚、余三胜、张二奎等,人们称其为"三鼎甲"。

京剧艺术的核心是五功五法。五功指的是:"唱、念、做、打、舞"。五法指的是:"手、眼、身、心、步"。这五功五法是经过无数艺术家的千锤百炼才形成。具体的讲京剧具有两大特征:从外在特征上讲,是长期形成的一整套独具特色的表演程式,唱、念、做、打、舞灵活运用,手、眼、身、心、步和谐统一,套路成熟,约定俗称,成为一种规范性很强的艺术表演形式;从内在特征上讲,主要是剧目创作、台词语言风格化、舞台动作、化妆脸谱的写意性,有言必舞,有动必舞,形成了京剧外在技巧和内在感情的融合。这种"虚实相生、内外交融、形神兼备"的艺术特征,使得京剧更好的发挥了弥久深厚的艺术魅力。

京剧在发展过程中经历了明末清初的孕育期、清末的确立期、民国年间的成熟期,特别是在清末,京剧艺术达到相当繁荣的局面,产生了诸多流派,每个流派都涌现出了一批佼佼者,此外,这一时期的戏曲文学也出现了十分繁荣景象。

京剧的剧目众多,据《京剧剧目辞典》统计大概有5300多种,其中京剧剧目多取材于历史故事及一些民间趣闻,如取材于《东周列国志》的《搜孤救孤》,取材于《三国演义》的《借东风》等剧目都广为流传,深受观众喜欢。

总而言之,京剧是流行全国的大剧种,自公元1790年"四大徽班"进京演出以后逐渐形成,并得到了迅速的发展。京剧流派很多,其中最著名的有"谭派"(谭鑫

---

① 周安华:《戏曲艺术通论》,南京大学出版社,2005年版,第48页。

第八章 师法自然的艺术文化

培)、"麟派"(周信芳)、"盖派"(盖叫天)以及"四大名旦"(梅兰芳、程砚秋、荀慧生、尚小云)和"四大须生"(马连良、谭富英、杨宝森、奚啸伯)等。京剧是在吸收了全国各种剧种的养分之后,融会贯通形成的一种艺术形式。

萌芽于原始社会的中国古典戏曲,经过了漫长的奴隶社会以及封建社会的前期,到12世纪中叶的宋元时期正式形成,明清时期发展的黄金阶段,在这个过程中,我国的戏曲呈现出了许多不同的艺术形式,涌现了一大批戏曲达人和优秀的剧作家及其作品,与书法、绘画、音乐、舞蹈相互辉映,一起构成了中华民族璀璨夺目的艺术文化,彰显着中华民族的聪明和才智。

思考与探究

1. 我国书法大概经历了怎样一个流变过程?
2. 绘画的自觉,即绘画加入纯艺术行列是在什么时代?
3. 概述我国音乐的发展过程。
4. 结合昆曲的发展过程与特色,谈谈现今昆曲呈复兴之态的原因。

第九章 贵和尚美的节庆文化

节日的起源和发展是一个逐渐形成,潜移默化地完善,慢慢渗入到社会生活的过程。它和社会的发展一样,是人类社会发展到一定阶段的产物。我国古代的这些节日,大多和天文、历法、数学,以及后来划分出的节气有关,这从文献上至少可以追溯到《夏小正》《尚书》。到战国时期,一年中划分的二十四个节气,已基本齐备,后来的传统节日,大都和这些节气密切相关。中国的传统节日体系萌芽于先秦时期,这一时期积累的祖先崇拜、天地崇拜、鬼神崇拜、生殖崇拜等原始宗教信仰,为后世创设节日民俗准备了大量的文化素材。汉魏晋南北朝时期,新的社会经济条件、稳定的历法,佛教和道教文化的浸润,使这一时期节日习俗欣欣向荣。传统节日定型于隋唐两宋时期,据宋代陈元靓《岁时广记》记载,当时的节日计有元旦、立春、人日、正月晦、中和节、二社日、寒食、清明、上巳、佛日、端午、三伏节、立秋、七夕、中元、中秋、重九、小春、下元、冬至、腊日、交年节、岁除,这一序列基本上囊括了传统社会全部的重要节日,元明清时期对这一体系没有大的突破。

第一节 传统节庆的类型与特征

一、节庆文化的构成要素

中华传统节庆文化有许多重要的组成部分,它们交互作用、彼此依托,保证了节庆文化的持久存在和不断发展。这些重要的组成部分,我们称之为节庆文化的要素,其中主要应包括节庆的日期、用具、用语、饮食等方面的内容。节庆日期的选择与设定,一般依据天候、物候和气候的周期性转换而约定俗成,最早被择定为节日的是被确认的节气之交接日,即立春、立夏、立秋、立冬和春分、夏至、秋分、冬至八个节日,"八节"标志着阴阳四时的时令变化,故后世有"四时八节"之称。

节庆用具众多、别具一格,如驱邪祛病的庆典用具,大致说来,属于此类的庆典

第九章 贵和尚美的节庆文化

用具,有年节的门神、桃符以及鞭炮、锣鼓,人日节的华胜,清明节的柳条,端午节的艾蒿、菖蒲、"老虎头"、"避瘟丹",以及重阳节的茱萸等。春节庆典用具中用以形成和烘托喜庆娱乐气氛的用具最多,也最为集中,如年节中五颜六色的新衣、五彩缤纷的插花,以及大红的对联、色彩斑斓的年画,还有燃放的各种烟花爆竹,敲打摆弄的锣鼓、旱船等。其他节日中,如元宵节令人眼花缭乱的灯笼、灯谜,清明节纷飞飘逸的风筝,端午节的龙舟,七夕节的荷叶灯、"水上浮",中秋节的皓月和形态各异的"兔儿爷",重阳节清香四溢的菊花,以及"九九消寒图"等,还有一些少数民族节庆中的火把、哈达等,都是节庆活动中人们表达内心喜悦、欢乐之情的特定用具。

中华传统节庆中的庆典用语亦是别具一格,依据节庆用语的基本性质和用途,可将其分为祝福用语、祷告用语和提示用语三个大类。从节庆生活的现实来看,祝福用语是四时节庆中使用最多、最频繁的节庆用语,如年节、中元节祭祖、祭神时,要祈求神灵和列祖列宗"保佑"下界的太平幸福等。提示用语在传统节庆用语中,同样占有很大比重,它主要用于提醒终日劳作的人们时刻注意节气的变化,保证节庆活动内容的准确无误。提醒人们注意节气变化的用语甚多,如:"清明不戴柳,红颜成皓首","摸摸春牛角,赚钱赚得着"等。

节庆饮食不仅保证了人们从事节庆活动的物质动力,而且还起到了渲染和活跃节庆气氛、增添节庆魅力的功效。从种类上分,节庆饮食包括节庆饮料与食物两大类,节庆饮料主要有酒和水两个大类,酒的种类甚多,而水则主要是指茶水。酒在我国出现甚早,《世本·作篇》中就记述说:"仪狄造酒,杜康造酒。"到了商代,酒已十分普及。酒与传统节庆结缘,也已十分久远。早在先秦文献《诗·豳风·七月》中,就有了"为此春酒,以介眉寿"的句子。酒类之外,茶水是传统节庆民俗活动中不可或缺的重要饮料之一。传统节庆的食品比起饮料而言,品类更加繁多,同时具有浓郁的季节性特点,这里按照米面类、鱼肉类、果蔬类三种类别加以简要说明。首先,米面类:这类传统节庆食品甚多,其中主要有馒头、面条(又名汤饼)、饺子、年糕、汤圆、元宵、粽子、巧果、月饼、菊糕、馄饨、腊八粥等。其次,是鱼肉类:其典型的制成品如涮羊肉、肉冻、血肠、五彩蛋、烤鸭、板鸭、醉蟹、腌制腊肉、野鸡爪、鹿兔脯、猪头宴、蒸羊汤等。此外还有果蔬类,节日中人们将瓜果蔬菜视为必备用品,同时还进行巧妙的组合,命以喜庆欢快的名字,以增添节庆的气氛。①

---

① 丁惟生、赵东玉:《中华传统节庆文化新论》,泰山学院学报,2006 年第 4 期。

二、传统节庆类型与特质

根据传统节庆的性质和目的，我们将其大体分为生产类节庆、宗教祭祀类节庆、驱邪祛病类节庆、纪念类节庆、喜庆类节庆和社交娱乐类节庆等六个大类。

（一）生产类节庆

产生于农业社会背景下的中华传统民俗，自然也对反映生产活动的节庆内容青睐有加，一年中最早出现的农事生产类节庆活动，是立春节的"鞭打春牛"和张贴"春牛图"。立春原本是"二十四节气"中的一个节气，后演变成为一个重要的节日。据《礼记·月令》记载，早在先秦时期，就已有立春"出土牛"之俗流行。从宋代起已有刻版印刷的牧童赶牛的"春牛图"，供人们张贴。"绘图者也根据官颁立春时间来进行芒童（即牧童）站位的设计，或是牵牛于后表示春早，或是骑于牛背表示农事平，或是驱牛在前表示农事晚。"①由此可见，立春节为农事生产服务的意图是十分明显的。此外，如添仓节的"打囤添仓"、春龙节的"引龙兴雨"、分龙节的"分龙彩雨"以及七夕节的"赛巧会"等节庆活动，也都是围绕着男耕女织、风调雨顺和丰收等农事生产而展开的。

（二）宗教祭祀类节庆

宗教与传统节庆文化之间，有着千丝万缕的联系，在中国各民族民俗节日中，以宗教祭祀为主要内容的节日最多。在汉族节日中，以春节、清明节和中元节的宗教祭祀类节庆民俗活动的规模最大，同时也最为集中。《礼记·月令·孟春》记载："立春之日，天子亲帅三公、九卿、诸侯、大夫，以迎春于东郊。"古代皇帝也都在春节举行祭天大典，人们由此建立起人神关系，希冀获得神灵的庇护，这是我们宗教文化开端的象征。春节所祭的祖灵很全，总是从家族始祖开始，囊括一切祖灵，而清明节作为我国传统节日，也是最重要的祭祀节日，是祭祖和扫墓的日子。"扫墓"俗称"上坟"，是祭祀死者的一种活动，按照旧的习俗，扫墓时，人们要携带酒食果品、纸钱等物品到墓地，将食物供祭在亲人墓前，再将纸钱焚化，为坟墓培上新土，折几枝嫩绿的新枝插在坟上，然后叩头行礼祭拜。中元节本是道教节日，它和佛教的盂兰盆节在同一天，为每年农历的七月十五日，俗称"鬼节"，民间俗传去世的祖先七月初被阎王释放半月，故有七月初接祖，七月半送祖的习俗。另外，中和节的祭祀日神活动和中秋节的拜月活动，反映的是日神和月神崇拜的情况，

---

① 完颜绍元，郭永生：《中国风俗图像解说》，上海书店出版，1999年版，第20~21页。

浴佛节"香汤浴佛"活动,冬至节的祭灶活动等,也都属于典型的宗教祭祀类节庆民俗活动。

(三)驱邪祛病类节庆

驱邪祛病、祈求安康是传统节庆的重要内容之一。这在众多的传统节日民俗中,也得到了有效的体现,并形成了一系列驱邪祛病的节庆民俗内容。如清明戴柳,端午节插艾、戴五彩线、喝雄黄酒,重阳节插茱萸、饮菊花酒,还有各节庆洒扫庭除等,这些民俗活动,或以心理暗示为旨归,或以药物预防为要义,或以健身强体为目的,或以讲究卫生为关键,都企求达到驱邪祛病的功效。

(四)纪念类节庆

传统节庆民俗中,有许多是为了纪念某个历史人物或英雄人物以及历史事件而设,还有一些,虽然并非因纪念人物或事件而设,但在后来的演变过程中,也拥有了纪念类节庆的性质。总体来说,这些民俗活动都属于纪念类节庆的范围,如寒食节的禁火与寒食,传说是为了纪念春秋时晋国名臣介子推;端午节龙舟竞渡、食粽子,据说是为了纪念战国时楚国大夫屈原;中秋节食月饼,是为了纪念元末民众抗击蒙古族腐朽统治;腊八节食腊八粥,是为了纪念佛祖等,均属此类。

(五)喜庆类节庆

喜庆类节庆以庆贺丰收,欢庆人畜两旺、吉祥幸福为主题,"往往形成喜庆的连续性或系列化"。① 如在各族中规模最大、影响最广的年节,即主要是由这类节庆民俗连缀而成的,以汉族的春节为例,其中除了前述宗教祭祀类祭神、祭祖等节庆民俗外,喜庆类民俗是主要内容,人们常说"日子天天赛过年"、"像过年一样热闹"等语,正反映了春节留在人们记忆中的尽是欢乐和喜庆。春节张贴春联和年画、燃放鞭炮和烟花、张灯结彩、敲锣打鼓、杀猪宰羊、吃"合家欢"宴、守岁拜年以及扭秧歌、跑旱船、踩高跷、逛庙会等,至今仍然是人们喜闻乐见、人人参与的喜庆民俗。

(六)社交娱乐类节庆

社交娱乐类节庆民俗,大都具有联欢游乐的性质,其主要内容是歌舞娱乐及游艺竞技活动,这类节庆中的娱乐民俗,与前述春节中的文娱活动,虽然有形式上的叠合而无法加以严格区分,但年节文娱活动以喜庆丰收、迎接新岁为宗旨,这里所说的社交娱乐类民俗则是以加强人与人以及人与社会的社交和友好往来为目的。在社交娱乐类节庆中,最有代表性的是在中国少数民族中流行的一些节日歌会、歌

---

①乌丙安:《中国民俗学》,辽宁大学出版社,1985年版,第302页。

舞等民俗活动,如大理白族每年农历四月二十三至二十五日的"绕山林"活动,即属此类,届时,人们身着节日盛装成群结队,边唱边舞走向苍山洱海之间的山林中去相会。苗族的"踩花山",仫佬族的"走坡",彝族的"插花会"以及在甘肃回、汉、东乡等族聚居地区流行的六月六莲花山"花儿会"等,都是以社交为目的的歌舞节庆民俗活动。①

第二节 传统节庆文化的意蕴

中国的传统节日是中华民族悠久的历史文化的一个组成部分,形式多样,内容丰富,传统节日的形成过程,也是一个民族或国家的历史文化长期积淀凝聚的过程。

一、传统节庆的文化内涵

最早的传统节庆活动和原始崇拜、迷信禁忌有关,神话传奇故事为节日平添了几分浪漫色彩,还有宗教对节日的冲击与影响,一些历史人物被赋予永恒的纪念渗入节日,所有这些,都融合凝聚节日的内容里,使中国的节日有了厚重的历史感和丰富的文化意蕴。

(一)传统节庆体现古代农耕文化

我国自古以来就是一个农业大国,以农业为主的经济形态必然会产生与之相适应的文化。中国传统节日根源于中国古代农耕文化,据史籍记载,春节在唐虞时叫"载",夏代叫"岁",周代才叫"年"。"载"、"岁"、"年"都是指谷物生长周期,谷子一年一熟,所以春节一年一次,含有庆丰收的寓意。关于春节的另一种说法是:春节起源于原始社会末期的"腊祭",当时每逢腊尽春来,先民便杀猪宰羊,祭祀神鬼与祖先,祈求新的一年风调雨顺,免去灾祸。清明节本是二十四节气之一,这时,我国大部分地区气候温暖,草木萌茂,开始忙于春耕春种。关于中秋节的起源,有一种说法是秋报的遗俗,因为农历八月十五这一天恰好是稻子成熟的时刻,人们便在这个季节饮酒舞蹈,喜气洋洋地庆祝丰收。从传统节日的起源看,大多出于农耕目的,虽然在流传过程中,有些节日淡化了农耕印象,但传统节日体现或根植于古代农耕文化这一点是确定的。

①徐万邦:《中国少数民族节日与风情》,中央民族大学出版社,1999年版,第114~120页。

(二)传统节庆体现了图腾文化

对大自然的崇拜是先民最原始的崇拜形式之一,这里的大自然主要指太阳、月亮、大地及其他自然物。在中秋时节,古代贵族和文人学士对着天上一轮皓月,观赏祭拜,寄托情怀,无论是祭月还是赏月都体现了对月亮的崇拜。春节祭祖、清明扫墓是对祖先的崇拜。图腾崇拜是较为高级的宗教形式,原始先民都相信自己的氏族与某种动物、植物或无生物之间存在一种特殊的亲密关系,并以之作为氏族崇拜的对象,端午节赛龙舟的习俗早在屈原之前就出现了,这正体现了人们对龙图腾的崇拜。

(三)传统节庆体现古代宗法文化

中国长期处在宗法制社会形态下,人们重血亲人伦,讲究礼教德治、长幼尊卑、贵贱有别,宗法制社会形态下的一系列伦理要求在传统节日中找到了很好的依托,春节祭祖、清明扫墓,都体现出一种"人道亲亲"。《礼记·大传》中这样解释"人道亲亲":"亲亲故尊祖,尊祖故敬宗,敬宗故收族。"通过祭祖扫墓这种方式整个家族就以血亲人伦为纽带联系在一起了。无论是祭祖、扫墓,还是拜月、登高,都有严格的仪式,崔寔《四民月令》是这样形容春节祭祖的:"正月之朔,是为正旦。躬率妻孥,洁祀祖祢。及祀日,进酒降神毕,乃室家尊卑,无大无小,以次列于先祖之前,子妇曾孙,各上椒柏酒于家长,称觞举寿,欣欣如也。"通过一系列固定仪式,实现了"尊尊"——长幼尊卑、贵贱有别,并且这种等级差别也与血亲人伦有关。通过传统节日中的血亲人伦纽带,"尊尊"与"亲亲"联系在一起,整个社会实现了从"家天下"到"国天下"的过渡,形成了家国同构格局。

二、传统节庆的文化精神

文化精神就是传统文化中具有积极意义的、体现在民族蓬勃向上精神的思想和观念。中国传统节日体现出精忠爱国、刚健有为、自强不息、天人合一、贵和尚美等文化精神,正是因为有着这些文化精神的存在,使得中国传统节日及节日中的一些习俗经过几千年的历程仍被保存、遵守着,体现出强大的文化生命力。

(一)精忠爱国

精忠爱国思想在清明与端午两大节日中体现得最为明显,并且这种传统文化精神在历史进程中已经自发地上升为一种民族精神,在社会发展中起着非常重要的作用。清明扫墓的习俗来自于寒食节,而寒食节相传与春秋时期介子推有关,介子推"割股"给处于困境中的公子重耳充饥,这里体现了"忠"与"义"两种文化精神,当公子重耳成为晋文公,欲封赏介子推时,介子推背着老母进了深山,这里体现了"孝"。在几千年的社会进程中,寒食节与清明节合二为一,"忠"、"义"的文化精神也成为中国传统观念中士大夫精神的渊源,孕育和造就了中国历史上无数仁人志士、英雄豪杰。而以血亲为纽带将人民紧紧联系在一起的"孝",从小处说,使一个家族具有凝聚力;从大处说,使一个民族、国家更具有凝聚力。

(二)贵和尚美

"和"即和谐、统一,"美"即美好、团圆,贵和尚美作为中国文化的基本精神之一,在传统节日中常有流露。春节虽然是指农历一年的第一天,但人们习惯上的过年活动在头一年进入腊月(夏历十二月)就已开始,一直到元宵节才结束。在腊月里,人们要扫尘、祭灶神;除夕要全家团圆,大家围坐在一起和面包饺子,和面的"和"与"合"谐音,饺子的"饺"与"交"谐音,"合"与"交"是团圆、相聚之意;至元宵节全家又要围在一起吃汤圆,这些都表达了人们希望生活团团圆圆、和谐美好的愿望。七夕乞巧,表达出人们希望婚姻美满的愿望。至于中秋吃月饼,更兼有生活团圆、婚姻美满之意。九九重阳,则有珍爱生命,健康长寿之意。此外,清明折柳,端午采艾叶、菖蒲,重阳遍插茱萸,这种驱恶避邪的习俗也显露出贵和尚美的思想。①

(三)天人合一

中华传统节庆文化在倡导和谐方面,可谓无处不在,从节日的日期选择,到节日娱乐与饮食的活动安排,方方面面、时时处处都体现着人与自然和谐共处的基本精神。

关于"天人合一"的思想,最基本的涵义是充分肯定"自然界和精神的统一",关注人类行为与自然界的协调,春节迎新、清明踏青、端午赛船、中秋赏月、重阳登高都是天人合一思想的体现。正如《易传·文言》中说:"夫大人者与天地合其德,与日月合其明,与四时合其序,与鬼神合其吉凶,先天而天弗违,后天而奉天时。"这种认识影响着许多人的价值取向、人生态度,这与"达则兼济天下,穷则独善其身"的观点是一致的。传统节日中的一些习俗在社会发展中淡化或消失了,唯独亲近自然的行为得以延续,也从一个侧面反映了天人合一的思想具有强大的文化生命力。当然,也必须指出,由于自先秦以来直至近代以前的漫长历史时期内,中国长期处于农业社会之中,农业生产成为国之大事,因此,在这个前提与背景下生成的传统节庆,必然就表现出与农业生产忙闲有致的模式相一致的特点,从流传至今的

---

① 黄辉:《中国传统节日的文化价值及现实意义》,《沙洲职业工学院学报》,2008年第2期。

第九章 贵和尚美的节庆文化

传统节庆日的时间安排来看,基本上是冬天农闲时安排的节日数目和节庆活动内容相对为多,而农忙的夏秋时节,则相对为少。从这个意义上说,传统节庆的这种自觉调整,实则也是一种与自然的协调和谐,同样能够表现出其一贯的和谐精神。

(四)淑世情怀

从先秦以来,中华民族就一直贯穿着一个关切人文、人道的优良传统,"天道远,人道迩";"观乎人文,以化成天下",便是其崇高的理想和追求,因此,"修身齐家治国平天下"的淑世情怀,更是弥漫到五千年历史文化的各个角落。在中华传统节庆文化之中,淑世情怀同样是一个十分引人注目的精神基调,在一代又一代中国人中传承赓续、历久不绝。我们说中华民族素有关切人文的传统,并非是说他们都是无神论者,事实上,人们采取的乃是"敬鬼神而远之"的理智态度,这种理智态度,自然也就渗透到了传统节庆之中。已知大多数古代节日先源于古代祭礼,时至今日,传统节庆中的祭礼内容和成分,犹有不少流风余韵,尽管"祭如在,祭神如神在"[①],但祭祀时的出发点和落脚点却都是关乎人间的,如《礼记·月令》记载:立春之日,天子亲帅三公、九卿、诸侯、大夫,以迎春于东郊。这里,迎春的目的,就明显是为了给人间带来春暖花开、万物复苏的新春。今日仍在民间流行的祭灶时期望灶王爷"上天言好事,下界保平安"的民俗活动,也深深地打上了淑世情怀的烙印。至于传统节庆中围绕着老人、孩子、女性、恋人等而设的节日,更是将福禄寿禧和太平团圆、多才多艺的淑世情怀,全面而彻底地展示出来,如年节祝福老人健康长寿,人日节祈祷孩子平安,女儿节期盼女儿手巧如织女、愿天下有情人终成眷属等等,即是其具体表现,流传至今的新年对联,亦以昭示世间的文字形式,表达了这种深沉的淑世情怀。[②]

三、传统节庆的文化功能

节庆在人民生活中有着重要的地位,因此,节庆文化则显得尤为突出。节庆的文化功能主要表现在三个方面:

(一)传统节庆是人们日常生活的一种精神补偿

节日符号规定了人在宇宙中的位置,告诉人们自身的起源与命运。节日的文

[①]《论语·八佾》
[②] 赵东玉等:《中华传统节庆的文化精神》,辽宁师范大学学报(社会科学版),2005年第2期。

化功能,就在于通过集体的活动和人人参与,建立起一套公共的精神信仰和价值观念,以达到对内的社会认同与整合及对外的文化中介和民族同化。过节的时候人们可以摆脱劳作,超越心理的混乱,平稳而又自信地掌握自己的命运。正是节日在年复一年地强化着人类美好的理想,激励人奋进,释放被压抑的生命冲动,它弘扬一切正义与爱的品质。过节的真正意义,并不是为了物质的增值,而是为了精神的愉悦与文明的延续,为了建立一个和谐美好的社会环境。传统节日价值就在于彰显了民族的情感,彰显了人生的意义,滋养了民族的精神,是中华优秀传统道德教育的重要载体,所以尽管各个节日内涵不同,纪念庆祝的形式不同,但是对传统节日的传承是我们对民族之根的认同,这是中华民族巨大的精神财富。①

(二)传统节庆体现出强大的文化凝聚力与民族凝聚力

春节回家、清明扫墓、端午节纪念屈原的传统习俗流露出敬祖意识、亲情情结、精忠爱国等思想,这些观念最容易唤起人们对亲人、家庭、故乡、祖国的情感,唤起人们对民族传统文化的记忆,对民族精神的认同,唤起人们同宗同源的民族情及对文化同根性的认同。中国有许多俗语,如:"一人有难,众人帮忙"、"老乡见老乡,两眼泪汪汪"等,这些都是传统节日具有强大文化凝聚力的表现;海外华侨回国祭祀祖先及在异国、异地的游子叶落归根等行为则是传统节日中民族凝聚力的体现。文化凝聚力与民族凝聚力有利于增强民族团结、维系国家统一,有利于加深世界各地中华儿女的亲情,也有利于激励一个民族、国家不断前进、发展、强大。

(三)传统节庆体现出浓厚的感恩情怀

众所周知,传统节庆中的不少民俗活动都是围绕着祭奠祖先亡灵而展开的。乌丙安指出,在传统节日中有所谓的专门的"祭祖节日"。时至今日,每到中元节、清明节、年节等节日之际,人们或相携赶往先祖墓前祭扫,或者在街头巷尾点上一堆烧纸,用以寄托对先人的感念追思之情。这种追念先人的祭祀活动,归根到底乃是中国人"报本返始"观念的现实和表达,反映了这个民族尊重历史、追慕先人的优良传统。另外,传统节庆中不仅有围绕纪念个人先祖而展开的祭祀活动,更有对民族历史上的"英雄及地方历史上受崇拜人物"的纪念活动。"尽管节日仪礼中也采取了相当多的祭祀祈祷手段,但都属于纪念人物"②。汉族节日中有寒食节,传说是纪念介之推这位居功不取的历史人物,而端午节则是在"发展中扩大了它追悼

---

①李琴:《传统节日式微的文化分析》《贵州工业大学学报》,2008年第4期。
②乌丙安:《中国民俗学》,辽宁大学出版社,1985年版,第305页。

屈原的内容,使端午节增强了纪念性"。藏族的雪顿节(俗称酸奶节),据传是为了纪念藏族历史上著名的修铁索桥的大师唐东结波而形成。白族的节日,有许多是与纪念白族历史上的杀蟒英雄段赤诚、杜朝选,以及大理国王段思平、南诏王及王妃等著名人物密切相关。壮族的传统节日三月街,据说是为了纪念壮族歌仙刘三姐,由此形成流传后世的三月赛歌盛会①。这类节日除了围绕纪念人物而展开之外,还有的是为纪念历史事件而设。如汉族的元宵灯节,一说是为了纪念西汉政府最终戡平诸吕之乱而设;中秋节食月饼,据说是与元末民众反抗蒙古贵族腐朽统治活动密切相关。因事件而设的节日,最典型的便是锡伯族的小不亲节,此节乃是为纪念该族由沈阳成功西迁至新疆察布查尔的历史事件而设。而不论是因人物设节还是为事件设节,都真切地反映出中华民族尊重历史、崇拜英雄的传统,是其浓重历史意识的直接表露。

第三节 传统节庆与宗教

节庆庆典大多起源于宗教。"最初的宗教表现是反映自然现象、季节更换等等的庆祝活动。一个部落或民族生活于其中的特定自然条件和自然产物,都被搬进了它的宗教里。"②乌丙安先生指出:"在我国各民族民俗节日中,以宗教祭祀为主要内容的节日最多。"③实际上,自古以来宗教与节日文化之间有着千丝万缕的联系。从传统节日文化的起源与演变的历史轨迹来看,无论是本土产生的宗教还是由异域传入的佛教、伊斯兰教等,都曾在其中发挥过巨大的作用,节日文化中存在着诸多形式的宗教信仰因素。节日期间,因宗教的聚集功能使得民族文化的展示比平时更加集中和典型,节日中的宗教文化因素亦一并展现在当地的社会舞台上。

一、原始宗教信仰对传统节庆的渗透

中华传统节庆包含了浓郁的原始宗教信仰和崇拜的气息。庆典源于对图腾的崇拜,其最原始的形式是祭礼,祭祀庆典主要表现人类对主宰自己的命运、对于主

---

① 徐万邦:《中国少数民族节日与风情》,中央民族大学出版社,1996年版,第23页。
② 《马克思恩格斯全集》(第27卷)人民出版社,1972年版,第63页。
③ 乌丙安:《中国民俗学》,辽宁大学出版社,1985年版,第20页。

宰自然界各种现象的超自然力所表示的尊重、崇敬和惧怕,正因为有了这种敬畏自然的自然伦理观,才有了数千年来人与自然和谐共处的美好局面。

原始宗教信仰的主要内容是日月天地崇拜、祖先崇拜和其他神灵信仰。中国对日月的崇拜古已有之。《尚书·尧典》有"宾日"于东、"饯日"于西的记载,是拜日古俗的标志。① 从考古遗存看,中国古代的日月崇拜大约可以追溯到新石器时期仰韶文化时代。"从半坡遗址、姜寨遗址、庙底沟遗址的彩陶器上,都绘有蟾蜍纹图案考虑,蟾蜍就是月神'死则不育'的不死之药","反映先民们对于晦朔有救月的祭仪"。②《礼记》载"天子春朝日,秋夕月,朝日以朝,夕月以夕",反映了秦汉时朝廷祭中秋之月的习俗。人们将这些活动与四时节气相结合,便形成了春分祭日、夏至祭地、秋分祭月、冬至祭天的古老传统。直到今天,节日活动中仍然体现了人们对日月天地崇拜。如人们把每年二月初二的中和节视为"太阳生日",当天家家户户要吃"太阳糕",焚香迎日;中秋节的活动主题则是月亮,表明了对月亮的崇拜;神话中的"夸父逐日"、"后羿射日"和"嫦娥奔月"等正是上古人类对日月的关注、钟情和崇拜的重要证明和文化遗存。

原始的宗教信仰中包含了人们对祖先祭拜。据《礼记》记载,立春祭祀太昊,立夏祭祀炎帝、祝融,立秋祭祀少昊等,都是对部族中英雄人物和保护神的纪念礼拜活动,延续下来,就出现了今天的鬼节、清明等节日,这些节日已成为当今中华民族的重要节日。

少数民族民间传统节日的发生和发展,也多以宗教活动有关。如彝族的火把节,就是缘于对火神的崇拜,节日期间要祭拜火神,届时要举行点火仪式,要由祭师或长者念诵祷词,火点着以后,人们要围着大火狂欢起舞,以歌舞娱乐火神。

可见宗教活动在节日庆典中占有重要的位置,我们从传统节日宗教民俗活动中可以经常看到与神灵对话的仪式。③

二、道教对传统节庆的影响

中国传统节日文化的神灵信仰与道教的关系密不可分,道教文化源远流长,是

---

① 乌丙安:《中国民俗学》,辽宁大学出版社,1985年版,第280页。
② 陆思贤:《神话考古》,文物出版社,1995年版,第78页。
③ 陈炜、黄达远:《传统节日文化中的宗教文化因素及其在旅游开发中的运用》,《青海社会科学》,2007年第3期。

传统文化的重要组成部分,道教自在中华大地诞生之时起便迅速吸纳了原始宗教信仰中的诸多内容。如灶神早在商周时期即已出现,后来发展成为"居人间,伺察小过以遣告的"道教之神了。① 于是在节日中,人们往往要以虔诚的心态祭祀这位灶神。随着道教在中国迅猛发展,对社会的影响愈大,在一些地方,道教的节日几乎成了当地民众主要的社会活动。道教中的"上元"、"中元"、"下元"等三元节与传统节日中的灯节、鬼节分别结合成为民间节日,成为全民参与的节日盛典,至今仍在社会中有广泛影响。

元宵节又称上元节、灯节、灯谜节,起源于两千多年前的汉朝。"汉家常以正月上辛祠太一甘泉,以昏时夜祠,至明而终。"②"太一"也称"泰一",是北极神的别名,元宵节就是源于对汉代太一神的祭祀。上元本是道教的名称和节日,而唐朝奉道教为国教,为祭祀道教三官中的上元天官正月十五的诞辰举行庆祝活动,北宋以后,遂成习俗。观灯和吃元宵(汤圆)是元宵节的两大特色,有丰富的民间社火:挂灯笼、踩高跷、跑旱船、玩龙灯、耍狮子、扭秧歌、敲花鼓等,热闹非凡。花灯的寓意是为亡灵指路,正月十五是春节的最后一天,前来欢度春节的祖灵要离开人间,所以要用灯为他们指路。③

三、佛教对传统节庆的影响

佛教对中华传统节日文化的影响也很大,在中国的大地上,佛教与传统节日文化互相影响,形成了一系列颇具特色的宗教节日及庆典。佛教传入中国后,带来的新的节日有四月初八的浴佛节,傣族的泼水节(佛诞日,傣历新年),藏族的藏历新年、望果节、雪顿节等,这些都是佛教对我国节日的补充和丰富。佛教还与中国传统节庆结合,形成混合节日,如佛教的腊八节与中国的腊祭、腊日结合,形成中外合璧的腊八粥节。该节的佛教成分是纪念佛祖成道,即成道日,而中国元素是祭祖。佛祖释迦牟尼修行时,每日一米一麻,苦行修炼,饿倒晕厥后被牧羊女的米粥救活,产生了中国佛教徒每年腊月初八的腊八粥供佛习俗——腊八节,这实际上是腊日节的延续、补充和发展。"腊八起初是祭祀祖先……自佛教传入后,腊八才佛教

---

①中国社会科学院宗教研究所:《道教文化面面观》,齐鲁书社,1990年版,第82页。
②《史记·乐书》
③林新乃:《中华风俗大观》,上海文艺出版社,1991年版,第21页。

化。"①七月十五鬼节也是宗教与传统节日的混合体。佛教的盂兰盆会与道教的中元节结合成了中国传统节庆的鬼节,是佛教、道教与传统节庆的混合。盂兰盆会原本来自佛教里纪念目连僧救度亡母的传说。这个故事满足了中国人的孝子情节,故自梁武帝起,定于七月十五过盂兰盆节,以纪念历代宗亲亡灵。但随着时间的推移,佛教色彩已显淡薄,从6世纪起,逐渐成了地道的中国节日———鬼节。②

庙会是中华传统节日文化与佛道融合后产生的最具宗教文化特色的节日庆典,它最早是大规模的祭祀活动,后来发展成为集宗教娱乐、文化交流、经济贸易和旅游等诸多功能为一体的综合节日。民族地区的庙会尤以大理白族每年夏历三月十五至二十日于大理城西苍山脚下举行的三月街最具特色。从文献记载上看大理三月街起源于唐代佛教祭典性质的庙会,后来逐渐发展为集宗教祭祀活动、文娱活动、商品交易为一体的典型庙会。侗族的绝大多数节日,都要举行祭祖敬神的宗教仪式。无论是对自然神和图腾神的崇拜,或是对祖先或英雄神的供奉,都是为了乞求神灵的庇护,期望村寨平安、风调雨顺、五谷丰登,带有浓郁的宗教色彩。

四、伊斯兰教对传统节庆的影响

比起原始宗教、道教和佛教对中国传统节日的影响来,伊斯兰教的影响就显得微弱多了,主要原因是伊斯兰教产生时间晚,传入中国也较晚,不像深深融入中国文化中的佛教那样影响大。

伊斯兰教传入时,中国节庆早已定型,但是,穆斯林信徒遍布众多少数民族之中,影响范围广,他们是中华民族大家庭中的重要成员,他们的宗教节日及其活动内容具有鲜明的宗教信仰特色和浓郁的民族风格,影响十分广泛,成为中华传统节庆体系中一道独特的风景线,也是中国文化的重要元素,使中国节日内容更丰富、更完美。伊斯兰教最大的节日是开斋节、宰牲节、圣纪节三大节日。穆斯林的三大节日始终保持着自己独特的宗教信仰和生活习俗,呈现出和谐宽容的节日气氛。

宗教对中国节庆的影响有鲜明的特征:一是与中国节庆联系早的宗教比结合晚的影响要大,例如原始宗教比后来的道教、佛教和伊斯兰教影响大,而道教又比佛教和伊斯兰教的影响大;二是本土宗教比外来宗教影响大,例如道教的影响就比

---

①李英儒:《春节文化》,山西古籍出版社,2003年版,第27页。
②蒋栋元:《论中国传统节庆中的宗教文化》,《宁夏社会科学》,2009年第3期。

佛教、伊斯兰教的影响大;三是输入中国早的宗教比输入晚的影响要大,例如佛教比伊斯兰教影响大。

第四节 传统节日风俗

一、汉族传统节日风俗

目前我国汉族的传统节日主要有春节、上元节(元宵节)、清明节、端午节、七夕节、中元节(鬼节)、中秋节、重阳节、冬至节、腊八节等。重点介绍以下几种节日:

(一)春节

春节是农历正月初一,又叫阴历年,俗称"过年"。关于春节传说的来历,有许多种说法,"熬年守岁"这个说法是最为普遍的。守岁,就是在旧年的最后一天熬夜迎接新一年的到来的习俗,也叫除夕守岁,俗名"熬年"。传说太古时期有一种凶猛的怪兽,散居在深山密林中,人们管它们叫"年"。它的形貌狰狞,生性凶残,专食飞禽走兽、鳞介虫豸,一天换一种口味,人人谈"年"色变。后来,人们慢慢掌握了"年"的活动规律,它是每隔三百六十五天到人群聚居的地方尝一次口鲜,而且出没的时间都是在天黑以后,等到鸡鸣破晓,它们便返回山林中去了。算准了"年"肆虐的日期,百姓们便把这可怕的一夜视为关口来煞,称作"年关",并且想出了一整套过年关的办法:每到这一天晚上,每家每户都提前做好晚饭,熄火净灶,再把鸡圈牛栏全部拴牢,把宅院的前后门都封住,躲在屋里吃"年夜饭",由于这顿晚餐具有凶吉未卜的意味,所以置办得很丰盛,除了要全家老小围在一起用餐表示和睦团圆外,还须在吃饭前先供祭祖先,祈求祖先的神灵保佑,平安地度过这一夜,吃过晚饭后,谁都不敢睡觉,挤坐在一起闲聊壮胆,形成了除夕熬年守岁的习惯。

我国一直沿用的农历是以月亮圆缺的周期为月,将一年划分为十二个月,每月以不见月亮的那天为朔,正月朔日的子时称为岁首,即一年的开始,也叫年,古时的正月初一直被称为"元旦",直到中国近代辛亥革命胜利后,南京临时政府为了顺应农时和便于统计,规定在民间使用夏历,在政府机关、厂矿、学校和团体中实行公历,以公历的元月一日为元旦,农历的正月初一称春节。春节是民间最隆重、最热闹的一个传统节日,它既是汉族最重要的节日,满、蒙古、瑶、壮、白、高山、赫哲、哈尼、达斡尔、侗、黎等十几个少数民族也有过春节的习俗,只是过节的形式更有自己的民族特色。如何庆贺这个节日,在千百年的历史发展中,形成了一些较为固定的风俗习惯,有许多还沿袭至今。过年的前一夜,就是旧年的腊月三十夜,也叫除夕,又叫团圆夜,在这新旧交替的时候,守岁是最重要的年俗活动之一。除夕晚上,全家老小都一起熬年守岁,欢聚酣饮,共享天伦之乐,北方地区在除夕有吃饺子的习俗,在南方有过年吃年糕的习惯,甜甜黏黏的年糕,象征新的一年生活甜蜜。大年初二、三就开始走亲戚看朋友,相互拜年,道贺祝福,还有拜庙、祭祖等活动,一些地方的街市上还有舞狮子、耍龙灯、演社火、游花市、逛庙会等习俗,一直要到正月十五元宵节过后,春节才算真正结束。在春节期间还有以下习俗:

1.送灶神与扫尘

民间腊月二十三日为祭灶日,俗称为"过小年",亦称小年、小年节。这天送灶神上天言事,因此又称为送灶、辞灶。百姓希望灶神能够"上天言好事,下界保平安",因此祭品也十分有特色,供品有猪头、鱼、豆沙、瓜、果、水饺、麦芽糖和关东糖等,其中以甜食为主,以便封住灶神的嘴。随着社会的不断发展,城市里这一习俗已逐渐消失,人们也只是在小年这一天燃放鞭炮来送灶神,但送灶神的习俗在广大农村还是保存较完整。

2.贴春联

春联也叫门对、春贴、对联、对子、桃符等,它以工整、对偶、简洁、精巧的文字表达美好愿望。春联的"春"字表达了民间百姓对与新年寄予的希望,春天意味着万物复苏,农业生产的新开始,体现了在中国传统农耕文化中春天的重要性。贴春联这一习俗起于宋代,王安石的《元日》就有"千门万户曈曈日,总把新桃换旧符"的诗句,一直流传至今。春联的种类比较多,依其使用场所,可分为门心、框对、横披、春条、斗方等。"门心"贴于门板上端中心部位;"框对"贴于左右两个门框上;"横披"贴于门楣的横木上;"春条"根据不同的内容,贴于相应的地方;"斗斤"也叫"门叶",为正方菱形,多贴在家具、影壁中。每逢春节来临之际,家家户户都会贴春联,期盼来年的好运。

3.贴窗花和倒贴"福"字

新春佳节时,许多地区的人们喜欢在窗户上贴上各种剪纸——窗花。剪纸在我国是一种很普及的民间艺术,千百年来深受人们的喜爱,因它大多是贴在窗户上的,所以也被称为"窗花"。窗花的内容多种多样,有广为流传的民间故事,也有各类人物和动物的图案,象征吉祥幸福。在贴春联的同时,一些人家要在屋门上、墙壁上、门楣上贴上大大小小的"福"字。春节贴"福"字,是我国民间由来已久的风俗。"福"字寄托了人们对幸福生活的向往,对美好未来的祝愿。为了更充分地体

第九章 贵和尚美的节庆文化

现这种向往和祝愿,有人干脆将"福"字倒过来贴,表示福气已到。民间还有将"福"字精描细做成各种图案的,图案有寿桃、寿星、鲤鱼跳龙门、五谷丰登、龙凤呈祥等,增添喜庆气氛。

4. 贴年画

年画是我国的一种古老的民间艺术,起源于"门神"。门神系道教因袭民俗所奉的司门之神,民间信奉门神,由来已久。《礼记·祭法》云:"庶士、庶人立一祀,或立户,或立灶。"可见在民间,门神和灶神信仰有悠久的历史。门神分为三类,即文门神、武门神、祈福门神。文门神即画一些身着朝服的文官,如天官、仙童、刘海蟾等,武门神即武官形象,如秦琼、尉迟恭等,祈福门神即为福、禄、寿三星。随着雕版印刷术的兴起,年画的内容已不仅限于门神之类单调的主题,变得丰富多彩。在一些年画作坊中产生了《福禄寿三星图》、《天官赐福》、《五谷丰登》、《六畜兴旺》、《迎春接福》等精美的彩色年画,以满足人们喜庆祈年的美好愿望。民间流传最广的是一幅《老鼠娶亲》的年画,描绘了老鼠依照人间的风俗迎娶新娘的有趣场面。民国初年,上海郑曼陀将月历和年画二者结合起来,这是年画的一种新形式,这种合二而一的年画,以后发展成挂历,对现今产生了深远的影响。

(二)元宵节

每年农历的正月十五日,春节刚过,迎来的就是元宵节,古人称夜为"宵",所以称正月十五为元宵节。正月十五日是一年中第一个月圆之夜,也是一元复始,大地回春的夜晚,人们对此加以庆祝,也是庆贺新春的延续。元宵节又称为"上元节",按中国民间的传统,在这天人们要出门赏月、燃灯放焰、喜猜灯谜、共吃元宵,合家团聚、同庆佳节,点起彩灯万盏,以示庆贺。元宵燃灯的风俗起自汉朝,到了唐代,赏灯活动兴盛。宋代的赏灯活动更加热闹,赏灯活动要进行5天,灯的样式也更丰富。"猜灯谜"又叫"打灯谜",是元宵节后增的一项活动,出现在宋朝。南宋时,首都临安每逢元宵节时制谜,猜谜的人众多,开始时是好事者把谜语写在纸条上,贴在五光十色的彩灯上供人猜,因为谜语能启迪智慧又饶有兴趣,所以深受社会各阶层的欢迎。明代要连续赏灯10天,这是中国最长的灯节了。清代赏灯活动虽然只有3天,但是赏灯活动规模很大,盛况空前,除燃灯之外,还放烟花助兴。民间过元宵节还有吃元宵的习俗。元宵由糯米制成,或实心,或带馅,馅有豆沙、白糖、山楂、各类果料等,食用时煮、煎、蒸、炸皆可。起初,人们把这种食物叫"浮圆子",后来又叫"汤团"或"汤圆",这些名称与"团圆"字音相近,取团圆之意,象征全家人团团圆圆,和睦幸福。随着时间的推移,元宵节的活动越来越多,不少地方节庆时增加了耍龙灯、舞狮子、踩高跷、划旱船扭秧歌、打太平鼓等传统民俗表演。

(三)清明节

清明是我国的二十四节气之一。由于二十四节气比较客观地反映了一年四季气温、降雨、物候等方面的变化,所以古代劳动人民用它安排农事活动。《淮南子·天文训》云:"春分后十五日,斗指乙,则清明风至。"按《岁时百问》的说法:"万物生长此时,皆清洁而明净,故谓之清明。"清明一到,气温升高,雨量增多,正是春耕春种的大好时节,故有"清明前后,点瓜种豆"、"植树造林,莫过清明"的农谚,可见这个节气与农业生产有着密切的关系。但是,清明作为节日,与纯粹的节气又有所不同,而是最重要的祭祀节日,是祭祖和扫墓的日子,汉族和一些少数民族大多都是在清明节扫墓。我国传统的清明节大约始于周代,已有两千五百多年的历史,后来,由于清明与寒食的日子接近,而寒食是民间禁火扫墓的日子,渐渐的,寒食与清明就合二为一了,而寒食既成为清明的别称,也变成清明时节的一个习俗。

清明节除了讲究禁火、扫墓,还有踏青、荡秋千、蹴鞠、打马球、插柳等一系列风俗体育活动。

1. 荡秋千

这是我国古代清明节习俗。秋千的历史很古老,最早叫千秋,后为了避忌讳,改为秋千。古时的秋千多用树桠枝为架,再栓上彩带做成,后来逐步发展为用两根绳索加上踏板的秋千。

2. 蹴鞠

鞠是一种皮球,球皮用皮革做成,球内用毛塞紧,蹴鞠,就是用足去踢球,这是古代清明节时人们喜爱的一种游戏,相传蹴鞠是黄帝发明的,最初目的是用来训练武士。

3. 踏青

踏青又叫春游,古时叫探春、寻春等。三月清明,春回大地,自然界到处呈现一派生机勃勃的景象,正是郊游的大好时光,我国民间长期保持着清明踏青的习惯。

4. 放风筝

放风筝也是清明时节人们所喜爱的活动。每逢清明时节,人们不仅白天放,夜间也放,过去,有的人把风筝放上蓝天后,便剪断牵线,任凭清风把它们送往天涯海角,据说这样能除病消灾,给自己带来好运。

(四)端午节

农历五月初五,是中国民间的传统节日——端午节,端午也称端五,端阳。此

第九章 贵和尚美的节庆文化

外,端午节还有许多别称,如:午日节、重五节、五月节、浴兰节、女儿节、龙日等,虽然名称不同,但总体上说过节的习俗还是同多于异的。过端午节,是我国两千多年来的传统习惯,由于地域广大,民族众多,各地也有着不尽相同的习俗。其内容主要有:女儿回娘家,挂钟馗像、迎鬼船、躲午、悬挂菖蒲、艾草、游百病、佩香囊、赛龙舟、比武、击球、荡秋千、给小孩涂雄黄、饮用雄黄酒、菖蒲酒、吃五毒饼、咸蛋、粽子和时令鲜果等。

关于端午节的由来,说法甚多,诸如:纪念屈原说、纪念伍子胥说、纪念曹娥说、吴越民族图腾祭说等。农历五月已到湿热之时,蛇虫鼠蚁较多,由于儿童抵抗力较差,再加上古代的科技水平有限,所以在端午节气来临之时会给小孩穿五毒背心、戴五色线,起到辟邪的作用。在五月端午这天,人们还会赶早买艾草,挂于家门之上,用来驱赶蚊蝇。中国民众普遍把端午节的龙舟竞渡和吃粽子等与纪念屈原联系在一起。我国民间过端午节是较为隆重的,庆祝的活动也是各种各样,比较普遍的活动有以下几种形式:

1. 赛龙舟

赛龙舟,是端午节的主要习俗。相传起源于古时楚国人因舍不得贤臣屈原投江死去,许多人划船追赶拯救,他们争先恐后,追至洞庭湖时不见踪迹,之后每年五月五日划龙舟以纪念之,借划龙舟驱散江中之鱼,以免鱼吃掉屈原的身体。竞渡之习,盛行于吴、越、楚。我国南方的不少临江河湖海的地区,每年端午节都要举行富有自己特色的龙舟竞赛活动。清乾隆二十九年(1764年),台湾开始举行龙舟竞渡,当时台湾知府蒋元君曾在台南清华寺半月池主持友谊赛。现在台湾每年五月五日都举行龙舟竞赛,香港也有此项活动,此外,划龙舟还先后传入邻国日本、越南等及英国。

2. 端午食粽

端午节吃粽子,是民间的又一传统习俗。粽子,又叫"角黍"、"筒粽",其由来已久,花样繁多。据记载,早在春秋时期,用菰叶(茭白叶)包黍米成牛角状,称"角黍";用竹筒装米密封烤熟,称"筒粽"。晋代,粽子被正式定为端午节食品,这时,包粽子的原料除糯米外,还添加中药益智仁,煮熟的粽子称"益智粽"。时人周处《岳阳风土记》记载:"俗以菰叶裹黍米,……煮之,合烂熟,于五月五日至夏至啖之,一名粽,一名黍。"南北朝时期,出现杂粽,米中掺杂肉类、板栗、红枣、赤豆等,品种增多。到了唐代,粽子的用米,已"白莹如玉",其形状出现锥形、菱形。宋朝时,已有"蜜饯粽",即果品入粽,诗人苏东坡有"时于粽里见杨梅"的诗句。元、明时期,粽子的包裹料已从菰叶变革为箬叶,后来又出现用芦苇叶包的粽子,料中出现豆沙、猪肉、松子仁、枣子、胡桃等等,品种更加丰富多彩。一直到今天,每年五月初,中国百姓家家都要浸糯米、洗粽叶、包粽子,其花色品种更为繁多,从馅料看,北方多包小枣的北京枣粽;南方则有豆沙、鲜肉、火腿、蛋黄等多种馅料,其中以浙江嘉兴粽子为代表。

（五）七夕节

农历七月初七即人们俗称的七夕节,也有人称之为"乞巧节"或"女儿节",是中国传统节日中最具浪漫色彩的一个节日,也是过去姑娘们最为重视的日子。传说在七夕的夜晚,抬头可以看到牛郎织女的银河相会。东晋葛洪的《西京杂记》有"汉彩女常以七月七日穿七孔针于开襟楼,人俱习之"的记载。七夕节最普遍的习俗,就是妇女们在七月初七的夜晚进行的各种乞巧活动,古代七夕乞巧相当隆重,乞巧的方式大多是姑娘们穿针引线验巧,做些小物品赛巧,摆上些瓜果乞巧,各个地区的乞巧方式不尽相同,各有趣味。

在今日浙江各地仍有类似的乞巧习俗,如杭州、宁波、温州等地,在这一天用面粉制各种小型物状,用油煎炸后称"巧果",晚上在庭院内陈列巧果、莲蓬、白藕、红菱等,女孩对月穿针,以祈求织女能赐以巧技,或者捕蜘蛛一只,放在盒中,第二天开盒如已结网称为得巧。为了表达人们希望牛郎织女能天天过上幸福家庭生活的愿望,在浙江金华一带,七月七日家家都要杀一只鸡,意为这夜牛郎织女相会,若无公鸡报晓,他们便能永远不分开。

广州的乞巧节独具特色,节日到来之前,姑娘们就预先备好用彩纸、通草、线绳等,编制成各种奇巧的小玩意,还将谷种和绿豆放入小盒里用水浸泡,使之发芽,待芽长到二寸多长时,用来拜神,称为"拜仙禾"和"拜神菜"。从初六晚开始至初七晚,一连两晚,姑娘们穿上新衣服,戴上新首饰,一切都安排好后,便焚香点烛,对星空跪拜,称为"迎仙",自三更至五更,要连拜七次,拜仙之后,姑娘们手执彩线对着灯影将线穿过针孔,如一口气能穿七枚针孔者叫得巧,被称为巧手,穿不到七个针孔的叫输巧,七夕之后,姑娘们将所制作的小工艺品、玩具互相赠送,以示友情。

（六）中元节

旧历七月十五日为中元节,与正月十五日的上元节(元宵节)和十月十五日的下元节(仍食寒食,以纪念祖先)同为古老传统节日,佛教和道教对这个节日的意义各有不同的解释。道教着重于为那些从阴间放出来的无主孤魂做"普渡",佛教则强调孝道。道教认为,"三元"是"三官"的别称,上元节又称"上元天官节",是上

第九章 贵和尚美的节庆文化

元赐福天官紫微大帝诞辰;中元节又称"中元地官节",是中元赦罪地官清虚大帝诞辰;下元节又称"下元水官节",是下元解厄水官洞阴大帝诞辰。道教《太上三官经》云:"天官赐福,地官赦罪,水官解厄","一切众生皆是天、地、水官统摄"。中元节时,道教宫观如北京地安门火神庙、西便门外白云观为了祈祷"风调雨顺、国泰民安"照例举办"祈福吉祥道场",佛教徒在这一天要举行盛大的盂兰盆会,也叫盂兰盆斋、盂兰盆供。

七月十五日祭奠亡人,最隆重的要数放河灯了,民家习惯用木板加五色纸,做成各色彩灯,内点蜡烛,有的人家还要在灯上写明亡人的名讳,商行等单位,则习惯做一只五彩水底纸船,称为大法船,希望能将一切亡灵,超度到理想的彼岸世界。七月十五日,民间还盛行祭祀土地和庄稼,将供品撒进田地,烧纸以后,再用剪成碎条的五色纸,缠绕在农作物的穗子上,传说可以避免冰雹袭击,获得秋季大丰收,一些地方同时还要到后土庙进行祭祀,山西定襄县民俗将麻、谷悬挂门首。

(七) 中秋节

中秋节有悠久的历史,和其他传统节日一样,也是慢慢发展形成的。古代帝王有春天祭日,秋天祭月的礼制,早在《周礼》一书中,已有"中秋"一词的记载,后来贵族和文人学士也仿效起来,在中秋时节观赏祭拜,寄托情怀,这种习俗就这样传到民间,形成一个传统的活动。一直到了唐代,这种祭月的风俗更为人们重视,中秋节才成为固定的节日,《唐书·太宗纪》记载有"八月十五中秋节"。这个节日盛行于宋朝,至明清时,已与元旦齐名,成为我国的主要节日之一,也是我国仅次于春节的第二大传统节日。

根据我国的历法,农历八月在秋季中间,为秋季的第二个月,称为"仲秋",而八月十五又在"仲秋"之中,所以称"中秋"。中秋节有许多别称:因节期在八月十五,所以称"八月节"、"八月半";因中秋节的主要活动都是围绕"月"进行的,所以又俗称"月节"、"月夕";中秋节月亮圆满,象征团圆,因而又叫"团圆节"。在唐朝,中秋节还被称为"端正月"。关于"团圆节"的记载最早见于明代。《西湖游览志余》中说:"八月十五谓中秋,民间以月饼相送,取团圆之意。"《帝京景物略》中也说:"八月十五祭月,其饼必圆,分瓜必牙错,瓣刻如莲花。……其有妇归宁者,是日必返夫家,曰团圆节。"中秋晚上,我国大部分地区还有烙"团圆"的习俗,即烙一种象征团圆、类似月饼的小饼子,饼内包糖、芝麻、桂花和蔬菜等,外面有月亮、桂树、兔子等图案。祭月之后,由家中长者将饼按人数分切成块,每人一块,如有人不在家即为其留下一份,表示合家团圆。

在中秋节民间通常有以下习俗:

1. 赏月

在中秋节,我国自古就有赏月的习俗,《礼记》中就记载有"秋暮夕月",即祭拜月神。到了周代,每逢中秋夜都要举行迎寒和祭月。设大香案,摆上月饼、西瓜、苹果、李子、葡萄等时令水果,其中月饼和西瓜是绝对不能少的。西瓜还要切成莲花状。在唐代,中秋赏月、玩月颇为盛行。在宋代,中秋赏月之风更盛,据《东京梦华录》记载:"中秋夜,贵家结饰台榭,民间争占酒楼玩月",每逢这一日,京城的所有店家、酒楼都要重新装饰门面,牌楼上扎绸挂彩,出售新鲜佳果和精制食品,夜市热闹非凡,百姓们多登上楼台,一些富户人家在自己的楼台亭阁上赏月,并摆上食品或安排家宴,团圆子女,共同赏月叙谈。明清以后,中秋节赏月风俗依旧,许多地方形成了烧斗香、树中秋、点塔灯、放天灯、走月亮、舞火龙等特殊风俗。

2. 吃月饼

我国城乡群众过中秋都有吃月饼的习俗,月饼最初是用来祭奉月神的祭品,"月饼"一词,最早见于南宋吴自牧的《梦粱录》中,那时,它也只是像菱花饼一样的饼形食品,后来人们逐渐把中秋赏月与品尝月饼结合在一起,寓意家人团圆的象征。月饼最初是在家庭制作的,清袁枚在《随园食单》中就记载有月饼的做法。到了近代,有了专门制作月饼的作坊,月饼的制作越越来越精细,馅料考究,外形美观,在月饼的外面还印有各种精美的图案。

3. 其他中秋节的习俗

中国地域辽阔,人口众多,风俗各异,中秋节的过法也是多种多样,并带有浓厚的地方特色。在福建浦城,女子过中秋要穿行南浦桥,以求长寿。在建宁,中秋夜以挂灯为向月宫求子的吉兆。上杭县人过中秋,儿女多在拜月时请月姑。龙岩人吃月饼时,家长会在中央挖出直径二、三寸的圆饼供长辈食用,意思是秘密事不能让晚辈知道,这个习俗是源于月饼中藏有反元杀敌讯息的传说。金门中秋拜月前要先拜天公。

广东潮汕各地有中秋拜月的习俗,主要是妇女和小孩,有"男不圆月,女不祭灶"的俗谚。晚上妇女们便在院子里、阳台上设案当空祷拜,桌上摆满佳果和饼食作为祭礼。当地还有中秋吃芋头的习惯,潮汕有俗谚:"河溪对嘴,芋仔食到"。八月间,正是芋的收成时节,农民都习惯以芋头来祭拜祖先。

(八) 重阳节

农历九月九日,为传统的重阳节。因为古老的《易经》中把"六"定为阴数,把"九"定为阳数,九月九日,日月并阳,两九相重,故而叫重阳,也叫重九,古人认为

第九章　贵和尚美的节庆文化

是个值得庆贺的吉利日子,并且从很早就开始过此节日。九九重阳,早在春秋战国时的楚辞中已提到了,屈原的《远游》里写道:"集重阳入帝宫兮,造旬始而观清都",这里的"重阳"是指天,还不是指节日。三国时魏文帝曹丕《九日与钟繇书》中,则已明确写出重阳的饮宴了:"岁往月来,忽复九月九日。九为阳数,而日月并应,俗嘉其名,以为宜于长久,故以享宴高会。"东晋陶渊明在《九日闲居》诗序文中说:"余闲居,爱重九之名。秋菊盈园,而持醪靡由,空服九华,寄怀于言。"这里同时提到菊花和酒。大概在魏晋时期,重阳日已有了饮酒、赏菊的做法。到了唐代重阳被正式定为民间的节日。明代,九月重阳,皇宫上下要一起吃花糕以庆贺,皇帝要亲自到万岁山登高,以畅秋志,此风俗一直流传到清代。

庆祝重阳节的活动一般包括出游赏景、登高远眺、观赏菊花、遍插茱萸、吃重阳糕、饮菊花酒等活动。九九重阳,因为与"久久"同音,九在数字中又是最大数,有长久长寿的含意,且秋季也是一年收获的黄金季节,重阳佳节,寓意深远,人们对此节历来有着特殊的感情。1989年,我国把每年的九月九日定为老人节,传统与现代巧妙结合,成为尊老、敬老、爱老、助老的老年人的节日,至今还保留了重阳节的一些习俗:

1. 登高

在古代,民间在重阳有登高的风俗,故重阳节又叫"登高节"。相传此风俗始于东汉。唐代文人所写的登高诗很多,大多是写重阳节的习俗,杜甫的七律《登高》,就是写重阳登高的名篇。登高所到之处,没有划一的规定,一般是登高山、登高塔。

2. 吃重阳糕

据史料记载,重阳糕又称花糕、菊糕、五色糕,制无定法,较为随意。九月九日天明时,以片糕搭儿女头额,口中念念有词,祝愿子女百事俱成,乃古人九月作糕的本意。讲究的重阳糕要作成九层,状如宝塔,上面还作成两只小羊,以符合重阳(羊)之义,有的还在重阳糕上插一小红纸旗,并点蜡烛灯,这大概是用"点灯"、"吃糕"代替"登高"的意思,用小红纸旗代替茱萸,当今的重阳糕,仍无固定品种,各地在重阳节吃的松软糕类都称之为重阳糕。

3. 赏菊、饮菊花酒

重阳节正是一年的金秋时节,菊花盛开,据传赏菊及饮菊花酒,起源于东晋大诗人陶渊明。陶渊明以隐居出名,以诗出名,以酒出名,也以爱菊出名,后人效之,遂有重阳赏菊之俗。民间还把农历九月称为"菊月",在菊花傲霜怒放的重阳节里,观赏菊花成了节日的一项重要内容。清代以后,赏菊之习尤为昌盛,且不限于九月九日,但仍然以重阳节前后最为繁盛。

4. 插茱萸、簪菊花

重阳节插茱萸的风俗，在唐代就已经很普遍。古人认为在重阳节这一天插茱萸可以避难消灾，或佩带于臂，或作香袋把茱萸放在里面佩带，还有插在头上的。茱萸大多是妇女、儿童佩带，有些地方，男子也佩带。重阳节佩茱萸，在东晋葛洪的《西京杂记》中就有记载。除了佩戴茱萸，人们也有头戴菊花的，唐代就已经如此。宋代，还有将彩缯剪成茱萸、菊花来相赠佩带的。清代，北京重阳节的习俗是把菊花枝叶贴在门窗上，"解除凶秽，以招吉祥"，这是头上簪菊的变俗。

除了以上较为普遍的习俗外，各地还有些独特的过节形式。陕北过重阳在晚上，白天是一整天的收割、打场，晚上月上树梢，人们喜爱享用荞面熬羊肉，待吃过晚饭后，人们三三两两地走出家门，爬上附近山头，点上火光，谈天说地，待鸡叫才回家，夜里登山，许多人都摘几把野菊花，回家插在女儿的头上，以之避邪。

在福建莆仙，人们沿袭旧俗，要蒸九层的重阳米果，我国古代就有重阳"食饵"之俗，"饵"即今之糕点、米果之类。宋代《玉烛宝典》云："九日食饵，饮菊花酒者，其时黍、秫并收，以因粘米嘉味触类尝新，遂成积习"。清初莆仙诗人宋祖谦《闽酒曲》曰："惊闻佳节近重阳，纤手携篮拾野香。玉杵捣成绿粉湿，明珠颗颗唤郎尝"。近代以来，人们又把米果改制为一种很有特色的九重米果。将优质晚米用清水淘洗，浸泡2小时，捞出沥干，掺水磨成稀浆，加入明矾（用水溶解）搅拌，加红板糖（掺水熬成糖浓液），而后置于蒸笼于锅上，铺上洁净炊布，然后分九次，舀入米果浆，蒸若干时即熟出笼，米果面抹上花生油。此米果分九层重叠，可以揭开，切成菱角，四边层次分明，呈半透明体，食之甜软适口，又不粘牙，堪称重阳敬老的最佳礼馔。一些地方的群众也有利用重阳登山的机会，祭扫祖墓，纪念先人。莆仙人以重阳祭祖者比清明为多，故俗有以三月为小清明，重九为大清明之说。

(九) 寒衣节

农历十月一日，亦称冥阴节，这一天，特别注重祭奠先亡之人，谓之送寒衣，与春季的清明节，秋季的中元节，并称为一年之中的三大"鬼节"。同时，这一天也标志着严冬的到来，所以也是父母爱人等为所关心的人送御寒衣物的日子。过寒衣节，必不可少的东西有三样：饺子、五色纸、香箔。准备供品一般在上午进行，供品张罗好后，再买一些五色纸及冥币、香箔备用，五色纸乃红、黄、蓝、白、黑五种颜色，薄薄的，有的中间还夹有棉花，准备好这些物品后，就可以祭奠亲人，送去寒衣了。

(十) 冬至节

冬至，是我国农历中一个非常重要的节气，俗称"冬节"、"长至节"、"亚岁"等，也是我国汉族一个传统节日，至今仍有不少地方有过冬至节的习俗。冬至是北半球全年中白天最短、黑夜最长的一天，过了冬至，白天就会一天天变长。冬至是二

第九章 贵和尚美的节庆文化

十四节气中最早制订出的一个,时间在每年的阳历12月21日至23日之间。

在我国古代对冬至很重视,冬至被当作一个较大节日,曾有"冬至大如年"的说法,而且有庆贺冬至的习俗。《汉书》中说:"冬至阳气起,君道长,故贺。"人们认为:过了冬至,白昼一天比一天长,阳气回升,是一个节气循环的开始,也是一个吉日,应该庆贺。《晋书》上记载有"魏晋冬至日受万国及百僚称贺……其仪亚于正旦。"说明古代对冬至日的重视。古人认为到了冬至,虽然还处在寒冷的季节,但春天已经不远了,这时外出的人都要回家过冬至节,表示年终有所归宿。另外民间往往以冬至日的天气好坏与来到的先后,来预测往后的天气,俗语说:"冬至在月头,要冷在年底;冬至在月尾,要冷在正月;冬至在月中,无雪也没霜"。

现在,一些地方还把冬至作为一个重要的节日来过,北方地区有冬至宰羊,吃饺子、吃馄饨的习俗,南方地区在这一天则有吃冬至米团、冬至长线面的习惯,某些地区在冬至这一天还有祭天祭祖的习俗。

(十一)腊八节

腊八节又称腊日祭、腊八祭、王侯腊或佛成道日,原来是古代欢庆丰收、感谢祖先和神灵(包括门神、户神、宅神、灶神、井神)的祭祀仪式,除祭祖敬神的活动外,人们还要驱疫。这项活动来源于古代的傩(古代驱鬼避疫的仪式),这天我国大多数地区都有吃腊八粥的习俗,腊八粥内除大米、小米、绿豆、豇豆、花生、大枣等原料外,还要加莲子、核桃、栗子、杏仁、松仁、桂圆、榛子、葡萄、白果、菱角、青丝、玫瑰、红豆等。

我国喝腊八粥的历史,已有一千多年,最早开始于宋代。每逢腊八这一天,不论是朝廷、官府、寺院还是黎民百姓家都要做腊八粥。到了清朝,喝腊八粥的风俗更是盛行。在宫廷,皇帝、皇后、皇子等都要向文武大臣、侍从宫女赐腊八粥,并向各个寺院发放米、果等供僧侣食用,在民间,家家户户也要做腊八粥,祭祀祖先;同时,合家团聚在一起食用,或是馈赠亲友。中国各地腊八粥的花样,争奇竞巧,品种繁多。

二、少数民族传统节庆风俗

我国自古以来就是一个多民族的国家,除了汉族有许多的节庆文化外,各少数民族也有许多丰富的节日民俗。例如维吾尔族的节日有肉孜节、古尔邦节;壮族信仰多神,节日有中元节、牛魂节;土家族的节日有赶年、四月八、六月六、大端午、七月十五。我国少数民族有着多姿多彩的民族节日,各具特色,并保留许多原始色彩,我国影响较大的少数民族节日主要包括开斋节、泼水节、旺果节、火把节、那达慕大会、花儿会、三月三歌会等。

(一)开斋节、古尔邦节、圣纪节

开斋节、古尔邦节、圣纪节是伊斯兰教的三大节日,是信奉伊斯兰教的回、维吾尔、哈萨克、乌孜别克、东乡、保安、撒拉等少数民族的盛大节日。穆斯林按教义规定,在每年的斋戒月(伊斯兰教历九月,公历为六月左右)期间,除了特殊情况的人如小孩、老弱病人、孕妇等外,其他人必须静性寡欲,白天戒绝饮食,黄昏后才吃斋饭,直到最后一天的晚上看到新月为止。第二天即为开斋节,是阿拉伯语"尔德·菲土尔"的意译,所以也叫"尔德"节,在新疆还有"肉孜节"的叫法。据说这是为了体会饥渴的滋味,以培养节约的良好习惯和对贫困穷人的同情心。这天,穆斯林沐浴净身后穿上洁净的衣服,在清真寺举行"会礼",然后,走亲访友,互相道贺,互赠礼品。同时,在这一天,穆斯林还要给已经亡故的亲人"走坟",捐助贫困的人。

古尔邦节,又称宰牲节。在伊斯兰教历12月10日,即开斋节后第70天。据伊斯兰教经典记载,"先知"易卜拉辛做了一个梦,梦见安拉(真主)让他宰掉自己的儿子伊斯玛仪献祭,以考验他对安拉是否忠诚,易卜拉欣遵照安拉的命令,正要宰自己的儿子时,安拉又命以羊代替。穆斯林继承了一这一传统,每逢这一天,有经济能力的穆斯林都要宰羊、牛,并分赠给亲友,同时,在宰牲前,要沐浴洁身,到清真寺参加会礼。

圣纪节又称圣忌节,在伊斯兰教历每年的三月十二日举行,是纪念伊斯兰教创始人穆罕默德诞生的日子。纪念活动一般在清真寺举行,在活动中要诵经演说,讲述圣绩,有的地方还在这天举行盛大的尔麦里会(善事宴会),宴请宾客,穆斯林聚集在清真寺诵经、赞圣,讲述穆罕默德的生平事迹,会餐并走访亲友,互赠礼品。

(二)泼水节

傣族的新年泼水节源于印度,曾经是婆罗门教的一种宗教仪式,其后为佛教所吸收,经缅甸传入云南傣族地区。泼水节为傣历新年的庆祝活动,一般在阳历4月13日至15日之间,届时人们先至佛寺浴佛,然后互相泼水,用飞溅的水花表示真诚的祝福。关于傣历新年(泼水节)的来历有一民间故事,传说人间的气候本来由一位名叫捧玛达拉乍的天神掌管,捧玛达拉乍自以为神通广大,无视天规,为所欲为,弄得人间雨旱失调,冷热不分,人畜遭灾,天王英达提拉用计惩处法术高明的捧玛点达拉乍,他变成一位英俊小伙子,佯装去找捧玛点达拉乍的七个女儿谈情。七位美丽的妙龄女郎同时爱上了他,姑娘们从小伙子的嘴里了解到自己的父亲降灾人间之事以后,既惋惜又痛恨,七位善良的姑娘为使人间免除灾难,决心大义灭亲,她们想尽办法探明了父亲的生死秘诀,在捧玛点达拉乍酩酊大醉之时,剪下他的一束头发,制作一张"弓赛宰"(心弦弓),毅然割下了为非歹的捧玛点达拉乍的头颅抱在怀中,不时轮换,并互用清水泼洒冲洗污秽,洗去遗臭,据说这就是人们在新年

第九章 贵和尚美的节庆文化

期间,相互泼水祝福的来历。泼水节的第一天傣语称之为"麦日",与农历的除夕相似。第二天,傣语称之为"恼日"(空日),人们穿上节日盛装,挑着清水,先到佛寺浴佛,然后就互相开始泼水了。泼水节另一项引人注目的活动是划龙舟,跳象脚鼓舞和孔雀舞。泼水节的第三天傣语称之为"麦帕雅晚玛",节日的气氛达到了高潮,穿着节日盛装的群众欢聚在澜沧江畔、瑞丽江边,观看龙舟竞渡。泼水节的活动内容丰富,其他的还有斗鸡、跳孔雀舞等,节日来临之时,家家还要缝新衣,买新伞,备办节日盛装,还要杀猪宰牛做年糕,准备丰盛的年饭,宴请亲朋好友,人们身着盛装,喜气洋洋,场面极为热烈。

(三)旺果节

藏族旺果节是西藏人民预祝丰收的节日,一般在秋收前选择吉日举行,庆祝时间一天到三天不等。节日期间人们穿着节日盛装结队骑马,在田间巡游,同时还聚在一起,在林间草地搭起帐篷,铺上彩垫,摆出酸奶和各种丰美的食品,互相敬酒尽兴野餐,唱歌跳舞预祝丰收。旺果节还举行赛马和射箭等文体活动,在赛马场上拾哈达节目最吸引观众,骑手们在规定路程中策马飞驰,边跑边拾赛场上放着的哈达,看谁跑得快拾得多。

(四)火把节

火把节是彝、白、纳西、基诺、拉祜等民族的古老而重要传统节日,有着深厚的民俗文化内涵,被称为"东方的狂欢节"。不同的民族举行火把节的时间也不同,大多是在农历的六月二十五日至二十七日,主要活动有斗牛、斗羊、斗鸡、赛马、摔跤、歌舞表演等。火把节第一天:祭火。在夜幕降临时,临近村寨的人们在老人们选定的地点搭建祭台,以传统方式击石取火点燃圣火,由毕摩(彝族民间祭司)诵经祭火,然后,家家户户,大人小孩都会从毕摩手里接过用蒿草扎成的火把,希冀驱邪。火把节第二天:传火。这一天,家家户户都聚集在祭台圣火下,举行各式各样的传统节日活动,小伙们要效仿传说中的阿体拉巴、赛马、摔跤、唱歌、斗牛、斗羊、斗鸡;姑娘们则效仿传说中的阿诗玛,身着美丽的衣裳,撑起黄油伞,唱起"朵洛荷",跳起达体舞;年长的老人们要按照传说中阿体拉巴勤劳勇敢、英武神俊和阿诗玛善良聪慧、美丽大方的标准从小伙姑娘中选出一年一度的俊男和美女。火把节第三天:送火。这是整个凉山彝族火把节的高潮。这一天夜幕降临时,人人都会手持火把,竞相奔走,最后人们将手中的火把聚在一起,形成一堆堆巨大的篝火,欢乐的人们聚在篝火四周尽情地歌唱、舞蹈,场面极其壮观。

(五)那达慕大会

那达慕大会是蒙古族人民具有鲜明民族特色的传统活动,也是蒙古族人民喜爱的一种传统体育活动形式,其中以锡林郭勒盟的那达慕最具代表性。"慕"是蒙语的译音,意为"娱乐、游戏",以表示丰收的喜悦之情。每年农历六月初四开始的那达慕,是草原上一年一度的传统盛会。那达慕大会已有近八百年的历史,一直在锡林郭勒草原上流传和发展,深受各族群众的喜爱,成为了蒙古族文化传统的重要载体。那达慕上的各项活动是力与美的显现、体能和智慧的较量、速度和耐力的比拼,比较全面地展示了在草原上生活的群众的综合素质。古代和近代的那达慕盛会都要进行男子"三艺"——摔跤、赛马和射箭的竞技比赛。

(六)花儿会

"花儿"又称少年,是流传在青海、甘肃、宁夏等省区民间的一种歌曲。"花儿会"是回、土、东乡、撒拉、保安、裕固等少数民族的传统歌会。"花儿会"比兴起句的生动形象,格律严格,歌词优美,曲调时而高亢、时而婉转。在宁夏,几乎随处都听到"花儿",但最有民俗特点的是每年农历四、五、六月间的"花儿会",相传已有两三百年的历史。"花儿会"各地会期不一,其中以六月初六莲花山(甘肃)及五峰山(青海)的花儿规模最大。会场上搭有歌台,歌手登台比赛,优胜歌手被披上红绸带作为奖赏。"花儿会"期间,远近的百姓都登山会歌,人数常达上万,届时人们撑着伞、摇着扇,或拦路相对,或席地而坐,歌词多为即兴创作,极具生活气息。"花儿会"主要活动内容包括拦歌、对歌、游山、敬酒、告别等。"花儿会"也是青年男女选择对象的极妙场合,他们以歌为媒,向对方表白心迹。

(七)三月三歌会

农历三月初三,是广西壮族群众一年一度的民歌盛会,在百色、河池、柳州、南宁四个壮族聚居的地区,歌节活动丰富多彩。这天,家家户户都准备丰盛的节日食品,青年男女穿着节日盛装,带上五色糯饭、彩蛋等食品,女青年还带着精心缝制的绣球,从四面八方涌向歌圩尽情对唱,一般以爱情为主题,也有历史、生产、风俗、生活常识等方面的内容,对歌的形式有男女个人对唱和集体对唱,具体有见面歌、邀请歌、盘歌、爱慕歌、盟誓歌、送别歌等。壮族青年能歌善唱、出口成歌,遇上对手能对唱一天一夜,赛得难解难分。歌节上青年男女还常用抛绣球、碰彩蛋等形式择偶定情。此外,还举行舞龙、舞狮、演戏等文体活动,也有部分地方群众在三月三这天祭扫祖墓、踏青郊游。三月三歌节流传至今,已有上千年历史,其民族性、多样性的节日内容与形式,充分反映了壮族人民的聪明才智、理想追求和健康向上的审美情趣。

我国少数民族众多,其节庆活动更是多姿多彩,由于所处地理环境不同,文化传统不同,所以南方与北方少数民族的节庆活动也不尽相同。我国黄河以北地区深受农耕文化的影响,所以节庆活动多以庆祝丰收为主,期盼来年的风调雨顺。长江以南地区因为受地形的限制,在古代并不是主要的农业区,尤其是西南地区交通

第九章 贵和尚美的节庆文化

闭塞,所以原始文化保存的较为完整,大都保留着一些原始的祭祀习俗和庆祝活动。节庆风俗是历史的一面镜子,通过对各地区少数民族的节庆的认识,可以加深对中国传统文化的认识和反思。

思考与探究

1. 节日的形成受哪些因素的影响?
2. 试分析汉族节日有哪些传统文化特征?
3. 为什么少数民族的节庆文化民俗保存要比汉族节庆文化民俗完整?
4. 多姿多彩的节庆文化能够体现出中国传统文化的那些精华?

第十章 悬壶济世的医学文化

中华民族是一个文明悠久的民族,据历史考证,我国有文字记载的历史就长达三千余年,而没有文字记载的历史则更长。与我国悠久的历史相应,中华医学也经历了漫长的发展过程。从纯粹医药经验的积累,经过理论总结形成体系,再经过不断丰富和完善,不同历史阶段便表现出了不同的发展内容和特点。

第一节 中华医学的文化特点

中医药学是我国人民长期与疾病作斗争的智慧结晶。它有着丰富的实践经验、系统的理论知识和独特的医疗技术。它经历了数千年医疗实践的检验,不仅在历史上为中华民族的繁衍昌盛作出了贡献,而且至今仍然在我国人民的医疗保健事业中发挥着重要作用。中医药学的光辉成就是我国古代文化科学宝库中一颗灿烂的明珠,它被称为世界科学史上的奇迹,中医中药事业的兴旺发达是我们中华民族的骄傲。

一、学术体系的形成

从远古到春秋,据历史记载,是中医学的经验积累由低到高,由个别到一般的时期。这时的医药学没有形成体系,不论经验还是理论认识,都比较个别、具体和零散。在这种经验积累的基础上,从战国到汉代,中医学经过对医药经验的总结提升,形成了中医学的学术体系,其标志就是《黄帝内经》、《难经》(又名《黄帝八十一难经》)、《神农本草经》、《伤寒杂病论》这四部经典著作的著成。

"四大经典"所载的内容,明确标志了中医学的理、法、方、药学术体系已经建立起来。举凡中医学的基本理论、诊断方法、辨证原则、治疗法则、药物理论、配方理论、预防思想等,在"四大经典"中都有了明确具体的论述。尤其《伤寒杂病论》已将中医学的理、法、方、药运用到临床实践,对辨证论治给出了完整的示范。"四大经典"在建立中医学体系的同时,也建立了中医学的学术范式,在以后的历史发展过程中,中医学一直依照这一学术范式不断发展演化。

二、中医学理论体系的主要特点

中国传统哲学认为阴阳的对立统一是一切事物运动变化的根本原因,而自然界的天地万物都是普遍联系,相互影响的。建立在传统哲学基础之上的中医理论体系主要有两个特点:整体观念和辨证论治。整体观念是中医学的主导思想,辨证论治是中医学的诊疗特色。中医理论体系是从整体出发,运用辨证的理论,以鉴别病情,推断病情。

（一）整体观念

中医学把对人体自身的完整性及人与自然、社会环境的统一性的认识称之为整体观念。一方面,人体是一个有机整体,中医学的整体观念认为,人体是一个由多层次结构构成的有机整体。人体结构的整体性是以五脏为中心,以经络为联系,心、小肠、舌、脉、肝、胆、目、脾、胃、口、肉、肺、大肠、鼻、皮、肾、膀胱、耳、二阴、筋骨相互连通,不可分割的有机整体。各脏腑组织生理相互协同、相互制约,维持协调平衡。另一方面,人与环境密切联系:中医学的整体观念认为,人生活在自然和社会环境中,人体的生理功能和病理变化,必然受到自然环境、社会条件的影响。人类在适应和改造自然及与社会环境的斗争中维持着机体的生命活动。这主要表现在人与自然、人与社会的和谐统一。人和自然环境的统一性主要反映在季节气候、昼夜晨昏、地区方域三方面变化对人的生理、病理影响；人与社会环境的统一性主要包括社会的治与乱、个人社会地位、经济状况的变动,生活中重大事件的发生等对人体生理病理的影响。从现代医学模式上来看,现代医学所主张建立"生物—心理—社会"的医学模式,也符合中医学"天人一体观"的内容。

（二）辨证论治

在中医学中,病是指有特定病因、发病形式、病机、发展规律和转归的一个完整的病理过程,反映了某种疾病全过程的总体属性、特征和规律。如感冒、痢疾、疟疾、麻疹、哮喘、中风等。症是指疾病的具体单个临床表现,包括异常主观感觉和异常体征,总称症状。如发热、咳嗽、头痛、眩晕及舌红、苔腻、脉数等。而证则是指在疾病发展过程中某一阶段或某一类型的病理概括,包括病因、病位、病性、病势等内容,反映了疾病发展过程中该阶段病理变化的本质特征,是疾病在不同阶段的表现形式。而疾病是人体内某病变的全过程,疾病的本质变化贯穿于疾病整个过程的始终。病在其发展变化过程中,可以分为若干阶段,形成若干不同的证,这些证的症候反映出病在不同阶段的本质变化。故证是反映疾病在某一特定阶段的病理变化实质,是此阶段各种相关因素对病的影响的汇集点。可见病重在全过程,证重在阶段性,而证比病更具体,更具可操作性。

症与病、证之间的关系则是:症是病和证的现象,是病和证的外在标志,是辨识病或证的依据和出发点。病和证都是通过症反映出来的,由症的不同组合,形成不同的病候或证候。临床辨识病和证,主要是从症入手,抓住症的不同组合及其相互关系,辨清病候或证候。

因此,中医学对疾病的诊断和治疗要求"辨证论治"。辨证,即将望、闻、问、切四诊所收集的资料、症状和体征,运用中医学理论进行分析、综合,辨清疾病的原因、性质、部位和发展趋向,然后概括、判断为某种性质的症候的过程。其主要包括:辨病因,分析发病的原因及机理;辨病位,确定病症的所在部位;辨病性,分清疾病的虚实寒热;辨病势,辨明疾病的发展变化趋势及转归。而论治,则是根据辨证的结果,确定相应的治疗原则和方法,选择适当的治疗手段和措施来处理疾病的思维和实践过程。其主要内容包括:因证立法——依据证候,确立相应的治则、治法;随法选方——选择相应的治疗手段或措施;据方施治,按处方实施治疗。

辨证和论治,是中医学诊治疾病的两个步骤。辨证是认识疾病,确立证候的过程;论治是依据辨证结果,确立治法和处方遣药的过程。辨证是确定治疗方法的前提和依据;论治是辨证的目的,并可以通过论治的效果,检验辨证是否正确。所以,辨证和论治,是诊治疾病过程中前后衔接、相互联系、不可分割的两个方面,是理论和实践的有机结合,是理、法、方、药在临床上的具体运用,是指导中医临床诊治的基本原则。

当然,在辨证论治中,也会根据情况进行"辨病论治",即以病人的临床表现为依据,以确定疾病的诊断为目的,对疾病进行辨析,然后根据疾病来确定治疗方法。然后"对症治疗",即针对病人表现的症状,以减轻病人痛苦为目的,采用及时有效的治疗措施和方法。

中医学辨证论治的运用最大的特点就在于同病异治和异病同治。所谓同病异治,是指同一疾病,由于发病时间或地域不同,或所患疾病的发病阶段或类型不同,或病人的体质有异,故反映出的症候不相同,治法也就不同。例如:感冒风寒证适用祛风散寒(辛温解表);风热证则选用疏风散热(辛凉解表);而暑湿证选用祛暑除湿(祛暑解表)等。所谓异病同治,是指几种不同的疾病,在其发展变化过程中出现了大致相同的病机和大致相同的证候,就可采用大致相同的方法进行治疗。例如:胃下垂、肾下垂、眼睑下垂、子宫下垂、久泻脱肛等中气下陷的症候都使用益气升提法治疗。

三、中医基础理论的主要内容

中医基础理论,是关于中医学的基本概念、基本知识、基本原理和基本思维方法的科学理论,也是阐释和介绍中医学的基本概念、基本知识、基本原理和基本思维方法的科学理论,它是中医的根本,是区别于西医的最主要的方面。

中医基础理论主要包括:医学的哲学基础——精气学说、阴阳学说、五行学说;中医对人体生理的认识——脏腑形体官窍、经络、精气血津液神的生理功能;中医对疾病的认识——病因、发病、病机;中医预防治病原则这四方面内容。

精气学说、阴阳学说和五行学说,是中国古代有关世界本原和发展变化的宇宙观和方法论,也是中医学的重要思维方法。随着代表文化进步和科学发展的精气学说、阴阳学说和五行学说渗透到医学领域,不仅帮助中医学构筑了独特的医学理论体系,而且构建了中医学的思维方法体系,反映了中医学思维方法的特点。

(一)精气学说

中医学中所指的"精",又称"精气",其基本概念有二:(1)泛指气,是一种充塞于宇宙之中的无形而运动不息的极细微物质,是构成宇宙万物的共同本原;(2)专指气中的精粹部分,是构成人类的本原。气,是指存在于宇宙之中的不断运动而且无形可见的极细微物质,是宇宙万物的共同构成本原。中医学把气的运动形式,称为气机,主要有升、降、聚、散等。而精气是天地万物相互联系的中介,维系着天地万物之间的相互联系,使它们成为一个整体,使万物得以相互感应。

(二)阴阳学说

阴阳,是中国古代哲学的一对基本范畴,是对自然界相互关联的某些事物或现象对立双方属性的概括。阴和阳,既可以标示一对相互关联又对立相反的事物或现象,又可以标示同一事物或现象内部对立相反的两个方面。

(1)凡是运动的、外向的、上升的、弥散的、温热的、干燥的、明亮的、兴奋的、亢进的都属于阳;相对静止的、内守的、下降的、凝聚的、寒冷的、湿润的、晦暗的、抑制的、衰退的都属于阴。

(2)事物的阴阳属性,是根据其不同的运动趋势,不同的功能属性、不同的所在空间和时间等,与其对立面相比较,以阴阳的特性为标准来确定的。

阴阳学说的基本内容包括:①阴阳对立制约;②阴阳互根互用;③阴阳交感与互藏;④阴阳消长;⑤阴阳转化;⑥阴阳自和与平衡。

阴阳五行学说既是哲理,又是最基本的医理;既用以说明普遍问题,也用以说明具体问题。如《素问·阴阳应象大论》说:"阴阳者,天地之道也,万物之纲纪,变化之父母,生杀之本始,神明之府也";《素问·宝命全形论》亦有:"人生有形,不离阴阳";《素问·生气通天论》:"阴平阳秘,精神乃治;阴阳离决,精气乃绝。"这些是对生理病理的最高概括。论阴阳的生理关系是:"阳化气,阴成形","阴在内,阳之守也;阳在外,阴之使也"。病理关系则是:"阴胜则阳病,阳胜则阴病"。诊断的首要原则是"察色按脉,先别阴阳",而"阳病治阴,阴病治阳",又是必须遵循的治疗方法。

(三)五行学说

五行,即木、火、土、金、水五种物质及其运动变化。五行的特性,是古人在长期的生活和生产实践中对木、火、土、金、水五种物质的直观观察和朴素认识的基础上,进行抽象而逐渐形成的理性概念,是用以识别各种事物的五行属性的基本依据。五行思想最早见于《尚书·洪范》,"五行:一曰水,二曰火,三曰木,四曰金,五曰土",其中五行

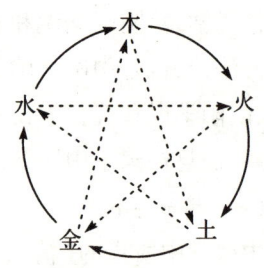

五行相生相克图
实线表示相生,虚线表示相克

属性为"木曰曲直"——引申为生长、升发、条达、舒畅;"火曰炎上"——引申为温热、上升、光明;"土爰稼穑"——引申为生化、承载、受纳;"金曰从革"——引申为沉降、肃杀、收敛;"水曰润下"——引申为滋润、下行、寒凉、闭藏。正因为事物之间存在着相生和相克的联系,才使得自然界维持生态平衡。对人体生理来说,相生相克也属于正常生理现象,使人体维持生理平衡。

五行之间存在相生与相克的关系。五行相生,是指木、火、土、金、水之间存在着有序的递相资生、助长和促进的关系。次序:木生火,火生土,土生金,金生水,水生木。五行相克,是指木、火、土、金、水之间存在着有序的递相克制、制约的关系。其次序木克土,土克水,水克火,火克金,金克木。

此外五行还有相乘与相侮的关系。五行相乘,是指五行中一行对其所胜的过度制约或克制。次序:五行相乘的次序与相克相同,即木乘土,土乘水,水乘火,火乘金,金乘木。五行相侮,是指五行中一行对其所不胜的反向制约和克制,即"反克",又称"反侮"。次序:五行相侮的次序与相克的次序是相反的,即木侮金,金侮火,火侮水,水侮土,土侮木。

第十章 悬壶济世的医学文化

(四)藏象学说

藏象学说,是研究各脏腑的形态结构、生理机能、病理变化及其与精气血津液神之间的相互关系,以及脏腑之间、脏腑与五体官窍及自然社会环境之间的相互关系的学说。它是古人通过对解剖学的认识、长期生活实践的观察以及古代哲学思想的渗透和医疗实践经验的积累形成的。

藏象是指藏于体内的内脏及其表现于外的生理病理征象,以及内脏与自然界相通应的事物和现象。藏象学说的主要特点是以五脏为中心的整体观,主要体现在以五脏为中心的人体自身的整体性及五脏与自然环境的统一性两个方面。中医藏象学说还具有从宏观、功能、外象来把握脏腑的特点。

汉语的"器官"一词出自《黄帝内经》。书中把人体的器官给命名为十二官,其中心为君主之官,皇上;肺为宰相之官、肝为将军之官、脾为谏议之官、胃为仓廪之官,五脏六腑各有所职。五行学说还以五脏为中心,一脏一腑,一阴一阳为表里,由经络相互络属推演络绎整个人体的各种组织结构与功能,将人体的形体、官窍、精神、情志等分归于五脏,并将自然界的五方、五气、五色、五味等与人体的五脏联系起来,建立了以五脏为中心的天人一体的五脏系统,将人体内外环境联结成一个密切联系的整体。

五行	五脏	六腑	季节	情绪	五官	五味	形体
木	肝	胆	春	怒	目	酸	筋
火	心	小肠	夏	喜	舌	苦	脉
土	脾	胃	长夏	思	口	甘	肉
金	肺	大肠	秋	悲	鼻	辛	皮毛
水	肾	膀胱	冬	恐	耳	咸	骨

五脏六腑中的五脏为心、肺、脾、肝、肾,能够化生和贮藏精气。具有"藏精气而不泻"、"满而不能实"的特点。六腑为胆、胃、小肠、大肠、膀胱、三焦,具有进行受盛和传化水谷的功能,器官具有"传化物而不藏"、"实而不能满"的特点。奇恒之腑则是指形态上中空有腔似腑,功能上贮藏精气似脏,与一般脏腑不同的六种器官或组织,包括脑、髓、骨、脉、胆、胞(习惯上指女子胞,但男女皆有"胞"。"胞",在男子是指精室,又称精宫),其作用是贮藏精气,特点是"藏而不泻"。因此,一般临床

病理上脏病多虚,腑病多实;治疗上五脏宜补,六腑宜泻。

心在人体之中掌管神明,在五脏中为"君主",统帅其余腑脏。心在五行中为火。心之有空,人才能明。心的主要生理机能包括心主血脉,指心主血和心主脉两个方面,是指心气推动和调控心脏的搏动和脉管的舒缩,主宰着血液在脉管中正常运行,使其流注全身以发挥滋润和濡养作用,以及心有参与血液生成的功能;心藏神,是指心有统帅全身脏腑、经络、五体、官窍的生理活动和主司意识、思维、情感等精神活动的作用。心与夏气相通应,夏天很适宜心脏的保养。

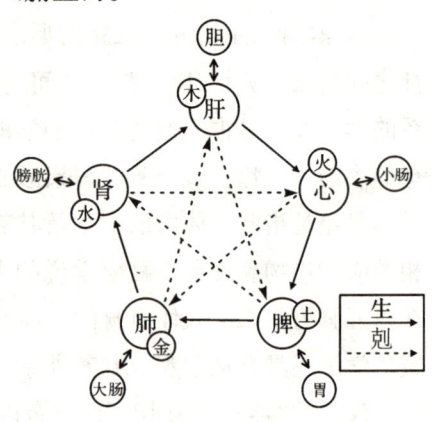

五行与五脏关系图

肺在五脏中号称"相傅之官",地位尊贵,肺的主要生理机能是主气(司呼吸)与主行水,主气包括主呼吸之气和主一身之气两个方面。肺主呼吸之气,是指肺主管呼吸,呼浊吸清,使肺气的宣发与肃降作用协调有序,则呼吸均匀通畅。肺是体内外气体交换的场所,肺主一身之气,是指肺有主司一身之气的生成和运行的作用。肺主行水,是指肺气的宣发肃降作用推动和调节全身水液的输布和排泄。肺朝百脉,是指全身的血液都通过百脉流经于肺,经肺的呼吸,进行体内外清浊之气的交换,然后再通过肺气宣降作用,将富有清气的血液通过百脉输送到全身。肺与秋气相通应,所以在秋天治疗肺病效果更加显著。

脾为"谏议之官",就是说脾脏和其他器官关系都很密切,有督察其他器官的职责。在人体中,脾可以起到预警的功效。脾能够知道人体方方面面的问题都出在哪里,即"知周"。脾的主要生理机能是主运化和主统血,是指脾具有把饮食水谷转化为水谷精微(即谷精)和津液(即水精),并把水谷精微和津液吸收、转输到全身各脏腑的生理机能。脾的功能包括运化食物和运化水液两个方面。脾主统血,是指脾气具有统摄、控制血液在脉中正常运行而不逸出脉外的功能。脾与长夏之气相通应,这一时节可以吃甜食以补脾。

"肝为将军之官",肝脏如同威严的大将军,是人体内解毒排毒,防御病毒入侵的重要器官。肝的主要生理机能是主疏泄和主藏血。肝主疏泄是指肝气具有疏通、畅达全身气机,进而促进精血津液的运行输布、脾胃之气的升降、胆汁的分泌排

第十章 悬壶济世的医学文化

泄以及情志的舒畅等作用。肝主藏血,是指肝脏具有贮藏血液、调节血量和防止出血的机能。肝还开窍于目,肝血充足,视力就可充沛,肝与春气相通应,因此春季最适合养肝。

"肾为作强之官",意思是肾是给人体提供力量与智慧的器官。肾的主要生理机能是藏精与主水,主管人体的发育与生殖。精,是生命之源,包括先天之精和后天之精,精是生长发育生殖与脏腑气化的关键。肾主水,是指肾气具有主司和调节全身水液代谢的功能。肾与冬气相通应,因此冬季是养肾进补的最好时机。

六腑包括胆、胃、大肠、小肠、膀胱、三焦。六腑都是空腔脏器,所以其功能主要是受纳和腐熟水谷,传化和排泄糟粕。六腑的生理功能特点是吸收食物入胃,经胃的腐熟,食物下移至小肠,进一步消化并泌别清浊,吸收其中的精微物质,大肠接受小肠中的食物残渣,吸收其中的水分,其余的糟粕经燥化与传导作用,排出体外。六腑都是空腔脏器,其病理特征重点是"不通则痛",主要症状表现为腹痛、腹胀、痞满、便闭、呕吐、小便不通等。因此,临床治疗六腑疾患,主张以疏通为主要大法。六腑的主要生理机能介绍如下:

胆的主要生理机能是贮藏和排泄胆汁。肝与胆的关系极为密切,俗称"肝胆相照"。肝是将军之官,主决断,胆也具有同样功能。胆既是六腑之一,又为奇恒之腑之一。平时肝脏产生的胆汁会随时流到胆囊,可以消化吸收脂肪胆的分泌与排泄受阻,就会影响脾胃的消化功能,而出现厌食、腹胀、腹泻等消化不良症状。

胃的主要生理机能是主受纳水谷,即胃气具有接受和容纳饮食物的作用。胃有"太仓"、"水谷之海"、"水谷气血之海"之称,主腐熟水谷即胃气将食物初步消化,并形成食糜的作用,其生理特性是胃气通降,喜润恶燥。胃与脾关系密切,都有运化水谷食物的功能,统称为"仓廪之官"。

小肠的主要生理机能是主受盛化物和主泌别清浊,指小肠在吸收水谷精微的同时,还吸收了大量的水液,参与了人体的水液代谢,所以有"小肠主液"的说法,小肠又称"受盛之官"。

大肠的主要生理机能是首先是主传化糟粕,因此又称"传导之官"。大肠还主津,即所谓燥化作用,因此大肠的病变,多与津液的盈亏有关。

膀胱的主要生理机能是贮存和排泄尿液,膀胱与肾直接相通,接受肾生成的尿液,膀胱直接负责人体津液,被称为"州都之官"。

三焦,是上焦、中焦和下焦的合称,即将躯干划分为3个部位,横膈以上为上焦,包括心、肺;横膈以下至脐为中焦,包括脾、胃;脐以下为下焦,包括肝、肾、大肠、小肠、膀胱。

  脏与腑之间的关系是脏腑阴阳表里配合关系。所谓表里,是中医用来划分病位深浅的一对纲领。脏与腑有着不同的阴阳属性,脏属阴为里,腑属阳为表。脏腑的表里是由经络来联系,彼此经气相通,互相作用。因此,脏与腑在病变上能够互相影响,互相传变。脏腑之间的关系为:

  (1)心与小肠:手少阴心经属心络小肠,手太阳小肠经属小肠络心,心与小肠通过经脉的相互络属而构成了表里关系。两者在生理上,相互为用;病理上,相互影响。

  (2)肺与大肠:手太阴肺经属肺络大肠,手阳明大肠经属大肠络肺,肺与大肠通过经脉的相互络属而构成了表里关系。两者在生理上,主要体现在肺气肃降与大肠传导之间的相互为用关系;病理上,肺与大肠的病变可相互影响。

  (3)脾与胃:脾与胃同居中焦,以膜相连,并通过经脉相互络属而构成表里配合关系。脾与胃关系密切,在五行中都属土,脾为阳土,胃为阴土。两者在生理上,脾与胃掌管水谷纳运与气机升降,脾主运化,胃主受纳,脾气主升,胃气主降;在病理上,容易形成脾胃纳运失调、脾胃升降失常,以及脾湿太过,或胃燥伤阴等病症。

  (4)肝与胆:肝胆同居右胁下,胆附于肝叶之间,并有经脉相互络属,构成表里相合关系。五行中肝胆同归于木,胆为阳木,肝为阴木。两者在生理上,肝与胆同司疏泄,共主勇怯。病理上形成肝胆气滞、肝胆湿热、肝胆火旺等肝胆同病的症候。

  (5)肾与膀胱:肾在五行之中归于水,能调节全身水液。肾与膀胱以"系"相通,并有经脉相互络属,构成表里相合关系。生理上,共主小便。病理上,相互影响,肾气的盛衰直接影响膀胱的排尿功能。

  (五)经络学说

  "经络"一词首先见《内经》,《灵枢·邪气脏腑病形》说:"阴之与阳也,异名同类,上下相会,经络之相贯,如环无端。""经络"一词,是"经"和"络"的合称。"经"和"络",是经络学说最基本的概念。所谓"经",是"十二经"和"奇经八脉"的直行主干。所谓"络",是各"经"分出的支线。"经"和"络"合起来,则称"经络"。

  经络学说是古人在长期的生活与医疗实践中,通过施用砭刺、艾灸、导引、推拿按摩、气功吐纳及药物治疗等方法体验感受,从而发现了经络感传现象。经络的名称与循行是古代医家根据"天人相应"的观点,应用阴阳、五行学说的理论对人体

第十章 悬壶济世的医学文化

内外、上下、左右、脏腑器官,经络气血运行的规律总结出来的。

经络系统由十二经脉、奇经八脉、十二经别、十二经筋、十二皮部,以及十五络脉和浮络、孙络等组成。根据中医学即内为阴,外为阳;脏为阴,腑为阳的原则将分布于肢体内侧(或腹部)的经脉统称阴经,将肢体分布外侧(或背部)的经脉统称阳经。阴经与脏腑的关系是属脏络腑,而阳经与脏腑的关系是属腑络脏。

经脉可分为正经和奇经两类。正经有十二条,即手足三阴经和手足三阳经,合称"十二经脉",是气血运行的主要通道。奇经有八条,即督、任、冲、带、阴跷、阳跷、阴维、阳维,合称"奇经八脉",有统率、联络和调节十二经脉的作用。十二经别,是从十二经脉别出的经脉,主要是加强十二经脉中相为表里的两经之间的联系,还由于它通达某些正经未循行到的器官与形体部位,因而能补正经之不足。

十二经脉的名称为:手太阴肺经、手厥阴心包经、手少阴心经、手阳明大肠经、手少阳三焦经、手太阳小肠经、足太阴脾经、足厥阴肝经、足少阴肾经、足阳明胃经、足少阳胆经、足太阳膀胱经。

经络的生理功能主要表现在沟通表里上下,联系脏腑器官;通行气血,濡养脏腑组织;感应传导;调节脏腑器官的机能活动。经络将人体的五脏六腑、四肢百骸、五官九窍、皮肉筋骨等连接为一整体。经络是气血分散到人体各部位的通道和媒介,如果经络出现了问题,也就无从谈起气血的运行,人体的各个部位也就无法得到充足的气血供应,从而影响各个器官正常的生理活动。

(六)病因学说

病因学说是中医基本理论的一个重要组成部分,它可以根据患者的发病过程、临床病症,推断出导致疾病的根源,对症下药,最终达到治疗疾病的目的。病因(亦称为"致病因素"、"病原"、"病邪"、"邪气"等),即指破坏人体阴阳正常水平的相对平衡状态而导致疾病发生的原因。中医学所说的病因,主要包括六淫、疠气、七情内伤、饮食失宜、劳逸失度、外伤(包括跌打损伤、烧烫伤、冻伤和虫兽所伤等)、诸虫(即寄生虫)、药邪以及痰饮、淤血、结石等。

中医将导致人体产生疾病的因素归结为外感和内伤两大类。外感主要包括六淫和疠气。六淫(又称为"六邪"),是指风、寒、暑、湿、燥、火(热)六种外感病邪的统称,是属于外感病的一类致病因素。疠气,是一类具有强烈致病性和传染性的外感病邪。内伤主要包括七情内伤和饮食失宜。七情内伤,是指喜、怒、忧、思、悲、恐、惊七种引发或诱发疾病的情志活动。饮食失宜主要指饮食不节、饮食不洁、饮食偏嗜所导致的疾病。此外劳逸失度,即过度劳累或者过度安逸,四体不勤,也会导致疾病。

(七)治疗原则

中医的治疗原则,总的方针是调和阴阳,扶正祛邪,疏通经络。中医学认为发病的基本原理在于正邪相搏。正气是决定发病的内在因素;邪气是发病的重要条件;邪正相搏的胜负,决定发病与不发病。

治疗原则包括:(1)治标与治本:缓则治本,急则治标,标本兼治。(2)扶正与祛邪:扶正是扶助正气,增强体质,提高机体的抗邪及康复能力的一种治疗原则。祛邪:是祛除邪气,消解病邪的侵袭和损害、抑制亢奋有余的病理反应的一种治疗原则。(3)调整阴阳:损其有余,补其不足,阴阳并补,回阳救阴。(4)调理精气血津液,保证人体精气神的旺盛。(5)治疗中,提倡三因制宜,即"因时制宜,因地制宜,因人制宜",根据不同的条件辨证施治。

第二节 中华医学的诊疗方法

中医学的疾病治疗具有其非常独有的特色,除了前文所述的辨证论治的原则外,特有的脉诊与针灸、独特的方药理论及使用,都与中国传统文化倡导"宝命全形以贵生"的系统思维方式、哲学思想等关系至为密切。

一、中医诊断方法

中医学的诊断方法讲求望、闻、问、切四诊,而脉诊是中医的特有的诊断方法。在中医理论体系及诊疗实践中占有非常重要的地位。古代医家在长期的临床实践中,逐步发展了这一诊断方法。我国的脉诊法起源很早,在秦汉以前的古代文献中已有丰富的脉学史料。《黄帝内经》收载了大量秦汉以前的脉学资料,书中论述了40多种脉象,又提出了"三部九候"诊法和"气口人迎脉"诊法。成书于汉代的《难经》,确立了手腕(寸口)寸、关、尺为三部,每部切浮、中、沉为九候的"三部九候"诊脉法。此法以右手寸部主肺、大肠,关部主脾胃,尺部主三焦、心包络;左手寸部主心、小肠,关部主肝、胆,尺部主肾、膀胱,为后世普遍推行的寸口诊脉法奠定了基础。《难经》对脉理的探讨较为精深,尤其是提出"十二经皆有动脉,独取寸口,以决五脏六腑死生吉凶之法",且将《内经》的脉学资料系统化,但未形成专书。

第十章　悬壶济世的医学文化

至魏晋时期,王叔和对脉学进行了第一次全面的总结,撰成《脉经》一书,这是现存最早的脉学著作,奠定了我国脉学发展的基础。该书确立了"寸口脉诊法";归纳脉象24种,规范了脉象名称:即浮、芤、洪、滑、数、促、弦、紧、沉、伏、革、实、微、涩、细、软、弱、虚、散、缓、迟、结、代、动等,如描述浮脉"举之有余,按之不足",弱脉"极软而沉细,按之欲绝指下,"虚脉"迟大而软,按之不足,隐指,豁豁然空"等。①

东汉名医张仲景,被称为中医学"医圣"。张仲景根据自己的实践对中医学理论作了发展。他认为伤寒是一切热病的总名称,也就是一切因为外感而引起的疾病,都可以叫做"伤寒"。《伤寒杂病论》概括了中医的望、闻、问、切和阴阳、寒热、表里、虚实八纲,以及汗、吐、下、和、温、清、消、补等八种治法。该书理法方药齐备,正式确立了中医辨证论治法则,并具体指导临床实践,为我国临床医学的发展奠定了坚实的基础。

《伤寒杂病论》对方剂组成以及方中药物的加减化裁,均提出了较严格的要求,充分体现了君、臣、佐、使相配合的组方原则。根据病情变化和兼症的不同,处方又有所加减化裁。由此可知,张仲景的组方原则严格而灵活,书中所载方剂,大多切合临床实际。如治疗阳明热盛以及暑瘟的白虎汤,治疗黄疸的茵陈五苓散,治疗痢疾的白头翁汤,治疗胸痹心痛彻背的栝楼薤白半夏汤,治疗虚劳和虚烦不眠的酸枣仁汤,治疗妇人经漏的芎归胶艾汤等,都是直至今天仍在普遍应用的行之有效的方剂。记载多种药物剂型载有汤、丸、散、酒、洗、浴、熏、滴、耳、灌鼻、软膏、栓剂等不同剂型。《伤寒杂病论》创制了大量的经典方剂,收方269首,使用药物达214种,基本上概括了临床各科的常用方剂,被誉为"方书之祖"。

二、药物学的发展

药物的发现,是与原始人类的植物采集以及农业生产密切相关的。在不断的临床实践中,根据中医"阴阳五行、天人合一"的整体观念和辨证论治理论体系加以完善。中药有四气五味、升降浮沉、归经、有毒无毒、复方配伍、加工炮制等特点。中药的配伍是指有目的地按病情需要和药性特点,有选择地将两味以上药物配合同用。疾病的发生和发展往往是错综复杂、瞬息万变的,常表现为虚实并见、寒热错杂、数病相兼,故单用一药是难以兼顾各方的。

---

① (晋)王叔和:《脉经·脉形状指下秘诀第一》。

早在东汉的《神农本草经》中,将药物分为"上、中、下"三品。《神农本草经》阐述了最基本的药物学理论,将药物分四气五味即药有酸、咸、甘、苦、辛五味,又有寒热温凉四气。根据五行学说,木、火、土、金、水对应肝、心、脾、肺、肾,对应药物的酸、苦、甘、辛、咸,对应相应的六腑、其华、窍等。在治疗中以药之味入其脏腑,例如:乌梅,性味酸、涩、平、归肝、脾。这就是说,医者既要了解药物四气五味及有毒无毒等情况,选择适宜的采集时间,掌握药物的生熟程度,还要了解地理环境对药物的影响。

天然药材的分布和生产,离不开一定的自然条件。自然条件的不同,各地所产,其质量规格也不一样。如四川的黄连、川芎、附子,广东的陈皮,东北的人参、细辛、五味子,云南的茯苓,河南的地黄,山东的阿胶等。药材的采收,应该在有效成分含量最多的时候进行,通常以入药部分的成熟程度作为依据。全草入药的,大多在植株充分成长或开花的时候采集,从根以上割取地上部分,如益母草、豨莶草、荆芥、薄荷、紫苏等;须连根入药的,则可拔起全株,如车前草、柴胡、大蓟、小蓟等;有的须用嫩苗或带叶花梢,如夏枯草、茵陈蒿之类,更要适时采收。根和根茎的采集,古时以二月、八月为佳,认为春初"津润始萌,未充枝叶,势力淳浓","至秋枝叶干枯,津润归流于下",并指出"春宁宜早,秋宁宜晚。"①

并不是所有药物都可以配合使用。有的药物合用后,能相互加强作用,有的能抑制另一种药物的毒性,适宜于配合使用,而有的药物合用后,会产生剧烈的副作用,则不应同用。《神农本草经》中对近两百种药物的配伍宜忌予以说明,任何一个方剂,并非药物随意堆砌,而有一定的组方规律。方中既要有君药也要有臣药,还要有协助君、臣药起作用或在整个方剂中起调和、控制或引导作用的佐使药。例如:"六味地黄丸"药方包括熟地黄、山萸肉、干山药、泽泻、牡丹皮、茯苓等。其中,君药为熟地黄,滋阴补肾,填精益髓;臣药是山萸肉,补养肝肾,并能涩精;山药,补益脾阴,亦能固精;三药相配,滋养肝脾肾,即"三补"。佐药有泽泻,利湿泄浊,并防熟地黄之滋腻恋邪;牡丹皮,清泄相火,并制山萸肉之温涩;茯苓,淡渗脾湿,并助山药之健运;三药为"三泻",其功能是渗湿浊,清虚热。通过这一药方我们看出,在药物配伍上,君臣佐使各司其职,药物之间既有配合引导,又有克制调节。

后来的医学家逐渐积累经验,不但增加了很多味有毒、无毒的药物,而且逐渐

---

①(明)李时珍:《本草纲目·序列上》。

第十章 悬壶济世的医学文化

形成了完善的炮制理论和丰富的炮制技术。到南朝刘宋雷敩时,他较系统地总结了5世纪前中药炮炙的经验,编写了我国第一部炮制专书《雷公炮炙论》。书中初步概括了药物采集、性味、煮熬、修治等方面的有关理论与方法。书中涉及的炮制方法有炮法、炮炙法、焙法、煨法、蒸法、煮法、去芦、去足、制霜、制膏、酒制、蜜制、药汁制等,并对具体操作过程有较详细的记录。如"凡修事巴豆,敲碎,以麻油并酒等煮,研膏后用"。巴豆为剧毒药,其有效成分巴豆油,经上述处理,可部分溶于麻油中,同时还可使巴豆中所含的一种具有溶血和使组织坏死的毒性蛋白变性。后世本草书中所载的炮制17法,如炮、煨、博、炙、煨、炒、煅、炼、制、飞、度、伏、镑、搬、瞧、曝、露等,大多是此书基础上的发展,故后世尊雷敩为炮制业的鼻祖。

南北朝陶弘景著的《本草经集注》,书中按药物的自然属性将药物分为"玉石、草木、虫兽、果菜、米食、有名、未用"等七类,按药性分为"寒、微寒、大寒、平、温、微温、大温、大热"等八种。他还创立"诸病通用药"分类法,以主治功效分类药物,列举80多种疾病的通用药物。

唐代大医家孙思邈十分强调用药物预防疾病,他常年潜心修道,以医术及医学著称于世,并被后世尊奉为"药王"。孙思邈传世著作达77种,加上一些节本总86种。其中最著名的《千金要方》、《千金翼方》被后世奉为医学圣典。这两部书详尽地记载了唐以前主要医学著作的医论、医方、诊法、治法、食养、导引等多方面的内容,包括了作为一个医生所必备的各种医学理论和实践知识,堪称我国最早的医学百科全书。

成书于明代的《本草纲目》系统总结了16世纪以前我国的药物学成就。《本草纲目》以《证类本草》为蓝本,全书共收载药物1892种,其中1479种是将《证类本草》药物剪繁去复而成,另有374种系李时珍新增。《本草纲目》提出了当时最先进的药物分类法。李时珍按"物以类聚、目随纲举"的原则将药物依自然属性归纳,即"水、火、土、金石、草、谷、菜、果、木、服器、虫、鳞、介、禽、兽、人",共16部为纲,各部之下又再分为若干类,其排列原则是"从微至巨"、"从贱至贵",建立了古代先进的药物分类体系。全书系统地记述了各种药物知识,对药物的记述,涵盖了药物的名称、产地、品种、形态、炮制、性味、功效、主治等。尤其是发明一项,着重探讨药性疗效及用药要点,主要是李时珍本人对药物观察、研究以及实际应用的理论阐述和经验总结。

李时珍还纠正了以往本草书中的某些错误,书中对药物品种的考订,议论精详,如批判了以往记载服食水银、雄黄可以成仙的说法。《本草纲目》不仅对药物学有巨大贡献,还反映了不少与医学,以及与药物的形态、生态环境相关的自然科学知识,其中包括环境对生物的影响,遗传与相关变异现象等。

三、特有的治疗方法——针灸

针灸术是中医学中独具一格的治疗方法,从原始社会用砭石为工具刺病开始,作为秦汉以前临证实践最常使用的技术,在《内经》《难经》中已积累了丰富的经验和理论认识,并产生了扁鹊、华佗、涪翁、郭玉等针灸大家。魏晋时期皇甫谧对针灸学进行了首次总结,写成了我国现存最早、并以原本形式传世的第一部专著——《针灸甲乙经》。该书系统整理人体穴位,总结了临床针灸的治疗经验,按病论穴,同时也阐明了针灸操作方法和禁忌。到了南北朝和隋唐时期,针灸学著作不仅数量上有了很大增加,而且内容也更加丰富多彩。宋代医官王惟一在宋仁宗天圣五年(1027年)编写《铜人腧穴针灸图经》的同时,又在医官院主持监制了最早的两具刻有经脉腧穴的铜质人体模型,叫做针灸铜人。这种铜人除了供教授和学习辨认俞穴外,还可作考试用。铜人体内盛满了水银,外面涂蜡,然后给铜人穿上衣服,让医生试针。如果能准确地刺入孔穴,就可以使水银射出;如果取穴位置错误,针就不能刺入。明代四明陈氏著《小儿按摩经》和《小儿推拿秘诀》,是小儿按摩推拿疗法专著。

针灸穴位称为腧穴,是人们在长期的医疗实践中陆续发现,并逐步积累起来的。远古时代,我们的祖先当身体某一部位或脏器发生疾病时,在病痛局部砭刺、叩击、按摩、针刺、火灸,发现可减轻或消除病痛。随着对体表施术部位及其治疗作用的逐步深入了解,积累了对较多穴位的认识,有确定的位置和主治病症,因而给以位置描述和命名。随着对腧穴主治性能知识的积累,古代医家把腧穴的主治作用进行归类,并与经络相联系,说明腧穴不是体表孤立的点,而是与经络脏腑相通,于是通过总结、分析,分别归属各经。

腧穴分十四经穴,凡归属于十四正经的腧穴,称十四经穴,简称"经穴",共有361穴。五输穴按井、荥、输、经、合的顺序,以四肢末端向肘膝方向依次排列,是有具体含义的。经气是发于五输,犹如水流自源而出,由小到大,由浅入深。奇穴指既有固定的名称,又有明确的位置,但没有归属于十四正经的腧穴,因其有奇特的疗效,故称之为奇穴,又因其在十四经穴以外,故又称"经外奇穴"。阿是穴指既无具体的名称,又无固定的位置,而是以压痛点或其他反应点作为针灸施术的部位,叫作"阿是穴",又称"天应穴"、"不定穴"、"压痛点"。

腧穴的治疗作用可以分为近治作用和远治作用。近治作用是指腧穴均能治疗其所在部位及邻近组织、器官的病症。远治作用则指十四经穴中,尤其是十二经脉肘膝关节以下的腧穴,不仅治疗局部病症,而且还能治疗本经循行所及的远隔部位的病症。某些腧穴具有双向良性调节作用,有相对的特异性。我们常做的眼保健操,就是利用按摩眼部周围的睛明穴、太阳穴、四白穴达到眼部保健的目的。

第三节 中医养生理论

中医养生是中国传统文化的瑰宝,养生,又称为摄生、道生、保生等。中医养生学是在中医理论指导下,研究人类生命规律,寻找增强生命活力,预防疾病的方法,同时探索衰老的机理以及益寿延年的原则与理论的一门学科,其学说科学实用,是中国医药文化之精粹。

中医养生之道的特点是以传统中医理论为指导,遵循阴阳五行生化收藏之变化规律,对人体进行科学调养,保持生命健康活力。养生是以培养生机、预防疾病、争取健康长寿为目的。中医养生有食养、药养、针灸、按摩、气功等丰富多样的养生技术。如果注意养生,便可长寿,"度百岁而去,终其天年"。如果不注意养生,就会"半百而衰,夭折而去"。人的寿命是有极限的,这是自然规律。中医养生顺应规律,追求长寿但不追求长生不老。

中医养生之道的措施首先是强调尊重自然规律,顺应自然规律。中医所提倡的顺时养生,即顺应四时气候,阴阳变化规律,从精神、起居、饮食、运动等方面综合调养的养生方法。其宗旨是"春夏养阳,秋冬养阴",防止外邪伤害。所谓外邪,是指六淫之邪(风、寒、暑、湿、燥、火)及其他外伤因素等。驱除外邪,防止外邪侵犯是养生的目的,这一观点始终贯穿于养生的整个过程中。在古人的养生实践中,以气功为主的吐纳导引术、针灸推拿术和以食物、药物为主的养生方式最为常用。

传统健身术养生如太极拳、五禽戏、易筋经、八段锦等拳术及各种气功和武术运动等,以此来炼形、炼意、炼气,使身体"形与神俱"。形体的锻炼可使气血流畅,筋骨劲强,肌肉发达结实,脏腑功能健壮。养生讲究以"动"及"静",即通过形体锻炼来调节人的精神情志活动,促进人体的身心健康。运动量要适度,循序渐进,持之以恒，不要超强度锻炼，老人的锻炼尤不宜过力。

在中医养生的发展过程中，传统的导引吐纳术与道家的"清静无为"思想、佛道两家的坐禅以及印度瑜伽术相结合，形成了独具中国特色的气功养生理论。道家非常崇尚自然，提倡"返朴归真"、"清静无为"，要人的思想安静、清闲、少欲、使神志健全，精神内守。儒家从伦理道德的修养来养性长寿，孔子提出"仁者寿"，孟子也提出了"吾善养吾浩然之气"。① 我国古代道家的吐纳、服气、行气、内丹、存思，佛家的禅定、打坐、观想，医家的导引、按跷及相关食饵、医药、起居等，儒家的修身、养气、坐忘等众多养生理论和方法，都属于气功范畴。气功，以其柔和缓慢，老少皆宜，健身效果明显等独特魅力，千百年来一直深受广大群众的喜爱。

中医认为，人的情志即精神世界是非常重要的。精神的调养是养生的又一重要环节。调神养生即调养精神，其方法除四季调神外，还有养静藏神、动形怡神、移情易性等养神之法。避免不良精神刺激，提高自我心理调摄能力，是中医养生遵循的原则之一。《黄帝内经》说："志意和则精神专直，魂魄不散，悔怒不起，五脏不受邪矣"。"志意和"与人群中个体的气质、性别、年龄、经历、文化思想修养等密切相关。人们应善于自我心理调摄，消除不良刺激，保持良好心态。

针灸推拿养生则是通过使用银针、艾条、拔罐、刮痧等刺激经络系统的感应传导和调节机能平衡的功能来发挥其治疗与保健作用。灸法养生是利用灸火的物理热效应，施于穴位，以促进气血运行，祛邪止痛，补肾健脾，增强正气，从而发挥其防病保健强身作用；推拿养生是通过各种手法作用于体表的特定部位，以调节机体生理、病理状况，达到治疗与保健强身作用。

中国传统文化讲究"医食同源"，因此饮食与药物养生是传统养生的又一重要手段。饮食养生提倡饮食有节、注意饮食卫生、克服饮食偏嗜和药膳保健等。饮食是供给机体营养物质的源泉，是维持人体生长、发育，完成各种生理功能，保证生命生存不可缺少的条件。食物养生在《黄帝内经》中就有记载，要求根据食物的气味特点，以及人体阴阳盛衰的情况，予以适宜的饮食营养。饮食或以养精，或以补形，既可以补充营养，又可调整阴阳平衡，不但能保证机体健康，也是防止发生疾病的重要措施。饮食当中的"五味"与养生关系十分密切。《黄帝内经·生气通天论》指出："阴之所生，本在五味，阴之五宫，伤在五味"，"是以谨和五味，骨正筋柔，气

---

① 《孟子·公孙丑上》

第十章 悬壶济世的医学文化

血以流,腠理以密,如是则骨气以精,谨道如法,长有天命"。说明饮食五味和谐,则有助于机体消化吸收,滋养脏腑、筋骨、气血,从而达到健康长寿的目的。《黄帝内经·五脏生成》指出:"多食咸,则脉凝泣而变色;多食苦,则皮槁而毛拔;多食辛,则筋急而爪枯;多食酸,则肉胝䐢而唇揭;多食甘,则骨痛而发落,此五味之所伤也"。由此可见食味太偏有损健康,强调了五味调和的重要性。

食养关键在于饮食有节,在于"简、少、俭、谨、忌"五字。饮食品种恰当合理,讲究早食常宜早,晚食不宜迟,夜食反多损的原则,强调饮食"守礼",进食量不宜过饱,每餐所进肉食不宜品类繁多,要十分注意良好的饮食习惯和讲究卫生。

另外,食物还要与年龄、体质、地域环境、季节、天气相适应。中医养生有明确的季节划分。春季养生应该注意的是春天肝气旺、脾气衰,应少吃酸,多吃甜的食物,因酸味属肝,甘味属脾,故需注意调养。夏季阳气在外,阴气内伏,人的消化功能较弱,食物调养应着眼于清热消暑,健脾益气。因此,饮食宜选清淡爽口,少油腻易消化的食物。入秋以后,空气干燥,中医把这种气候特点称为"燥"。秋燥是外感六淫的病因之一,人体容易出现口干咽燥、咳嗽少痰等各种秋燥病症。这一时期水果大量上市,可以很好补充人体所缺的水分和营养。冬季自然界阳衰阴盛,寒气袭人,极易损伤人体的阳气,因此冬季是人体进补的大好时机。我们可以适量加入含有优质蛋白,高能量的肉类,还可以多吃黑米、黑豆、黑芝麻、黑木耳、黑枣、乌鸡等黑色食品。

相对于气功导引和食物养生来说,药物只是一种辅助的养生措施。药物养生的具体应用着眼在补、泻两个方面。用之得当,在一定程度上可起到益寿延年的作用。用补益法进行调养,一般多用于老年人和体弱多病之人,这些人的体质多属"虚",故宜用补益之法。比如药物养生中医理论认为,肾中精气虚衰和脾胃之气的不足是衰老的主要机理。补益扶正是药物养生的基本法则,诸多传统的益寿延年方药,如"八仙长寿丸"、"首乌延寿丹"、"延齿固本丹"、"延年茯苓饮"等多有预防早衰保健防老的效果,现代一些提高机能免疫能力的药物也属此类。

在中国传统文化中,养生总是与道德品性修养,以及治国安邦之道有机地结合在一起。作为中国传统养生文化的重要特点之一,它的产生本身就是儒、释、道三种学说相互融合的结果。儒释道三家的养生学说,以及中华传统文化"修身、齐家、治国、平天下"的理想追求,对养生文化产生了深远的影响。从养生实践来看,强调生理平衡与心理平衡,精神安适与预防疾病的关系,对于防病治病都有重要意义。

247

中医养生学倡导的"整体、自然"这一养生理念显示出强大的生命力,为"天人合一"的保健养生提供了深厚的理论基础,也为我们进一步研究人体机能,提高医疗保健水平创造了条件。

思考与探究

1. 中华医学学术体系形成的标志是什么？
2. 中医学理论体系中最基本的特点辨证论包括哪些内容？
3. 中医所说的十二正经和奇经八脉分别都是哪些经脉？
4. 中医学中五脏六腑与西医人体脏器有何异同？

第十一章 天人合一的建筑文化

中国建筑文化的性格是在人与自然的亲和关系中得以培养、塑造而成。中国人一向将大自然比作自己的母亲与故乡,在文化观念中由于传统生命哲学思想根深蒂固,认为人与自然本应是血肉相连、同构对应,故天人合一的思想一直是中国文化思想的一个主流,而建筑文化从属于中国文化,亦明显体现这一点。①

穴居和巢居是中国上古时期最古老最普遍的两大居住方式。考古发现证明,旧石器时代,天然的岩洞是其居住的主要形式。新石器时代,营建方式发生了多种变化形式,目前已经发掘遗址上千个,其中主要的房屋遗址有两种最具有代表性:一种是长江流域地区由巢居发展而来的干阑式建筑,如浙江省余姚县河姆渡文化遗址,它反映出当时木构技术水平;另一种是黄河流域由穴居发展而来的木骨泥墙房屋,如陕西省西安半坡遗址和临潼姜寨的仰韶文化遗址,两者都显示了当时村落布局和建筑情况,说明依南北向轴线、用房屋围成院落的中国建筑布局方式已经萌芽。奴隶社会时期,由于青铜器的使用以及奴隶的大量使用,建筑技术及规模出现了飞跃性的进步,开始出现了宏伟的都城、宫殿、宗庙、陵墓等建筑形态。

第一节 气势恢宏的宫廷建筑

在先秦时期,"帝居"或"民舍"都称为"宫室";从秦汉起,"宫室"才专指帝王居所,而"第宅"专指贵族的住宅。汉代规定列侯公卿食禄万户以上、门当大道的住宅称"第",食禄不满万户、出入里门的称"舍"。迨至今日,人们习惯于将宫殿、官署以外的居住建筑统称为民居。②

---

① 王振复:《中国建筑的文化历程·导言》,上海人民出版社,2000年版,第2页。
② 《中国大百科全书·建筑》,中国大百科全书出版社,1988年版,第327页。

一、故宫简介

北京故宫是明清两代的皇宫,又称紫禁城。历代宫殿都"象天立宫"以表示君权"受命于天",由于君为天子,天子的宫殿如同天帝居住的"紫宫"禁地,故名紫禁城。故宫始建于明永乐四年(公元1406年),至永乐十八年(公元1420年)建成,次年,正式迁都北京,在以后五百多年的历史中,明清两代共有24位皇帝在这里行使对全国的统治大权。故宫是目前世界上最大的宫殿建筑群,成为世界建筑之林中的瑰宝。

故宫严格地按《周礼·考工记》中"面朝后市,左祖右社"的帝都营建原则建造。"面朝"是指宫殿的前半部分,是皇帝朝政、百官议政的地方,亦称为外廷;"后市"是指皇宫的后面一个大的交易市场,满足宫廷生活需要;"左祖"是指皇宫的左面,皇帝祭祀祖先的太庙;"右社"是指皇宫的右面,是皇帝祭祀土地神、谷物神的社稷坛,社稷是土地神与谷物神的合称,二者代表了农业之神。

故宫规模宏大,占地72万平方米,建筑面积15万多平方米,有房屋9999间半,是世界上最大最完整的古代宫殿建筑群。为了突出帝王至高无上的权威,故宫有一条贯穿宫城南北的中轴线,在这条中轴线上,按照"前朝后寝"的古制,布置着帝王发号施令,象征政权中心的三大殿(太和殿、中和殿、保和殿)和帝后居住的后三宫(乾清宫、交泰殿、坤宁宫)。在其内廷部分(乾清门以北),左右各形成一条以太上皇居住的宫殿——宁寿宫和以太后太妃居住的宫殿——慈寿宫为中心的次要轴线,这两条次要轴线又和外朝以太和门为中心,与左边的文华殿,右边的武英殿相呼应。两条次要轴线和中央轴线之间,有斋宫及养心殿,其后即为嫔妃居住的东西六宫。出于防御的需要,这些宫殿建筑的外围筑有高达10米的宫墙,四角有角楼,外有护城河。外朝建筑高大森严,显示着皇权的至高无上;内廷建筑则庭院错落,自成体系,富于情趣。前朝后寝,分工明确,不得随便逾越,体现了中国自古以来等级分明、内外有别的伦理观念。①

二、故宫建筑的基本文化特征

紫禁城的总体规划,包含有丰富的个体建筑和风格独具的群体组合,代表了中国传统建筑技术的最高水平,也体现了中国传统的思想文化,被誉为中国宫殿建筑

---

① 李少林:《中国建筑史》,内蒙古人民出版社,2006年版,第165页。

的典型。①

首先从宫城位置看。紫禁城位于都城北京的中心地带,是遵从"择中论"的思想,据卜辞,殷代已有"择中"作邑的历史意识和建筑空间意识。②"中央"这一概念,在历史上形成很早,商代甲骨文中已有五方的记载。在一处有限的地域内,中央具有最好的条件,位置显赫,便于和四方来往,因此成为最尊贵的方位。《吕氏春秋》:"择天下之中而立国,择国之中而立宫。"《荀子·大略》:"王者必居天下之中,礼也。"按《周礼·考工记·匠人营国》的记述,宫城位于都城的中心。封建社会一直标榜"法先王"的传统观念,主要是对周代而言的。周灭商后,王朝日益兴旺统一,礼仪典章制度日臻完善。"周因于殷礼"但又有所发展,周代的制度和文化,为后来的儒家所推崇,在漫长的封建社会,成为历代帝王争相仿效的最高模式。不过,历史上的宫城,虽然位于都城内的重要位置,但却并不一定都在中心。从文献上看,汉时的王宫布局分散,多根据需要因地制宜,或比拟天上的星辰分布而设置,以王宫为主体的都城似乎事先没有严谨的规划。随着社会的演进,王宫在都城内的位置越来越接近《周礼》的记载,但往往在都城中轴线的北端或略偏离中轴线。紫禁城位于北京城中部偏北,近乎中心。宫城之南左设太庙,右设社稷坛。皇城外围绕着里坊,北设市肆,都城外近郊设各祭坛。如此一来,形成了以宫城为中心,左祖右社,面朝后市的布局,是历史上最符合《周礼·考工记·匠人营国》所记述的实例。以宫城的中轴线为中心,向前后延伸,构成北京城的中轴线。轴线南部两侧设官府衙署、天坛、先农坛等,这些皇家建筑及天街上所设各门,组成了极富感染力的空间序列,进一步突出了皇权的至高无上和国家政权的强大。

三、故宫建筑的功能分析

(一)殿

紫禁城内正中有三座殿,自南向北分别为:太和殿、中和殿和保和殿。太和殿,明清两朝盛大的典礼都在这里举行,包括皇帝即位、大婚、册立皇后,命将出征以及每年元旦、冬至,万寿三大节庆典;中和殿,明清两代都把这里作为太和殿大典正式活动前进行准备活动的地方,此外祭先农坛、地坛、太庙、社稷坛之前,皇帝在这里阅视写有祭文的祝版;保和殿,清代在此举行宴会,乾隆时又改为殿试的场所。以上三殿都是皇帝举行政治礼筵活动的地方。

---

①茹竞华:《紫禁城的总体规划》,《故宫博物院院刊》,1995年第1期。
②胡厚宣等:《甲骨探史录》,生活·读书·新知三联书店,1982年版,第280页。

(二)寝宫

三大殿北,乾清门内,正中即帝后寝宫。乾清宫居前,是皇帝的寝宫,逢元旦、元宵、端午、中秋、重阳、冬至、除夕、万寿等节日,在这里举行内朝礼和赐宴,也在这里诏见大臣。坤宁宫位于乾清宫北,明朝初建时是皇后的寝宫。交泰殿位于乾清宫、坤宁宫之间,为明嘉靖年间增建。东西六宫位于二宫一殿的两侧,明代为嫔妃所居,清代为后妃居所。毓庆宫是紫禁城内供太子居住的宫室。

紫禁城西侧的慈宁宫、寿康宫、寿安宫等是太皇太后、皇太后所居,太妃、太嫔等随居的宫殿。

(三)园林

紫禁城内共有四处花园。内廷北部的御花园,明称"宫后苑",主要是供帝后休憩游赏的地方;慈宁宫南慈宁花园,是为太后太妃们颐养拜佛而建;清乾隆时又建了建福宫西花园和宁寿宫西花园。

(四)祭祀及宗教建筑

太庙　太庙是明清两代帝王祭祀祖先的"宗庙",始建于明朝永乐十八年(公元1420年),位于紫禁城午门左前方,以符合《周礼·考工记》"左祖右社"的礼制。整个建筑物布局严谨,中轴线上排列着三层琉璃砖门、三层大殿、戟门、石桥。戟门内正面为前殿,是太庙的主体建筑。太庙的建筑形制也是等级最高的。太庙的前殿即是一幢重檐庑殿顶的大殿,明代为九开间,清改为十一开间,形制之高与太和殿相当。每次大祭时皇帝在此祭祀先祖列帝。正殿前东西庑列功臣排位,祭祀时用为陪祀。中殿九间,单檐庑殿顶,黄琉璃筒瓦屋顶,殿内供奉列圣、列后神龛。中殿左右配殿各五间,是贮存祭器的地方。

天坛　天坛位于北京外城永定门内大街的东侧,明永乐十八年(公元1420年)明朝迁都北京时所建。天坛是明清两朝皇帝祭天与祈祷丰年的地方。天坛的整个组群有内外两重围墙环绕,总面积280公顷。围墙平面近正方形,但北面的两角采用圆形,以附会"天圆地方"之说。天坛分为内坛和外坛,主要建筑物都在内坛。建筑可分为南北两组,南面是圜丘,北面是祈年殿,这是全部建筑的主体。连接祈年殿、皇穹宇、圜丘坛的是一个长约400米,宽30米,高出地面4米的砖砌大甬道——丹陛桥。圜丘是一个白石砌成的三层圆形台子,是皇帝每年冬至日祭天的地点,周围用两重矮墙环绕。内墙平面作圆形,外墙平面作正方形。皇穹宇是平时供奉着"昊天上帝"排位的建筑(牌位在祭祀时才移到圜丘上)。这组建筑是在平面圆形的皇穹宇的两侧,各建长方形配殿一座,再以平面圆形的围墙环绕而成。

社稷坛　社稷是土地之神。社者,五土之神,按方位命名:东方青土,南方红土,西方白土,北方黑土,中央黄土。五种颜色的土覆于坛面,称五色土,实际象征

第十一章 天人合一的建筑文化

国土。稷者,指能生长五谷的土地神祇,是农业之神。"社""稷"反映我国古代以农立国的社会性质。周制,天子有三社,为国立社称太社;自为立社为王社;亡国之社为亳社。"左祖右社"之社,指的是太社。社稷坛区占地23万平方米,较太庙为大。坛本身范围外,遍植松柏。社稷坛坛方形,周围墙也是方形。坛两层,高五尺;上层五丈见方,下层五丈三尺见方。坛面依方位铺五色土,墙四面也依方位而各用其色。

(五)衙署官府

紫禁城内设有为皇帝办理国家军政事务的机构。内阁是明清两代的重要机构,主要任务是草拟传达皇帝诏令,批阅和进呈官员的奏章文书等。内阁公署设在太和门前广场的东庑内,另在东房之东、文华殿南的院落中有内阁堂及办事处所,再东还有贮存文档、舆图、史书的库房。军机处的值庐在乾清门外西侧。清初承明旧制,军事交议政诸王大臣议奏。后来设军机处,由皇帝任命亲信之人为军机大臣,直接受皇帝支配。军机大臣入值于此,地近内廷,便于宣召。内阁和军机处夜间都有人值宿。

第二节 清静幽雅的园林建筑

中国古典园林是建筑、山池、园艺、绘画、雕刻以至诗文等多种艺术的综合体。它不仅是人们审美要求的体现,也是特定历史时期文化、权力的象征,具有不可替代的功用价值。园林一方面可观、可居,另一方面使人有移步换景、渐入佳境之感。在我国现存的古典园林中,保存了大量的建筑艺术瑰宝。

一、园林发展历程

一般认为园林是起始于远古人类为储备粮食、种植作物的"圃",经秦汉累积,逐渐形成了皇家苑囿,内中放养稀有动植物,建造华美宫殿,以供帝王公卿们游乐、狩猎、休憩。史书记载的较有代表性的是汉代的"上林苑"。

隋唐时期,皇家园林与城市公共园林并盛,私家园林也有了长足发展,出现了多元化发展的趋势:一方面继续沿用前代的涂饰、雕饰、金玉装饰等方法;另一方面,对建筑结构构件的装饰渐成体系,从建筑的外观到室内梁架、斗拱和柱子等都有专门的装饰方法。这时的园林建筑都以追求辉煌壮丽、奢侈靡华为美。

元明清是私家园林迅速发展并取得最高成就的时期。这个时期的园林遗留较多,通常提及的园林如苏州拙政园、网师园、狮子林等都是明清时期流传下来的精品。由于这个时期的文人社会地位进一步提高,他们的审美情趣被社会广泛接受,而且私家园林的成就极高,甚至明清皇家园林的做法也向私家园林靠拢,现出淡雅洁致的风韵。①

二、中国古典园林建筑的风格

园林建筑按照所属性质和地域的不同,风格也有很大的不同。皇家园林建筑体量大,装饰豪华,色彩金碧辉煌,表现出恢弘的皇家气派。而江南园林建筑突出"玲珑、活泼、通透、淡雅",将秀丽、雅致的风格表现得淋漓尽致。

含蓄是中国古典园林重要的建筑风格之一。追求含蓄乃与我国诗画艺术追求含蓄有关,在绘画中强调"意贵乎远,境贵乎深"的艺术境界,在园林中便强调曲折多姿,含蓄莫测。这种含蓄可以从两方面去理解:其一,其意境是含蓄的;其二,从园林布局来讲,中国园林往往不是开门见山,而是巧妙地通过风景形象的虚实、藏露、曲直的对比来取得含蓄的效果。如首先在门外以美丽的荷花池、桥等景物把游人的心紧紧吸引住,但是围墙高筑,仅露出园内一些屋顶、树木和其中较高的建筑,看不到里面全景,这就会使人引起遐想,并引起了解园林景色的兴趣。北京颐和园即是如此,入口处利用大殿,起掩园主景(万寿山、昆明湖)之作用,通过大殿,才豁然开朗,见到万寿山和昆明湖,那山光水色倍觉美不胜收。江南园林中,漏窗往往成为含蓄的手段,窗外景观通过漏窗,隐隐约约,这就比一览无余要有生趣得多。

中国古典园林追求的"意境"二字,多以自然山水式园林为主。一般来说,园中应以自然山水为主体,这些自然山水虽是人作,但是要有自然天成之美,有自然天成之理,有自然天成之趣。在园林中,即使有密集的建筑,也必须要有自然的趣味。为了使园林有可望、可行、可游、可居之地,园林中必须修建各种相应的建筑,但是园林中的建筑不能压倒或破坏主体,而应突出山水这个主体,与山水自然融合在一起,力求达到自然与建筑有机的融合,并升华成一件艺术作品。这中间建筑对意境的表现手法,如承德避暑山庄的烟雨楼,乃仿浙江嘉兴烟雨楼之意境而筑,这座古朴秀雅的高楼,每当风雨来临时,即可形成一幅淡雅素净的"山色空濛雨亦奇"的诗情画意图,见之令人身心陶醉。园林意境的创作方法有中国自己的特色和深远的文化根源。如人们常以柳丝比女性、比柔情;以花朵比儿童或美人;以古柏比将军、比坚贞。比、兴不当,就不能表达事物寄情的特点。不仅如此,还要体察入微,善于发现。如以石块象征坚定性格,则卵石、花石不如黄石、盘石,因其不仅在质,亦且在形。在这样的体察过程中,心有所得,才开始立意设计。

---

①郭伟生:《中国古典园林建筑的装饰与装修要点》,《美术学报》,2002年第1期。

第十一章 天人合一的建筑文化

三、我国古典园林建筑的类型及应用

中国古典园林在设计时采用了浓厚的民族风格,将建筑物与自然环境相一致。因此,其类型十分丰富,有亭、廊、榭、桥、墙、舫以及花架、小品等等。成书于明代的《园冶》一书,对当时园林的营造法式做了系统总结。

(一) 亭

《园冶》中说:"《释名》云:'亭者,停也。人所停集也。'司空图有休休亭,本此义。造式无定,自三角、四角、梅花、六角、横圭、八角至十字,随意,合宜则制,惟地图可略式也。"亭这种建筑形式,在园林中有两种作用:主要是提供游人休息、赏景之所。如苏州拙政园中的荷风四面亭,人在亭子里,向西观,可欣赏香洲、别有洞天诸景;向北看,可以欣赏见山楼处的一组景;向东则可以欣赏梧竹幽居、绣绮亭等景;向南又有远香堂、南轩等。在此处,拙政园里的景物可谓一目了然矣。① 在规模较小的私家园林中,亭常常成为组景的主体和园林艺术构图的中心,在一些风景游览胜地,则成为增加自然山水美感的重要点缀。亭在设计中经常运用"对景"、"框景"、"借景"等手法,创造风景画面。

(二) 廊

屋檐下的过道及其延伸成独立的有顶的过道称为廊。它不仅是联系室内外的建筑,还常成为各个建筑之间的联系通道,是园林内游览路线的组成部分。它既有遮阴蔽雨、休息、交通联系的功能,又起组织景观、分隔空间、增加风景层次的作用。廊的形式和设计手法丰富多样:按结构形式分有双面空廊、单面空廊、复廊、双层廊和单支柱廊等五种,按造型及所处环境可分为直廊、曲廊、回廊、抄手廊、爬山廊、叠落廊、水廊、桥廊等。北京颐和园里有长廊,在万寿山南、昆明湖边,长达 728 米,是世界上最长的廊。此廊做得相当考究,雕梁画栋,属皇家园林建筑风格。苏州拙政园西部景区中有水廊,即廊的下部是水,上铺条石。此廊长而曲,它的艺术特征也就在此。《园冶》中说:"廊者,庑②出一步也,宜曲宜长则胜。古之曲廊,俱曲尺曲。今予所构曲廊,之字曲者,随形而弯,依势而曲。或蟠山腰,或穷水际,通花渡壑,蜿蜒无尽,斯寤园之'篆云'也。"意思是说,廊是从庑向前走一步的建筑(其实是指檐廊)。廊要造得弯曲而长。古代的曲廊,都像曲尺似的弯曲。如今所建的曲廊,呈"之"字形弯曲,随着地形而转弯,顺着地势而曲折,或者盘绕半山腰,或者沿着水

---

① 沈福煦:《中国古典园林建筑欣赏》,《园林》,2007 年第 3 期。
② 庑(wǔ):正房对面和两侧的小屋子。

边,通过花丛,渡过溪壑,无数的曲折,当年寤园里的"篆云廊"就是采取这种形式。

（三）榭

《园冶》中说:"《释名》云:'榭者,藉也。藉景而成者也。或水边,或花畔,制亦随态。"这段话是说,"榭",有凭藉的意义,凭藉景观而成,或在水边,或在花旁,形式也灵活多变。榭这种园林建筑形式,在江南园林中特别多。榭多朝北,这种朝向,目的是为避免阳光射在水面上,反射过来刺眼。所以榭是供游人休息、观赏风景的临水园林建筑,其典型形式是在水边架起平台,平台一部分架在岸上,一部分伸入水中。

苏州怡园里有一座比较大的建筑,它有两个名字,前半叫藕香榭,后半叫锄月轩,榭轩合一。轩前有一个院子,院子对面有假山、花卉,轩之北即榭。所谓"藕香",意即池中植荷,夏日荷花香风满池,别有情趣。藕香榭建筑规模较大,面宽10米,进深8米,前后均设门,四周环廊,向东连廊,通向南雪亭,向西也连廊,通向碧梧栖凤小屋,榭之北有一平台,临池而筑,旁有铁栏杆,可见这已是近代之事了（怡园建成于清光绪年间）。藕香榭建筑为单檐歇山顶,甚有气派,榭之东北有一曲桥与池北的金粟亭等相连,廊、榭、桥、亭,景致丰富多彩。①

（四）桥

园林中的桥,可以联系风景点的水陆交通,变换观赏视线,点缀水景,增加水面层次,兼有交通和艺术欣赏的双重作用。园桥在造园艺术上的价值,往往超过交通功能。在自然山水园林中,桥的布置同园林的总体布局、道路系统、水体面积、水面的分隔或聚合等密切相关,其位置和体形要和景观相协调,大水面架桥宜宏伟壮丽,小水面架桥宜轻盈质朴,水面宽广,桥宜较高并加栏杆,水面狭窄,桥宜较低并可不设栏杆,水陆高差相近,宜平桥贴水,过桥有凌波信步亲切之感;水体清澈明净,桥的轮廓需考虑倒影;地形平坦,桥的轮廓宜有起伏,以增加景观的变化。园桥的基本形式有平桥、拱桥、亭桥、廊桥等。

（五）墙

《园冶》中说:"凡园之围墙,多于版筑,或于石砌,或编篱棘。夫编篱斯胜花屏,似多野致,深得山林趣味。如内花端、水次、夹径、环山之垣,或宜石宜砖,宜漏宜磨,各有所制,从雅遵时,令人欣赏,园林之佳境也。历来墙垣,凭匠作雕琢花鸟仙兽,以为巧制,不第林园之不佳,而宅堂前之何可也。雀巢可憎,积草如萝,袪之不尽,扣之则废,无可奈何者。市俗村愚之所为也,高明而慎之。世人兴造,因基之

---

①沈福煦:《中国古典园林建筑欣赏》,《园林》,2007年第6期。

第十一章 天人合一的建筑文化

偏侧,任而造之。何不以墙取头阔头狭就屋之端正。斯匠主之莫知也。"

园墙在园林中起划分内外范围、分隔内部空间和遮挡劣景的作用。精巧的园墙还可装饰园景。最有艺术特色的要算是"龙墙",即墙顶形似龙,曲曲弯弯,还做出龙头。上海豫园里的龙墙,用了5条龙,就是在粉墙上做出波浪形的墙脊,加上砖雕龙头。中国古典园林中,按材料和构造可分为版筑墙、乱石墙、白粉墙等。园墙的设置多与地形结合,平坦的地形多建成平墙,坡地或山地则就势建成阶梯形,为了避免单调,有的建成波浪形的云墙。此外,中国古典园林中,园墙还通常设有洞门、洞窗、漏窗以及砖瓦花格进行装饰。

(六) 舫

舫是依照船的造型建在水面上的园林建筑物,供游玩宴饮、观赏水景之用,处身其中宛如乘船荡漾于水中。舫的前半部多三面临水,船首常设有平桥与岸相连。舫的基本形式同真船相似,一般分为船头、中舱、尾舱三部分。船头做成敞棚,供赏景用,中舱最矮,是主要供休息、宴饮的场所,舱的两侧开长窗,坐在里面有宽广的视野,后部尾舱最高,一般分为两层,下实上虚,上层状似楼阁,四面开窗以便远眺。舱顶一般做成船篷样,首尾舱顶则为歇山式样,轻盈舒展,成为园林中的重要景观。舫作为园林中之旱船,其名也不俗。苏州怡园中的旱船叫画舫斋,狮子林中的叫石舫,拙政园中的叫香洲,上海豫园中的叫亦舫,南京煦园的叫不系舟,常州近园中的叫虚舟等等。①

(七) 门窗及铺底

《园冶》中说:"门窗磨空,制式时裁,不惟屋宇翻新,斯为林园遵雅。工精虽专瓦作,调度犹在得人,触景生奇,含情多致,轻纱碧环,弱柳窥青。伟石迎人,别有一壶天地,修篁弄影,疑来隔水笙簧。佳境宜收,俗尘安到。"门窗的空洞旷宕,须磨砖制成空框宕的式样,要按照时式选取裁制,不仅屋宇藉此翻成新样,就是园林也可更加雅致。

园林中的门,多做成圆洞门,又称月洞门。苏州拙政园自中部至西部,要经过一个圆洞门,此门名"别有洞天"。苏州狮子林小方厅后面也有个圆洞门,门的上方写"得其环中"四字,有许多人不知其意。其实这是化用《庄子·齐物论》中语:"彼是莫得其偶,谓之道枢。枢,始得其环中,以应无穷。"意思是说:彼此双方都找不到它的对立面,这就是"道"的枢纽。这个枢纽首先得到了"道"的圆环中心,来应付世间一切没有穷尽的事理。可见这个小小的圆洞门,包含着十分深奥的哲理,这也正是我国园林的精华之所在。园林建筑中的门窗,形式多种多样,有一般的长

---

① 沈福煦:《中国古典园林建筑欣赏》,《园林》,2007年第8期。

方形门洞、漏窗,还有各种形式的门窗,如圈门式、上下圈式、八角式、长八方式、执圭式、葫芦式、莲瓣式、如意式、贝叶式、剑环式、汉瓶式、花瓠式、片月式、八方式、六方式、梅花式、葵花式、海棠式等等。

纵观中国园林的发展历程及功能演变可以看出,中国园林具有以下特点:

(1)使用和造景,具有观赏和被观赏的特点。园林建筑既要满足各种活动和使用上的要求,又要符合园林景物布局原则,同时,也要给人们带来感官上的愉悦。因此,园林建筑既是物质产品,也是艺术作品,这就要求园林建筑要适合游人在或动或静中观景,又要使景色富于变化,达到步移景易的效果。

(2)为环境服务,与自然景致充分结合。我国古典园林一般以自然山水作为景观构图的主题,建筑只为观赏风景和点缀风景而设置。园林建筑是人工因素,与自然因素有对立的一面,但如果处理得当,也可使自然环境增添情趣。这就要求园林建筑的设置要因地制宜,充分利用自然地形、地貌,做到布局上依形就势。这种自然美与人工美的高度统一,正是中国古典园林不断追求的境界。

(3)园林建筑独立性和组合性结合。我国的古典园林建筑一般体量较小,按大小、形状不同,具有不同的功能,根据使用上的需要,既可独立设置,又可用廊、墙、路等不同的建筑组合成一个群体,这种组合群体形成了富于变化的建筑外形轮廓,使建筑与风景相得益彰。

总之,古代园林建筑以其独具匠心的艺术构思、精湛的工程技术手段、富于哲理的审美思想展现在世人面前。要继承和发展古代园林风格,关键要在与环境、景致相和谐上下工夫,努力做到因势、随形、相嵌、得体,着力创造出千姿百态的园林景观,从而达到"虽有人作,宛自天开"的艺术境界,为创造出更加美好的艺术环境打好基础。

第三节　因地制宜的民居建筑

一、中国传统民居构造类型

中国民族众多,幅员广阔,民居类型丰富。中华文化的主体华夏文化是二元耦合的。所谓二元,就方位来说是北方与南方,就流域来说是黄河与长江,就象征性的灵物来说是龙与凤,就学术的主流来说是儒家与道家,就建筑来说则是源于北方穴居的高台式建筑和南方的干阑式建筑最有代表,且相互融合。我们以现存明清

第十一章 天人合一的建筑文化

住宅为实物依托,就中国传统民居的构筑类型分述如下:①

(一)木构抬梁、穿斗与混合式

这种民居的构筑类型主要分布在北京、江浙、皖南、江西、湖北、云南、四川、湖南、贵州等地,是最基本、最主要的民居构造类型,也是佛殿庙宇最常用的建筑类型。

抬梁和穿斗两种技术在汉代已经成熟,此后在住宅中运用普遍,范围甚广。北方多用抬梁式,其中以北京四合院为代表。南方多用穿斗式,如云南白族住宅的主体部分;彝族住宅构架用穿斗而不落地,形成木拱架。

穿斗式构架,这种构架以柱直接承檩,没有梁,其特点是用比较密集的柱子支撑上面的构架承接屋面檩子。

抬梁式构架,这种构架的特点是在柱顶或柱网上的水平铺作层上,沿房屋进深方向架数层叠架的梁,梁逐层缩短,层间垫短柱或木块,最上层梁中间立小柱或三角撑,形成三角形屋架。

(二)干阑式

干阑式主要分布在广西、海南、贵州、四川等地区,是当地各少数民族常常采用的建筑形式。

干阑式在民间住宅中,以竹、木梁柱架起房屋为主要特征,主要分布于潮湿的山区或水域。它是以竹木结构为主的建筑体系,向来注重与自然的高度协同,尊重自然,体现"天人合一"的境界。在艺术性格上特别重视对中和、平易、含蓄而深沉的美的追求。在选材上,竹木材给人以含蓄、深沉的天然之美,它集轻巧、坚韧、易于加工于一身,恰恰与南方人的文化性格相切合。明清两代,南方壮侗语族地区少数民族一直大量使用这种悠久的干阑式建筑,北方自汉代以后已经很少使用,但清代东北地区仍有一种用作仓房的干阑式建筑,距地面较矮,为隔潮之用。

(三)木构井干式

这种民居的构筑类型主要分布于东北、云南等林区。用井干壁体作为承重结构墙,在我国原始社会就有使用。汉武帝曾做"井干楼",张衡《西京赋》有"井干叠而百层"的说法,其使用范围不止于后来所见的东北、云南等林区。东北及云南等林区所见木垒墙壁的住宅,便于就地取材,是民间建筑的一种普遍做法,但因受木材长度限制之故,通常面阔和进深较小。

---

①民居和住宅概念在内容和外延上有所不同。住宅是指用于居住功能的建筑,而民居则包含住宅及由此而延伸的居住环境,民居概念较住宅更加宽泛。参见潘谷西:《中国建筑史》,中国建筑工业出版社,2004年版,第83页。

(四)砖墙承重式

这种民居的构筑类型主要分布于山西、河北、河南、陕西等地,这些地域属于传统农业区,多平原,因此普遍采用烧砖砌墙的方式。考古发掘的河南洛阳出土的汉代仓房,以砖砌方室较多,证明当时砖砌技术已很发达,但在地面住宅中用砖不普及。明清时期砖普遍用于住宅砌墙并承重,一般北方住宅多为四合院,每面各三间,但在前、左、右三面房屋正中间砌墙,火坑位置亦可合理安排,从而形成一间半式房屋。

(五)碉楼

这种民居的构筑类型主要分布地在青藏高原、四川西部地区。在藏、羌少数民族地区,至今仍保留大量遗存。在西南一带边疆,汉代或更早以前已有碉房,《后汉书·南蛮西南夷列传》曰:"元鼎六年(公元前111年)以为汶山郡……皆依山居止,累石为室,高者至十余丈,为邛笼。"(原注"邛笼":"今彼土夷人呼为雕也",似为"碉"的谐音最早出处)。碉楼一般以石头堆砌成平顶石屋。藏族碉楼住房一般为2—3层,房内用木板隔间,用独木梯或木板梯连接楼层。下层为牛马厩,第2层住人,中置铁三脚,为烤火、烧饭和坐息处,第3层多留一半做平台,一半做经房,客房或储藏室,平顶用来晾晒谷物,屋顶插小幡,室内一般都供有神龛、经书,通常不用床铺和桌椅,睡卧和坐都在垫子上。

(六)土楼

这种民居的构筑类型主要分布地在福建、广东、赣南等地区。

土楼是客家自三国两晋以来,以唐宋和明清几个时期为主,为逃避北方战乱而迁移南方的中原移民的住宅,这些地区的土质多属"红壤",质地粘重,有较大的韧性,稍作加工就可以夯筑起高大的楼墙,该地区的山地又盛产硬木和竹木,硬木用于建房,竹片则提供了相当于建筑骨架的材料。同时,由于地理和气候的原因,客家由原来的麦作文化改为稻作文化,糯米、红糖是就地取材的最好凝固剂,这三种建筑材料和砂石、石灰一起,构筑成丰富多彩的各式土楼。

(七)窑洞

这种民居的构筑类型主要分布地在豫西、晋中、陇东、陕北、新疆吐鲁番一带,是我国黄土高原地区常见的民居建筑,窑洞的前身是原始社会中的洞穴,窑洞住宅以天然土起拱为特征,主要流行于黄土高原和干旱少雨、气候炎热的吐鲁番一带,汉唐时期的交河、高昌古城遗址,仍可见半地下的顶上起拱的穴居情形。

(八)阿以旺

这种民居的构筑类型主要分布于新疆南部。"阿以旺"是新疆维吾尔族住宅常见之一种,有三四百年历史,一般为土木结构,平屋顶,带外廊。所谓"阿以旺",即

第十一章 天人合一的建筑文化

是一种带有天窗的夏室(大厅),中留井孔采光,天窗高出屋面约 40~80 厘米,供起居会客之用,后部作卧室,亦作冬室,各室也采用井孔采光。"阿以旺"顶部以木梁架构,厅内周边设土台,高 40~50 厘米,用于日常起居。室内壁龛甚多,用石膏花纹作装饰,龛内可以放被褥和杂物。墙面喜用织物装饰,并以此质地和大小、多少来标识主人身份与财富。屋侧有庭院,夏日葡萄架下,可作息生活。

(九)毡包

这种民居的构筑类型主要分布于内蒙古、新疆等游牧民族地区。先秦即有此种建筑,汉时常见于记载,取其逐水而居,迁徙方便之利。毡包使用者除主要为蒙古族牧民外,还有哈萨克、维吾尔、塔吉克等族。毡包搭建方便,构造简单,架设时,地面铲去草皮,略加平正,以毡包大小在地面浅挖槽线,然后将用皮条绑扎枝条的骨架围合竖立成壁,再将一伞状拱起网架置于上,节点与竖直骨架交接处,用皮条扎紧,外披羊皮或毛毡,用绳索束紧即可,毡内地面为防潮湿,铺沙一寸,上再铺皮垫、毛毡,毡顶伞形骨架中心为一圆形孔洞,白天掀掉毛毡可采光,入口一般矮小,人需弯腰方能入内。

二、传统民居的典型

(一)北京四合院

四合院是北京地区乃至华北地区的传统住宅,其平面布局以院为特征,根据主人的地位及基地情况(两胡同之间的隙地),有两进院、三进院、四进院或五进院几种类型,大宅则除纵向院落多处外,横向还增加平行的跨院,并设有花园。

以最常见的三进院的北京四合院为例,前院较浅,大门在倒座以东、宅之巽位(东南隅),称"坎宅巽门",这样被认为是吉利的,实际上也有利于保持私密性和增加空间的变化,靠近大门一间多用于男仆居住,大门以东的小院为私塾,进入大门西转为外院,安排客房,仆房和厨、厕。从外院向北通过一座华丽的垂花门进入方正而大的内院,北面正房称堂,也叫正屋、上房、北房、主房等。主房是全宅的中心和规模最大者,是主人居住之处,也是举行家庭礼仪,接待尊贵宾客的地方,其左右耳房常用作书房,也有用作厨房,亦可用作仓库,存放粮食及杂物等。院两侧的厢房是后辈居住之室。各厢房和正房及垂花门有"抄手游廊"相连,雨雪天可方便行走,后罩房位于宅院的最后部位,一般常用作库房存放杂物及仆役居住等,如果设置后门的话,一般位于后罩房的西北角。"整个四合院中轴对称,等级分明,井然有序,宛如京城规制缩影"。①

　　北京四合院之所以有名,还因为它虽为居住建筑,却蕴含着深刻的文化内涵,是中华传统文化的载体。四合院的营建是极讲究风水的,从择地、定位到确定每幢建筑的具体尺度,都要按风水理论来进行。风水学说,实际是中国古代的建筑环境学,是中国传统建筑理论的重要组成部分,这种风水理论,千百年来一直影响着中国古代的营造活动。除去风水学说外,四合院的装修、雕饰、彩绘也处处体现着民俗民风和传统文化,表现一定历史条件下人们对幸福、美好、富裕、吉祥的追求。如以蝙蝠、寿字组成的图案,寓意"福寿双全",以花瓶内安插月季花的图案寓意"四季平安",而嵌于门管、门头上的吉辞祥语,附在檐柱上的抱柱楹联,以及悬挂在室内的书画佳作,更是集贤哲之古训,采古今之名句,或颂山川之美,或铭处世之学,或咏鸿鹄之志,风雅备至,充满浓郁的文化气息,登斯庭院,犹如步入一座中国传统文化的殿堂。

　　(二) 土楼

　　客家的先民为黄河流域的汉人,东晋时,为避乱始迁至赣水中部,唐末至北宋再迁到广东的韶、循、梅、惠诸州。南宋以后,客家人主要集居于岭南山区。客家人的住宅,由于移民之故,以群聚一楼为主要方式,楼高耸而墙厚实,用土夯筑而成,称为土楼。至今保存较好的最古者为明代土楼。

　　土楼虽然分布于不同地区,形式和做法上也略有区别,但客家土楼在形制上还是有许多共同之处:第一,土楼以祠堂为中心,供奉祖先的中堂位于建筑的正中央;第二,无论是圆楼、方楼、弧形楼,均中轴对称,保持北方四合院的传统格局性质;第三,基本居住模式是单元式住宅;第四,具有很强的防御性能。

　　福建永定客家土楼堪称土楼中的典范,永定土楼分为圆楼和方楼两种,圆楼以承启楼为例,位于永定县古竹乡高北村,清顺治元年(公元1644年)破土动工至清康熙四十八年(公元1709年)竣工。整座楼由四个同心圆的环形建筑组成,分布4层。每层分隔成72开间;底层为厨房、畜圈或堆放杂物。二层为谷仓,下面两层不开窗户。三、四层是卧室,并在外墙开窗;二圆环高两层半,每层44开间;三环为单层,作为书房,计36开间;四环是厅堂与回廊组成的单层"四架三间"两堂式院落,是楼内族亲议事、婚丧喜庆等活动场所。公共设施除了凿有2口饮用水井外,还有一个大门、3个中门、8个侧门、8个檐廊拱门、8个防卫巷门和百余米的上下楼梯、千余米的通廊,安排之巧妙,令人折服。鼎盛时期这里居住着江氏族亲达80多户、

---

①潘谷西:《中国建筑史》,中国建筑工业出版社,2004年版,第92页。

第十一章 天人合一的建筑文化

600余人,现尚住有50多户、300余人。这种通廊式土圆楼,是福建闽西客家土楼中最有特色、最引人注目的,最早被作为圆形土楼的杰出代表载入《中国古代建筑史》、《中国名胜词典》、《中国住宅概说》等书,并制作成模型参加国际联展,印成面值1元的中华人民共和国邮票向国内发行,被日本组织的世界邮票年度评审定为当年最佳邮票。

客家土楼闪烁客家人的智慧,土楼格局的恢宏,令人为之肃然起敬。客家土楼的聚族而居,主要是源于对中原传统文化的认同,土楼表现出来的向心性、匀称性和前低后高的特点,以及血缘性聚族而居的特征,正是儒家文化和道家文化的一个缩影。土楼有形的基础是石块,无形的基础是千百年来根植于中华民族之中儒、道的传统思想观念,这坚实强大的基础才擎起了世上独一无二的奇观。

(三)傣族竹楼

干阑住屋主要分布在中国西南部的云南、贵州、广东、广西等地区,为傣族、景颇族、壮族等的住宅形式,多系竹、木结构的两层楼房。柱、梁为木质,椽、檩及楼板、楼壁为竹、木料,以编织的"草排"盖顶,俗称竹楼,史称"干阑"或"麻阑",又称高栏、阁栏、葛栏、栅栏或巢居。

傣族"竹楼"为典型"干栏"式建筑,因历史上其多用竹子作建筑材料,新中国成立后尽管建筑材料已多改为木材,但"竹楼"的称呼一直延续至今。傣族"竹楼"可分为两种类型:一是西双版纳型。其平面多为方形,楼下架空常不围栏,过去为畜厩,现堆放杂物。居住层纵向分隔为堂屋与卧室各一间,外有开放通风的前廊和晒台。堂屋中设火塘,供日常饮食之用,火塘常年火不灭。屋顶为歇山式,脊短,坡陡,下有坡屋面,呈重檐式,主要采取遮阳避晒方式,使整个建筑全部深笼于浓荫之下,一般无窗,墙及楼板多缝隙。二是德宏州瑞丽型。其由"干栏"和平房两部分组成,"干栏"是住房,平房是厨房。"干栏"平面多为长方形。下层架空用竹篱围栏,堆放杂物,厨房相接于主房后。厨房是后来才出现的,原先也是在堂屋的火塘进行日常饮煮。"干栏"楼上作横向分隔,为一间堂屋和数间卧室。堂屋中设有火塘,但一般只做烧茶用。一般堂屋的一角常设有佛龛。堂屋外有开敞的前廊和晒台。屋顶为歇山式,脊长,坡面较版纳型的平缓,外墙开窗,有的还是落地窗,无坡檐屋面,采取以通风为主来获得室内阴凉的效果,墙与屋顶间还有间隙,增加了空气的对流。

历史上岭南地区森林密布,瘴气弥漫,毒蛇猛兽众多,严重危害着人们的安全,所以"干栏"建筑盛行。随着社会的发展,历史上的那种蛊毒瘴疾之患及地面的潮湿等问题都可以用现代技术加以解决,由于森林的过度砍伐,木材日益减少,与现今的生态文明思想产生矛盾,这就给耗用木材甚多的传统"干栏"住屋的建造带来极大的困难,不少竹楼已不是全竹结构了,有的用木板作墙铺地,有的用砖块砌墙,有的屋顶已不用茅草而用油毡、青瓦或铁皮铺成,楼下不再饲养畜禽,只供堆放杂物,同时由于生活水平的提高,室内的陈设,也发生了很大变化,如彩电、录音机、音响等家用电器也已普及。

(四)"海派"民居

说起海派建筑,最典型的莫过于上海的石库门。由于这类民居的外门选用石料作门框,故称"石库门"。石库门里弄住宅兴起于19世纪60年代。太平军进攻江浙,迫使数以万计的苏南、浙北难民进入上海租界避难。避害难民的迁入致使租界的人口急剧增加,住房问题日益突出。租界为接纳难民,动员商人投资住宅建设。设计师将欧洲的联立式住宅和中国传统的三合院和四合院相结合,创造出这种中西合璧的新建筑样式的里弄住宅,在中国近代建筑史上留下了深深的烙印。此种建筑形态首先在上海产生,随后开始传入天津、汉口等城市,"在1927年以前已经发展成为上海和汉口重要的住宅建筑类型"。①

石库门里弄住宅有着江南传统二层楼的三合院或四合院的形式,一般进门就是一小天井,天井后为客厅,之后又是一天井,后天井是灶台和后门,天井和客厅两侧是左右厢房,一楼灶台间上面为"亭子间",再往上就是晒台。在总体上采用的联排式布局却来源于欧洲,外墙细部有西洋建筑的雕花图案,门上的三角形或圆弧形门头装饰也多为西式图案。

除石库门住宅外,还有公寓、花园洋房、别墅等等。在这些住宅建筑中,有的反映纯民族的建筑文化,有的反映中西文化有机结合,有的是较多地反映西方文化。这些都涂抹上城市历史演变的印记,而上海住宅的多样性,正是海派建筑所具有的最鲜明的特色,这个特色就是既讲建筑质量,又注入了多种文化。

纵观中国传统民居的历史发展进程我们可以看到,不同的地区因其自然环境的不同及历史原因的不同,民居构筑方式也有所不同,大致可以归纳以下几种风格:北方风格,集中在黄河以北至黑龙江的广大平原地方,总的风格是开朗大度;西北风格,集中在黄河以西至甘肃、宁夏的黄土高原地区,总的风格是质朴敦厚;江南风格,集中在长江中下游的河网地区,总的风格是秀丽灵巧;岭南风格,集中在珠江流域丘陵地区,总的风格是轻盈细腻;西南风格,集中在西南山区,有相当部分是壮、傣、瑶、苗等民族聚居的地区,总的风格是自由灵活;藏族风格,集中在西藏、青海、甘南、川北等藏族聚居的广大草原地区,总的风格是坚实厚重;蒙古族风格,集

---

①李少林:《中国建筑史》,内蒙古人民出版社,2006年版,第33页。

中在蒙古族聚居的草原地区,总的风格是厚重华丽;维吾尔族风格,集中在新疆维吾尔族居住区,总的风格是外部朴素单调,内部灵活精致;海派风格,集中在近代沿海的通商口岸城市,总的风格是中西建筑思想及其技艺的融合。①

不同的历史时期也呈现出不同的时代风格。秦汉风格,其特点是:都城区划规则,居住里坊和市场以高墙封闭;宫殿都是很大的组群,尺度巨大,形象突出。重要建筑追求象征涵义。秦汉建筑奠定了中国建筑的理性主义基础,伦理内容明确,布局铺陈舒展。隋唐风格,其特点是,都城气派宏伟,方正规则;宫殿等大组群序列恢阔舒展,空间尺度很大;建筑造型浑厚,轮廓参差,装饰华丽,表现出中外文化密切交汇的新鲜风格。明清风格,其特点是,城市仍然规格方正,主要的建筑完全定型化、规格化,但群体序列形式很多,手法很丰富。随着中国闭关自守的状态被打破,欧洲建筑思想逐步传入中国,中国沿海口岸城市开始出现了海派建筑,中国建筑史开始了掀开了浓墨重彩的篇章。

第四节 庄严肃穆的宗教建筑

一、"寺庙"词义探源

"寺庙"被誉为艺术的宝库,历史文化的象征,寺,最初并不是指佛教寺庙,秦代以来通常将官舍称为寺,如太常寺、太仆寺、鸿胪寺等,"寺庙"是中国化的一种称呼。

在印度,佛寺统称"僧伽蓝摩",简称"伽蓝",其意为僧众共住的园林,佛教传入中国后在相当长的时间里,人们用伽蓝称谓佛寺。"寺庙"一词的流行是唐代以后的事情。在道教中,寺庙的称谓较多,如"治"、"庐"、"靖"等。在南北朝时,道教的活动场所称为"仙馆"。北周武帝时称"观",取观星望气之意。到了唐朝,因皇帝认道教老子为宗,而皇帝的居所称为"宫",所以道教建筑也称为"宫"。其他还有叫"院"、"祠"的,如文殊院、碧霞祠等。儒家则称之为"庙"、"宫"、"坛",如孔庙、文庙、雍和宫、天坛等。在民间称呼中,多称之为"庙"、"祠",如旧时奉祀山川、祖宗、神佛、叫太庙、中岳庙、西岳庙、南岳庙、北岳庙、岱庙等,祭祀历代贤哲的地方多称祠,有武侯祠、韩文公祠等。

---

①钟丽颖、李芬:《中国民居建筑艺术与人的生活文化情趣》,《美术界》,2009年第1期。

二、寺庙建筑流变

寺庙建筑是佛教引进中国之产物,以东汉明帝始建洛阳白马寺为肇端。大约在南北朝时,始有塔,唐代多寺,宋代皇帝多崇道教,故多庙、观。元代,寺以"禅院"代之。寺、塔、庙、观、庵等宗教建筑,不仅在形式上形成影响中国社会生活的庙宇文化,还成为宗教信仰文化的主要场所。

佛教建筑最早出现在佛陀时代。据《涅槃经》记载,最早的佛寺是建于古印度拘萨罗国首都舍卫城的"祇园精舍"。佛教的另一种建筑则称为"支提",它是围绕释迦牟尼坟墓修造僧房而形成的一种建筑形式。到了阿育王时期,印度又出现了石窟寺。石窟寺大致分为两种:一是支提窟,或译作塔寺,其平面呈马蹄形,窟中间雕凿塔柱以藏舍利,这是举行仪式的场所;二是毗诃罗窟,也译作精舍或僧房,其窟中间是广场,三面开龛供僧人坐禅修行。① 中国的佛寺建筑则源于东汉,史载:东汉永平七年(公元64年),汉明帝刘庄因夜梦金人,遣使西域拜求佛法。公元67年,汉使及印度二高僧摄摩腾、竺法兰以白马驮载佛经、佛像抵洛,汉明帝躬亲迎奉。永平十一年(公元68年)汉明帝敕令在洛阳雍门外建僧院,为铭记白马驮经之功,故名该僧院为白马寺。白马寺为中国第一古刹,世界著名伽蓝,乃佛教传入中国后官办的第一座寺院,距今已1900多年,被尊为中国佛教之"释源"和"祖庭"。南北朝时期,由于统治者对佛教的大力扶持,各地建寺开窟盛极一时。唐代诗人杜牧在《江南春绝句》中写道:"南朝四百八十寺,多少楼台烟雨中",可见当时佛寺之多,信徒之众。隋唐至宋元时期,是中国佛寺建筑风格的定型时期。明清两代,藏传佛教的"喇嘛塔"逐渐在西北藏区盛行起来。中国佛寺建筑一般分为两类:一是塔寺,多建于风景优美之处;二是石窟寺,多位于交通要冲之处,大都是依山傍水凿石为窟。

印度"精舍式"佛寺传入我国后,很快与我国传统的宫殿建筑形式相结合,成为具有中国建筑风格的佛教建筑。魏晋南北朝时期,佛寺已采用中国传统的院落式格局,院落重重,层层深入。到了隋唐时期,供奉佛像的佛殿,成为寺院的主体,塔被移到殿后,或另建塔院,这与印度以塔为中心的佛寺,已有很大的不同。

中国佛寺采用传统宫殿建筑形式,其建筑布局是有一定规律的:平面方形,以山门殿—天王殿—大雄宝殿—本寺主供菩萨殿—法堂—经楼这条南北纵深轴线来组织空间,对称稳重且整饬严谨。沿着这条中轴线,前后建筑起承转合,宛若一曲

---

① 鸿宇:《中国民俗文化·寺庙》,中国社会出版社,2004年版,第13页。

前呼后应、气韵生动的乐章。中国寺庙的建筑之美就在群山、松柏、流水、殿落与亭廊的相互呼应之间,含蓄温蕴,展示出组合变幻所赋予的和谐、宁静及韵味。寺院一般以殿堂(又称正殿、大殿或大雄宝殿)为主体。殿堂建筑集中地体现了我国传统建筑风格和特点。一般佛寺的建筑,也以中间一条南北向纵轴线为主,主要建筑都位于南北向的中轴线上,次要建筑安排在轴线的东西两侧,自南向北,依次为山门,山门的正面为天王殿,天王殿后面是大雄宝殿、法堂,再后面为藏经楼。

唐宋时代,禅宗兴起后,提倡"七堂伽蓝"制,即建有七种不同用途的建筑物。到了明代以后,七堂伽蓝已有定式,即以南北为中轴线,自南向北依次为山门、天王殿、大雄宝殿、法堂和藏经楼,东西配殿则为伽蓝殿、祖师殿、观音殿、药师殿等;寺院的东侧为僧人生活区,包括僧房、香积厨(厨房)、斋堂(食堂)、茶堂(接待室)、职事堂(库房)等。西侧主要是云会堂(禅堂),以接待四海云游僧人居住,因为佛门慈悲为怀,提倡放生,故佛寺设有"放生池"。近代佛寺的基本部分,主要为两组建筑:山门和天王殿为一组,合称"前殿",大雄宝殿为一组,为佛寺主体建筑,有了这两组建筑,方可称为"寺"。

寺和塔是密不可分的,早期的寺院更是以塔为主的。我国第一座佛寺白马寺当时的布局,就是以一个大型方木塔为中心,在其四周有廊庑门殿围绕,这种以塔为主的寺塔布局直接来源于印度寺塔建筑,自汉、晋、南北朝,迄于隋唐初期,大体因循未改,但是自此以后这种布局逐渐改变,形成了中国传统世俗院落式的基本格局,坐北朝南,突出中央,两侧对称,许多寺庙不再有塔,专门供奉佛陀的大殿成为寺院建筑的主体,即便建塔,也是在寺院外另置塔院,寺院从此很少再被称作塔庙。

三、寺庙建筑文化

与欧洲教堂常耸立于闹市中心,几乎随处即可望见不同,中国的寺庙则喜欢隐居于风景秀美的山川,"名山"与"大刹"往往相得益彰。五台、普陀、九华与峨嵋便并称为中国佛教四大名山。寺庙是十分典型的中国传统建筑群落,大都由一座主要建筑物为中心构成的一个大的庭院,在主要建筑物的前后左右分别扩展出一个个小的庭院,有时要建数十院之多,层层深入。这种建筑结构带有中国古代社会等级制度的鲜明特点,即通过庭院的大小,房屋的高下,开间的深浅,位置的偏正,显示不同建筑物占有者的等级、身份和地位,表现出森严的尊卑等级观念。寺庙周围则用高厚的围墙,把寺庙和外界严密地隔离开来,体现为封闭式环闭结构,这是中国传统建筑的典型结构方式。① 中国寺庙建筑有意将内外空间模糊化,讲究室内室外空间的相互转化。殿堂、门窗、亭榭、游廊均开放侧面,形成一种亦虚亦实、亦动亦滞的灵活的通透效果,所蕴涵的空间意识模糊变幻,这与中国天人合一、阴阳转化的宇宙观有深层联系。

不同的历史时期呈现出不同的时代风格。商周时期已经初步形成了中国建筑的某些重要的艺术特征,这一时期的建筑大体上可以归纳出两种风格,即以齐、晋为主的中原北方风格和以楚、吴为主的江淮风格。代表秦汉风格的其中之一宫室,其特点是:都城区划规则,居住里坊和市场以高墙封闭;宫殿都是很大的组群,尺度巨大,形象突出;重要建筑追求象征涵义。秦汉建筑奠定了中国建筑的理性主义基础,伦理内容明确,布局铺陈舒展。魏晋南北朝是中国建筑风格发生重大转变的阶段,佛教在南北朝时期得到空前发展,秦汉以来传统的理性精神中揉进了佛教的和西域的异国风味,以及南北朝以来的浪漫情调,终于形成了理性与浪漫相交织的盛唐风格,其特点是:都城气派宏伟,方正规则;宫殿等大组群序列恢弘舒展,空间尺度很大;建筑造型浑厚,轮廓参差,装饰华丽,表现出中外文化密切交汇的新鲜风格。中国建筑终于在清朝盛期形成最后的一种成熟的风格,其特点是:城市仍然规格方正,主要的建筑完全定型化、规格化,但群体序列形式很多,手法很丰富;少数民族地区民居建筑的式样和艺术水平普遍提高。总之,清代建筑继承了前代的理性精神和浪漫情调,按照建筑艺术特有的规律,终于形成了中国建筑艺术成熟的典型风格——雍容华贵、严谨典丽,机理清晰而又富于人情趣味。随着中国闭关自守的状态被打破,欧洲建筑思想逐步传入中国,中国沿海口岸城市开始出现了海派建筑,中国建筑史掀开了浓墨重彩的篇章。

思考与探究

1. 简述"天人合一"的思想在建筑文化中是如何体现的。
2. 谈谈传统民居的建筑特点。
3. 概述不同历史时期的不同建筑风格。

---

①鸿宇:《中国民俗文化·寺庙》,中国社会出版社,2004年版,第17页。

第十二章　食不厌精的饮食文化

民以食为天,在长期的生产生活中,中华民族形成了丰富多彩、博大精深的饮食文化,它有着极其丰富的文化内涵,从一个侧面体现了中华民族的创造精神和独特风格,标志着各个时期的文明进程。早在两千多年前,孔子对饮食就非常讲究,《论语·乡党》记载:"食不厌精,脍不厌细。"饮食文化反映了中华民族的个性与习俗,折射出传统文化的巨大魅力,直接影响到日本、蒙古、朝鲜、韩国、泰国、新加坡等国家,在国际饮食界和文化界占有重要的地位。

第一节　饮食种类与器皿的发展历程

古代中国是一个以农业为主的社会,反映在饮食上,主要以植物性食料为主,外加少量的肉食。中国饮食种类繁多,有的新培育出来,有的从外地或外国传入。同时,不同的食物因烹调方法不同而味道不同,形成了异彩纷呈的饮食文化。

中国的饮食文化是建立在广泛的饮食实践基础上的,是人类生存和发展的重要反映,并与人类的物质生活和精神生活息息相关。早在原始社会时期,中国先民就已经在黄河流域和长江流域建立了比较稳定的经济形式,农作物品种主要有黍、麦、菽、稻等。当时所食动物,主要有野鹿、野猪、羚羊、狗、野兔、鼠、蜗牛等。人们不懂得人工取火时,茹毛饮血,不属于饮食文化,懂得人工取火后,人们进入了熟食时代。饮食器皿方面,原始社会时期,先民用泥巴制成杯、碗、壶、缸等陶器,以用作日常的烹饪、取水、饮食、贮藏等生活用具,据半坡遗址发掘的陶器证明,当时的饮器有:瓶、罐、瓮、壶、甑等;食器有:盆、碗、钵、盘、盂等,这些陶器为后世制造金属的饮食器皿提供了范例。

夏、商、西周、春秋时期，饮食种类增多，"夫礼之初，始诸饮食"，①饮食更多地注入了文化的内涵，当时的食物结构，包括粮食、肉类、蔬菜、水果、饮料，粗具了后世饮食各大门类，②这一时期出现家畜驯养的动物，主要有猪、狗、鸡、牛、羊等，当时食肉是贵族的特权，在饮食方法上，《礼记·内则》记载了"八珍"食谱，充分反映了烹调方法的改进和提高。餐饮器皿方面，夏、商、周时期的食用器皿仍以陶器为主，炊煮器有鼎、鬲等。盛食器有敦、豆等，酒器有爵、觥、壶等，另外还有专供贵族享用的漆器和玉石器、象牙器等，殷墟出土的有铜锅、铜铲和能切薄肉的铜刀，这些都是殷代已盛行炒菜的物证。火发明后，吃烫热的食物时，人们常用木棍来辅助，随着时间的推移，发展为今天的筷子。筷子，古代叫箸，在中国有悠久的历史，是中国人的一大发明，在饮食中使用筷子是中国饮食的一大特点，《礼记》中曾说："饭黍无以箸。"可见至少在殷商时代，已经使用筷子进食。因"箸"与"住"同音（"住"即停止之意），古人十分忌讳，便反其意称之为"快"，"快"又大多以竹制成，故大约在宋代以后称为"筷"，筷子由两根小细棒组成，具有挑、拨、夹、拌、扒等功能，使用方便，是一种独特的餐具，许多欧美人看到东方人使用筷子，叹为观止，赞为一种艺术创造。

　　战国、秦、汉时期的主食为五谷或六谷，五谷指黍、稷、麦、稻、菽，六谷为五谷再加麻，肉类有马、牛、羊、豕、犬、鸡等，蔬菜主要有葵、壶、韭、韭菜、芹菜等，瓜果主要有梅、杏、桃、枣、梨、木瓜等。油脂主要为动物油脂。游牧民族则以动物的肉为主食，当时人们除用稻麦做饭或炒成干粮外，还用稻麦磨粉制饼。西汉时的一个明显变化是，不仅贵族仕宦之家能够烹牛宰羊，一般中等人家也可以吃肉喝酒，一般平民主要吃葱、韭、芋头等蔬菜。东汉时蔬菜已达20多种，其中有8种是葱蒜类，又有生姜等调味品，说明当时的餐饮已注意到了烹饪的去腥调味，饮茶也开始流行。王褒的《僮约》中就有"武阳买茶"之句，是将茶作为饮料的最早文字记载，华佗曾说："苦茶久食益思。"说明当时对茶的作用已有较多的认识。饮食器皿方面，战国、秦、汉时期普通百姓仍使用陶器，贵族及富有者使用青铜器和漆器，漆器食具种类很多，有耳杯、盆、鼎、壶、盒、盘、勺等，其图案纹饰，绚丽多彩。

　　魏、晋、南北朝时期是一个民族大融合的时代，民族融合促进了经济、文化的交流，促进了饮食文化的发展。据《史记》记载，汉代从西域传入我国的食物有葡萄、

---

①《礼记·礼运》
②李清凌：《中国文化史》，高等教育出版社，2002年版，第28页。

第十二章 食不厌精的饮食文化

石榴、胡麻、胡桃、西瓜、胡瓜、菠菜、胡萝卜、茴香、芹菜、胡豆、扁豆、苜蓿、胡蒜、胡葱等。南方的龙眼、荔枝、橄榄、甘蔗、茉莉花等也传到北方。魏晋时期,烹调法开始成为技艺。① 这一时期面、点、糕、饼等饼食增多,有面条、馄饨、元宵、油糕、包子、糕点、蒸饺等。

隋、唐、五代时期,食物种类繁多,饮食技法得到了很大的提高,隋朝官员编写的《食经》记载了许多珍贵名菜,五代后蜀国编写的《食典》有百卷之多,反映了当时的烹调技法。饼、饭、粥、糕等的种类进一步增多,主食以麦、粟、稻为主,间以多种杂粮。小麦面是最主要的食品,以饼类花样最多,当时已会制作馒头,多为祭祀所设。副食以葱、韭、姜、菠菜、竹笋、枣、梨、葡萄等为主。肉食也很常见,动物的下水、腑脏也开始被烹制成各种美味。调味佐料有盐、醋、酱、胡椒、蔗糖等。唐代其食品制作大致与现在相同,饭、粥、馒头、饺子、包子、面条及各类汤食一应俱全。② 唐代士人初登科荣进及官吏升迁,朋友前来祝贺,被祝贺者要办宴席款待,名曰烧尾宴,此宴有主食,有羹汤,有山珍海味,也有家畜飞禽,名称典雅,用料珍异,场面奢华,皇帝对于特别垂青的大臣在其升迁之际有时也举办烧尾宴。

宋、辽、夏、金、元时期,面食、米食、肉食种类进一步增多,烹饪技法更加成熟,讲究名、形、色、香、味俱全,各大城市都有一些酒店和食店,饮食文化品位达到相当高的程度。

明清时期,商品经济发达,城镇集市贸易兴盛,城市人口增多,市民文化丰富多彩,相关的市民饮食也得到长足发展,城市中的饭馆、酒楼、茶肆比以前更多,此外,受儒家思想的影响,饮食的礼仪色彩更加浓厚。

清代饮食中留给后人最深印象的、直到今天依然是我国饮食代表作的当属"满汉全席"。"满汉全席"是集满族与汉族菜点之精华而形成的历史上最著名的中华大宴,做法精细、程序复杂、菜品丰富,代表了清代饮食文化的最高水平。"满汉全席"也是中华民族大一统的集中展现和象征,其中的蒙古族食品、回族菜点、藏族水果,使满汉全席成为五族共庆的盛宴。此外,宴面的豪华、餐具的讲究、礼节的繁琐,烹饪技巧的高超,都达到前所未有的地步。乾隆甲申(公元1764年)年间李斗所著《扬州书舫录》中记有一份满汉全席食单。满汉全席,分为六宴,均以清宫著名大宴命名,宴席汇集满汉众多名馔,择取时鲜海错,搜寻山珍异兽,全席计有冷荤

---

① 李清凌:《中国文化史》,高等教育出版社,2002年版,第138页。
② 曲辰:《中国哲学与中华文化》,宁夏人民出版社,2006年版,第442页。

热肴一百九十六品,点心茶食一百二十四品,计肴馔三百二十品。合用全套粉彩万寿餐具,配以银器,富贵华丽,用餐环境古雅庄隆。席间专请名师奏古乐伴宴,沿典雅遗风,礼仪严谨庄重,承传统美德,侍膳奉敬校宫廷之周,令客人流连忘返。全席食毕,可使您领略中华烹饪之博精,饮食文化之繁荣。

第二节 茶、酒文化

中国是茶的国度,酒的故乡。起初,茶与酒并非是普通人家的生活必需品,而是一种奢侈品,是一种让人摆脱世俗、让生活更加艺术化的饮料。之后,随着社会的发展,茶、酒进入百姓家,成为中华饮食不可或缺的组成部分。茶、酒文化作为饮食文化中的两支奇葩,具有悠久的发展历史,完美而独特的品尝形式,渗透着中华民族传统文化的精华。

一、茶文化

中国是世界上最早发现和饮用茶的国家,至今已有四千多年的历史,制茶的工艺出现于春秋时期,古无"茶"字,它与"荼"是一个字,《诗经·谷风》:"谁谓荼苦,其甘如荠。"这个"荼"就是茶。周代人们已经懂得吃茶,不过那时是把茶当作菜来吃。后来茶因独特的味道,逐渐被人们所接受,成为饮品。西汉时期已兴起饮茶之风,而且作为商品在市场上广为流通。魏晋南北朝时期,茶的社会功能进一步加强,崇尚清谈的玄学家大多喜欢饮茶,饮茶成为一种精神现象。有关茶的诗词歌赋日益增多,茶已经脱离作为一般形态的饮食而走入文化圈,起着一定的精神、社会作用。随着佛教的传入、道教的兴起,饮茶又被赋予宗教色彩。道家求长生、清静,认为茶是帮助炼丹,升清降浊,轻身换骨,修成长生不老之体的好办法;佛家以茶助禅、明心见性,茶成了禅定入静的必备之物,僧众坐禅修行,均以茶为饮。[1]

到唐宋时期饮茶已遍及全国,在唐代陆羽所著的《茶经》中,系统总结了前人的饮茶经验,并结合自己亲自采茶、制茶和煎茶的体会,对茶的起源、历史、栽培、材质、烹煮、器皿、用水、品饮等诸多问题作了精辟的论述。他把儒、道、佛三教融入饮茶中,首创中国茶道精神。后世尊称陆羽为"茶神"、"茶圣"、"茶仙"。自《茶经》诞生以后,煎茶、饮茶几乎成为士大夫生活艺术化的不可缺少的组成部分,随之也

---

[1] 赵荣光、谢定源:《饮食文化概论》,中国经济工业出版社,2000年版,第207页。

第十二章 食不厌精的饮食文化

出现了大量咏茶和咏饮茶的诗章。① 因茶有提神益思,生精止渴功能,故唐朝时寺庙僧侣崇尚饮茶,常在寺院周围植茶树,制定茶礼、设茶堂、选茶头,专呈茶事活动。宋朝时茶学著作更多,比较重要的有蔡襄《茶录》、宋子安《东溪试茶录》、黄儒《品茶要录》等。当时朝廷兴起饮茶风尚,宋太祖赵匡胤有饮茶癖好,历代皇帝皆喜欢饮茶,以至宋徽宗还亲自作《大观茶论》。茶仪已成礼制,赐茶已成皇帝笼络大臣、眷怀亲族的重要手段,还作为国礼赐给国外使节。另一方面是市民茶文化和民间斗茶之风的兴起。斗茶是古人集体品评茶的品质优劣的一种形式,各人带来自家好茶,在一起比试高低。斗茶之风的盛行,促进了茶叶学和茶艺的发展。② 元代茶艺向简约、返璞归真方向发展。明代嘉靖年间,中国茶文化知识开始在欧洲传播,明代万历年间,茶开始传入沙俄。到了明末清初,精细的茶文化再次出现,茶的种类增多,泡茶的技艺提高,茶具的款式、质地、花纹更是千姿百态。清代有意在茶中加入香花佳果,饮用方式也有革新,茶叶出口已成一种正规行业,茶书、茶事、茶诗不计其数。到了清代顺治年间,茶开始传入到德国。清初文人袁枚在《随园食单·茶酒单·武夷茶》中记载了功夫茶的饮用方法。功夫茶是经过文人雅士加工提炼而形成的一种茶艺,讲究茶具的艺术美、冲泡过程的程式美、品茶时的意境美和环境美,将茶艺推进到了尽善尽美的境界。明清时期,茶文化艺术成就非凡,有茶诗、茶画、茶歌、茶舞、采茶戏等。

茶具、茶器是饮茶富于艺术性的重要条件。《茶经》中提到很多煮茶、滤水的器具,这些皆与文人士大夫的闲适生活十分和谐,成为他们超脱世俗的一个组成部分。唐代饮茶以煎煮为主,民间饮茶器具为陶瓷茶碗,皇宫贵族家庭多用金属茶具和稀有的玻璃茶具等。宋代流行点茶(先将饼茶碾碎,再以热水冲点入碗)、分茶,爱用黑色瓷釉和汤瓶,当时用一种有柄有嘴的小烹器"铫"煮茶。饮茶多用茶盏,它敞口小底,上为一只小茶碗,下垫一个茶托,自成一套。明清以冲泡为主,因之又出现了茶壶、茶杯、茶盘等茶具,特别是茶壶,自明代以来千姿百态,美不胜收,其中最著名的是宜兴紫砂陶制茶具。清代陶瓷茶具以康乾时期最为繁荣,并以"景瓷宜陶"最为出色。瓷器茶具以盖碗为主,由盖、碗、托三部分组成,清代闽粤一带功夫茶所用之宜兴壶,壶小如拳,杯小如胡桃,一壶四杯,置放在如满月的小圆

---

① 王学泰:《中国饮食文化史》,广西师范大学出版社,2006 年版,第 163 页。
② 赵荣光:《饮食文化概论》,中国经济工业出版社,2000 年版,第 210 页。

盘中,①这种茶具现已成为十分珍贵的艺术品。

茶与茶文化经历了四千多年的发展历程,涌现出了大量名茶。名茶的形成,除具有优越的自然条件、生态环境和精心采制加工外,往往还有一定的历史渊源和文化背景,通常来说,茶叶分为两大类:基本茶类和再加工茶类。基本茶类包括绿茶、红茶、乌龙茶、白茶、黄茶、黑茶。再加工茶类包括花茶、紧压茶、萃取茶、果味茶、保健茶。② 著名的绿茶有杭州的龙井、苏州的碧螺春、江西婺源的婺绿和庐山云雾、安徽屯溪的屯绿和六安瓜片以及河南的信阳毛尖等。

二、酒文化

我国酒文化具有悠久的历史,饮酒的意义远不止生理性消费,还作为一个文化符号,表示一种礼仪,一种气氛,一种心境。千百年来,人们喜欢以酒祭祖、以酒提神、以酒助胆、以酒御寒,众多的名酒不仅给人以美的享受,而且给人以美的启示与力的鼓舞。

从现存的资料看,在距今六千多年前的大汶口文化时期,中国人已经懂得酿酒和饮酒,到了商代已有了较大的酿酒作坊。③ 在一些商代贵族墓葬中,有爵、盉等酒器,可见商代嗜酒胜于饮食,他们格外看重酒器,死了也要把酒器放在身边。周代初期,人们发现在高楼或高台饮酒,不仅空气清新、凉爽,而且视野开阔,喝酒的酒楼便应运而生。西周时,已建立了一套比较规范的饮酒礼仪,正式御宴,还设立专门监督饮酒礼仪的酒官。中国酒文化以其酒品、酒义、酒德、酒道而显示出独特的个性和内涵。《汉书·食货志》谈到汉代用酒量很大,"有礼之会,无酒不行",开国皇帝刘邦也好喝酒。魏晋时期,喝酒的心态又有了新的变化,饮酒尚放纵、尚狂放。"竹林七贤"以酒为乐,陶渊明也喜好喝酒。南北朝时期的贾思勰在《齐民要术》中介绍了40多种酿酒的方法。

唐代,喝酒特为文人所崇尚,也因此留下许多关于酒的文学作品。"醉中八仙"之一的李白在《将进酒》中写道:"君不见黄河之水天上来,奔流到海不复回。君不见高堂明镜悲白发,朝如青丝暮如雪。人生得意须尽欢,莫使金樽空对月。天生我材必有用,千金散尽还复来。烹羊宰牛且为乐,会须一饮三百杯。"杜甫、白居易等

---

①王学泰:《中国饮食文化史》广西师范大学出版社,2006年版,第166页。
②陈文华:《中国茶文化基础知识》,中国农业出版社,2003年版,第4页。
③李士靖:《中华食苑》,经济科学出版社,1994年版,第2页。

都有大量描写酒的诗篇。宋代有关酒的专著就有10多种,从不同的角度论述了当时的酒政、酒史轶事和酿酒技艺。当时的酒多以黄米发酵而成,含酒精量较少,香味绵长,可喝数碗而不醉。随着商品经济的发展,一些著名的酒楼已成为街道上甚至是整个城市的代表性建筑,有的街道就以酒楼的名字命名。①

明代的袁宏道,针对饮酒时不遵守酒礼,从古代的书籍中采集了大量的资料,写了《觞政》以告诫后人。清代酒文化随着酿酒业的发展和酒店的增多而继续向前发展,当时酒店众多,墙壁上往往书一大"酒"字,屋檐下也挂有类似酒楼的招牌,室内有木桌、长凳、瓷碗、锡或白铁皮制成的酒壶,柜台上多写有"太白遗风"、"太白世家"、"刘伶停车"这类竖匾,有的墙上还挂有名人字画,其内容也多与酒有关。

古人讲究饮酒行令,以增加筵席中的热闹气氛。行令,也称酒令和划拳,这种游戏虽然以输者罚酒为目的,但充溢着一种喜庆、吉利的色彩,输者喝酒也感到高兴。

古代众多的名酒助推了酒文化的发展繁荣。《诗经》曰:"为此春酒,以介眉寿。"说明春酒在周代已是名酒。桂酒历史悠久,屈原在诗中有"奠桂酒、宾八乡"的记载。菊花酒、九酝酒等为汉代名酒。昆仑觞为北魏名酒。宜春酒为晋代名酒。女酒为魏晋时南方名酒。巴乡清为魏晋时期四川地区名酒。湖上酒为隋代名酒。唐代名酒众多,有李花酒、桑落酒、兰陵酒等。蜜酒为宋代名酒。玉泉酒为清代名酒,各朝各代名酒不一而足。酒的命名是一种艺术,也是一种文化,一般用产地、名人、名山、名泉、酿酒的原料和工艺、色泽、味道等命名。另外,古代名酒也常以春字命名(竹叶春、梨花春、庆云春等),显得高雅别致;以玉命名(玉馈酒、玉蚁、玉友等),彰显晶莹纯透;以花命名(李花酒、桂花酒、花上露等),凸显芬芳醇郁。

第三节 八大菜系的形成与发展

由于物产、气候、习俗和传统等方面的不同,不同地区的人们口味存在很大的差异,即人们常说的"南甜北咸东辣西酸"。而不同的地区自然会产生适合当地人口味的肴馔,这种从各自地区形成的具有地域特点的口味和肴馔系列出发,以界定各地饮食的差别,称之为菜系。

---

① 韩胜宝:《华夏酒文化寻根》,上海科学技术文献出版社,2003年版,第137页。

能称为菜系的各地肴馔,应该具有独特风格并能组成一个系列,有丰富多彩的名肴名馔,在原料选择、调料运用、烹调技艺等方面都形成了自己的特点,各种肴馔的制作内部又有一定的联系,构成了一个整体。因此,菜系的形成需要一定的条件。地区菜系是地方菜肴的升华,它需要该地区具有较发达的商业、交通与文化,特别是要有城市的繁荣。此外,菜系的形成还要拥有一定数量的技艺高超的名厨和一批高水平的消费者及有文化教养的美食家品评提倡。

在几千年的饮食发展中,中国形成了数量众多的菜系,其中历史渊源较深而最有影响和代表性的,也为社会所公认的有:鲁、川、粤、闽、苏、浙、湘、徽等菜系,即人们常说的中国"八大菜系"。

中国"八大菜系"的烹调技艺各具风韵,其菜肴之特色也各有千秋。鲁菜历史悠久,"食不厌精,脍不厌细",文化底蕴浓厚;川菜采巴蜀丰富的物产,烹巴蜀之美味,"七滋八味"尽在其中;苏菜"金齑玉脍",技法精妙,玲珑剔透;湘菜香甜酸辣,诸味俱全,风味浓郁;徽菜古色古香,河鲜家禽,尽入其味;浙菜南料北烹,味贯南北,清鲜爽脆;闽菜清鲜和醇,色香味形,无一不备;粤菜清淡鲜活,博采众家,影响深远。有人把"八大菜系"用拟人化的手法描绘为:苏、浙菜好比清秀素丽的江南美女;鲁、徽菜犹如古拙朴实的北方健汉;粤、闽菜宛如风流典雅的公子;川、湘菜就像内涵丰富充实、才艺满身的名士。

一、鲁菜

山东菜简称鲁菜,为八大菜系之首,也是黄河流域烹饪文化的代表。宋以后鲁菜就成为"北食"的代表。明、清两代,鲁菜已成宫廷御膳主体,对京、津东北各地的影响较大,现今鲁菜是由济南和胶东两地的地方菜演化而成的。鲁菜以清香、鲜嫩、味纯而著名,十分讲究清汤和奶汤的调制,清汤色清而鲜,奶汤色白而醇,选料精细,刀法细腻,注重实惠,花色多样,善用葱姜。

鲁菜的形成和发展与山东地区的文化历史、地理环境、经济条件和习俗关系密切。山东地处黄河下游,气候温和,胶东半岛突出于渤海和黄海之间,是我国古文化发祥地之一,境内山川纵横,河湖交错,沃野千里,物产丰富,交通便利,文化发达。其粮食产量居全国第三位,蔬菜种类繁多,品质优良,号称"世界三大菜园"之一,如胶州大白菜、章丘大葱、苍山大蒜、莱芜生姜都蜚声海内外。

山东菜可分为济南风味菜、胶东风味菜、孔府菜和其他地区风味菜,并以济南菜为典型,包括煎炒烹炸、烧烩蒸扒、煮氽熏拌、溜炝酱腌等50多种烹饪方法。

▶▶▶ 第十二章 食不厌精的饮食文化

济南菜以清香、脆嫩、味厚而纯正著称,特别精于制汤,清浊分明,堪称一绝。济南菜擅长爆、烧、炸、炒,其著名品种有"糖醋黄河鲤鱼"、"九转大肠"、"汤爆双脆"、"烧海螺"、"烧蛎蝗"、"烤大虾"、"清汤燕窝"等。胶东风味亦称福山风味,包括烟台、青岛等胶东沿海地方风味菜,胶东菜精于海味,善做海鲜,珍馐佳品,肴多海味,且少用佐料提味,口味以鲜为主,偏重清淡,其著名品种有"干蒸加吉鱼"、"油爆海螺"等。新中国成立后,新创的名菜品种有"奶汤核桃肉"、"白汁瓤鱼"、"麻粉肘子"等。

山东曲阜的孔府是孔子诞生及其后人居住的地方,汉代确立儒家和孔子在意识形态中的指导地位后,孔氏后裔世代受封。作为集名门望族、贵族地主和圣人之家于一体的孔府,既接待过皇帝、钦差大臣,又举办过各种民间家宴,各种宴席无所不包。由于皇帝、贵族、官宦以及贵族豪绅经常到府第参加祭祀,并带有厨师与孔府厨师合作,相互交流技艺,孔府厨师从而吸收了御膳、官府家厨的风味特色,使孔府菜达到了极其高超的境界。孔府宴集全国各地之精华,集色、香、味、形、名、料与一起,饮食精美、注重营养、风味独特,这无异受孔老夫子"食不厌精,脍不厌细"祖训的影响,同时,孔府宴具有浓郁的文化气息,在菜名和器皿上都颇为讲究。

孔府宴分三六九等,宴席讲究排场和华贵。第一等是招待皇帝和钦差大臣的"满汉宴",是满、汉国宴的规格。一席宴,有404件造型各异的餐具,上196道名菜佳肴。如满族的全羊烧烤、汉族的驼蹄、熊掌、猴头、燕窝、鱼翅等。第二等是平时寿日、节日、婚丧、祭日和接待贵宾用的"鱼翅四大件"和"海参三大件"宴席。[①] 清朝孔家后裔被封为当朝一品官,号称文臣之首,故孔府菜中有不少主菜以"一品"命名,如"当朝一品锅"、"一品豆腐"、"一品海参"等。数百年来,孔府宴不断翻新,流传至今。

二、粤菜

粤菜在西汉时就有记载,明清之际发展迅速,20世纪随着对外通商,吸取西餐的某些特长,粤菜也推向世界,仅美国纽约就有粤菜馆数千家。粤菜的原料较广,花色繁多,形态新颖,善于变化,讲究鲜、嫩、爽、滑,一般夏秋力求清淡,冬春偏重浓醇,调味有所谓五滋(香、松、臭、肥、浓)、六味(酸、甜、苦、咸、辣、鲜)之别,其烹调擅长煎、炸、烩、炖、煸等,菜肴色彩浓重,滑而不腻,尤以烹制蛇、狸、猫、狗、猴、鼠等

[①] 石晓娜:《中国文化一本通》,朝华出版社,2008年版,第263页。

野生动物而负盛名,著名的菜肴品种有"三蛇龙虎凤大会"、"五蛇羹"、"盐火焗鸡"、"蚝油牛肉"、"烤乳猪"、"干煎大虾碌"和"冬瓜盅"等。

粤菜系由广州菜、潮州菜、东江菜三种地方风味组成。

广州菜是粤菜的主要组成部分,以味美色鲜、菜式丰盛而赢得"食在广州"的美誉。广州菜有三大特点:一是鸟兽虫鱼均为原料,烹调成形态各异的野味佳肴;二是即开刀、即烹、即席烹制,独具一格,吃起来新鲜火热;三是夏秋清淡、冬春香浓。广州菜包括珠江三角洲和肇庆、韶关、湛江等地的名食在内,地域最广,用料庞杂,选料精细,技艺精良,善于变化,风味讲究,清而不淡,鲜而不俗,嫩而不生,油而不腻,深受大众的喜爱。

潮州菜在广东菜中占有重要的位置。潮州故属闽地,其语言和习俗与闽南相近。潮菜主要以海味、河鲜和畜禽为原料,擅烹以蔬果为食材的素菜,制作精细,加工多样,可分为炒、烹、炸、焖、炖、烧、烤、焗、卤、熏、扣、泡、滚、拌,刀工讲究,汤菜功夫尤深,其中以清炖、红烧、汤泡最具特色。

东江菜又称客家菜,用料以肉类为主,原汁原味,讲求酥、软、香、浓,注重火功,以炖、烤、煲、焗见称,尤以砂锅菜见长,做法上仍保留一些奇巧的烹饪技艺,具有古代中原的饮食遗风。

三、川菜

四川菜简称川菜,历史悠久,风味独特,驰名中外。其发源地是古代的巴国和蜀国。据《华阳国志》记载,巴国"土植五谷,牲具六畜",并出产鱼盐和茶蜜;蜀国则"山林泽鱼,园囿瓜果,四代节熟,靡不有焉"。当时巴国和蜀国的调味品已有卤水、岩盐、川椒、"阳朴之姜"。在战国时期墓地出土文物中,已有各种青铜器和陶器食具,川菜的萌芽可见一斑。川菜的形成大致在秦始皇统一到三国鼎立之间。

川菜在秦末汉初就初具规模。唐宋时发展迅速,明清已富有名气,现今川菜馆遍布世界。正宗川菜以四川成都、重庆两地的菜肴为代表,它重视选料,讲究规格,分色配菜主次分明,鲜艳协调,其特点是酸、甜、麻、辣香、油重、味浓,注重调味,离不开三椒(即辣椒、胡椒、花椒)和鲜姜,以辣、酸、麻脍炙人口,为其他地方菜所少有,形成川菜的独特风味,享有"一菜一味,百菜百味"的美誉,烹调方法擅长烤、烧、干煸、蒸。川菜善于综合用味,收汁较浓,在咸、甜、麻、辣、酸五味基础上,加上各种调料,相互配合,形成各种复合味,如家常味、咸鲜味、鱼香味、荔枝味、怪味等二十三种,代表菜肴的品种有"大煮干丝"、"宫保鸡丁"、"鱼香肉丝"、"毛肚火锅"、"黄焖鳗"、"夫妻肺片"、"怪味鸡块"、"麻婆豆腐"等。

随着生产的发展和经济的繁荣,川菜在原有的基础上,吸收南北菜肴之长及官、商家宴菜品的优点,形成了北菜川烹、南菜川味的特点,享有"食在中国,味在四川"的美誉。

四、湘菜

湘菜即湖南菜。湖南向称鱼米之乡,湘菜是以湘江流域、洞庭湖地区和湘西山区等地方菜发展而成的,早在汉朝就已经形成菜系,烹调技艺已有相当高的水平,湘江流域的菜以长沙、衡阳、湘潭为中心,是湘菜的主要代表。

湘菜特点是用料广泛,油重色浓,多以辣椒、熏腊为原料,刀法奇异、形态逼真,口味注重香鲜、酸辣、软嫩。烹调方法擅长腊、熏、煨、蒸、炖、炸、炒。湖南菜最大特色一是辣,二是腊,其著名菜肴品种有"腊味合蒸"、"东安子鸡"、"麻辣子鸡"、"红煨鱼翅"、"汤泡肚"、"冰糖湘莲"、"金钱鱼"、"油爆肚尖"、"生熏大黄鱼"等。湘菜以腴滑肥润为主,多将辣椒当主菜食用,不仅有北方的咸,也有南方的甜,更有本地特色之辣与酸,香、嫩、清、脆是其特色,所用材料以新鲜、价廉物美为原则。

湘菜特别讲究原料的入味,技法多样,有烧、炒、蒸、熏等方法,尤以"蒸"菜见长,且刀功精妙,形味兼美,菜肴千姿百态,变化无穷,湘菜的特殊料有豆豉、茶油、辣油、辣酱、花椒、茴香、桂皮等。

五、闽菜

福建菜俗称闽菜,起源于福建省闽侯县,是以福州、泉州、厦门等地的菜肴为代表发展起来的,闽菜以福州菜为代表,素以制作细巧、色调美观、调味清鲜著称,由于福建地处东南沿海,盛产多种海鲜,如海鳗、蛏子、鱿鱼、黄鱼、海参等,因此闽菜多以海鲜为原料烹制各式菜肴,别具风味,著名菜肴品种有"佛跳墙"、"醉糟鸡"、"酸辣烂鱿鱼"、"烧片糟鸡"、"太极明虾"、"荔枝肉"等。

闽菜系选料精细,刀工严谨,讲究火候、调汤、佐料,以味取胜,其烹饪技艺,采用细致入微的片、切、剞等刀法,使不同质地的原料,达到入味透彻的效果,故闽菜的刀工有"剞花如荔,切丝如发,片薄如纸"的美誉,如凉拌菜肴"萝卜蜇",将薄薄的海蜇皮,每张分别切成2~3片,复切成极细的丝,再与同样粗细的萝卜丝合并烹制,凉后拌上调料上桌。闽菜也有煎、炸、焗(如煮)、烤、炖、拌、醉、卤、扒、糟、煨、扣、溜、炒、熏、焖、扛、腌、炝等技艺,其中最具特色的是糟,有扛糟、炝糟、爆糟、炸糟闽菜以海鲜类为主,有咸、甜、酸、辣各类口味,咸的调味品有虾酱、虾油、豉油等;酸的有白醋等;甜的有红糖、冰糖等;辣的有胡椒、芥末等;香的有红糖、五香粉、八角、桂皮等。福建菜对清汤的调制特别讲究,一般都以油鸡、火腿、蹄膀为用料,方法是先用小温火将油鸡、火腿、蹄膀等熬出汤汁,并过滤;另将生鸡骨斩碎,加水和盐调和,放入汤内,继续用小温火边烧边搅匀(又称吊汤),然后再过滤一次,便成为莹洁鲜美的清汤,用来调制菜肴,对色、香、味均有帮助。

六、浙菜

浙江菜简称浙菜,是浙江地方风味菜系,是以杭州、宁波、绍兴、温州等地的菜肴为代表发展而成的,归纳起来,浙菜有如下几大特征:一是用料广博,配伍严谨。主料注重时令和品种,配料、调料的选择旨在突出主料、增益鲜香、去除腥腻;二是刀工精细,形状别致;三是火候调味,最重适度;四是清鲜嫩爽,滋、味兼得;五是浙菜三支地方菜系,风韵各具:杭州素有"天堂"之称,杭州菜制作精细,清秀隽美,擅长爆、炒、烩、炸等烹调技法,具清鲜、爽嫩、精致、醇和等特点;宁波地方厨师尤善制海鲜,技法以炖、烤、蒸著称,口味鲜咸适度,菜品讲究鲜嫩爽滑,注重本味,用鱼干制品烹调菜肴更有独到之处;绍兴菜品香酥绵糯,汤浓味醇,富有水乡古城之淳朴风格。

浙江盛产鱼虾,又是著名的风景旅游胜地,湖山清秀,山光水色,淡雅宜人,故其菜如景,不少名菜,来自民间,制作精细,变化较多,京师人南下开饭店,用北方的烹调方法将南方丰富的原料做得美味可口,"南料北烹"成为浙菜系一大特色,如过去南方人口味并不偏甜,北方人南下后,影响南方人口味,菜中也放糖了。汴京名菜"糖醋黄河鲤鱼"到临安后,以鱼为原料,烹成浙江名菜"西湖醋鱼"。

浙菜发展到现代,精品迭出,日臻完善,自成一统,烹调技法擅长于炒、炸、烩、溜、蒸、烧,重原汁原味,有"佳肴美点三千种"之盛誉。久负盛名的菜肴有"西湖醋鱼"、"生爆鳝片"、"东坡肉"、"龙井虾仁"、"干炸响铃"、"叫化童鸡"、"清汤鱼圆"、"干菜焖肉"、"大汤黄鱼"、"爆墨鱼卷"、"锦绣鱼丝"等。浙江点心中的团子、糕、羹、面点品种多,口味佳。

七、苏菜

江苏菜简称苏菜,起始于南北朝时期,唐宋以后与浙菜竞秀,成为"南食"两大台柱之一。江苏是名厨荟萃的地方,我国第一位典籍留名的职业厨师和第一座以厨师姓氏命名的城市均在这里:彭祖制作野鸡羹供帝尧食用,被封为大彭国,亦即今天的徐州,故名彭城。夏禹时代,"淮夷贡鱼",淮白鱼直至明清均系贡品。商汤时期的太湖佳蔬韭菜花已登大雅之堂。春秋时齐国的易牙曾在徐州传艺,由他创制的"鱼腹藏羊肉"千古流传,是为"鲜"字之本。

江苏的历代名厨造就了苏菜风格的传统佳肴,而古有"帝王洲"之称的南京、"天堂"美誉的苏州及被史家叹为"富甲天下"的扬州,则是名厨美馔的摇篮,江苏菜系正是以这三方风味为主汇合而成的,以苏州和扬州菜为代表。

苏菜特点是浓中带淡,鲜香酥烂,原汁原汤浓而不腻,口味平和,咸中带甜,烹调技艺以擅长于炖、焖、烧、煨、炒而著称。烹调时用料严谨,注重配色,讲究造型,四季有别。苏州菜口味偏甜,配色和谐;扬州菜清淡适口,主料突出,刀工精细,醇厚入味;南京、镇江菜口味和醇,玲珑细巧,尤以鸭制的菜肴负有盛名,著名的菜肴品种有"清汤火方"、"鸭包鱼翅"、"松鼠桂鱼"、"西瓜鸡"、"盐水鸭"、"天目湖砂锅鱼头"、"金蹬仙裙"等。江苏点心富有特色,如秦淮小吃、苏州糕团、汤包,都很有名。

八、徽菜

徽菜是徽州菜的简称,是安徽的主要代表菜,它主要由皖南、沿江和沿淮三方菜式组成,其中以皖南菜为代表。皖南菜源于古徽州府,即今世界闻名的旅游胜地黄山脚下歙县一带;沿江菜系指合肥、芜湖、安庆一带的地方菜;而沿淮菜则由蚌埠、宿县、阜阳等地方风味构成,三支徽菜各有千秋,丰富多彩,但归纳起来,主要有四个方面的基本特征:一是就地取材,以鲜制胜,徽地盛产山珍野味河鲜家禽,就地取材使菜肴地方特色突出并保证鲜活。二是善用火候,火功独到,根据不同原料的质地特点、成品菜的风味要求,分别采用大火、中火、小火烹调。三是娴于烧炖,浓淡相宜,除爆、炒、熘、炸、烩、煮、烤、焙等技法各有千秋外,尤以烧、炖及熏、蒸菜品而闻名。四是注重天然,以食养身。徽菜继承了祖国医食同源的传统,讲究食补,这是徽菜的一大特色。

皖南的徽州菜是徽菜系的主要代表,起源于黄山麓下的歙县,即古代的徽州。后因新安江畔的屯溪小镇成为"祁红"、"屯绿"等名茶和徽墨、歙砚等土特产品的集散中心,饮食业发达,徽菜的重点逐渐转移到屯溪,在这里得到进一步发展。徽菜的烹制山珍野味而著称,宋代诗人梅尧臣诗云:"雪天牛尾狸,沙地马蹄鳖"。这里介绍了两道徽州名菜:红烧果子狸,清炖马蹄鳖。徽菜在烹调技艺上擅长烧、炖、蒸,而爆、炒菜较少,重油、重色、重火工。著名的菜肴品种有"符离集烧鸡"、"火腿炖甲鱼"、"腌鲜桂鱼"、"火腿炖鞭笋"、"雪冬烧山鸡"、"红烧果子狸"、"奶汁肥王鱼"、"毛峰熏鲥鱼"、"无为熏鸭"、"方腊鱼"、"蝴蝶面"等。

第四节　古代饮食思想评述

中国传统思想在饮食中有着深刻的反映和体现,饮食文化在长期的发展中与传统思想相互作用,相互影响,相得益彰,从而形成了具有中国特色的饮食思想。从古到今,各个时期各个地区的特色饮食都有着丰富的哲学道理和历史含义,例如,古人崇尚自然,强调天人合一,因此对于一些本来形状就很美、颜色很好看、味道很好吃的天然食品,做法上就要遵循自然之理,尽量保持自然状态,使其"原汁原味"不改变特性。烹饪理论认为"一物有一物之味,不可混而同之","使一物各献一性,一碗各呈一味"。中国古代哲学思想中的阴阳五行,相辅相成的理念,反映在饮食中,庖厨对于一些有腥、膻等异味的食品,在加工制作中要求利用阴阳辩证之理,加以不同的佐料、用以不同的烹调器皿,施以炖、煎、炒、炸、爆、煮等技术处理,从而达到去异味,保持其营养的目的。

在一餐之中,要做到主食、副食相调,凉菜热菜搭配,生、熟食品相间,软硬、干稀、甜咸、荤素、数量多少、盘碗大小都阴阳协调,在高度的对立统一中展现其丰富多彩,具体到一年四季的饮食之中,则更要讲究上和天时,下和地利,中和人体阴阳调和之需。① 具体而言,古代饮食思想主要表现在以下几个方面:

一、饮食与礼仪相结合

《礼记·礼运篇》中说:"夫礼之初,始诸饮食",可见它是儒家文化的核心思想——礼的本源。这大约就是先民视为美食美酒的盛事,用自己最得意的生活方式祭祀鬼神,表示对祖先和神灵的崇拜和祈祷,如此便开始了礼仪的行为。随着饮食与礼仪的结合,烹饪的饭锅也从食器演变为礼器——鼎,变得神圣不可侵犯,能在鼎上操作的自不同凡响,所以调和鼎鼐这一纯属烹饪的术语,在古代亦可作为宰相治理国政的代称。《吕氏春秋》记载,被后世奉为烹饪之圣的商朝宰相伊尹,也

---

①曲辰:《中国哲学与中华文化》,宁夏人民出版社,2006年版,第443页。

第十二章 食不厌精的饮食文化

采用烹饪技巧对天子议政。老子在《道德经》中,更是留下了"治大国若烹小鲜"的名句,可见饮食在古人心目中地位之高。

饮食与礼仪结合,揭示了文化现象是从人类生存的最基本的物质生活中发生,这是中华民族顺应自然生态的创造。饮食是人生的一宗大事,《礼记·仲尼燕居》曰:"礼也者,理也",即社会秩序。饮食活动的礼仪,指的是饮食规范和礼节,古代饮食礼仪主要表现在祭祀方面。周代的《周礼》、《仪礼·少牢馈食礼》、《礼记·玉藻》等章节中,反映了客食之礼、待客之礼、待食之礼、桑食之礼、宴饮之礼、进食之礼等。古代从皇帝到官吏,年节与庆典活动各有规格,座次有序,礼节繁多。古代五礼(吉礼、凶礼、宾礼、军礼、嘉礼)都离不开饮食礼仪。饮食的伦理化还表现在中国菜名的别开生面上,菜名大致有两种类型:一种是写实性的,如青菜豆腐,榨菜炒肉丝,一看就明白它的原料;另一种是写意性的,这最能展现伦理想象的空间,因而在中国发展到极致,如菜肴中常有八宝的名称,如八宝饭、八宝鸭、八宝肘子等等。

二、美食与美器相结合

古人对美食与美器的视觉享受也非常讲究,力主美食与美器的和谐统一。中华菜肴注重色彩效果,一盘赏心悦目的菜肴就像一幅美术作品一样,具有极强的感染力,能勾起人的食欲,烹调时食物原料的选择、调料的加色、烹调的火候等都需十分注意,力求搭配合理。南宋诗人陆游有许多关于食物色泽的佳句,《村居初夏》诗云"梅青巧配吴盐白,笋美偏宜蜀豉香。"《对酒》诗云"黄甲如盘大,红丁似蜜甜。"菜肴的形状也很有讲究,主要体现在刀工,可将原料切成块、段、条、丝、片、丁、粒、末、泥等形状,再配以精心的雕塑、点染、刻画、搭配,便成为一道精美的饮食,古人谈到食物味美往往用"甘脆"形容,"甘"指味美,"脆"指爽利易断的食物给咀嚼者带来的快感。

古人讲究美食的同时,对美器也有要求,对食器的质地、制造、使用,各种宴席的规格、座次、食具的安排,均有明确而严格的规定,从而出现森严的等级性和伦理规范。陶器、铜器、金银器、玉器等花样、色泽不断翻新,增强了美食的效果。古人在彩陶上绘有简单的几何图形,可见饮食被赋予的意义已不再是简单的解除饥饿。瓷器耐高温,光洁度好,是一种比较理想的食器,有很高的实用价值和欣赏价值,一些铜器的食器更是富丽堂皇。商代就有玉器,当时作为礼器使用,到了战国时期,玉制石器渐渐增多,透出一种高贵的气质。中国古代的饮食器具不只以上的几种质料,还有漆器、玻璃器等,这些造型不一、色彩丰富的精美食器,增添了饮食时的精神享受,是饮食文化的重要内容,清代文学家袁枚在《随园食单》一书中指出,在食器的搭配上,"宜碗者碗,宜盘者盘,宜大者大,宜小者小,参错其间,方觉生色"。这种总结既科学又辩证。

三、品饮与环境相结合

良好的环境气氛,可以增强人的食欲,起到更佳的饮食效果,欢聚的宴会、离别的宴席、高升庆贺的宴会等,需要一定的环境气氛作烘托,以达到更好的效果,正所谓"醉翁之意不在酒,在乎山水之间也",在一些场合,环境的气氛超过了饮食的美味,创造适宜的饮食气氛,可使美食锦上添花,小桥流水、芳草萋萋的自然环境,体现饮食时的自然之美;高雅的陈设、精巧的餐具,体现排场之奢华,适宜的环境调节了饮食时的气氛,体现了餐饮主人的身份、地位及修养。

餐饮不仅讲究环境,还将艺术形式引入餐饮活动,弹奏音乐、观赏舞蹈为饮食助兴,宫廷中有专门的乐队,完整的建制来为饮食服务,乐舞把饮食文化推向了一个更高的境地。雅谈、游戏、书画、吟诗等,充分体现了具有文化特色的精神享受活动,使饮食在文化层面达到了更高的境界,古代的文人雅士,以聚餐的方式,陶冶性情、抒发胸怀,把物质生活与饱含文化意识的艺术实践活动相结合,创造了内涵丰富的饮食文化。

四、饮食与保健相结合

古人认为,医食同源,饮食与医药有着相辅相成、辩证统一的关系,孔子很早就提出了"七不食"的饮食标准——"食饐而餲(饭变味),鱼馁而肉败(鱼烂肉腐)不食;色恶(食物变色)不食;臭恶(变味)不食;失饪(烹调不善)不食;不时(不熟或不到吃饭时间)不食;割不正(刀工不好)不食;不得其酱(调料使用不当)不食",十分强调食品的新鲜。春秋时期,扁鹊认为,一个好的医生,首先要弄清疾病产生的根源,以食治之,如果食疗不愈,再以药治之。扁鹊之后,食疗理论又有了很大的发展。成书于战国时期的《黄帝内经》中系统阐述养生理论和平衡膳食理论,正式确立医食同源的思想,"五谷为养,五果为助,五畜为益,五菜为埤(配),"强调各种营养的合理搭配,保持肌体能量平衡。《灵枢·五味论》中也提到:"五味入于口也,各有所走,各有所病,酸走筋,多食之令人癃(手足不灵);咸走血,多食之令人渴;辛走气,多食之令人洞心;苦走骨,多食之令人变呕;甘走肉,多食之令人悗心。"上

第十二章 食不厌精的饮食文化

述五味之论,要旨在于教人在饮食上把握"恰当"二字,也就是说,五味进食不及会造成营养缺乏,太过也会导致疾病,惟平衡适宜方能益于健康。唐朝孙思邈著的《千金方》和《千金翼方》都有专门论述食疗的篇章,对古代食疗学的发展产生了重要的影响。唐朝时"药膳"又有了一定的发展,开始了复方制剂的研制,以药入食,达到防病、保健、治疗和康复的目的。元代医学家忽思慧进一步从健康原则考虑,指出:"五味调和,饮食口嗜,皆不可多也。多者生疾,少者为益。"[1]"多食盐,骨气劳短,肺气折。"[2]所以盐不可多吃。又说:"肝病禁食辛"[3],就有更重要的意义。直到今天,很多人仍然遵循这种饮食规范,此外在食物搭配和宜忌方面都有很多论述,如果配餐不当,性味不合,就会损害健康。

饮食活动在人类历史发展进程中起到了特别重要的作用,人们饮食的根本目的在于使人气足、精充、神旺、健康长寿,围绕着这个目的,逐渐形成了中国式的传统饮食养生理论。自有烹饪以来,饮食与养生就紧密的联系起来,饮食养生理论是伴随中国烹饪的产生而产生的,随着烹饪的发展而发展,并逐步丰富与深化。饮食与养生也是对立统一的辩证关系,饮食的目的在于达到养生的需求,养生最主要的依赖在于饮食,二者相互作用,相辅相成。中国烹饪饮食的变化和发展也始终是在哲学思想、养生思想指导下进行的,如儒家的崇尚礼乐,饮食时宜;道家的崇尚自然,饮食养生;阴阳家和医家的阴阳五行,四气五味,释家的禁欲修行,倡导素食等等,这些有关饮食的哲理,对中国烹饪的影响是很深的,也形成了独具中国特色的饮食文化。

思考与探究

1. 简述中国饮食文化的发展历程。
2. 谈谈中国茶、酒文化在传统文化中的地位和作用。
3. 概述中国八大菜系的形成和特点。

---

[1][2][3]《饮膳正要》。

参考文献

1. 《论语》
2. 《史记》
3. 《孟子》
4. 《荀子》
5. 《老子》
6. 《庄子》
7. 《韩非子》
8. 《礼记》
9. 《朱子文集》
10. 《传习录》
11. 《马克思恩格斯全集》,马克思 恩格斯著,人民出版社,1972年版
12. 《国学概论》,钱穆著,商务印书馆,1997年版
13. 《文化论》,张岱年著,河北教育出版社,1996年版
14. 《文化学通论》,刘守华等主编,高等教育出版社,1992年版
15. 《中国文化要义》,梁漱溟著,学林出版社,1987年版
16. 《中国文化史导论》,钱穆著,商务印书馆,1994年版
17. 《中国文化概论》,张岱年主编,北京师范大学出版社,2006年版
18. 《中国文化概论》,李宗桂著,中山大学出版社,1988年版
19. 《中国传统文化》,张岂之主编,高等教育出版社,1994年版
20. 《中国文化概论》,韦政通著,岳麓书社,2003年版
21. 《中国文化史》,(上下册)柳诒徵编著,中国大百科全书出版社,1989年版
22. 《中华文化史》,冯天瑜等著,上海人民出版社,1990年版
23. 《中国文化史》(上下册),陈登原著,辽宁教育出版社,1998年版
24. 《中国人文精神之发展》,唐君毅,广西师大出版社,2005年版
25. 《中国地域文化论》,陈侃言等著,广州出版社,1994年版。
26. 《中国历史文化区域研究》,周振鹤主著,复旦大学出版社,1997年版
27. 《中国文化地理概况》,赵世瑜等著,山西教育出版社,1991年版
28. 《多维视野中的文化理论》,庄锡昌等编:浙江人民出版社,1987年版

29.《哲学文化学》,向翔著,上海科学普及出版社,1997年版
30.《文化:人类的镜子——西方文化理论导引》,傅铿著,上海人民出版社,1990年版
31.《文化论》,[英]马林诺夫斯基著 费孝通译:中国民间文艺出版社,1987年版
32.《新大陆游记》,梁启超著,社会科学文献出版社,2007年版。
33.《善的历程——儒家价值体系研究》,杨国荣著,上海人民出版社,2006年版
34.《中国古代哲学的逻辑发展》,冯契著,上海人民出版社,1983年版
35.《中华五千年生态文化》,王玉德、张全明等著,华中师大出版社,1999年版
36.《中国山水文化》,李文初等著,广东人民出版社,1996年版
37.《中国政治思想史》,刘泽华主编,浙江人民出版社,1996年版
38.《士与中国文化》,余英时著,上海人民出版社,1987年版
39.《吏与中国传统社会》,赵世瑜著,浙江人民出版社,1994年版
40.《黄土板结——中国传统社会结构探析》,沈大德等著,浙江人民出版社,1994年版
41.《中国文论与西方诗学》,余虹:三联出版社,1999年版
42.《宋明家族制度史论》,徐扬杰著,中华书局,1995年版
43.《中国古代文学史》,袁行霈著,高等教育出版社,2002年版
44.《中国伦理学史》,蔡元培著,东方出版社,1996年版
45.《中国文化精神》,邵汉明主编,商务印书馆,2000年版
46.《中国哲学简史》,冯友兰著,北京大学出版社,1985年版
47.《中国宗教哲学史》,麻天祥著,人民出版社,2006年版
48.《中国佛教与传统文化》,方立天著,上海人民出版社,1988年版
49.《中国佛教史》,任继愈主编,中国社会科学出版社,1981年版
50.《中国道教史》,卿希泰主编,四川人民出版社,1988年版
51.《论儒学的宗教性》,[美]杜维明著,武汉大学出版社,1999年版
52.《中国儒教史》(上下卷),李申著,上海人民出版社,1999年版
53.《理学与中国文化》,姜广辉著,上海人民出版社,1994年版
54.《中国婚姻史稿》,陈鹏著,中华书局,1990年版
55.《中国古代学校》,郭齐家著,商务印书馆,2007年版
56.《中国教育史》,孙培青著,华东师范大学出版社,2000年版
57.《中国古代考试制度》,郭齐家著,商务印书馆,2004年版
58.《鲁迅全集》,鲁迅著,人民文学出版社,1981年版

59.《科举制度与中国文化》,金诤著,上海人民出版社,1990年版
60.《中国科学技术史》,李约瑟著,科学出版社,1978年版
61.《中国古代思想史论》,李泽厚著,三联书店,2008年版
62.《中国雕塑艺术史》(上下卷),王子云著,人民美术出版社,1988年版
63.《中国书法文化大观》,金开诚等主编,北京大学出版社,1988年版
64.《书林藻鉴》,马宗霍著,文物出版社,1984年版
65.《中国艺术学》,彭吉象著,北京大学出版社,2007年版
66.《中国艺术史》,李少林著,内蒙古人民出版社,2006年版
67.《中国音乐史》,祈文源、李锦生著,甘肃人民出版社,2002年版
68.《中国古代戏曲》,周传家著,商务印书馆,1996年版
69.《戏曲艺术通论》,周安华著,南京大学出版社,2005年版
70.《中国艺术:历程与精神》,张法著,中国人民大学出版社,2003年版
71.《中国民俗学》,乌丙安著,辽宁大学出版社,1985年版
72.《中国少数民族节日与风情》,徐万邦著,中央民族大学1999年版
73.《中华风俗大观》,林新乃著,上海文艺出版社,1991年版
74.《春节文化》,李英儒著,山西古籍出版社,2003年版
75.《中医文化导读》,王旭东著,高等教育出版社,2007年版
76.《中医学文化基础》,吉文辉主编,科学出版社,2005年版
77.《中国古建筑二十讲》,楼庆西著,三联书店,2004年版
78.《中国建筑史》,潘谷西著,中国建筑工业出版社,2004年版
79.《中国名胜与历史文化》,葛晓音著,北京大学出版社,1999年版
80.《园林与中国文化》,王毅著,上海人民出版社,1990年版
81.《饮食文化概论》,赵荣光著,中国经济工业出版社,2000年版
82.《中国饮食文化史》,王学泰著,广西师范大学出版社,2006年版
83.《中国茶文化基础知识》,陈文华著,中国农业出版社,2003年版
84.《中国传统饮食礼俗研究》,姚伟钧著,华中师大出版社,1999年版